私の試金石であるシャーロットとビクトリア、
そして、
私の恩師であるデイヴィッドとキャットに捧ぐ

TRIAL LAWYER: A Life Representing People Against Power
by Richard Zitrin
Copyright © 2022 by Richard Zitrin
Japanese translation published by arrangement with Political Animal Publishing
through The English Agency (Japan) Ltd.

法廷弁護士

権力に抵抗する人々を弁護した日々

著 リチャード・ズィトリン 訳 村岡啓一

TRIAL

LAWYER

A Life
Representing People
Against Power

現代人文社

「法廷弁護士」への賛辞

リチャード・ズィトリンは偉大な物語作家である。この本は、彼が弁護士として扱った数多くのとても面白い事件の素晴らしい解説である。同時に、ズィトリンは弁護士の倫理的義務と正義をいかにして実現するかという重要な問題を深く掘り下げて提起している。ズィトリンは、情熱と共感を持って弁護を実践するとはどういうことなのかの本当の意味を教えてくれる。

Erwin Chemerinsky

カリフォルニア大学バークレー校学長兼特別栄誉教授

リチャードが書いたことを読んで、私がどれほど夢中になったかを十分に述べることはできない。彼は何が起こっていたのかだけではなく、私たちが何を行ったかも言葉で表現した。しかし、もっと重要なことは、それを現実の生きている文脈の中に位置づけたことなのだ。

Johnny Spain

サン・クエンティン6人組の1人

リチャード・ズィトリンは、刑事弁護士としての彼の人生と彼が弁護した人々について、力強く、感動的で心に残る回顧録を書いた。それは、興味津々で、心を揺さぶり、かつ、勇気を与えてくれる物語に満ちている。司法制度の構造的な不平等、とりわけ、それが人種と黒人の処遇に関係しているとき、その不平等と対峙するズィトリンの高貴な挑戦とともに、生々しい不平等の実態が白日の下に晒される。ズィトリンは、折に触れて、差別に反対する者であることの本当の意味が何であるかの模範を示

し、そして、それが、必然的に、どれほど個人的なリスクをもたらし、倫理的な基盤および正義に対する不動の献身を必要とするのかを示している。

Chad Williams

ブランダイス大学アフリカ人及びアフリカ系アメリカ人研究部門学部長

リチャード・ズィトリンは偉大な語り部であるがゆえに偉大な弁護士である。ここには、彼の最高の物語がある。それらの物語に引き込まれるのは、それが真実であるとの理由だけではなく、法廷弁護士が事件と依頼者のためにしなければならないことに生気を与える、事件の背後にある詳細な事実のおかげである。この本は、どんな弁護士にとってもロースクールの学生にとっても有益だろう。また、法と正義について関心のある人にとっても楽しめるものだろう。ズィトリンは法に生命を与えたのだ。

Frank H. Wu

ニューヨーク市立大学クイーンズカレッジ学長。
『黄色人種―アメリカの人種　黒人と白人を超えて』の著者

リチャード・ズィトリンの本は、すべての弁護士、弁護士になりたいと考えているすべての人、そして、弁護士の行動の理由を理解したいと望む人すべてに読まれるべきである。

Steven Lubet

ノースウェスタン大学プリツカー・スクール・オブ・ロー法廷弁護のためのバーリット・センター
（Bartlit Center for Trial Advocacy）教授兼学部長

Contents

「法廷弁護士」への賛辞　4

著者の注記　10

日本語版読者のためのノート　11

序　章　　　　　　　　　　　　　　　　　　　　　　14

第 **1** 章 ｜ ジョニー・スペイン、デイヴィッド・メイヤー、
　　　　　　そしてサン・クエンティン6人組　　　　29

●デイヴィッド・メイヤーと一緒の仕事●刑務所で起きた暴力
●私がカリフォルニアに来た当時の状況●サン・クエンティン州立刑務所●ジョニー
●ジョニーと裁判官●1971年8月21日●私の仕事●スペイン対プロキュニエール
●エピローグ

第 **2** 章 ｜ どんな事件もサン・クエンティン6人組事件と同じ
　　　　　　─デイヴィッド・メイヤーと一緒の弁護活動─　　82

●弁護士としての最初の日●オーティス・バロウと「挙動不審」
●セブンイレブンでの銃撃●エピローグ

第3章　いつも、母親の言うことを聞きなさい　102

●殺人事件を引き受ける●エルビンとの事前の打ち合わせ、そして手紙
●陪審裁判が始まる●証言が始まる●オーブリーとレオナ
●防御側の事件の構図●私の母親シャーロットが介入する●エピローグ

第4章　「ガーシュイン・ブラザーズ」事件　130

●事件●依頼者接見と警察の報告書●予備審問の弁護のための事実調査
●「侵入時点での意図」●主宰裁判官、G.ヴァゲリス・コストス判事
●いわゆる「別人がやった」の抗弁●赤いコルベット●最終弁論とチェリーパイ
●「私の父はオーシャン・ビーチでリンゴを売っていた」●エピローグ

第5章　三連続の刑事事件　151

●サッチ●現行犯逮捕●利益相反と裁判所指名の共同弁護人
●「行為と事実の選択の理論」●異例の量刑審理●レオナルド●陪審裁判に臨む
●ジプシー●19号法廷●マークが危機を救う●陪審裁判に臨む●エピローグ

第6章　最高齢の依頼者、陪審裁判に臨む　182

●現場●供述録取書と「無断侵入者」のルール
●「一般的損害」●私たちは事件の和解を試みる
●「私がこのようになるとはまったく思わなかった。なんて不自由なの！」
●陪審裁判●医者が苦悩の場に来る●弁論●結末●エピローグ

| 第 **7** 章 | ケニー・クレイジー | 203 |

●サイモンとパンク・ロックSRO●卵
●予備審問とよりマシな弁護●陪審裁判の裁判官と検察官
●審理の合間──検察側立証、「デイヴィッド・デリンクウェント」とロースクール学生レン
●サイモンが証言台に立つ●「寝ぼけのジョー」と「被害者を裁くこと」●エピローグ

| 第 **8** 章 | エスコート・サービス、それともコール・ガールの一味? | 232 |

●昔の依頼者が社会復帰し、逮捕され、捜索を受ける●予備審問
●地方裁判所での申立と陪審裁判●「何があったの?」●エピローグ

| 第 **9** 章 | マリン郡の離婚裁判の王 | 254 |

●「顧客名簿」を発展させること●ベッツ対ベッツ事件●離婚事件の実務の困難さ
●デュアルテ医師とデュアルテ夫人●エピローグ

| 第 **10** 章 | 医師、患者、そして性的いたずら | 273 |

●性的虐待と無知と1980年代●ジョセフ・シン医師●最初の陪審裁判
●再審理までの間●キャット●再審理と真実の発見●第2回目の陪審裁判の周辺で
●エピローグ

第11章 ハウスボートでの死 313

●あるハウスボートでの殺人●CKのストーリーを陪審員に提示する●陪審裁判
●評決とその後●エピローグ

第12章 ドーラ、クライスラーに戦いを挑む 332

●マークとドーラ●事件を検証する●裁判のための長い準備期間●宣誓供述書
●陪審裁判　第1部●陪審裁判　第2部●本件の教訓●エピローグ

終章 またか、またか 378

●路上にて●物語

謝　辞　389
著者について　391

訳者あとがき　393
訳者について　397

●凡 例
・傍注は訳者による補注である。
・本文中では、原書イタリック体による強調箇所はゴシック体で表した。
・人名、地名、書名等については、（　）でアルファベット表記で示した。

著者の注記

　本書の叙述全体を通じて、私は実際の依頼者の名前を依頼者本人の承諾を得た場合に限って使用した。他のところでは、十分に匿名性を確保するために、依頼者の名前および背景事情を変えている。こうすることで、弁護士・依頼者間の秘密保護という神聖な義務を遵守している。私は、本書の物語を語るにあたって、他の人々に対しては杓子定規な当てはめをしていない。ただし、2つの例外がある。第1章と第12章について、私は実名のみを使用したが、私が批判した裁判官と弁護士の名前は変えている。同様に、「（専門家ではない）普通の」証人と被害者とされている人の名前も変えている。その他の大多数の者の名前は変えていない。

日本語版読者のためのノート

　今日の日本の司法制度は、以前よりもアメリカの司法制度と共通するところが多くなったとはいえ、類似性よりは違いの方が多いように思われる。

　アメリカの裁判所は各州と合衆国連邦とでは別々に組織されている。各州の裁判所は、細部では違いがあるものの、違いよりも類似性の方が多い。すべての州が事実審裁判所（多くの州では上位裁判所〔Superior Courts〕と呼ぶ）と事実審裁判所の決定を再審理する控訴審裁判所を有している。本書では、ほぼすべての手続がカリフォルニア州の事実審裁判所で行われている。

　州によっては、二層の裁判所を有している。下級裁判所（Lower courts）は、市裁判所とか治安判事裁判所などと呼ばれ、通常、交通事犯、軽罪の刑事事件、訴額が少額である民事事件を審理している。カリフォルニア州は2001年まで「二層の」裁判所制度であったが、州の憲法改正を機に、すべての事件が上級裁判所で審理することに一元化された。

　裁判所は裁判官が主宰するが、裁判官は、最初、弁護士としてロースクールで教育を受けて弁護士となった者がなる[1]。裁判官は、指名または選挙によって選任される。カリフォルニア州では、裁判官候補者は、弁護士会および知事所轄の委員会の審査を受けた後、知事によって指名される。裁判所の開廷期間が終わると、裁判官は選挙運動をしなければならない。やはり熾烈な選挙戦があるのである。こうした手続は他の州でも同じである。連邦裁判所の裁判官は、事実審裁判所、控訴審裁判所ともに、合衆国大統領によって指名され、任期は終身である。

　弁護士は、民事か刑事か、弁護人か検察官か、州か連邦かを問わず、大学卒業後、通常３年間の修習が要求される法学博士（Juris Doctor）の資格を得ている。典型的には、弁護士は、一部は州による試験と一部は全米共通の短答式標準試験から成る試験に合格しなければならない。英国のようなバリスタとソリ

1　法曹一元制度という。

シタといった区別はない。合格率は州によって差があるが、40％から80％である。カリフォルニア州は、ニューヨーク州と並んで、合格するのが最も難しい州となっている。

　上級裁判所は一つしか存在しないが、刑事事件を扱う裁判部と民事事件を扱う裁判部を有する点では各州とも共通している。裁判官は刑事部と民事部を定期的に異動する。不動産（遺言検認）事件や家事事件といった民事事件では、陪審員が関与しないので、裁判官が「事実認定者」となる別の部が置かれることもある。

　陪審員は、通常、裁判所の近郊に住む住民、すなわち、州の特定の郡に居住する人々から選ばれる。連邦裁判所の事件では、通常、ずっと広い地域である連邦区一帯から選ばれる。陪審員が「事実認定者」であり、裁判官はその認定した事実に適用する法律を決定する。刑事事件の陪審員は、被告人を有罪とするためには全員一致でなければならない。民事事件では、陪審員の評決は、通常、12人中9人以上といった圧倒的多数であれば足りる。

　合衆国は多民族国家である——多くの人が「移民の国」と呼ぶように。民族の多様性は、法制度にも深く関わっており、本書の視点もそこに置かれている。法制度は、民族、人種、宗教、性的指向等による偏見を避けるために数多くの保障を備えている。しかし、本書で深く論じるように、それらの努力が、必ずしも成功しているとはいえない。これらの論点に関わる緊張は、私がこれから紹介する事件の中に頻繁に現れてくるだろう。

　多くの人がアメリカの法制度を描写する際、チャーチルが民主主義について述べた名言をもじって、次のように言う。「最悪の法形態だが、これまで試された他のすべての形態を除けばね」と。私は、この言葉には真実が含まれていると思っている。また、私は、本書の物語が示すように、法制度も改善が必要とされるものであり、特に、法制度に関わるすべての人が公正な取扱いを保障されるべき分野において、改善されなければならないと考えている。

リチャード・ズィトリン

私たちは、いつも何が真実かを知っているわけではない。

しかし、何が偽りかは知っている。

私たちは、いつも何が公正かを知っているわけではない。

しかし、何が不公正かは知っている。

――1997年、リチャード・ズィトリンと倫理学者マイケル・ジョセフソンとの対話から――

序　章

　本書は、私が法廷弁護士として遭遇した最も心を動かされた事件の回想録である。これらの事件のほとんどが尋常ではない状況に置かれた普通の人々の事件である。その状況は自らが招いたものもあれば、社会の眼という網にからめとられたものもあるが、多くの場合、その双方が絡み合っている。数多くの事件の陪審裁判に加えて、私は40年以上にわたって法曹倫理を教えてきた。それゆえ、私が弁護士のキャリアを通じて日常的に遭遇してきた倫理的および道徳的なジレンマが関わっている事件を選んでいる。これらの事件は、私が学んできた法制度に付随している偏見を浮かび上がらせている。それは、有色人種、貧しい人、十分な教育を受けていない人、そして、それが何であれ、社会がたまたま「ノーマル」とみなしている型に合致していない人に対する偏見である。

　法廷弁護士としての私の人生における多くのジレンマは、司法制度が要求する倫理的な対応と私自身が理解する基本的な公正さや道徳性との間のいずれを選択するかを意味していた。弁護士は正義に奉仕することを誓う。にもかかわらず、「正義」それ自体を定義することは難しい。定義しようとすると、それは個人的な認識に依拠して多くの異なった形をとるのである。同時に、弁護士は依頼者に対する忠誠をも誓う。依頼者を熱心に弁護するという誠実義務のことであり、常に、自らの利益よりも依頼者の利益を優先させるのである。

　弁護士の法制度に対する義務と依頼者に対する義務とが対立した場合、どうするのか？　特に、その事態が弁護士にとって法制度の方が依頼者に対して公正ではないと思われたときには、どうするのか？　そのような状況の下で、法廷弁護士として、時として両立不可能な２つの利益をどうやってバランスをとるべきなのか？　私はこれらの問いを常に存在する基本的な問題であると理解するに至った。

私は、これらの問いに対する答えが依頼者対法制度の問題にとどまらず、いずれが正しいかの問題を超えたはるかに複雑なものであることに気がついた。こう考えた主な理由の一つは、弁護士の責任を理解すれば、人種、階級、そして、著名なジャーナリストのイザベル・ウィルカーソン（Isabel Wilkerson）[1]が「カースト」[2]と呼んだ階級制度に関わらないわけにはいかないということである。私の最初の事件で、私はまだロースクールの学生だったが、あたかもセリ場に向かう家畜のように鎖につながれて法廷に召喚された計６人の黒ないし褐色の肌をした男たちを見た。私には、疑問の余地なく、法制度が人種差別主義に汚染されているために、こうした人々が人間以下の存在として扱われているということがわかった。何年もの間、私の弁護実践は、公正な取扱いを一度も受けることのなかった依頼者とともに歩むことになった。それゆえ、ロースクールでの法曹倫理教師として最後の30年間、私が教えた最も重要なテーマは人種と女性に対する偏見に関するものだった。人種と階級による差別は司法制度に影響を及ぼすだけではなく、ほとんど常に、法制度への**アクセス**についても影響を及ぼしている。憲法修正第14条で保障されている「法の下の平等」がすべての人に平等に適用されたことはほとんどなかった。

　私の依頼者のほぼすべてにとって、司法へのアクセスは中心的な問題だった。刑事事件において、私は主に、巨大な国家権力に抗して闘う社会の周辺にいる個人を弁護してきた。民事事件においては、資金力のある大企業、保険会社、そして大手法律事務所が私の相手方だった。しかし、民事事件では、一方当事者が金と権力を持っているのに対し、わが方には**事実**があった。少なくとも、私が十分慎重に吟味して事件を選んだ場合はそうだった。他方、刑事事件では、事実は当方に好意的というにはほど遠

---

1 1961 年生まれのノンフィクション作家で、1994 年にアフリカ系アメリカ人女性として初めてジャーナリズム部門のピューリッツァー賞を受賞した。

2 原題は、"Caste：The Origins of Our Discontents"。2020 年 8 月にランダム・ハウスから出版されたノンフィクション。アメリカの人種差別を「カースト制度」という側面から描写している。

く、金と権力だけではなく公衆の認識も一緒になって私たちに敵対的だった。いかなる政治的な信条であろうともほとんどの人——少なくとも多くの白人——にとっては、一般的に、犯罪に問われた者は何らかの罪で有罪と推定されていた。

依頼事件が刑事事件の場合、弁護士のキャリア開始の時から、私にはずっと問い続けてきた2つの問いがあった。「有罪の依頼者を弁護することをどうやって正当化できるのか？」「より悪く言えば、有罪の者を無罪放免するためにどうして実際に努力することができるのか？」 皮肉なことに、私自身が依頼者を弁護する際に対峙している司法制度は、少なくともその理論的な核心部分において、同じ依頼者を保護している制度なのである。それは合衆国憲法が創設した制度であり、すべての被告人が「法の適正手続」と「弁護人の効果的な援助を受ける権利」を保障されることを要請しており、その結果、人々は、「合理的な疑いを超える」有罪の証明がない限り、無罪なのである。

実際のところ、陪審裁判における弁護人の主要な仕事は、罪を犯した依頼者を無罪放免するよう陪審員を説得するためにあらゆる努力をつくすことである。公衆はこう問うかもしれない。「その有罪の者を釈放するために、あなたはどうして働けるの？」 しかし、司法制度の理論上の保障は、すべての人に同じ適正手続を与えるという利益の下で、有罪の者の幾人かが自由の身になることを認めているのだ。それゆえ、経験豊富な多くの弁護人にとって、この問いは古くからあるものである。実際に、神聖な英雄であるエイブラハム・リンカーンは、それに対する答えを知っていた。彼を称賛する非常に有名な事件である、〝ダフ〟・アームストロング（"Duff" Armstrong）[3]の弁護をした際、リンカーンは月齢を示す暦を用いて、有罪の鍵を握る目撃証人が犯行を目撃したという時刻にはすでに月は沈んでい

---

3 William "Duff" Armstong：1857年8月に起訴された殺人事件の被告人。彼の亡き父親がリンカーンの友人であったので、リンカーンは無償で弁護を引き受けた。本文にある月齢の暦を用いた反対尋問で無罪の評決を得、一躍、弁護士としての名声を博した。

16

たことを明らかにして、証人が月明りによっては目撃できなかったことを証明した。この物語を語る際にしばしば省略されているのは、〝ダフ〟・アームストロングがほぼ間違いなく犯罪を行っていたということである。しかし、リンカーンが無罪主張を変えることはいささかもなかった。弁護人が宣誓した弁護の義務は今日においても変わっていない。すなわち、依頼者を無罪放免にするために倫理的な規則の範囲内であらゆることをするという義務である。

　そして、明確に、司法制度および憲法はこの姿勢を促進——実際には、それを要求——してきた。私たちの司法制度は、ある意味で、17世紀及び18世紀の英国における自由の規制に対する抵抗の反映である。その時代の英国では、クエーカー教徒のウィリアム・ペン（Willam Penn）[4]のような異端者は、英国国教会に反対する見解を信奉したために繰り返し投獄された。1670年、ペンは公衆の面前で非合法なスピーチを行ったとして裁判にかけられた。裁判官が彼の有罪評決を指示したにもかかわらず、陪審員は彼を無罪放免とした。陪審員が再考しようとしなかったので、今度は、陪審員が有罪評決を拒んだことを理由に投獄された。しかし、植民地アメリカでは、事態は進歩していた。1735年、ジョン・ピーター・ゼンガー（John Peter Zenger）[5]が、植民地ニューヨークの総督を痛烈に批判した記事を新聞に掲載した後に名誉棄損罪で訴追された際、ゼンガーの弁護人が、「何人も真実を語ることは自由だ」ということを陪審員に納得させたので、ゼンガーは最終的に無罪放免となった。時代は変わり、私たちの憲法はこうした変化を反映させたものなのである。

　残念ながら、司法制度の理論上の保障は必ずしも——いや、通常でも

---

4 17世紀の英国海軍提督の息子として生まれ、英国のクエーカー教徒の指導者で宗教の自由の擁護者。裁判の後、信仰の自由を求めて、アメリカのペンシルバニア州の設立に携わった。

5 英国支配下のニューヨーク植民地で活動していたドイツ系アメリカ人のジャーナリスト兼印刷業者。1733年、ゼンガーは植民地総督の行動に異議を唱える新聞のコピーを印刷して名誉棄損罪に問われたが、真実に基づく言論の自由を主張して、陪審員から無罪の評決を得た。

——実務において自明というわけではない。私の平均的な刑事事件の依頼者は、ただ生存のために闘っているのであり、高尚な理想のために闘った２人の貴族ペンやゼンガーと共通する点はない。しかし、**すべて**の人々が同じ「適正手続」を享受し、合理的な疑いを超えて証明されない限り自由であるという同じ権利を享受する限り、その時だけ、司法制度は成功しているのである。

とはいえ、実態を言えば、私たちの司法制度は、全体として、社会を性格づけている不平等に満ち溢れている。すべての被告人が弁護人を付与される一方で、正義という流れは告発された者と告発した者に平等に流れているのではない。大多数の被告人は貧乏であり、かつ、圧倒的に有色人種である。貧困であるほど人は保釈される可能性は少なく、事件が係属中、身柄は拘束されたままで、身体の自由を求めるあまり有罪の答弁をする圧力にさらされる。有罪の答弁は、しばしば、有罪後の保護観察や仮釈放制度へとつながることを意味し、多くの人にとってこれらの制度から逃れることは不可能なのだ。今日までに、軽罪から殺人まで同じ犯罪類型で、黒人の方が白人よりも重い刑罰を受けていることはよく知られており、これには疑問の余地がない。そして、少数者に対する法執行機関の一般的な偏見、特に黒人に対する偏見が一貫して続いているだけではなく、この国で起きた最近の出来事[6]がそれを明らかにしている。

通常、検察官は公設弁護人よりもはるかに資金的に恵まれている。州によって違いはあるものの、裁判所から指名された弁護人は、事務所からの経済的支援がほとんど期待できない小規模事務所か、または個人経営の弁護士であり、裁判所に対して、事実調査のため、証拠についての法医学的検査のため、そして心理学的評価及び専門家証言のために、自前では賄えない必要な資金を要求——本質的には請願——しなければならない。刑事裁判所は、ほぼ一様に、効率性により大きな関心を寄せており、真に平等

6　本書第 10 章注 25、26、27 参照。

な正義を追求するのではなく、単に事件を進行させることを優先させているようだ。その結果、テキサスを含むいくつかの州では、事実審理中に弁護人が居眠りをしていた殺人事件であっても、弁護人が重要ではない時に居眠りをしていたにすぎないなどと強弁して判決を破棄しない。結局、再審理は高価につくからである。

　そして、民事の司法制度においても、貧しい人々にとってよりマシな状況であるとは言えない。私の実務体験によれば、私は、依頼者——かつ、依頼者を支持する事実——を選ぶことができたので、相手方である大手法律事務所の弁護士では到底体験できなかった贅沢を味わうことができた。つまり、私の闘いを選ぶことができたということである。この意味は、真実はいつも我が方にあったということだ。しかし、相手方には無限の資金と事件に投入できる若手弁護士の部隊があったので、私たちは、投入された資金の総額、あるいは投入された弁護士の労働時間では太刀打ちできなかった。普通の人々が訴えられて自力で弁護しなければならない場合には、弁護士に依頼する余力などはないし、権力を有する被告を相手に訴訟を提起する場合には、「消耗戦の訴訟」に直面する可能性がある。それは、天文学的に高額な訴訟費用になることがよくあるのだ。私は、平均的な民事事件の原告に、裕福な被告を相手とする高額な事件を金銭的に賄える可処分所得を期待することができなかったので、私は自分自身の費用で賄うことができるように——すなわち、敗訴した場合にはその資金を失うリスクを自分自身が負うように——、実質的な「軍資金」を確保しなければならなかった。

　私は人種差別主義と偏見に満ち溢れたこの法律世界に深く根を下して、現実を目の当たりにして、それらを知ったと思った。2020年春までは、私は「白人の特権」をよく理解していると**思っていた**。私が言っているのは余りにも明白な事柄のことだ。すなわち、白人の「救い」を求めていると誤解された黒人の友人、警察官が定期的に実施している（しばしば違法である）運転停止（破損している後部ライト、車線変更の合図の懈怠を理由とする停止）

をエスカレートさせた逮捕に抗議したことを理由に身柄を拘束された黒人の運転手、法廷や執務室において当然の前提とされている白人の役割等々のことである。

　間違いなく、私は、自分自身の特権的な背景事情のゆえに、多くの、いや、大多数の人々よりも過大に不公正な利益を得ていたことに気がついた。そして、その特権的な背景事情のゆえに、私が平等を実現する努力をするために弁護士という職業を選んだことに気がついた。私は、事務所からサンフランシスコの中心街を抜けて自宅までジョギングをし、浴室に入るたびに、いつも白人の特権を思い出していた。薄汚い汗まみれのTシャツと短パンにもかかわらず、私は小綺麗なホテルに入り、守衛に親しげに挨拶をして、まっすぐにトイレに向かうことができた。その一方で、黒人の友人セドリックは、教養のある高校の数学教師で、かつ、課外活動のバスケットボールで不良少年を指導するコーチでありながら、彼が入り口で停止させられずにホテル内に入ることは決してなかったことを私は知っていた。

　しかし、私が法制度における偏見を体験し理解を深めていったにもかかわらず、システムとしての人種差別主義が浸透していることをもっと学ばなければならなかったと認識したのは、つい最近の2020年の春のことだったのだ。かつての記憶をたどり、あの日の出来事を深く思い返したときだったのだ。ジョージ・フロイド（George Floyd）の殺害[7]や新型コロナの爆発的感染の期間中に生じた事件をみて、私は自らが社会を、そして自分自身をどの程度理解していたのかにつき根本的な疑問を抱いた。私は人種差別主義があまねく浸透していることを知っていた。しかし、それを十分に知っていたのか？　私は自分が人種差別に反対する人間であることを知っていた。しかし、もっと深く掘り下げていたならば、もっと反人種差別の

7　2020年5月、ミネソタ州ミネアポリスで無抵抗の黒人ジョージ・フロイドが、白人警官によって頸部を約9分間にわたって膝で押さえつけられて死亡した事件。この事件以降、全米でBlack Lives Matter運動が起こった。

人間であったのではないか？　私は最初の事件を通じて、6人の有色人種の被告人がはなはだしく不公正な処遇を受けていることを目の当たりにした。それ以降の数えきれない事件を通して、私はこの思いを強くしてきた。しかし、彼ら6人の受刑者の処遇もその後の事件すべても、もっと大きな差別の構図をはっきりと理解する全体像を示すには不十分だった。私が見てきたことは、社会のほぼすべてを支配している人種差別主義のシステムのほんの氷山の一角でしかなかったことを私は理解した。

　私は、黒人たちが私の歩む道よりもはるかに困難な道を歩まなければならないことを知っていたが、彼らが貧しい労働者かスタンフォード出の弁護士かを問わず、今では、私は異常なまでに浸透した人種差別主義の性質を総体的に理解している。私は恐怖を感ずることなくサンフランシスコの通りを歩き回っている。しかし、黒人の友人は、男女を問わず、そうではない。これまで、私は、貧困のため疲弊しホームレスが多いテンダーロイン地区（Tenderloin neighborhood）で公正な時間を過ごしてきたし、警官が私を停止させるなどと一度も考えたことがない。しかし、セドリックはそうではない。そして、特に、セドリックの10代の息子はそうではない。私の友人の黒人弁護士も、私が教えたロースクールの黒人学生も、もっと困難な壁に直面しそれを乗り越えてきた。しかし、2020年に至るまで、私は、彼らが、**今でも**毎日、それに直面していること、あまりにも多くの些細な方法の差別が積み重なって巨大となり、日々、社会の鎧となった差別に直面していることを完全にはわかっていなかったのだ。今、私は、ヘンリー・ルイス・ゲイツ・ジュニア（Henry Louis Gates Jr.）教授が自宅の玄関ポーチで逮捕されたといった出来事[8]がどこでも起きることであり、有色人種の人々にとって、それは想定内の出来事であるということを学んで

8　ゲイツ教授は1950年生まれのアメリカの文学評論家、歴史家であるとともに、ハーバード大学の教授で、アフリカ系アメリカ人アカデミズムの第一人者であり、マサチューセッツ州ケンブリッジ大学で黒人初の博士号を取得した。2009年7月、自宅の鍵が開かないので奮闘していた教授の様子を目撃した通行人から通報を受けた警察官が、教授からハーバード大学の身分証明書および運転免許証を提示されながら、教授に手錠をかけて逮捕し、4時間にわたって拘束した事件。

いる。

2021年1月6日、国会議事堂が襲撃された。私は、暴徒がさしたる警察の抵抗も受けずに建物に侵入したのをテレビで見た際、ジョージ・フロイドが死亡した1週間後の6月1日、平和裏に抗議していたグループが、催涙ガスやその他の攻撃手段を用いた暴徒鎮圧の警官によってラファイエット公園(Lafayette Park)から強制排除されたことを思い出していた。鎮圧の目的は、ドナルド・トランプ大統領(President Donald Trump)が、聖書を片手にその公園で写真撮影するためだった。もし、1月の出来事が、違法な暴徒である群衆の襲撃ではなく、大半が黒人の抗議者の平和的な行進であったならば、おそらく、警官の攻撃と暴力はもっとひどいものになっただろう。これが、黒人と白人の真実なのだ。

しかしながら、これがすべてではない。人種的な少数者に属する多数の依頼者が法制度にアクセスできるように彼らを代理する弁護士として、私はやはり自分の役割を「白人の救世主」[9]としてみなさざるをえなかった。私は、援助しようとする人々に対し、私の努力がどのような効果をもたらしたのかについて鈍感だったのか？　私は「**ザ・ヘルプ**」[10]と「**グリーン・ブック**」[11]という2つの映画が、白人による救済主義のとんでもない実例を描いているので大嫌いだが、私がこれらの映画に登場する比喩的な救世主にさえなっていないことを知っていた。私は、「白人の」やり方を黒人に「教えること」を避けようと努力していたのを知っていた。そして、私が助けを求められた時だけ、いつも、上手く行くとは限らなかったが、私は援助しようと努めてきた。

---

9 アメリカ映画における、白人が非白人の人々を窮地から救うという定型的な表現。

10 The Help：キャスリン・ストケットの小説『ヘルプ―心がつなぐストーリー』を原作とした2011年のドラマ映画。1960年代の公民権運動を背景とした若い白人女性と二人の黒人メイドの関係を描いた作品。

11 Green Book：2018年のアメリカの伝記ヒューマン映画で、第91回アカデミー賞で作品賞など3部門を受賞した。題名は、アフリカ系アメリカ人旅行者のために書かれた20世紀半ばの『黒人ドライバーのためのグリーン・ブック』に由来する。典型的な「白人の救世主」の描写に批判が多い。

にもかかわらず、私は**招かれ**なくとも「声なき者のための声」となる機会があることを認識していた。たとえ、犯罪が故意によらないものであっても、白人が黒人を「救済」しようとはしない事実に白人が無関心であることを示すためには、招かれざる声が必要であることを私はたしかに知っていた。私が裁判所から誰かを弁護するように指名されたときには、私はその誰かの声になるべく招かれていた。しかし、その一人の依頼者のためだけに招かれているのであって、依頼者が属しているグループのためではなかった。間違いなく、私が、ベイ・エリア[12]で最高の市民権指導者であるエヴァ・パターソン（Eva Paterson）[13]から、単なる反差別主義者を超えて活動することについて書くように依頼されなかったならば、ここに述べたことを書くことはなかっただろう。私が、エヴァに、「白人のスポークスマンであることは受け入れられるのか？」と尋ねたとき、彼女は、「黒人によってのみ語られたならば自己満足としか思われないメッセージを白人が発言し、そのメッセージが広がるように援助するという役割は依然としてあるのよ。」と私に保障してくれた。しかし、そのことと「白人の救世主」との間には明確な境界線がある。

　もちろん、広く浸透している偏見にはさまざまな形式があり、それがあらゆる種類の人々に対して用いられていることを私は見てきた。若いベトナム人男性は、彼の家族が人種的差別の対象とされ敵意に繰り返しさらされたので家族の保護について話しただけなのに、重罪の咎で起訴された。インディアンの女性は、生きる術の選択肢がほとんどなかったので、路上で客を引く売春婦となった。中東部出身の10代の若者は、圧倒的に白人が多い郊外の町で、警察から人種を理由とする監視の対象にされた。貧しいスペイン系の女性は、言語能力と身分のゆえに証言の真実性が問題とされ

---

12 Bay Area：サンフランシスコ湾周辺の地域。主要都市としてサンフランシスコ、オークランド、サンノゼなどが含まれる。

13 Eva Jefferson Paterson：アフリカ系アメリカ人の市民権活動家である弁護士で、California Civil Rights Coalition の共同創設者。

た。加えて、7月4日の合衆国建国記念日の祝宴が彼女の地域ではカントリークラブではなく地域のバーで行われたことも差別の理由だった。これらのどの物語も、以下の各章にて詳述するが、それぞれが固有の教訓を有しており、いずれの事件も、私が弁護士として、また人間として成長をするうえで不可欠なものだった。

　私が法廷弁護士と法学教授という2つの経歴を持っていたことは幸運であった。前者は選択の結果だったが、後者は偶然の産物だった。懇意にしていたロースクール院長からサンフランシスコ大学の法曹倫理科目を教えないかという誘いがあったからだった。こうして、30歳で、私は2つの重要な出来事を立て続けに体験することとなった。1977年12月初めの或る水曜日の午後、私は最初の学期の最後の授業で教鞭をとっていた。翌日の午前中、私は最初の殺人事件の法廷で最終弁論をしていた。まだ、弁護士としては3年未満の経験しかなかった。以来数十年にわたり、私は数多くの陪審員を前にして陪審裁判をしてきたし、たくさんの法曹倫理のクラスを教えてきた。法廷弁護士も法学教授もともに法律家であることを別にすれば、表見的には、2つの専門職に多くの共通点があるとはいえない。しかし、私についていえば、私はいつも、法実務での応用と人間としての根源的な道徳性という2つのプリズムを通して学生を教育してきた。私にとって、この2つの道は共生的なものなのだ。

　私が25年以上も前に最初の本[14]を書いたときには、私は条文化された倫理規則——弁護士が遵守することを要求される、法制度が支持する規則——の字義通りの意味にはさほど関心がなく、それよりも二つの異なった考え方のバランスをとらなければならない場面の方に関心があった。たとえば、依頼者に対する忠誠と裁判所に対する義務とが衝突する場面、あるいは、条文化された規則と一般的な社会の道徳性とが衝突する場面などで、両者のバランスをとらなければ、それぞれの考え方の結末はまったく

---

14 Richard Zitrin et al., "Legal Ethics In The Practice of Law" (LexisNexis, 1995).

違う方向に行ったからである。いくつかの事件を体験して、私は人生を変える自己省察をした。驚くべきことではないが、重要な教訓の多くは規則の条文には書かれていない事柄に関するものだった。たとえば、多くの若き法廷弁護士は、特に彼らが成功している場合、利己心によって自らを粉飾する。私とて例外ではなかった。しかし、経験を積んで、私は、少なくとも、傲慢なプライドを取り除くために合理的な程度の謙遜を備えることができた。謙遜は、実際に、より良き弁護士、そしてより良き人間になるための資質である。

　依頼者の信頼を発展させる——**獲得する**——のにも重要な教訓がある。弁護士の判断において、依頼者の信頼は、法的な技術、経験、能力または知識以上に弁護士が有する最も価値のあるものである。私の依頼者の大半は、私が育った世界とはまったく異なった世界に属していたので、信頼を勝ち得ること、および信頼をはぐくむことは、決して容易ではなかった。しかし、それは常に重要な事であった。信頼とは、弁護士が依頼者に真実を語り、その結果、刑事事件においては、どんな犯罪であっても、依頼者が絶対に元どおりにはならないと理解することを意味する。それは、依頼者と連絡を密にすることであり、可能な限りすべてを開示することであり、わかりやすい英語（または、依頼者の選択する言語）でそれを行うということだ。結局のところ、依頼者は「法律用語」を話さない。それは、双方がタフで正直でいることを意味する。弁護士はしばしば手際よく真実にたどりつきたいと願い、時として、それがさらに困難を招くことになる。しかし、依頼者は、弁護士から「心配するな、俺に任せておけ」という言葉を聞く以上に多くを聞く必要がある——それを最も望んでいる——のだ。信頼とは、事件だけではなく人を弁護しているのを思い出すことであり、依頼者にとって重要なことは、裁判の勝敗ではなく事態が上手く進むことかもしれないのだ。最後に、私が最初の事件で学んだように、弁護士は決して依頼者の身になって体験を共有することはできないと認識することである。大多数の人は、弁護士をも含めて、「あなたがどのように感じている

かよくわかる」と言いたい誘惑に駆られる。しかし、実は、何も**知らない**のだ。依頼者と一緒になって強調することはできる。それを知的に行うこともできる。そして、依頼者の置かれている状況と痛みを共有することはできる。しかし、依頼者が生きてきた過去には一度も行ったことはないのだ。

これ——傲慢vs.謙遜——と密接に関連している論点は、依頼者の自律性を発展させるために依頼者を援助するということである。その結果、依頼者は弁護士以上に自らにとって最善のやり方を決定することができる。私が法曹倫理を教え始めた当初、私が、まさしくこの点を中心的な課題とする事件を扱っていたのは幸運だった。私は、最終的に決定する権限は誰にあるのか、弁護士なのか依頼者なのか？　いや、もっと露骨に言えば、弁護士は依頼者の単なる代弁者なのかあるいは救世主なのかという問いについて、私ははっきりとした見解を持つに至った。このジレンマは、私が依頼者に与えることができる最良の助言を差し控えるのか、または、ある方向が明確に最良であると私が感じる場合にそれを強く押し出すのかということを意味するのではない。しかし、私にとって、あたかも私がすべての解答を持っているかのように依頼者の意思を無視して圧倒することは間違いなのである。

常に存在する、依頼者の利益と裁判所の利益とのバランスをどう取るかという問題に直面したとき、私は可能な限り依頼者の側に立つように努めた。裁判官は、一般的に言って、この姿勢について激怒することはない。私は、特に、自分の法廷を強く支配することを好む裁判官とはそりが合わないことを知っていた。しかし、いつも、私が賛同できなくても敬意を示すことによって、多くの裁判官は、私の姿勢が「個人的恨みに基づくものではない」ことを理解した。とはいえ、裁判官が間違っているときには、私は直に裁判官と喧嘩をする必要があると思うこともあった。多くの弁護士はこれを恐れる。なぜなら、弁護士は専門職として日々の生活をその裁判官と一緒に送らなければならないからだ。しかし、私が裁判官を批判す

る必要があると考えたときには、たとえそれが強烈であったとしても、私が裁判官に敬意を払っており、しかも倫理規則の枠内である限り、私が引き下がらなければならない理由はなかった。私の仕事は依頼者のために最善をつくすことであり、裁判官と上手くつき合うことではなかった。たとえ、抗議が裁判官を激怒させ、または法廷侮辱罪に問われたとしても同じだ。私は、裁判官からの非難を恐れてこうした批判をしない弁護士は依頼者の利益よりも自らの利益を優先させている——大きな倫理的な間違いを犯している——と感じていた。

　最後に、私は満足を見出すということについて多くを学んだ。法廷弁護がストレスに満ちた仕事であることは言うまでもない。そして、私を含めて法廷弁護に携わる多くの弁護士は、ストレスが不健康に作用していることを感じている。陪審裁判はまったくの重労働であり、休日なしで16時間労働ということもよくある。弁護士の自信過剰な傾向にもかかわらず、多くの法廷弁護士は勝利の喜びのために長時間働いているのではない。そうではなく、敗訴の恐怖から逃れるために働いているのだ。私もそうだった。敗訴した場合は、私が至らなかったのであり、私の失敗であった。勝訴した場合、私は安堵した。では、幸福だったかのか？　それは別の次元の問題だった。こう言ったからといって、私が法廷弁護を嫌っていたのではまったくない。私の行ったことは限りなく報いられていたからだ。しかし、私が弁護の在り方と人生を学んだ事件は、その知恵が心理学者からもたらされた事件[15]であり、弁護士によるものではなかったとは言える。

　私の最初の事件を別として、私の事件の多くは新聞の見出しを飾るものではなかったが、だからといって、それらが重要性において劣っていたというのではなかった。著名事件に付き物の絶え間ないメディアの喧騒と不愉快な障害物はなかったが、これらの個人的な物語は生身の人々に関するものでありながら、ありふれた物語ではなかった。これらの物語の多くに

---

15 本書第 10 章参照。

は特筆すべき特徴がある。すなわち、深く考えさせるもの、痛切な悲しみを伴うもの、中には奇妙で、かつ可笑しくて笑いを誘うものなどである。そして、それらは法制度に随伴する不公正と偏見を写し出している。これらの事件の依頼者に対する勝訴の確率は大変低かった。弁護士のなすべき努力として、私たちには、独創的であるのみならず風変わりな方法を考えること——そして、行動すること——が求められた。法廷では、時には、通常のルールによるやり方に代えて、これまで試されることすらなかった新たな法廷戦術を採用した。こうした新戦術は、ここで述べた倫理上の難題によって影響を受ける。本書では、私が奉仕した生身の人間の事件を通じて、これらの新戦術が明かされることになるだろう。

　以下に続く各章は、ユニークな登場人物の個性と、奇妙だが真実である事実と、素晴らしい法廷技術と策略——そして、悲惨な結果に終わった素晴らしくない戦術等——を描いている。私にとっては、いずれもが独自の教訓を持っている。社会正義について、そして、公正、戦術、倫理、道徳性、それ以上のものについて。おそらく、それらが、より良き弁護士になる方法について、そしてまた、法廷の外の世界で、より良き人間——より見識のある人間——になる方法についての教訓であることを、私は願っている。

第 1 章
ジョニー・スペイン、デイヴィッド・メイヤー、そしてサン・クエンティン6人組

カリフォルニア州人民対スティーブン・ビンガム他

1971年 8 月21日、ブラックパンサー[1]のリーダーであったジョージ・ジャクソン（George Jackson）を含む 6 人がサン・クエンティン州立刑務所で殺害された。アメリカの刑務所の歴史上、最も暴力的な事件の一つであり、今に至るも謎が多い。その陪審裁判は、最終的に終了した段階で、当時としてはアメリカ史上最も長期間を要した刑事事件の審理だった。起訴から最後の評決までに15年間を要した。しかし、当初の 6 人の被告人全員に対する評決があったにもかかわらず、オンラインの郡裁判所判決情報では、彼らの終局処分につき「利用できません」と表示される。最初から、この事件には共謀理論が適用されていた。法執行機関が描いた事件の構図は、いわゆる「 6 人組」が過激派の弁護士スティーブン・ビンガム（Stephen Bingham）と通謀して脱走を計画し、結果として殺人を犯したというものだった。弁護側が描いた構図は、刑務官が共謀して、手に負えなかったジョージ・ジャクソンを殺害するための計画を立てたというものだった。

今日では、回顧されることもほとんどなく、新たに明らかになった事実もなく、多くが不明のままで、これからも解明されることなく推

---

1 ブラックパンサー党（Black Panther Party）は、1960 年代後半から 1970 年代にかけて黒人民族主義運動や黒人解放運動を展開した急進的な政治組織。都市部の貧しい黒人居住区を警察官から自衛するために結成されたが、後に、黒人の解放を目指して武力闘争を呼び掛けた。

移するだろう。インターネットに見られる事件の基礎をなす事実関係には数多くの不正確な事実があり、大手のメディアでさえ、同じように不正確である。一般に知られていることは、黒人と褐色人種の6人のうち3人がすべての起訴事実につき無罪とされ、1人だけが殺人罪で有罪とされたが、控訴審で2回にわたり破棄された後、30年以上が経過した後に釈放されたということである。その有罪とされた者が、私の最初の依頼者ジョニー・スペイン（Johnny Spain）だった。

　1973年6月下旬の或る暑い汗ばむ日に、私は新しい上司のデイヴィッド・メイヤー（David Mayer）と一緒に、ジョニー・スペインに会うために、最大級のセキュリティを施された狭い陰鬱な囚人用の2つの接見室のひとつにいた。誰であっても、この接見室で自らの尊厳を傷つけられない者はいなかった。私は、それまでこのような代物を遠目でも見たことがなかった。私は留置場に一度も入ったことはなかったし、ましてや、高度のセキュリティを施された刑務所に入ったことはなかった。壁と壁の間が電話ボックス2個分の幅で、真ん中に天井から狭い筆記用の棚まで覆っているプラスティクの仕切板があり、それが両サイドを分けていた。プラスティク板の下に4インチの高さの重い鋼線でできたメッシュ状の仕切板があった。その仕切板の下に、1インチないし1インチ半の隙間があり、私たちは、その隙間から書類を出し入れすることができた。
　部屋は、ひどく——吐き気を催すほどに——汚く、かつ、ゴキブリの糞によって汚染されていた。私たちは、看守の指示に従って部屋の一方の側に入り、施錠された。もう一方の側に、看守とともにジョニーが到着したが、両足と腰に鎖が巻かれ、別の鎖が首に巻き付けられていた。あたかも彼はセリ場に向かっている家畜のように見えた。2つの短い鎖が腰の鎖と両手錠をつないでいた。ジョニーが筆記をするためには、手が目の前にある紙に届くのに十分な距離まで体を側方に傾けなければならなかった。
　看守はそのままその場に残っており、ジョニーの後ろ3フィートも離れ

第1章
ジョニー・スペイン、デイヴィッド・メイヤー、
そしてサン・クエンティン6人組

ずに座っていた。プライバシーなどはジョークでしかなかった。とはい
え、最も尊厳を傷つけられたのは、私たちが「握手をかわす」方法だった。
私たちが到着した後、ジョニーとデイヴィッドは、狭い底の隙間から指を
差し入れて、指先による「握手」をしたのだ。そして、私も同じことをし
た。

デイヴィッド・メイヤーと一緒の仕事

　26歳のとき、私は2年間のロースクールを卒業したが、何をしたいか確
たる考えもなくサンフランシスコに移った。私は、政治学を専攻して大学
を卒業した後、数年間を経てからロースクールに入ったが、特に弁護士の
仕事に興味があったわけではなかった。ロースクールにいる間、私は学費
を賄うために伝統的なアルバイト先であった非常勤のロークラークをする
のではなく、タクシー運転手をしていた。

　しかし、1973年6月にサンフランシスコに到着した1週間後、私に幸運
が訪れた。以前から大学のルームメイトであったデイヴ(Dave)が——彼
は後に私の妻となる女性を紹介してくれた奴で、そのことが、私が西海岸
に移った理由だった——、彼には2つの就職先のオファーがあると私に
言った。一つは、元裁判官が経営するサンフランシスコの権威のある法律
事務所であり、もう一つは、シティの北にあるマリン郡(Marin County)
で、公衆の耳目を集めていた政治色の強い「サン・クエンティン6人組
(San Quentin Six)」の事件の弁護を手伝う仕事だった。彼は前者を選び、
私に後者を勧めた。私の最初の法律業務とは、1971年8月21日、サン・ク
エンティン州立刑務所(San Quentin State Prison)で勃発した複数の殺人事
件の6人の被告人につき、時給5ドルの弁護士補助職として働くことだっ
たのだ。

　私は、師であるデイヴィッド・ロス・メイヤー(David Ross Mayer)か
ら法と人生について多くを学んだが、その人こそ、最初の面接で私を採用

した人物だった。ベトナム戦争の前、デイヴィッドは南カリフォルニア地区の検察官だった。その後、彼は空軍の法務部隊(the Air Force Judge Advocate General Corps)に入り軍務に就いた。最初の２年間、彼はロードアイランドの南岸にある、ニューヨーク州イースト・ハンプトン(East Hampton)に駐留した。そこでは、おそらく最も楽な軍務を割り当てられた。彼は飛行機の操縦を学ぶ傍ら、妻と幼い息子を連れて浜辺をぶらつく日常を過ごした。それは、彼が沖縄に派遣されるまでのことで、沖縄は北ベトナムへの空爆が開始された後、出撃の拠点だった。沖縄での生活は、ハンプトンでのそれとは180度違うものだった。

　沖縄では、将校および下級兵士の両方が軍人の権力を濫用し、喧嘩、麻薬吸引、そして犯罪が日常茶飯事だった。法務部の下士官として、デイヴィッドは訴追すること、および弁護することの双方を割り当てられた。数件の弁護経験のあと、彼は自分の弁護が上手であることに気づくと同時に、軍事裁判の制度の下では、被告人が圧倒的に不利な立場に置かれていることに気づいた。軍事法廷では、有罪が推定されているとしか思えなかったからだ。空軍では、被告人が自らの弁護人を選ぶことを認めていたので、デイヴィッドの成功の結果、多くの被告人が彼の弁護を望むようになり、彼はリストに掲載された被告人の弁護だけを行うようになった。

　４年間の任務を終える日までに、デイヴィッド・メイヤーが望んだことは、検察官事務所に復帰することだった。彼は最後の２年間で急進的な人間になっていた。彼は、妻と息子を連れてカリフォルニア州マリン郡に移り住み、古い言い方で「左翼的」と称される弁護士として歩み始め、マリン郡やサクラメントの刑務所案件を引き受けた。刑務所内の口コミで彼の評判が急速に広がり、1972年までに、「６人組」の一人であったウィリー・テイト(Willie Tate)が、デイヴィッドを彼の弁護人に指名するように裁判所に要求した。公設弁護人[2]は共犯者の一人しか弁護をすることができな

2　public defender：被疑者または被告人が貧困のために弁護人を雇えない場合に、公費によって選

32

第1章
ジョニー・スペイン、デイヴィッド・メイヤー、
そしてサン・クエンティン 6 人組

かったので、 6 人の被告人の残り 5 人は、事実審裁判所[3]が弁護人を任命する必要があり、その弁護費用は州が負担することになっていた。しかし、デイヴィッドがウィリーの弁護をすることはなかった。その理由は、今でも私は間違っていると思っている検察官の異議申立を受けて、陪審裁判を主宰する裁判官ヘンリー・ブロデリック(Henry J. Broderick)が、デイヴィッドの弁護を望む依頼者にその希望どおりに指名することを拒否したからだった。代わりに、裁判官はデイヴィッドをジョニー・ラリー・スペイン(Johnny Larry Spain)の弁護人として指名した。グループの中で唯一のブラックパンサー党員であり、最もジョージ・ジャクソン(George Jackson)と密接に結びついていた人物だった。

刑務所で起きた暴力

　いわゆるサン・クエンティン 6 人組事件は、1970年から1971年にかけてカリフォルニア州の刑務所の中またはその周辺で起きた一連の暴力事件の最後のものだったが、いずれの事件にもジョージ・ジャクソンが関わっていた。ジャクソンはガソリンスタンドから70ドルを盗んだ事件で有罪答弁をした後に刑務所に入っていたが、当時の刑期は 1 年から無期までの「不定期刑」といわれるもので、受刑者が刑務所内で行う行動いかんによって刑期が決定されることになっていた。今日では、この刑の「無期」の部分は残虐で異常な刑罰を意味し憲法違反と考えられているが、当時は、そのようには考えられていなかった。当時、ジョージ・ジャクソンにとっては、それは死刑であった。

　サン・クエンティンでの最初の服役中に、ジャクソンはブラックパンサー党に加わり、受刑者仲間のノレン(W.L.Nolen)からマルクス主義理論

　任される弁護人。ここでは常設の公設弁護人事務所に所属している専任の弁護人を指しており、複数人の弁護は利益相反となるので、共犯者の一人にしか弁護人になれない。

3　the trial court：事実審理、すなわち陪審裁判を担当する第一審裁判所。

を学んだ。1969年初頭、ノレンとジャクソンはともに、モントレー（Monterey）からそう遠くないソルダッド州立刑務所（Soledad State Prison）に移送された。1年後の1970年1月、一人の看守がソルダッド刑務所の敷地内で受刑者に数発の銃弾を撃ち込んだ。表向きは、暴動を鎮圧するという名目だった。ノレンを含む3人の黒人収容者が一人の看守に殺されたのだ。大陪審[4]は、すぐに、正当な殺害行為であったとしてこの看守を訴追しない決定をした。同じ1月の下旬、別の看守が受刑者に撲殺され、刑務所の階上から中庭に投げ捨てられた。ジャクソンは、この看守殺害の罪で起訴された3人のうちの1人だった。彼の弁護人フェイ・ステンダー（Fay Stender）は、犯罪はでっち上げだという彼女の考えを公にするために、ジャクソンが彼女に書き送った一連の手紙をもとに、ジャクソンと2人の共犯者を意味する「**ソルダッド・ブラザー**」[5]と題する本を編集・出版し、それはベストセラーになった。1970年の末までに、ジョージ・ジャクソンは称賛を受ける著名人になった。そして、彼はサン・クエンティンへ送り返された。この時の送り先は刑務所の矯正センター（the Adjustment Center）だった。

　1971年8月21日、ソルダッド・ブラザーズ事件の陪審裁判がちょうど1週間の閉廷中であったその日、ジャクソンは矯正センターの外で銃撃されて殺された。当局の主張では、彼はスペイン内戦時代の半自動拳銃である9口径のアストラを入手した後、逃走しようとしたとされた。他の5人、すなわち、3人の看守と2人の「信頼できる」白人の収容者——矯正センターに食料を配達する係という体制側の受刑者——も、同じ日に死んだ。ジョニー・スペインはジャクソンの後をついて行ったが、矯正センターの外で、殺されずに逮捕された。

　1973年春、陪審裁判が始まる前の段階で、事件は停止した状態のままで

4　grand jury：起訴陪審とも言う。起訴を相当とするだけの証拠があるか否かを審査する陪審。審理自体は非公開で、検察官は出席して証拠を提出するが、被疑者と弁護人は出席しない。

5　Soledad Brother: The Prison Letters of George Jackson (1994, LAWRENCE HILL BOOKS).

第1章
ジョニー・スペイン、デイヴィッド・メイヤー、
そしてサン・クエンティン6人組

あったが、デイヴィッド・メイヤーがジョニー・スペインの新たな弁護人に指名された。その数カ月後、私が弁護団に加わった。

私が仕事についた最初の週に、デイヴィッドは私を新しいマリン郡市民センター（Marin County Civic Center）に連れて行った。フランク・ロイド・ライト（Frank Lloyd Wright）[6] のデザインを取り入れ

いわゆる「ソルダッド・ブラザーズ」。左からジョージ・ジャクソン、フリータ・ドランゴ、ジョン・クラチェット。1970年撮影。ジャクソンは、「逃亡者の生成」という見出しとともにアンジェラ・デイヴィスの写真が掲載された雑誌ライフを持っている。

たこの途方もない建物は、2つの高低差のある丘の両側に建てられた2棟の建物として存在し、中央には丸天井の大広間空間があった。建物全体を通して円形のモチーフが用いられており、アーチ形の入口が反復され、円窓、そして見慣れない円形に形づくられた法廷があり、そこに陪審員、裁判官、弁護人と検察官があたかも円形劇場の中の役者でもあるかのように座っていた。

私は、まさしくその場で、市民センターの持つ建築上の歴史ではない別の歴史を学んだ。1970年8月7日、その年の1月にソルダッド刑務所で起きた殺人事件の後、そして、サン・クエンティン大惨事の1年前、ジョージ・ジャクソンの17歳の弟ジョナサン（Jonathan）がトレンチコートの下に銃を隠し持ち、円形の法廷の一つに入って行った。その法廷では、被告人

---

6 「近代建築の三大巨匠」の一人であるアメリカの建築家。日本の帝国ホテルも彼の建築作品である。

ジェームズ・マクレイン（James McClain）のサン・クエンティン刑務所の看守に対する暴行罪の審理が行われていた。ジョナサンは、まず、留置房からマクレインと他の2人の受刑者を解放した。その後、この4人組は、事実審裁判官ハロルド・ヘイリー（Harold Haley）の首に撃鉄を起こしたショットガンをテープで括りつけた後、4人の人質——3人の女性陪審員とハロルド裁判官——をとって法廷から逃走した。法廷の廊下には、彼らが、ソルダッド・ブラザーズの釈放を要求する間、その写真を撮らせるために招いたカメラマンたちがいた。主任検察官のゲイリー・トーマス（Gary W. Thomas）も拉致されたが、彼はこの事件の起訴検察官であり、妻はヘイリー裁判官の姪であった。彼が法廷で捕らえられたのか、あるいは、誘拐犯らが階下で待機しているバンに乗り込むためにエレベーターに向かう際に捕まったのかはわからなかった。

　保安官事務所の保安官[7]は、グループが法廷から移動し裁判所廊下から階下に向かう間に発砲した。しかし、銃声が止んだときには、誘拐犯とトーマスを含む5人の人質はバンの中におり、車は発進した。何者かが一発撃った。そして、銃撃戦が続いて起こり、結果として、ジョナサン・ジャクソン、マクレイン、そして受刑者1人が殺害された。4人目の銃撃戦の被害者ルチェル・メイジー（Ruchell Magee）は重傷を負った。検察官のトーマスは胸を撃たれたが、後に、その銃弾はサン・クエンティンの看守の銃からのものだったことが判明した。ヘイリー裁判官は殺害された。トーマスによれば、メイジーがヘイリー裁判官を射殺したとされたが、弾痕の鑑定によれば、首に巻きつけられていたショットガンが暴発したものか、バンの外から発射された他の弾丸が当たったものかは不明だった。

　後に、ショットガンと他の2丁の拳銃が、過激な政治的発言で全米の注目を集めていた著名人のアンジェラ・デイビス（Angela Davis）[8]の名前で登

7　sheriff：郡の選挙によって選任される法執行官で、治安の維持等を行う。

8　著作家、学者であると同時にアメリカの左翼運動の活動家。1969年からUCLAの助教授を務めていた。2008年には、カリフォルニア大学サンタクルーズ校の名誉教授となった。

第 1 章
ジョニー・スペイン、デイヴィッド・メイヤー、
そしてサン・クエンティン 6 人組

録されていたことが判明した。1969年秋、当時の州知事ロナルド・レーガンの強力な支持を受けて、UCLA（カリフォルニア大学ロサンゼルス校）はデイビスを共産主義者だとして解雇した。すぐに、裁判官が彼女を復職させたが、1970年 6 月、UCLAは再び彼女を解雇した。その理由は「扇動的な表現」を使用したというもので、たとえば、警官を「ブタ」と呼んだとか、「カリフォルニア大学の評議員らはバークレー校の言論の自由を支持するデモ隊を『殺し、暴虐を尽くして、葬った』」とかの表現を例示した。

　解雇後 2 カ月も経たないうちに、今ではセレブであるが、アンジェラ・デイビスは、ジョナサン・ジャクソンのトレンチコートの下に隠されていた 3 つの武器を購入していたのだった。デイビスは、即座にこの地区から逃れたがすぐに発見されて逮捕され、殺人罪で起訴された。そして、負傷から回復したメイジーも、同様に起訴された。

私がカリフォルニアに来た当時の状況

　私がカリフォルニアに到着したときには、マリン郡市民センターでの銃撃事件からほぼ 3 年、サン・クエンティンでの死亡事件から 2 年が経過していた。その時までに、アンジェラ・デイビスはすべての起訴事実につき無罪となって釈放されていたが、それは、アトランタから移ってデイビスの弁護団に加わったハワード・ムーア・ジュニア（Howard Moore, Jr）の力によるところが大きかった。ムーアはジョージア州に戻って、過激派のストークリー・カーマイケル（Stokely Carmichael）とラップ・ブラウン（H. Rap Brown）の弁護をし、そして、ジョージア州議会議員に選出されたジュリアン・ボンド（Julian Bond）（後の全米黒人地位向上協会[9]〔NAACP〕の議長）の議員就任をジョージア議会が拒否していた事件で、議員就任を認め

---

9 National Association for the Advancement of Colored People：略称 NAACP。アメリカにおいて黒人の権利と福祉を推進するために設立された全米規模の市民権団体。

るアメリカ合衆国連邦最高裁の全員一致の判決を獲得していた。他方で、ソルダッド刑務所の中庭で殺されたノレンと２人の黒人受刑者の遺族は、刑務所と８人の看守に対する民事訴訟で27万ドルの損害賠償額の評決を得ていた。そして、ジャクソンと一緒にサン・クエンティン矯正センターに移送されていたソルダッド・ブラザーズ事件の残りの２人ジョン・クラチェット（John Clutchette）とフリータ・ドランゴ（Fleeta Drumgo）も殺人罪で起訴されたが、1972年初頭に無罪放免となった。

　アンジェラ・デイビスの共犯とされたルチェル・メイジーは、「刑務所内弁護士」[10]として広く知られていた。彼は、自分自身の弁護をも含め、複雑な一連の戦術、申立、そして弁護人を駆使して活動していた。彼は、ある州から別の州へと事件の管轄裁判地の変更をいくつか実現していた。すなわち、マリン郡からサンフランシスコへ、サンタクララへ、そして、またサンフランシスコへ戻すといった具合であった。彼の起訴事実は誘拐とヘンリー裁判官の殺人であり、最終的に、1973年の初頭、サンフランシスコで陪審裁判が始まった。しかし、陪審裁判では何も決着しなかった。1973年４月、十数週に及ぶ証言の後、陪審員は評決に至ることができなかった。すなわち、殺人罪および強要目的の誘拐罪につき無罪とするのに11対１、逆に、単純な誘拐罪につき有罪とするのに11対１で全員一致にならなかった。再審理の日程が決まり審理の開始を待っているその年の６月に私がサンフランシスコに到着したのだった。

　一方、６人組の事件自体は、私が到着する少し前まで停止されたままだった。1971年10月１日付起訴の直後に、ブロデリック裁判官は、マリン郡の公設弁護人による弁護が受けられない５人の被告人の弁護人を指名した。当時、マリン郡地方裁判所は弁護人を指名する正式な方法を持っていなかった。多くの場合、裁判官が弁護士会の「尊敬できる」会員の中から選

---

10 jailhouse lawyer：法律家ではないが、刑務所などの収容施設内で仲間の法的な申立を援助する人間を指す。

第 1 章
ジョニー・スペイン、デイヴィッド・メイヤー、
そしてサン・クエンティン 6 人組

び出すだけで、ブロデリックに従順な者の中から選ばれるのが常であった。弁護人を指名する前に、裁判官は、始めに、残っている 5 人の被告人ごとに同じ質問をした。「この事件であなたを弁護する弁護士がいますか？」裁判官の質問が、サン・クエンティン 6 人組事件の被告人フリータ・ドランゴの番になったとき、ドランゴは、弁護人がいるだけでなく、その弁護人が法廷にいると述べた。それはリチャード・ホッジ（Richard Hodge）のことで、彼は前の地区主席検察官（DA）[11]であり、殺人事件および刑務所事件の双方の陪審裁判を経験していた。ホッジは、裁判所に対し、ドランゴの弁護人を引き受けること、および弁護をつつがなく行うことを告げた。しかしながら、ブロデリックはドランゴのこの要請を無視し、代わりに、リチャード・ブレイナー（Richard Bleiner）という名前の弁護士を指名した。

　リチャード・ブレイナーは、その地域でよく知られた弁護士であり、後に尊敬される裁判官になった。しかし、彼は一度も殺人事件を扱った経験がなかったうえ、その指名のあった日、法廷にはいなかったし、彼は弁護人就任の意向をほのめかしてもいなかった。そして、ドランゴも、ブレイナーを信頼する根拠が何もなかったので、ブレイナーの弁護人就任を望んではいなかった。ブレイナーがドランゴの弁護人として最初に行ったことは、ドランゴに自分で選んだ弁護士リチャード・ホッジを得させるために、控訴審裁判所に弁護人選任の不服申立をして「執行令状を取った」こと[12]であった。「令状を取る」は、すぐに、この尋常ではない事件の弁護側の合言葉となった。

----

11 District Attorney：合衆国地方裁判所の裁判区ごとに連邦の検察活動を統括するため大統領に任命される 1 名の合衆国検察官。管轄区内の検察機構の長であり、数多くの平検事（Deputies）によって補佐されるのが通例である。

12 take a writ：控訴審裁判所から命令状を得ること。我が国の刑事訴訟法の下では、手続に関する不服申立である「抗告」を控訴審裁判所に行う場合には「抗告裁判所」となるが、本書では「控訴審裁判所」の訳で統一した。なお、控訴審裁判所に令状を求める申立は「請願（petition）」であり、控訴審裁判所の裁量判断に委ねられるので、申立理由に対して事実審理をして判断を示す必要のある「控訴（appeal）」とは異なる。

異議申立が棄却されるのはいつものことである。通常の流れでは、棄却決定に対する不服申立ができるのは事件が終結してからだが、サン・クエンティン6人組事件ではそうではなかった。訴訟当事者には、上訴裁判所に対して「職務執行命令または職務禁止命令」[13]を求める請願を許す昔からの手続がある。前者は、事実審裁判所にある行為をするように命ずるものであり、後者は、事実審裁判所にある行為をしないように命ずるものである。上訴裁判所に職権発動を求める請願は、通常1頁三行半の決定で却下されるのが95％であるが、逆に言えば、5％は認容される。6人組事件では、私たち弁護人の全員がこの5％を目指した。棄却された申立のほとんどにつき、誰かが上訴裁判所に職権発動を申し立てて「執行令状をとること」を実践した。

　ブレイナーがドランゴの代理人として行った不服申立は、この5％の一例であった。控告審裁判所は口頭弁論を開くことに同意し、その結果、1972年1月に事実審裁判所は休廷となった。最終的に、控訴審裁判所は、ドランゴには訴訟の開始時点から弁護人となることを承諾していた資格のある弁護士がいたのであり、その就任を認めても、訴追に悪影響を及ぼすことも陪審裁判を遅延させることもなかったと述べて、裁判官の全員一致でドランゴの主張を認めた。しかし、検察官がこの決定に対しカリフォルニア州最高裁判所に不服を申し立てた結果、同裁判所は4対2の多数意見——3対3であれば、下級審の決定が支持されたのだが1票不足していた——で、たとえ本件の事実関係の下であっても、貧困な被告人が弁護人を選ぶ権利はないと判示して控訴審決定を覆した。スタンレー・モスク判事（Justice Stanley Mosk）は少数意見の中で次のように書いた。「効果的な弁護には、熱意、経験、法律に精通していること以上のものが含まれる。いわゆる弁護士・依頼者間の特別な関係（The attorney-client relationship）があってこそ信頼と相互の協力が期待できるのであり、特に弁護人が依頼者

---

13 writ of mandamus or prohibition：職務執行を命ずる令状または職務執行を禁ずる令状。

第1章
ジョニー・スペイン、デイヴィッド・メイヤー、
そしてサン・クエンティン6人組

の自由を擁護しているときにはそうである。」しかし、多数意見はこれに賛同しなかったのだ。

　こうして、6人組事件がマリン郡地方裁判所に戻ったのは1973年春のことだった。この時までに、最初に裁判所から指名されていた弁護人の何人かは、他の仕事への支障を理由に、あるいは、あまりにも気の重い事件で、かつ、過激な政治性を帯びた事件であるので巻き込まれたくないという理由から、辞任を裁判所に申し出ていた。ブレイナーはその辞任申出を最も強く行っていた者であり、彼は弁護人を辞任した。彼の後任には、リチャード・ホッジではなく、政治的には過激派の弁護を担うには似つかわしくない弁護士であった保守系の前の地区主席検察官マイケル・ダフィシー（Michael Dufficy）がなった。そして、ジョニー・スペインには、また、新しい弁護人がついた。すなわち、デイヴィッド・メイヤーであった。

サン・クエンティン州立刑務所

　サン・クエンティンは、サンフランシスコ湾を見下ろす郊外のマリン郡の海岸線に沿った風光明媚なところに位置している。しかし、サン・クエンティン刑務所は素敵な場所ではない。その当時、そこは、やはり著名な犯罪映画に登場する悪名高きセキュリティの厳格な要塞だった。刑務所の中でも最もセキュリティの厳格な建物である「矯正センター（AC）」の3階に、有名なガス室とともに死刑囚監房があった。ACの1階つまり地上フロアは、刑務所の中でも最も高度なセキュリティを有しており、「行政的特別区域（administrative segregation）」——独居拘禁棟といった方がよくわかる——と称されて特別な目的のために設置されていたが、収容者や関係者は「穴倉（the Hole）」と呼んでいた。6人組の被告人は、運動することを許されず、1日のうち23時間半拘禁され、1週間に数回のシャワーを浴びることができるだけだった。私は、いかに刑務所の生活が残酷かについてサン・クエンティン刑務所から多くを学んだ。

41

デイヴィッドの弁護士補助となった最初の1週間の間に、私はサン・クエンティン刑務所の中に2度入った。私たちにとって、そこに入ることは簡単ではなかった。私は予想しておくべきだったが、看守が私たち——3人の看守仲間を殺したとして起訴されている人間の1人を弁護する2人——に向ける敵意の程度は半端ではなかった。彼らは、ほんの少しだけ定められた手続に従うものの、敵意は隠しようがなかった。

　私たちが、メモ用紙、筆記具、提出予定の書面の原案、裁判所への嘆願書を持って入口である東門に行くと、入口の看守に持ち物すべてを提出しなければならなかった。最初の闘いが始まるのはこの時だった。看守は、私たちのブリーフケースの中を見せるように要求した。デイヴィッドは、弁護士・依頼者間の守秘義務と秘匿特権があることを述べて拒絶した。しばらくの間をおいて——10分？　30分？——、私たちは次の闘いへと向かった。「収容者スペインは面会できません」。私の最初の2回の訪問時に、面会できない理由が何であったのかを今思い出すことはできない。しかし、その理由にはさまざまなものがあった。すなわち、昼食を食べている最中だ、または、運動中だ、または「こちらに向かっているところだ」。この意味は、刑務所内のある場所から別の場所への移動中で、接見室に連行する看守を待つために必要な時間がかかるということだ、または、人手不足で連行してくる看守がいない、または、……。

　とはいえ、最終的に、私たちは金属探知機を通過することを許されるのが常だったが、この金属探知機が第三の闘いの相手だった。この金属探知機は、私たちが通り抜けようとすると、いつも過剰に反応するように感じられた。他の人、すなわち普通の受刑者の友人や親族といった人が同じゲートをくぐるときには、問題が生ずることはずっと少なかった。ところが、私たちの場合は、通常、2回、3回と繰り返さなければならなかった。

　一旦そこを通り抜けると、私たちは係官と一緒に屋外に出て、刑務所の接見室に続く駐車場敷地を歩くことができた。接見室では、収容者とその

第 1 章
ジョニー・スペイン、デイヴィッド・メイヤー、
そしてサン・クエンティン 6 人組

家族や友人が大きな解放された部屋でテーブルについて会話する「対面訪問」ができた。すべての収容者に弁護人の訪問を受ける権利が保障されていた。この弁護人訪問には立会人がつかないこと、および、個別の部屋が用意されることとされていた。しかし、サン・クエンティン 6 人組の場合にはそうではなかった。代わりに、私たちは、矯正センター収容者用に設置された 2 つの小さな、ひどく汚い部屋の一つで接見するのだった。

　私は、何年間もの間、この初期の訪問を意識していたとは思えない。私は、ある意味、ショック状態でいたに違いない。私は徐々に、後から得た知識によって、すべてを受け入れていったが、それを別の言葉で言うならば、経験ということなのだと思った。しかし、それは、程なくして、通常の規範となった。その後の数カ月間、私は何十回となくこの部屋を訪れた。そして、しばらくして、私はこの環境に対して鈍感になり、それが象徴しているものが何かについても鈍感になったことは間違いない。

ジョニー

　続く 6 カ月間、私はすべての申立の調査と起案に携わった。私は多くの日々をサン・クエンティン刑務所で過ごした。私自身の面会資格による時もあったが、通常は、私の特別登録証とデイヴィッドの認可状を持参しての訪問であった。あの小さな薄汚い接見室でジョニーと話しながら、私は、彼と彼の共犯者が矯正センター 1 階で毎日何と直面しているかを知った。少なくとも23時間、6 フィート×8 フィートの独房での拘禁。最大で 1 時間の運動時間が週に 5 回——階下と階上の往復時間、ストレッチ、他者の訪問、またはドミノのゲームプレイと多くの時間はない。週に 2 回のシャワーは、時間と水量が看守によってコントロールされた。シャワーのある日には、運動がないこともしばしばあった。独房から移動させられるときには、決まって催涙ガスが使用された。1 階の収容者にとって、屋外での時間は、訪問のために刑務所の中庭を看守に連れられて通り抜ける

──そう、新鮮な空気を吸える──とき以外には**一切なかった**。週に１人または家族の１回だけの訪問。加えて、連行されるときには、足に鉄球、腰に手錠と結びついた鎖、そして、首の周りに巻かれた鎖を身に着けなければならなかった。

　劣悪な環境をもっと知りたいって？　独房の床だ。特に、排水溝がない床では、粗末な配管のために頻繁に水浸しとなり、トイレが溢れ出し、階上の水が階下にしたたり落ちた。手紙の検閲は日常的だった。テレビもラジオもなかった。学問的ないし職業訓練的な勉強の機会はなかった。そして、２つの「保護房」、すなわち刑務所側から見て違反行為があったと判断された者を収容する部屋があり、そこには洗面台も「排泄」のための床穴もなく、部屋の外からしか消すことのできない200ワットの電球が備えられていた。

　こうした状況の下で、私たちの会話ができなくなることがよくあった。この環境はあまりにもひどくて──破壊的かつ非人道的で──、私は、こうした条件下で生活することはジョニーの身体および精神に甚大な悪影響をもたらすに違いないと思った。ジョニーは、法的な各種の申立よりも、こうした状態が残虐で異常な刑罰を禁止した憲法に違反することを主張する**ヘイビアス・コーパス(habeas corpus)** [14]の請願を私にしてもらいたかったのだろう。しかし、請願には厳格な提訴期間はなかったのに対し、彼と他の者がやはり望んでいたすべての法的申立には急速に迫ってくる期限というものがあった。

　ジョニーの真後ろに座った看守がいる中で、私たちが微妙な論点について話すときは、通常、黄色の法廷用メモ用紙に書いて、それをアクリル板越しにお互いが見せ合うという「筆談」をし、後で誰が何を書いたかがわからないようにボールペンで徹底的に塗り潰した。ジョニーは、彼の書いた

---

14 habeas corpus：人身保護令状。裁判所が身体拘束の合法性を審査し、違法と判断すれば、ただちに拘束を解き、その者を自由にする裁判所の令状を指す。

第1章
ジョニー・スペイン、デイヴィッド・メイヤー、
そしてサン・クエンティン6人組

ものを私が刑務所から持ち出すことができるように訪問の最後に手渡すのが常だった。私は、彼のことがとても好きになり、そして、事実、私は今でも彼を称賛している。当時、私はジョニーが私を好いているかについて考えたことはなかったが、今振り返ってみれば、彼も私を好いていたと思う。しかし、当時、私は彼を助けることに専念していたのであり、好かれているかどうかには関心がなかった。

こうした訪問を続ける間に、ジョニーと私は穏やかな信頼関係を築いていったが、残念なことに、デイヴィッドはジョニーとこうした関係を一度も築かなかった。ジョニーではなく、ウィリー・テイトが、デイヴィッドに彼の弁護人になることを求めていた。ブロデリック裁判官が、デイヴィッドに対し、ウィリーの代わりにジョニーを弁護するように指名したとき、ブロデリック裁判官は、ジョニーが完全には乗り越えることのできない疑念の種を植えつけたのだった。いかに、私たちの発展させた信頼関係が小さな奇跡であったことか。今日に至るまで、それはひとつの教訓として私の中に残っている。私は、話し好きという生来の傾向を抑制し、代わりに、注意深い聴き手になろうと努めた。そして、私はまったくの新米ではあったが、サン・クエンティン刑務所に入って行き、便所よりも狭い小さなゴキブリの糞で汚染された接見室でジョニーと会って、「俺を信じろ！」などとはとても言えないことを理解する程度には十分な人生経験を積んでいた。信頼をかち得なければならないことがあまりにも明白な場所に私がいたことは幸運だった。

ジョニーの刑務所体験だけではなく、彼の人生経歴も私の情緒的な理解を超えていた。私は、ジョニーの人生がどのようなものであったかについてたくさんのことを知ったが、彼の人生に私自身が踏み入ることは決してできないことにも気づいていた。

ジョニーは貪欲に本を読んだ。彼は努力家の学徒であった。私たちが1対1の面談を始めた当初、彼が言うところの「混血児」について、彼が読むことのできた書物からすべてを吸収していた。彼は、今日では、私たちが

「ハーフ」と呼ぶ子供たちが直面する問題に強迫観念を抱いていた。私たちは、訪問の多くを、この問題を議論するのに費やした。彼の関心は無理からぬものだった。というのも、彼は白人の母親とその愛人の黒人との間に生まれた子で、6歳になるまでミシシッピー州の白人の家庭に白人として育った。彼の兄弟姉妹は、母親とその夫との間に生まれた白人の子供であった。6歳になるまでに、彼は白人で通すにはあまりにも肌の色が黒くなり始めたので、彼の母親はロサンゼルスのワッツ（Watts）に住む黒人家庭に彼を養子に出した。彼は、文字通り、西海岸に至る鉄道の移動中に白人から黒人へと人種を変えたのだ。

　最初から、ジョニーは他の者とは違う自らの状況の心理学的違いを強調した。彼は自らが動物のように扱われていると感じていた。彼は、スタンフォード大学の若き教授フィリップ・ジンバルド（Philip Zimbardo）[15]の業績に強く惹かれていた。ジンバルドは、1971年夏、スタンフォード大学心理学教室の建物で、男子学生を「看守」と「収容者」に分けた。ジンバルドは、広範な絶対的権限が学生の役割に与える影響を測定したいと考えていた。結果は驚愕するもので、かつ、劇的なものだった。収容者の不服従──泣きわめき、うつ状態、怒り、ハンガーストライキ──が大きければ大きいほど、看守はサディスティックになり、収容者を1人だけの状態に隔離したり、寝台や毛布を剥奪したり、その他の同じようなことを行った。ジンバルドは、彼が想定していたよりもはるかに、そうした権力状況が人間の行動に強力な影響を及ぼすことを理解した。彼は、早々に、実験を終了した──皮肉なことに、その日1971年8月20日は、サン・クエンティン6人組の大惨事が起きる1日前だった。

　ジョニーは、ジンバルドの実験から得た教訓と密接に関連する詩を書いていた。彼は、それを「フランケンシュタインの怪物、彼らに捧げる詩」と

---

15 アメリカの心理学者でスタンフォード大学名誉教授。1971年8月14日から同月20日まで行われたスタンフォード監獄実験（本文参照）の責任者。

第 1 章
ジョニー・スペイン、デイヴィッド・メイヤー、
そしてサン・クエンティン 6 人組

呼んでいた。それは、このように始まる。

　　　私はフランケンシュタインの怪物
　　　たとえ、どんなに美しくても
　　　私は醜い
　　　私を創造した者にとっては

　そして、詩はこのように終わる。

　　　私はフランケンシュタインの怪物
　　　なぜなら、私は還ったから
　　　私に還るように求めた人の許へ
　　　私自身の許へ

　残念なことに、ジョニーと共同被告人が直面していた拘禁状態を変えたいというジョニーの願いを叶えるという私の思いが増すにつれて、私はその時期を待たなければならなかった。ジョニーは、審理前の申立を終了するためにはこうした非人道的な状態についての関心を後回しにしなければならないことを理解していた。そして、私がこうした申立、特に、証拠と事実の歪曲に対して抗議しなければならない申立に尽力するために、私は関連する事実を知る必要があった。それを実行するために、私は、1971年に彼が初めて裁判所に出頭した際の記録を読むことから始めた。

ジョニーと裁判官

　私は記録を読んで、すぐに、ジョニーが並外れて頭がよく覚えが早いのと同時に、流暢に言葉を操ることができる人間であることを理解した。私がはっきりとそのことに気づいたのは、ジョニーとブロデリック裁判官と

の長い会話だった。ジョニーは言葉巧みに裁判官とのやり取りで主導権を取っていた。自分の設定した範囲内で、ジョニーが主にテーマを支配し、裁判官はそれに答えるだけだった。

　ジョニーは、初期の審問において、膨大な数の論点を提起していた。たとえば、自らの弁護人を自らが選ぶ権利、彼の居房から押収した物品を返還すること、一定の本を受け取り、それを居房で保管する必要性、刑務所が些細なことを制裁対象とする文書の発行禁止、彼に許可されている鉛筆が普通の鉛筆ではなく「絵画用鉛筆」であることを証明するために、裁判官に見せることまであった。ジョニーは、裁判官が刑務所に命じた10項目の指示事項を示して、刑務官がそれらに違反していることを裁判官に伝えた。刑務官は「第1項、2項、4項、5項、6項、7項、9項および10項」に違反していると。

　1971年10月15日、2回目の審問のやり取りが約半時間行われた後、ブロデリック裁判官はジョニーに次のように尋ねた。「わかった。スペイン君、それで終わりかね？」ジョニーの答えは完璧だった。「えーと。私が他の何かを考えることができるまで待ってください」。2週間後、ジョニーは、さらに裁判官をおよそ半時間言葉の迷宮に誘うことになる「他の何か」を考えていた。その中には、ジョニーの弁護人に指名された弁護士に対してジョニーが「この人は誰ですか？」と言って、繰り返し行った反対の意思表示も含まれていた。この裁判官との対話の最後近くに、ジョニーは、裁判官が拒否していたジョニーの自己弁護のために必要だとして求めた本を改めて要求した。

　　ジョニー　　極めて明白なことですが、裁判官はこれらすべての本を読んでいません。
　　裁判官　　そのとおり、私はすべての本は読んでいない。
　　ジョニー　　それなら、読んでもいないのに、あなたはどうして必要ないとして拒否できたのですか？　それは、まさしく偏見です。

第1章
ジョニー・スペイン、デイヴィッド・メイヤー、そしてサン・クエンティン6人組

　再度、これらの証言録を読んでみて、私は、彼が日々過ごしてきた法廷のイメージを心の中に一貫して描くことができた。ブロデリック裁判官は、黒い法服をまとって、一段高くなった椅子に腰かけていた。ジョニーは、外側に大きくはみ出したアフロヘアーで、椅子にもたれ掛かっていた。というのも、鎖がきつくて直立すると体が痛かったからだ。私にとって、全体的に不平等な立場から見て、ジョニーの方が裁判官よりも対等以上の存在であったことは明らかだった。

　ジョニーが最初から繰り返し提起していた論点は身体拘束についてだった。すなわち、6人組が装着を強制されていた鉄の足枷及び手錠と結びつけられた腰の鎖のことだった。以下に、第2回目の審問の証言録から引用する。

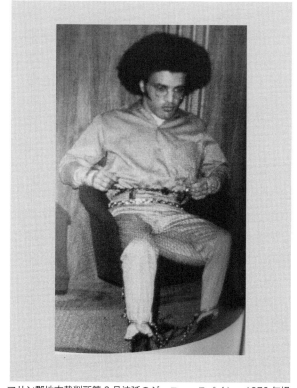

マリン郡地方裁判所第3号法廷のジョニー・スペイン。1973年撮影。

　ジョニー　私は、裁判官に、私に嵌められている手錠をみていただきたいと思います。……私の血流は、サン・クエンティン刑務所を出てから、遮断され

ています。……

裁判官　わかった。他に裁判所に言っておきたいことがあるか？

ジョニー　私は裁判官にこの手錠を見てもらい、どれほどきついかを知ってもらいたいのです。

裁判官　手錠はここから見える。手錠は小綺麗に……、うーむ、どう言えばいいかな……でも、降りて行って手錠を検証するつもりはない……

ジョニー　裁判官が見ることができるように、私の方からそっちへ数フィート近づいて行ってもいいですか？

1971年8月21日

　1971年8月21日、矯正センターで何があったのかを正確に知る者は誰もいない。入手可能なあらゆる報告書と証言録を読んだ私にしてもそうなのだ。しかし、「それはなかった」と私たちが信ずるに足る事柄はあった。その一つは、どうやってジョージ・ジャクソンが矯正センターに銃を持ち込んだかに関する検察側のストーリーであった。デイヴィッドと私は、冗談半分に、お互いにこんなふうに考えた。ジョージ・ジャクソンは、片手でカツラをさっと取り、もう一方の手でカツラの下に隠した9インチの長さのアストラ銃を握っていた。そして、**第三の手**が銃身に弾倉をはめ込んだ。それはありえない。あるいは、ジャクソンの弁護人の一人であったスティーブン・ビンガム、またはその調査員であったヴァニータ・アンダーソン（Vanita Anderson）が、銃と同じ長さのテープ・レコーダーのケースに銃を入れて刑務所の中に持ち込んだ。しかし、これが実現可能とはとても思えない。あるいは、ビンガム、6人組および「他の誰か」との間で共謀があった。しかし、これには根本的な問題があった。すなわち、**他の誰かとは一体誰なのか**、誰かもわからない事件を私たちはどうやって弁護することができるのか？

50

第 1 章
ジョニー・スペイン、デイヴィッド・メイヤー、
そしてサン・クエンティン 6 人組

　私が起訴に導いた大陪審の証言録を熟読し始めたので、デイヴィッドは
事実関係の詳細を抽出するのにもっと多くの人手を必要とした。それで、
私のロースクール時代の古くからの親友ビル・ベイリン（Bill Balin）を雇っ
た。彼は事実経過の詳細な要約をするために、サンフランシスコにやって
きた。証言録は謎に満ちていた。ジョージ・ジャクソンがビンガムと接見
するために居房を出たこと、および、接見の前に身体検査を受けたことは
明らかだった。ビンガムが接見時間よりも早い時刻、午前10時15分ごろに
到着していたこと、しかし、——私たちがそうしなければならなかったよ
うに——彼が、接見開始前の数時間、待たなければならなかったことも明
らかだった。接見が午後２時20分ごろに終了したこと、ジャクソンが午後
３時ごろ——接見から戻る通常の時間である——に矯正センターに戻った
ことも明らかだった。その後、ジャクソンが矯正センターから逃走した
際、銃で撃たれて殺されたこと、ジョニーが彼について行き、ジャクソン
が銃撃されたとき藪か何かに飛び込んだことも明らかだった。しかし、そ
れがすべてであった。

　明らかでないことは何か？　第一に、ジョージ・ジャクソンの髪につい
ての証言である。看守ウルバーノ・ルビアコ（Urbano Rubiaco）とケネス・
マックレイ（Kenneth McCray）は、ジャクソンが矯正センターの建物１階
から出るときに身体検査をしていた。２人とも、ジャクソンの「アフロ・
ピック」櫛をかけたアフロ髪が大きく膨れ上がっていたのを見たと証言し
た。別の階にいた警備員も、接見の前にジャクソンの髪が頭の上に高く盛
り上がっていたのを見たと証言した。一方で、他の看守はいつもと変わっ
た点は何もなかったと証言した。接見室に入る前にジャクソンの身体検査
をした係官のエドワード・フレミング（Edward Fleming）は、ジャクソンの
髪にいつもと違った点はなかったと言い、「きちんと櫛で整えていた」と表
現していた。しかし、大陪審の審問期日外で述べている供述書では、フレ
ミングは、ジャクソンがカツラをしていることを知っていたので、ジャク

ソンのカツラの「髪床」[16]を調べたが、何もなかったと述べていた。

　ジャクソンが矯正センターに戻ったとき、彼は再び、ルビアコとマックレイの身体検査を受けた。他の2人の係官も、ジャクソンの髪はいつもよりも「膨れ上がっていた」と証言した。階上から見ていた第三の係官は、ジャクソンの髪は違って見えた、すなわち、縮れており、後ろにべったりとなでつけられていたと言った。しかし、ルビアコとマックレイは2人とも何の違いにも気づいていなかった。ジャクソンは、すべての着衣を脱いで裸になって身体検査を受け、着衣も調べられたが、何もなかった。

　しかし、その後、刑務所側のストーリー展開では、ジョージ・ジャクソンが銃を取り出したことになっていた。ルビアコとマックレイはともに、ルビアコがジャクソンに両手を髪の中に通すように求め、ジャクソンはそれに応じたと証言した。その後、ジャクソンは髪を覆っていたカツラを外し、カツラの下から銃を取り出し、弾倉――これがどこにあったのかの証言はない――を銃身に装着したと2人の看守は証言した。ルビアコは、ジャクソンは弾倉を**2個**持っており、1個を落としたが、別の1個を装着したと証言した。その後、ジャクソンは看守らに居房を開けるように要求し、彼らはそうした。マックレイは、ジャクソンが「それでいい、竜の登場だ！」と言ったと証言した。

　その後に起こったことは曖昧模糊としていた。すべての階の居房の扉は開けられ、収容者と看守が至る所にいた。北側の収容者と南側の収容者は、両側を隔てていた「制御廊下」が中間にあったので、これまではお互いを見ることはなかったが、この時は一緒になった。混乱が収まったときには、6人が死んでおり、その中にジャクソンもいた。彼は矯正センターから外に出たところで撃たれた。ジョニーは藪の中から連れ出され、手錠をかけられて路上に放置された。事件後、矯正センター内部で発砲があり、銃撃の傷が原因で2名の看守が死亡したと何人かが報告した。しかし、誰

---

16 hair bed：カツラの毛髪を植えている面の部分。

第1章
ジョニー・スペイン、デイヴィッド・メイヤー、
そしてサン・クエンティン6人組

が発砲したのか、使用された銃が何かは明らかにはなっていなかった。

弁護団にとって、刑務所側の主張するストーリーはまったく意味をなさなかった。9インチ×5インチの拳銃がどうしたら小型テープ・レコーダーのケースに収まるのか？また、どのようにしたらジャクソンの「カツラ」に収まるのか？　裸になって身体検査を受けた後に、ジャクソンは、どのようにして2個もの弾倉を取り出せたのか？　しかも、彼は、どのようにしてカツラ、拳銃、弾倉（複数）をそんなにスムーズに扱えたのか？受刑者の権利擁護団体は別のストーリーを考えていた。すなわち、刑務所側がジャクソンの入手可能な場所に銃を置いておくという謀略を行い、小さなテープ・レコーダーとカツラに銃を隠して運び、その後、各階の居房の扉すべてが解放されたときに惨劇が起きたというのだ。しかし、この銃の移動方法についてはありそうもない話だった。

いくつかの点で、権利擁護団体の仮説は、弁護団の多くの者にとっては、論理的に整合しているように思えたが、それでもやはり、情報が不足していたために詳細は曖昧なままであり、それゆえ、完全には納得の行くものではなかった。ジョニーも他の共同被告人も自白はしていなかったし、とにかく、誰もが自分の身近で起きた直前のこと以外にはその階で何が起こったのかを知らなかった。多くの者が、ジョニーもその一人だが、この出来事のトラウマで思い起こすことができないと言った。法の下では、「合理的な疑いを超えて」犯罪を証明する責任は検察官にあるので、私たちが誰かを納得させなければならないわけではないことはわかっていた。しかし、私たちは、主として白人で構成される裕福なマリン郡において、この高度な証明の程度を真に理解する陪審員を獲得することが難しいこともわかっていた。私たちは、あまりにも多くの不明なことと対峙していた。

私たちの眼からみれば、不明であることは**不公正**であった。起訴状も大陪審の手続記録も検察官が主張すべき「誰が何をしたのか」のヒントさえ与えてくれないのに、最も重大な犯罪につき私たちはどうやって弁護をなし

うるというのか？　私たちに言わせれば、検察官がジョニーらの共謀者が
誰であるかを不明のままにしておくことを国家があえて許していたのだっ
た。

私の仕事

　1973年7月初めのころ、私は、刑務所内で開かれた最初の訴訟関係者が
全員参加する会合に行った。すなわち、被告人全員、その弁護人、ロース
クールの学生、そして調査員が参加した。事件が手続の早い段階で止まっ
てしまったので、審理前申立の多くが一度も説明も議論も行われていな
かった。ブロデリック裁判官は、申立の期限を9月に設定したが、すべて
の申立につき調査と起案が必要であることを考えれば、私たちにとっては
来週までの期限設定のように思われた。私は、弁護人が5件の殺人の訴
因[17]と別の無期懲役刑がありうる訴因に直面した場合、審理前申立を提出
するとなれば他のことは何もできないことを即座に理解した。実に10件以
上の審理前申立があった。

　弁護人たちには各申立の課題が割り当てられた。デイヴィッドは自らの
分担以上のことを引き受けた。デイヴィッド・ジョンソン（David Johnson）
の弁護人であった公設弁護人のフランク・コックス（Frank Cox）も分担以
上を引き受けたが、彼は性格的に1人で仕事をすることが好きな人間で、
単独で仕事をこなした。保守派の前地区検事のマイケル・ダフィシーがフ
リータ・ドランゴの弁護人に指名されたのは、私にとって大きな驚きだっ
た。彼は、すぐに、事件の内実が単純には説明できないことを理解した。
そして、彼は自らの仕事を真剣に捉えた。ダフィシーは、若い弁護士ジョ
エル・カーシュエンバウム（Joel Kirshenbaum）と、秋までの間、アンジェ
ラ・デイビスの前弁護人であったハワード・ムーア・ジュニアの助力を得

---

17 count：訴因とは、起訴状に記載された検察官の主張する個別の罪ごとの構成要件事実をいう。

第 1 章
ジョニー・スペイン、デイヴィッド・メイヤー、
そしてサン・クエンティン 6 人組

て、自らの分担をこなした。癖はあるが鋭い法的センスを持つ因習打破主義者でもある個人経営の弁護士リン・カーマン(Lynn Carman)はヒューゴ・ピネル(Hugo Pinell)の弁護人となった。彼は哲学的な深遠な論点を引き受けた。

　ルイス・タラマンテス(Luis Talamantez)の弁護人のルー・ホーキンス(Lou Hawkins)、ウィリー・テイトの弁護人になると想定されていたテッド・ラチェルト(Ted Lachelt)と、ダフィシーの 3 人は、マリン郡の「一般事件の被疑者」弁護ネットワークから来た弁護人だった。ルーは大して仕事をしなかったし、ラチェルトは全く何もしなかったうえ、会合にしばしば姿を見せなかった。1975 年までに、ラチェルトの弁護士資格は停止され、その後、彼は弁護士業務に復帰することはなかった。幸運なことに、ウィリーのためにジョン・ヒル(John Hill)が、ルイスのためにルチェル・メイジーを弁護した古参弁護士のボブ・キャロウ(Bob Carrow)が弁護人として、陪審裁判に加わった。そして、9 月までに、ジョニーが指名した弁護士のチャールズ・ゲイリー(Charles Garry)がデイヴィッドの協力者となった。しかし、デイヴィッドとともに申立書には署名したものの、チャールズは日常業務を何もしなかった。

　6 人組は大陪審の構成が「同輩の陪審員」ではなかったという考えを抱くようになっていた。彼らは黒人とスペイン系の人種であり、若くて貧しかった。しかし、地方裁判所の裁判官によって任命された大陪審の陪審員たちは、マリン郡の大多数がそうであるように——マリン市の貧困地区およびサン・ラファイエル運河地区を無視した場合の構成員がそうなるのだが——、白人で、富裕層または上流階級に属する人々であった。弁護人の何人かはこれが現実だとみていたが、この事件では、すべての常識を覆す必要があった。現実とはいえ、デイヴィッドは大陪審に 6 人組と境遇を同じくする者が誰もいない不公正を知るや、ただちに、この論点に熱心に取り組むようになった。そう、デイヴィッドは自ら進んでこの膨大な努力を要する仕事を引き受けた。この申立には、想像を絶するほどの作業量が

必要と思われた。というのも、彼とその調査員は本件の陪審員と郡人口との比率との乖離を証明しなければならないと考えたからだった。

　しかし、その後の展開はといえば、他の申立案件が来たときに、デイヴィッドはこの仕事を私にまわした。私は何を知っていた？　何も知らないも同然だった。私は、ロースクール期間中、法律事務所で夏のアルバイトをする代わりにタクシーの運転手をしていた。しかし、人手不足のデイヴィッドには他の代替手段がなかったので、彼は、私がニューヨーク市立大学時代に「模擬裁判」で賞を受けた準備書面の起案者であったという事実に着目したのだった。それは、私が思うには、単なる練習、ゲームでしかなかった。**これ**が真実だ。最近になって、私はあの夏のタイムカードを発見した。信じられないくらい多くの時間を、私は調査と起案に費やしていた。私が弁護団の計画を完全に台無しにしないためだけに。

　私の主たる課題は、2つの関連する法的根拠に基づいて起訴状を攻撃することだった。第一は、「妨訴抗弁」[18]だった。ジョニーには、憲法下にあるすべての被告人と同様、訴追または告発の基になった大陪審での証言録から、公訴事実が何かを知る権利があった。つまり、アメリカ合衆国連邦最高裁が言うように、起訴状は被告人自身が自らを防御するために「被告人において防御しなければならないことが何であるかを被告人に十分に告知する」ことが求められる。しかし、私たちは、この起訴状からは、ジョニーが──または他の誰であっても──どんな犯罪を行ったとして起訴されたのか、その犯罪がどんな証拠によって支えられているのかを知ることができなかった。防御すべき対象がわからないのに、どうやって、防御できるのか？　この状況に対する救済法理が妨訴抗弁である。ジョニーの最初の弁護人だけが、事件が控訴審裁判所への不服申立によって停止される前の妨訴抗弁の申立を行っていなかったので、私たちはその申立をすることができ、それが私たちの最初の申立になった。

---

18 demurrer：起訴状の方式に対する抗弁で、訴え却下を帰結する事由。

第 1 章
ジョニー・スペイン、デイヴィッド・メイヤー、
そしてサン・クエンティン 6 人組

　調査の過程で、私は早々に、私たちの事件と非常によく似た直近のカリフォルニアの事件を見出した。人民対ジョーダン事件[19]で、控訴審裁判所は起訴状の18の訴因に関する妨訴抗弁を認めた下級審の判断を「支持する」、つまり容認しており、その事件は再度起訴されることはなかった。偶然にも、その事件の「ジョーダン」とはアンジェラ・デイビスの妹のファニア（Fania）のことだった。私は、ジョーダン事件と同じように、大陪審の証言録——私たちのそれは379頁もあり25人の証言が収録されていた——は、憲法上の要求である「公訴事実の特定、言い換えれば、憲法の要求する『十分な明確性』を備えた（ジョニーに）固有の行為という特定の結果」を説明していないと書いた。起訴状には、ジョニーが誰かを殺害したとは記載されていなかった。事実、6 人組の誰もが、殺人を実行したことでは起訴されていなかった。そうではなく、起訴状は、被告人らが「他の人物」を幇助または「他の人物」と共謀していたこと、つまり、その人物が誰かを明らかにすることなく「共謀の一員」であったことを示すだけで足りるという考えに依拠しているようだった。私はこの自分の考えは正しいと思った。

　しかし、妨訴抗弁は認められなかった。8 月中旬の決定に対する15日以内の不服申立期間内に、私たちは控訴審裁判所に「救済令状の発付を求めた」。しかし、またしても認められなかった。私たちは憤ったが、別に驚きはしなかった。

　私たちは、今度は証拠に対する第二の攻撃に移った。すなわち、大陪審での証言録は「相当な理由」の基準——陪審裁判に進むのに必要な検察官が立証しなければならない証明の程度——に達するに足る証拠を提示できていないという主張であった。他の弁護士たちは、私がスペインの妨訴抗弁でいい仕事をしたと褒めて（皆が知っていた敗訴の結果は横に置いて）、この

----
19 The PEOPLE, Plaintiff and Appellant, v. Samuel JORDAN et al. Defendants and Respondents. (Crim.No.4471, Court of Appeals of California, Fourth Appellate District, Division1, August 19,1971).

申立についても私の仕事とした。今度は、6人の被告人全員の代理人としての仕事だった。

　審理前申立の期限である1973年9月14日が近づくにつれて、私たちの小さなチームは時間との闘いでフル回転の作業となった。チームには、調査員として働いていたロースクールの若き学生ルース・アステル（Ruth Astle）、最初からジョニーの調査員であったキャシー・コーンブリス（Cathy Kornblith）、マリン郡育ちの素敵な若い、デイヴィッドの忠実な秘書であったドリンダ・フィットレー・ロウ（Dorinda Whitley Lowe）がいた。皆、必要とあれば、進んで一日16時間勤務も厭わなかった。私のロースクール時代からの親友ビル・ベイリンは制約のない自由の身であったので、長時間労働も苦にしなかった。そして、私とデイヴィッドがいた。期限間際には、私たちは、サン・ラファエル市Cストリート710番地のみすぼらしい小さな事務所の床に寝た。デイヴィッド、ルース、そしてキャシーは大陪審の構成を攻撃することに大部分の時間をあてた。ビルは大陪審の23件の証言の要約を48頁にわたって書いた。そして、私は「相当な理由」がないことを根拠に公訴棄却を求める申立書を書いた。

　同時に、私たちは他の申立──的確な理由づけに基づくよくできた申立書をも作成したが、いずれも勝てそうにないことを知っていた。

- カリフォルニア州およびアメリカ合衆国憲法の下での迅速な裁判を求める申立。
- ジョニーの居房から発見された証拠の違法収集証拠排除の申立。それらの証拠には、刑務所敷地の地図とジョージ・ジャクソンの裁判記録が含まれていた。また、看守が身体検査令状を得ないで押収した1階収容者の血液のサンプルの証拠排除の申立。
- 連邦裁判所への移送の請願──これは憲法上の権利だが、2日後に連邦地方裁判所判事が本件をマリン郡地方裁判所に戻す決定をした。
- ブロデリック裁判官のジョニーおよび他の被告人に対する偏見を理由

第1章
ジョニー・スペイン、デイヴィッド・メイヤー、
そしてサン・クエンティン6人組

に同裁判官の忌避を求める申立。そこでは、ブロデリック裁判官が殺されたヘイリー判事の法廷で陪席裁判官をしていたことがあり、市民センターにおけるヘイリー判事の追悼式で弔辞を述べたことを提示した。

・ 他の郡への裁判所管轄の変更の申立。

・ 法廷内で鎖による拘束を必要とする証明がまったくないことを理由に、被告人らを鎖による拘束から解放すべきことを求める申立。これは、リン・カーマンと私が担当した。

　ジョニーおよび他の被告人にとって最も重要な申立は、鎖による拘束からの解放を求める申立だった。全員参加の毎回の会議で、連行されてきた連中が最初に言う論点がこれであった。多くの申立は証拠に関するものだったが、6人組にとっては鎖からの解放以上に重要というわけではなかった。本件の事実審理のために作られた高度なセキュリティ装置を備えた法廷で、私たちが弁護人席に座っている一方で、6人組は、足には足枷の鎖を、腰にはぐるりと一周する鎖を巻かれ、腰の鎖が椅子と固定され、それが順に床にボルトで止められ、そして、8インチの長さの2本の鎖が腰の鎖から伸びて手錠と結びつけられていた。そのため、彼らが弁護人席の机の上でノートを取るために手を伸ばそうとしても、それは不可能だった。彼らは、全部で25ポンドの重さの鎖を、矯正センターを出てから夜に戻るまでの間、身に着けていなければならなかった。6人組は、ブロデリック裁判官が、単に彼らに対する起訴事実だけで、法廷の安全の必要性を何ら示すことなく、鎖による拘束を認めていると感じていた。

　私たちのこの申立は11月に却下されて敗けた。私たちは、ブロデリック裁判官に対する忌避申立、迅速な裁判を求める申立、裁判地の変更の申立でも敗けた。控訴審裁判所に対して「救済令状を求めた」がこれも敗けた。

　1974年1月17日、私たちは、検察官がジョニーから採取した血液のサンプルを証拠として使用しないことに同意したというささやかな勝利を除い

59

て、他の申立についても敗けた。私たちが他の申立について控訴審裁判所に救済令状を求める申立を計画していたときに、大変驚いたことが起きた。

　ブロデリック裁判官自身が判断できないある１つの申立があった――それは、陪審員の構成メンバーの選定が不適切であったことを理由とする公訴棄却の申立だった。マリン郡地方裁判所の裁判官が大陪審の陪審員を選任していたので、その裁判官はこの申立の審査を回避するか別の裁判所に申立事件を移送することが求められていたのだ――６人組が最も望んでおり、デイヴィッド、キャシー、そしてルースが一生懸命に取り組んでいた申立がそれであった。私たちは、少なくとも、公正な裁判官、マリン郡に住んでいてサン・クエンティン６人組事件に偏見を持っていない裁判官に当たることを願った。田舎のネヴァダ郡からヴァーノン・ストール（Vernon Stoll）という臨時裁判官[20]が事実関係の審問を行うためにやってきた。論点は大陪審の陪審員が有色人種を代表していたか否かについてであり、ストール裁判官が言うところの「低所得労働者階級」が陪審員に含まれていないことが起訴状を憲法上無効とするか否かであった。

　審問の最初に、私が法廷で座っていたとき、ストール裁判官が驚くべきことを行った。６人組は、いつもと同じように、鎖をつけられて床に固定されていたが、ほぼ毎回の出廷時に述べるのと同様、鎖と手錠がきつ過ぎることを裁判官に訴えた――ジョニーは、２度目の出廷時以降、毎回、苦情を述べていた。ストール裁判官は、サン・クエンティン刑務所の看守の手を借りずに自分自身で裁判官席から降りてきて手錠を確認した。そう、高齢の裁判官は自力で法壇から降りて被告人らの手首を調べ、それから看守長に向かって、手錠を緩めるように命じた。６人組は、一人の人間として、これを歓迎し、単純に人間らしく扱われたことに感謝した。その裁判

---

20 visiting judge：本来の裁判官に支障や欠員が生じた場合に補填のために他の裁判所から派遣されてくる裁判官。

第1章
ジョニー・スペイン、デイヴィッド・メイヤー、
そしてサン・クエンティン6人組

官に**他に何も**起こらなかったならば、彼はそのまま勝利していただろう。

しかし、たしかに何かが起こった。ブロデリック裁判官が他のすべての申立を却下した同じ日である1月17日、ストール裁判官はデイヴィッドの公訴棄却の申立を認めたのだ。その結果、もう一度、事件はただちに停止した。私たちは狂喜乱舞した。私たちは、自ら行った議論でありながら、申立は当たれば儲けものであることを知っていた。しかし、本当に、完全な公訴棄却を得たのか？　私たちは信じられなかった。私たち全員が、すなわち、被告人、弁護人、そして弁護チーム全体が大喜びした。

スペイン対プロキュニエール

その時までに、私は矯正センターの憲法違反の状態を論じた**人身保護令状**(ヘイビアス・コーパス)請願の最終案を完成させていた。一度、審理前の申立をし、却下決定に対する控訴審裁判所に不服申立をした後の1973年の大晦日に、私は6人組にとって非常に重要なこの問題にやっと専念することができた。またしても、ジョニーは他の被告人のスポークスマンとして活躍した。私は、この課題に取り組むために、ジョニーおよび他の被告人との対話からだけではなく、鎖からの身柄解放を求める、先の審理前申立を通じても、十分な準備ができていた。

外部の**プロボノ**[21]弁護士らは、人身保護請求の最終案が完成した暁には6人組の代理人になることを承諾しており、その中には、尊敬すべきマーク・メリン(Mark Merin)も含まれていたが、ルチェル・メイジーが書いた最初の原案は、彼の「刑務所内弁護士」としての評判にもかかわらず、ほとんど意味をなしていなかった。私は最初から書き直す必要があった。

私が**人身保護請求**の作業に戻る直前、私は興味深い所から支援を得るこ

---

21 pro bono：公益弁護活動。弁護士が慈善または公民としての責務に基づいて無料または低額な料金で必要とする人に法的サービスを提供すること。

とになった。それはカリフォルニア州議会の特別委員会だった。1973年秋、特別委員会は「カリフォルニア州の刑務所における行政的区分」と題する報告書を公表しており、その副題は「通称：穴倉、拘禁、単独収容と矯正センター」[22]と記されていた。報告書の2頁目には、矯正センターに関する要約が次のように書かれていた。「社会奉仕の目的を達成するのに失敗したにとどまらない完全な大失敗であった矯正部門」。結論として、この部門は「収容者を区分するだけではなく、彼らを抑圧し鎮圧している」と。私ははっきりと理解した。すなわち、この報告書は大きな助けになると。

ジョセフ・サッテン（Joseph Satten）博士と話したことも、同様に助けとなった。彼は、当時、全米で最先端の法医学者（精神科医）の一人で、有名なメニンガー・クリニック（Menninger Clinic）の犯罪心理学の主任であり、かつ、カンサス州レーベンワース（Leavenworth）の連邦刑務所で、ノンフィクションの古典『冷血』[23]の作者トルーマン・カポーティ（Truman Capote）の相談に乗っていた精神科医だった。サットン博士はちょうどカリフォルニアに移ってきたところで、私にとって幸運であると同時にとても好都合だった。「寝ぼけのジョー（Sleepy Joe）」（彼の医科大学院クラスの仲間は、思慮深いが非常にゆったりとした彼の語り口からそう呼んでいた）は、私の父の医学校のクラスメートであるとともに良き友人だった。彼は、拘禁条件とジョニーのような収容者が苦しんでいる行動制限の実際上の効果について豊富な知識を持っていた。

最も大きな助けとなったのは、私自身がサン・クエンティン刑務所に出かけていき、あの陰鬱な小さな接見室でジョニーと面会して多くの時間を使うことができたことだった。ジョニーの話を聴いて、私は拘禁のあらゆ

---

22 "Administrative Segregation in California's Prisons. Alias: The Hole, Lockup, Solitary Confinement and the Adjustment Center"

23 原題 "In Cold Blood"。作家トルーマン・カポーティ（1924年～1984年）が、1965年に発表した小説（ノンフィクション・ノベル）。1959年にカンサス州で起きた実際の殺人事件を素材に、加害者を含む関係者のインタビューを通じて事件発生から死刑執行までを再現した作品で、1967年に映画化された。

第 1 章
ジョニー・スペイン、デイヴィッド・メイヤー、
そしてサン・クエンティン 6 人組

る恐怖について繰り返し学んだ。ジョニーが体験している感覚剥奪、彼が苦しんでいる心理的ダメージ、フィリップ・ジンバルドが実験で目撃したのと同じ、制度上不可避的に生ずる看守の残虐性について、私たちは長時間話し合った。感覚の剥奪、単独拘禁、鎖による行動制限の各効果に関する学術的な研究——中には、ジョニーが発見したものもあったが、他は私が差し入れた——についても詳しく議論した。また、ジョニーは自分で書いた「伝記」を私に読ませた。そこには、彼がミシシッピーの白人家庭からロサンゼルスの黒人家庭に移ったときのショック状態の様子が綴られていた。

　ジョニーは起案でも私に協力してくれた。請願書最終案に添付する予定の彼の供述書を書き上げた。それは、手書きで、かつ、自らの言葉で8頁28行に及ぶ驚くべき供述書だった。誰もこの文書に手を加えなかった。その必要はまったくなかった。そして、その説得力は圧倒的だった。多くの論点に触れつつ、彼の供述書は鎖で拘束されていることに最も力を注いでいた。供述書は次のように述べて終わっていた。彼以外に「2年以上もの間、鎖でつながれ、罰を受ける状態に置かれた下等な動物の例は、記録上、どこにも存在いたしません」。彼が動物のように鎖につながれているという、この断固とした主張は、ついには、彼の自由への扉を開くことになるのだった。

　1974年1月中旬に、**スペイン対プロキュニエール人身保護令状請求**事件の最終案を私はデイヴィッドと他の弁護人に提出した。それは、ジョニーが収容されていた場所（矯正センター）の公式的な刑務所「分類」および身体拘束（最大限のセキュリティ）が「違法で憲法違反」であることの主張から始まっていた。理由は、ジョニーは無罪推定に基づいて処遇されるべきなのに、鎖による拘束は「適正手続を履践しておらず」かつ「矯正部門固有の手続に違反」しているからだった。続いて、「鎖による拘束と制限」と題する章があった。そこでは、鎖による身体拘束の結果、ジョニーは弁護人と意思疎通を図ることができなくなっているので、ジョニーには憲法が要求す

る「残虐で異常な刑罰の禁止」および「効果的な弁護を受ける権利」が否定されていることを論じた。それから、運動の時間がないこと、不公正な懲罰による権利剥奪、一般人の訪問を受ける権利がないこと、および医療上の手当を受けることができないことが続いた。そして、事実関係の記述があった。すなわち、鎖による身体拘束の詳細、ジョニーの善行の記録、接見の際に（自殺防止目的の）刑務所用のジーンズでさえ着用することができず、代わりに白のジャンプスーツを着用しなければならないことまで記載した。それから、彼が矯正センターから出ることの許可を求めた審問の日付、時間と結果を記載した。

> 1973年９月18日　「隔離区域に収容された申立人の行動は模範的である」。しかし、犯罪事実が留意されて「隔離収容は相当」
> 1973年10月19日（A10頁）　「法的手続が停止中の隔離収容は相当」
> 1973年12月17日（A11頁）　全体として：「S.Q.6. 戦闘員の構成員」

　ジョニーの供述書の説得力ある叙述を随所に織り込み、文書全体を通じて引用した。そして、私の法律に関する主張があった。
　しかし、私は最終案を弁護人らに見せる前に、最初に、それをジョニーに見せたいと思った。ジョニーの許にそれを持って行ったとき、彼はそれを読む必要はないと考えていた。内容を確認する代わりに、私たちは別なことを話した。ジンバルドの実験のこと、ジョニーのロサンゼルスの家族のこと、最近読んだ本のことを。当時、ジョニーは私が間違いなく仕上げることを信頼していたのだと思う。
　ジョニーとの関係から私が学んだ最も大事なことの一つは、信頼ということの本質的な性格である。信頼はそう簡単には得られない。ほとんどの場合、表面的にしか得られない。接見室で誰かに会う際に、弁護人が「私を信頼せよ」ということはまったく馬鹿げたことなのだ。どうして彼が私を信頼することができようか？　「私は君がどう感じているかはよくわか

第1章
ジョニー・スペイン、デイヴィッド・メイヤー、
そしてサン・クエンティン6人組

る」と言いたくなる誘惑に駆られるが、それはもっと悪い。私は何も知らないのだ。そして、ジョニーは私が何も知らないことを知っていた。弁護士は、頭で「わかった」ということはできる。しかし、私たちは依頼者の境遇に己を一体化できるか？　ジョニーは身体を拘束されて留置され、鎖でつながれ、文字通り奴隷の状態に置かれた、白人が運営する刑務所制度の中のアフリカ系アメリカ人なのだ。どんなに私が共感を寄せたとしても、彼の体験は私が決して「知る」ことのできないものなのだ。

　私は人身保護令状の請願を終えたので、ロースクール最終学期の準備に入った。その間、私はマリン郡地方裁判所で終日過ごし、当時存在した規則の下で、無罪を争う刑事事件の審理前の審問を体験することができ、まさにマンツーマンの手ほどきを受けた。私がマリン郡にいた間、6人組の事件は停止されたままで、私がジョニーの事件に戻ったのは翌年の1月だった。そのころまでに、**人身保護令状請求**事件は、裁判官アルフォンゾ・ジーポリ（Alphonzo J. Zirpoli）が主宰する連邦の公民権訴訟に形を変えていた。先の私のした仕事は、訴訟の準備書面の論旨展開とその作成、そして、秋に期日が設定された陪審裁判において証言する証人——精神科医および刑務所と拘禁についての専門家——の準備に役立った。

　1975年12月及び1976年1月、ジーポリ裁判官は二つの強力な意見を述べた判決を下した。12月の意見は、6人の原告——この事件では6人が原告であり、刑務所が被告であった——の拘禁に関する事実を詳細に記述していた。同裁判官の2つ目の意見は次の結論を判示していた。

　　首の鎖の使用は残虐で異常な刑罰に該当する。そして、被告は……ただちに首の鎖を外し、以後、首の鎖の使用を差し控えなければならない。
　　手錠以外のその他の拘束具の使用は、収容者が……現実の危険または即時の危険をもたらすのでない限り、残虐で異常な刑罰に該当する。そして、被告は……ただちに、手錠以外のその他の拘束具を外

し、以後、これらの拘束具の使用を差し控えなければならない。

　新鮮な空気を吸えないこと、並びに、定期的な屋外での運動および
リクリエーションの剥奪は残虐で異常な刑罰に該当する。原告には少
なくとも１日１時間の屋外での運動または週５日のリクリエーション
を享受させなければならない。

　ジーポリ裁判官の決定の時までに、私はすでに行ける所まで行っていた
のだ。訴訟形態は変わっても、**スペイン対プロキュニエール人身保護令状
請求**事件は13年間生き続けていた。収容者の弁護人は、一連の連邦裁判所
の裁判官の面前で、刑務所における拘禁の憲法上の限界について吟味する
ことができたのだった。

　６人組事件は、ストール裁判官の起訴状無効の決定が控訴審裁判所で破
棄されて、結局、もう一度、控訴審裁判所から地方裁判所に戻ってきた。
ジョニーは、チャールズ・ゲイリーを自分の弁護人にすることに成功し、
デイヴィッドはその責務から解放された。事件の合間に、私はチャールズ
とかなりの時間を過ごした。彼は、私に陪審裁判における「副主任弁護人」
のポストを提示した。しかし、私はチャールズの鋭さが消えつつあること
が気になり、残念ではあったがこれを断り、私の師であったデイヴィッ
ド・メイヤーが提示した彼のパートナー弁護士になる方を選択した。私の
ロースクールの同輩であったドニス・ライオダン（Donnis Riordan）が副主
任弁護人のポストについた。彼は、後に、カリフォルニア州の最も優秀な
上訴審弁護人となるが、これには、ジョニーの弁護人として彼が行った努
力の結果が大きく貢献している。私は、一介の法廷弁護士になる方法を学
ぶために、デイヴィッドの事務所のあるサン・ラファエルＣストリート
710番地へと戻って行った。

第1章
ジョニー・スペイン、デイヴィッド・メイヤー、
そしてサン・クエンティン6人組

エピローグ

人民対スティーブン・ビンガム他、マリン郡地方裁判所事件番号4094は、一般には、サン・クエンティン6人組事件として知られているが、最終的には、陪審裁判へと進み、当時、カリフォルニア州の歴史上、最も長い17カ月間を事実審理に要した。陪審員の評議は100日を超えた。弁護側は、6人の被告人は共謀——ジョージ・ジャクソンを殺害するための刑務所側の陰謀——の犠牲者だと主張し、併せて、心理学的な被害と感覚の剥奪に関する大量の証言を証拠として提出した。ジョニー・スペインの弁護において、チャールズ・ゲイリーは、フィリップ・ジンバルドを最初の証人として召喚した。

6人組に対する評決は1976年8月に下された。陪審員は、約50の重罪の訴因のうち、たったの6つについて有罪の評決をした。3人の被告人、フリータ・ドランゴ、ルイス・タラマンテスおよびウィリー・テイトは、すべての訴因につき無罪とされた。デイヴィッド・ジョンソンは、軽罪の暴行罪——看守を蹴ったこと——で有罪とされたが、ほどなくして釈放された。ヒューゴ・ピネルは、皆からはヨギと呼ばれていたが、2人の看守の証言により彼が看守らの喉を切ったとされていた。彼は、無期懲役中の傷害致死罪で有罪となり、無期懲役刑が相当とされた。

6人組のうち3人は、その残りの人生を静かに暮らしているが、いずれも監視下に置かれている。**ルイス・タラマンテス**は、今は、南カリフォルニアの詩人である。**ウィリー・テイト**も静かな生活を送っている。ロサンゼルス・タイムスは、彼が数十年前に刑務所で死亡したと報じたことがあるが、彼は今も元気に生きており、新型コロナ禍の制限の下でも、彼の弁護人で親しい友人のジョン・ヒルと月に一度、食事をともにしている。**デイヴィッド・ジョンソン**は、釈放後、しばらくの間、マリン郡公設弁護人事務所で調査員をしていた。ここは彼の弁護人であったフランク・コックスのいた事務所で、コックスは引退するまで所長を務めた。

フリータ・ドランゴは、1979年11月に銃で撃たれて殺された。刑務所仲間のギャングとの親密な関係のゆえとされている。**ヨギ・ピネル**は、有罪となった後の数年間、カリフォルニア州ペリカン湾（Pelican Bay）にある最も警備が厳しい刑務所で、独居房での収容を余儀なくされた。2015年にフォルソム刑務所（Folsom Prison）で「本流」の普通収容へと移されたが、その2週間後、彼は殺された。表向きは、白人のアーリアン・ブラザーフッド（Aryan Brotherhood）[24]の構成員による殺害であるとされた。

スティーブン・ビンガムは、裕福で政治的にも著名なニューイングランドの名家の末裔だったが（彼の祖父は上院議員でありコネチカット州知事であった）、1971年8月21日の事件に続く13年間、州外へ逃亡していた。カリフォルニア州に戻って投降した後、1986年夏に裁判にかけられた。検察官は、彼が逃亡した事実を有罪の証拠だと指摘したが、弁護人は、ジョージ・ジャクソンに銃を渡してジャクソンを殺害するという刑務所内部の共謀に彼ははめられたのだと論じた。ビンガムはすべての起訴事実につき無罪となり、弁護士業務に復帰した。彼は2015年に引退した。

ルチェル・メイジーは、結局、再審理直前に「単純」誘拐罪につき有罪の答弁をした。しかし、この罪でも無期懲役刑となった。彼は有罪の答弁を撤回しようと繰り返し努めたが、1963年以来収容されたままで、現在も刑務所にいる。**ゲイリー・トーマス**は1970年の裁判所での発砲事件の銃撃による後遺症で腰から下にマヒが残った。彼はわずか5カ月後に仕事に復帰し、間もなく、マリン郡地方裁判所の裁判官に任命された。彼は、26年間、簡易裁判所および地方裁判所の裁判官を務めた。私たちは、彼の法廷に黒人の被告人を立たせないように忌避の申立を繰り返した。**アンジェラ・デイビス**の経歴と名声は、彼女の無罪放免の後に花開き、78歳になった今でも、活動家、フェミニスト、作家、そして思想家として、相変わらず自分

---

24 1964年にサン・クエンティン刑務所で結成された白人至上主義者による犯罪組織で、プリズン・ギャングの草分け。

第1章
ジョニー・スペイン、デイヴィッド・メイヤー、
そしてサン・クエンティン6人組

の意見を公に発表している。

チャールズ・ゲイリーは、6人組事件から「人民寺院」事件[25]の弁護に向かった。人民寺院とは、サンフランシスコからガイアナのジョーンズタウンに移り住んだジム・ジョーンズ(Jim Jones)が主導したカルト集団で、当時、ジョーンズが信者にシアン化合物を混ぜたフルーツ・ドリンクを飲ませて「革命的な自殺」を行うように命じた結果、900人以上が死んだ。後に、「クール・エイド(the Kool-Aid)を飲もう」が流行語となった。ゲイリーは、主として、政府による共謀を主張した。共同弁護人であったマーク・レーン(Mark Lane)との絶え間ない口論の後、彼はその事件から身を引いた。人民寺院事件が、彼が脚光を浴びた最後の事件となった。彼は、半分引退した生活に入った後、1991年81歳で亡くなった。

デイヴィッド・ロス・メイヤーは、6人組の弁護人をゲイリーに引き継いだ後、マリン郡で刑事弁護実務を再開し、後に、サンフランシスコに移った。私は、弁護士会から入会の許可を得た2週間後の1975年1月1日に、彼の法律事務所のパートナー弁護士となった。デイヴィッドは、誰からも——男女を問わず——愛される稀有な人物だった。彼はまた、**極めて**稀な何者かであった。そう、天性の法廷弁護士だった。彼の熊のような大きな豊かな髭、ぐしゃぐしゃの髪、背の高い体躯と常にたたえている笑顔は、容易に友達を作るのに貢献しただけではなく、法廷での陪審員の心をとらえたようだった。彼は、受刑者の権利を擁護する最高の弁護士であり続け、受刑者の釈放につながる数多くの人身保護請求の請願に尽力し、かつ、刑務所内の殺人事件のいくつかの弁護を成功に導いていた。その中には、アール・ギブソン(Earl Gibson)とローレンス・ジャスティス(Lawrence Justice)の事件[26]も含まれていた。

---

25 The People's Temple of the Disciples of Christ が正式名称。1955年にインディアナポリスで創設された社会主義キリスト教系の新興宗教。1978年11月18日、南米ガイアナの人民寺院コミューンで信者918人が死亡し、大量殺人か集団自殺かが問題となった。

26 People v. Earl Gibson and Lawrence Justice 事件の有罪判決は破棄され、その後の人身保護請求

ギブソンとジャスティスも、1971年にサン・クエンティン刑務所の看守
を殺害したとして起訴されていた。1973年に彼らは有罪となったが、有罪
判決は連邦控訴審裁判所で破棄された。1981年、デイヴィッドは共同弁護
人のドロン・ワインバーグ（Doron Weinberg）とともにジャスティスの弁護
を引き受け、陪審裁判が予定されていたマリン郡法廷への傍聴人を制限し
た裁判所の措置に異議を申し立てた。この制限は、被告人を鎖で拘束する
ことを含んではいなかったが、陪審裁判を担当する裁判官が、マリン郡保
安官事務所が法廷の入口で金属探知機を使用すること、保安官が検査官と
して入場者全員の身体検査をすること、身分証明を求めること、そして各
人の写真を撮影することを許可していたからだった。異議の根拠としたの
は、６人組にとっては余りにも遅きに失したが「暴力またはその恐れを示
す証拠がないのに物理的な制限を課することは……濫用を構成すると考え
るのが相当である」と判示していた1976年のカリフォルニア州最高裁判所
の判決であった。

　デイヴィッドとドロンは控訴審裁判所に救済令状を求めた。２人は、こ
うした制限は依頼者の適正手続を否定していると論じた。その中には、迅
速かつ**公開**の裁判の権利が含まれていた。控訴審裁判所はこれを認めた。
すなわち、これらの制限は、当該事件に固有の事実関係の下で、当該制限
が実際に必要であるか否かを明らかにするための完全な聴聞の機会が被告
人に与えられない限り、適正とは言えないと判示した。破棄決定を受けた
事実審裁判官とは、1971年にフリータ・ドランゴの弁護人として、彼の弁
護人の援助を受ける権利に関する不服申立をしたリチャード・ブレイナー
その人であった。

　デイヴィッドと私は、９年半の間、一緒に弁護業務を行った。そのころ
までに、私たちは弁護士会が認定する刑事法の専門弁護士[27]となってい

　　により両名は自由の身となったが、本文に言及のある控訴審裁判所が発付した異例ともいうべき
　　執行禁止令状の決定は公けにされていない。

27 bar-certified specialist：ある特定の分野の専門家として弁護士会が認定する資格を持った弁護士

第 1 章
ジョニー・スペイン、デイヴィッド・メイヤー、そしてサン・クエンティン 6 人組

た。私は他の分野の法廷弁護にも手を出し始めていた。デイヴィッドは刑事法にこだわるのが好きで、ジャスティスの弁護で無罪放免を勝ち取った。1984年、彼は再び、彼とサン・

ニカラグアでのデイヴィッド・メイヤー。1986 年撮影。

クエンティン 6 人組事件の故郷ともいうべきマリン郡に事務所を移した。私たちが別れた後、数年たって、個人的な問題からデイヴィッドはうつ状態に陥り暗黒の時期を迎えた。数年間、疎遠になった後に、私はセントルイスで私が担当していた事件に彼を誘った。私たちは、昔のように、ヒッピー風の大きな法廷用カバンを持ち、2 人とも立派な髭を生やして連邦裁判所へと繰り出した。裁判官は、私たちの西海岸風イメージを嫌ったが、私たち 2 人にとっては、それは大きな喜びだった。

しかし、1988年までに、デイヴィッドはより深刻なうつ状態に陥った。その間に、彼は、ジョージ・ジャクソンによって創設されたブラック・ゲリラ・ファミリー[28]のメンバーと目された者が関わった、別の刑務所内の殺人事件の裁判を抱えていた。この時には、彼はプレッシャーをコントロールすることができなかった。私は、彼が弁護人を辞任するための手助けをしなければならなかった。私が彼に代わって法廷に出頭した際、その事件を担当する女性裁判官は私を裁判長席に招き、彼女の懸念を明かした。友人すべての努力にもかかわらず、デイヴィッドの病状は悪化の一途

を指す。

28 Black Guerilla Family：1966 年にサン・クエンティン刑務所において、ジョージ・ジャクソンら黒人受刑者によって結成されたプリゾン・ギャングを指す。

をたどった。1989年2月6日の早朝、彼は、マリン郡市民センターの南1マイルにある101高速道路を見下ろす丘に登った。彼は、私にあてた90分間にわたるカセットテープの口述記録を残し、その後、自ら頭を撃ち抜いた。即死だった。

ジョニー・スペインは殺人罪の2つの訴因および殺人の共謀罪の訴因で有罪とされた。ジョニーが誰かを殺したことを示す証拠は何もなかった。むしろ、検察側が論じたのは、ジョニーが「誰かと共謀した」ということだった。彼がジョージ・ジャクソンと親しい関係にあったこと、ブラックパンサーの構成員であったこと、そして矯正センターから逃げたことが、陪審員をして、彼が**何か**をしたに違いないと考えるに十分な根拠となったことは明らかだった。

ジョニーの有罪判決の証拠が立証水準を満たさない低いものだったにもかかわらず、それで十分であるとして、カリフォルニア州控訴裁判所でも有罪判決が維持された。しかし、ドニス・ライオダンが、チャールズ・ゲイリーとともに「副主任」として陪審裁判に参加し控訴申立をしていたのだが、この事件の続きを引き受けた。彼は連邦地方裁判所に**人身保護請求**の救済令状の申立をした。同裁判所判事のセルトン・ヘンダーソン（Thelton Henderson）は、事実審裁判官と陪審員の1人との間で重要な論点に関して不適切な私的な会話がなされていたことを理由に、1982年に有罪判決を破棄した。連邦控訴審裁判所もこれに同意したが、1983年12月、連邦最高裁判所は、極めて異例の専断的な「当裁判所によれば」[29]という職権判断で、その破棄判決を破棄した。

ドニスは、めげることなく、再びヘンダーソン裁判官に職権発動を求め、今度は、ブロデリック裁判官がジョニーに対し法廷における手続のす

---

29 "By the Court" opinion：連邦最高裁判所が口頭弁論を経ずに連邦控訴審の破棄判決を破棄して有罪としたことに対し、著者が抗議の意味を込めて用いた表現。連邦最高裁の採った簡易な手続の根拠は、規則第16条「裁量上訴受理を求める請願に対する措置」に記載のある「The order may be a summary disposition on the merits」に基づくと思われる。

第 1 章
ジョニー・スペイン、デイヴィッド・メイヤー、
そしてサン・クエンティン 6 人組

べてにおいて25ポンドの鎖を身に着けるように要求するのは適正手続に違
反すると論じた。ドニスは、鎖による身体的、心理的および人格を損なう
効果に関する専門家の証言など膨大な量の証拠を提出した。医師は、ま
た、鎖によってひどく悪化したジョニーの背部および直腸付近の損傷を確
認した。しかし、最良の証拠はジョニー自身からもたらされた。

　ジョニーは、6年間、法廷で鎖に拘束されることの論点を繰り返し提起
してきた。2回目の出廷から刑の言渡しに至るまで、毎回、彼は驚くべき
雄弁さで意見を陳述してきた。彼は、自らの防御に参加することができな
い、つまり、弁護人と意思疎通ができないという意味では、動物であっ
た。彼が身に着けている鎖によって動物にさせられていたのだ。

　ジョニーは2度証言台に立ち、偽証の制裁がありうると告げられたうえ
で、法廷で鎖による絶え間ない苦痛のまま座っているよりも、事実審理に
自らが出頭することができる憲法上の権利を放棄した方がマシだと述べ
た。1973年11月30日、彼は手書きの申立書を提出した。

　　私は、今、この法廷に連行されるよりもサン・クエンティン刑務所
　に留まることを私に許可する命令を求めて、この裁判所に申立をした
　いと思います。法廷にいる間、私は1日に9時間から10時間鎖で拘束
　されていることがよくあります。私は物理的に動くことができず、鎖
　が皮膚に食い込む痛さ、あるいは、血の流れが阻害される辛さに耐え
　られません。……私は、まったく不必要な痛みに耐えているか、また
　は、憲法上の出廷の権利を諦めるかの選択につき決断を下すように肉
　体的な強制を加えられています。以上、申し述べます。

　　　　　　　　　　　　　　　　　　（署名）ジョニー・スペイン

1975年3月18日、陪審裁判の開始1週間前の別の手書きの申立：

　　私、ジョニー・ラリー・スペインは、宣誓の上、以下のとおり述べ

ます。……第一に、そして最も重要な申立として、私はずっと、どこにいても、７時間から10時間鎖でつながれて拘束されたままの状態にあります。時には、床（係留する穴がある場合）に固定され、法廷の場合には、いつも固定された位置に留め置かれ、多くの時間が痛みに苛まれるか、かつ／または、重い薬の影響下にあるのです。どちらの場合でも、私が手続をほとんど理解できないことがわかりました。そして、裁判所は一貫して……これらの条件……からの救済を拒んできました。1975年３月18日の審問期日には、私は出席したくありません。この意味は、要するに、私は適正手続か激しい痛みかの選択を強制されているということです。……

　ヘンダーソン裁判官は、広範な証拠を採用し、もう一度、ジョニーの有罪判決を破棄した。その理由は、鎖は令状に基づかない刑罰であると同時に、陪審員に対して偏見をもたらすものであるばかりか、鎖に由来する痛みは、たしかに、ジョニーが長い間主張してきたとおり、彼の防御において弁護人の援助を受ける憲法上の権利を否定しているというものだった。1989年８月、控訴審裁判所もこれを支持した。「スペインは、17カ月間、身体的および精神的に衰弱させられた状態で事実審理に出頭することを強制された」と判示した。多数意見は、陪審裁判が始まる前でさえ15回にわたり、ジョニーが痛みを訴え、しばしば、不快のゆえに審問から居房に戻されることを願い出ていたことを引用した。
　1988年３月10日、ヘンダーソン裁判官の２度目の破棄判決が控訴審裁判所で議論される４日前、ジョニー・スペインは、ロサンゼルスの裁判官の命令によって保護観察に付され、ヴァカビル（Vacaville）刑務所から釈放された。私は、最初の妻ナオミ・ウェインシュタイン（Naomi Weinstein）、調査員のキャシー・コーンブリス、ドニス・ライオダンとその娘と一緒に、彼を出迎えるために刑務所にいた。キャシー、そしてナオミと私はそれぞれ、彼が保釈された場合の居住先となることを申し出ていた。私は、ジョ

第1章
ジョニー・スペイン、デイヴィッド・メイヤー、そしてサン・クエンティン6人組

ニーを車に乗せてサンフランシスコまで運転した。彼の保護観察計画では、私の家が彼の居住先になっていたのだ。

ジョニーが刑務所内での過激派に啓発されて平和創造者に変わっていたこと自体が驚くべきことであった。それは一夜にして起こったことではなく、少しずつ時間をかけて起こったことだった。サン・クエンティン6人組の有罪判決後、数カ月が経過したとき、ジョニーは、カリフォルニア州セントラル・ヴァ

ジョニーと私。1988年3月10日、帰宅する途中のカリフォルニア州フェアフィールドのガソリンスタンドにて撮影。

レーの北の端にあるトレイシー（Tracy）刑務所の、警備がそれほど厳しくないデュエル・ヴォケイショナル・インステチュート（Duell Vocational Institute）に移送された。そこは、彼が最初に収容された場所だった。トレイシー刑務所は、人種間対立の真只中にあり、ジョニーは刑務所収容者の「本流」にとっては新参者だった。彼の収容階では黒人収容者のグループは白人のグループよりも少数派になりつつあったので、ジョニーは、罪のない人々を攻撃しなかった黒人のグループと一緒の立場をとり、中間に身を置いた。彼は何もしなかったが、彼の「評判」は「英雄」——ブラックパンサー党員、ジョージ・ジャクソンの兄弟で「看守殺し」——であった。この評判と彼の存在のカリスマ性の威力だけで、暴力を抑えるには十分だった。

ジョニーは、トレイシーからヴァカビル刑務所に移送されるにつれて成長し続けた。子供のときに彼は電気工であった義父に弟子入りしていたので、再び、電気工になった。その仕事の中には、電灯の固定具にベッド

シーツの切れ端を垂らして首つり自殺した——時々というよりはかなり頻繁にあった——受刑者の電灯を修理する仕事もあった。ジョニーは、電灯の周囲に紐を通す穴がなくなるように電灯を装着する方法を考案した。刑務所当局がこれを知って、彼は電気工事のために刑務所内をさらに自由に歩き回れるようになった。彼は優秀なアスリートであったうえに、彼に対する敬意が加わって、彼は受刑者を説得して刑務所の塀の中にフットボールの混成チームを作った——実際に前代未聞のことだった。彼は、すぐに、ヴァカビル刑務所で最も重要な平和創造者になった。

　重要なことだが、彼が1967年、バス停でジョー・ロング（Joe Long）を殺したとき——これが元々の有罪事件だった——、彼にすべての責任があったわけではなかったが、彼は不必要に相手の命を奪ってしまったことを認識していた。これは、彼がサン・クエンティンで決して話さなかったことの一つである。しかし、私が彼を訪問するようになり、私が監督している少年たちと一緒にヴァカビル刑務所を訪れて、接見室敷地内にある４フィートの高さの子供用バスケットボールコートで彼が一緒にバスケットボールをするようになってから、ジョニーはそのことを自分から正直に話した。彼はいつもカリスマ性を備えていたが、今や、彼の残された個性は癒しへと向かっていた——彼自身にとっても他人にとっても。子供たちはバスケットボールが大好きで、ジョニーが笑ってシュートを打ち損じると大笑いするのだった。

　黒人、白人、スペイン系受刑者の間で彼の評判が高まるにつれて、サン・クエンティン事件の顛末を知っている刑務所の職員からも敬意を示されるようになった。ヘンダーソン裁判官が２度にわたる有罪の破棄判決を下したとき、ジョニーが自由の身になるのを妨げていたのは、元々の罪につき仮釈放が認められるか否かだけだった。キャシー・コーンブリスは、ジョニーの仮釈放を支持する手紙類を収集した。その多くは、刑務所システムの外側の「要職にある」人々から寄せられた。しかし、最も重要な手紙は刑務所の看守からのもので、全部で70通を超えており、それらはジョ

第 1 章
ジョニー・スペイン、デイヴィッド・メイヤー、
そしてサン・クエンティン 6 人組

ニーとその行動を称賛していた。サン・クエンティン刑務所の 8 月の事件
で殺された看守の一人を知っていた看守は、ジョニーが仮釈放になって彼
の自宅で妻や娘と夕食をともにすることができれば誇りに思うと書いてい
た。

　これらすべての支援にもかかわらず仮釈放委員会の審問の結果は申請却
下だった。そこで、キャシーとドニスは、事実上、ジョニーの原犯罪事実
と同様の犯罪で有罪とされた受刑者は例外なく仮釈放が認められているこ
とを示す統計資料を付けて不服申立をした。ドニスはロサンゼルスの裁判
官による審問を求め、今やジョニーを釈放すべき時期が到来したと主張し
た。裁判官はこれを認めた。

　キャシーと私は、すでに 6 人組事件でヘンダーソン裁判官にジョニーの
保釈を申請していたので、私たちは皆、彼に会うためにヴァカビルへ行っ
たのだった。その夜、私たちは自宅でお祝いをした。多くの人——弁護
士、調査員、「支援運動」の多くの人——がそこにいたことを私は覚えてい
る。しかし、ジョニー、キャシー、ドニスとアンジェラ・デイビスはその
場にはいなかった。実際のところ、誰がいたかは思い出せない。多分、私
は飲み過ぎて酔っぱらっていたのだろう。

　私の娘のマヤ（Maya）——やっと何かを承諾できる 2 歳になったばかり
だった——は、一時的に彼女の部屋をジョニーのために明け渡すことに同
意していた。ジョニーはすぐにマヤを笑わせ、マヤは最初からジョニーを
好きになった。私たちは、彼がプライバシーを保てるように彼専用の電話
を設けた。私は、彼が翌日には市の中心街に行きたがったので、市の地図
を渡したが、数時間帰ってこなかったことを覚えている。彼は、ユニオン
スクエア近くのどこかから電話をよこした。妻が「道に迷ったの？」と尋ね
ると、彼はこう答えた。「いいや。私はどこにいるかを正確にわかってい
るよ。ここにいる！」　私たちは、大笑いした後、何とか彼に指示をして、
家まで戻ってこさせた。

　ジョニーが釈放された 3 月 10 日は木曜日だった。日曜日に、私たちは数

年間話し合ってきたあることを実行した。ミラロマ公園(Miraloma Park)で開催された日曜早朝即席バスケットボール大会に私はジョニーを連れて行った。私は、ここの試合では20プラス年齢を加えた時間だけプレイすることができ、喧嘩をしない、「勝者」がコートを支配しない、誰でもゲームごとに入れ替わることができるという公平なルールを提案した。それによって、私は午前中ジョニーと一緒にプレイすることができた。驚くべきことではなかったが、ジョニーはそこでもベストプレイヤーだった。最も驚いたことは、私がそれまでプレイした中で見た最高のパフォーマンスであったことだった。ジョニーからの完全なパスはすべてゴールにつながった。どんなスクリーン・プレイ、どんなギブ・アンド・ゴーも成功した。この上ない喜びだった！ それは、数えきれないほどの日曜日の体験で初めてのことだった。そして、ジョニーはそこでも最も愛されるプレイヤーの一人となった。

　ジョニーの釈放後の年月には浮き沈みがあった。彼はスタンフォード大学で講義をしたし、サンフランシスコ拘置所のカウンセラーとなった。彼は美しい教養のある写真家と結婚し、「おませ」な娘に恵まれた。しかし、一人の人間が十代の時に刑務所に入り、そこで21年間を過ごした場合、ほぼ40歳になってから外の世界で人生を送ることは想像できないほど困難なことである。彼は、最も苦しい時に転落の途中で踏みとどまれる特別な能力を持っていたように思えたが、人々は彼を愛し、最も辛い時期には彼

ディフェンスの私を相手にポストプレーをするジョニー。1989年、サンフランシスコのミラロマ公園にて撮影。

第1章
ジョニー・スペイン、デイヴィッド・メイヤー、
そしてサン・クエンティン6人組

の助けになってきた。一度、日曜日に彼と一緒にバスケットボールをした
ことのある男20名が私の自宅を訪ねてきて、彼に激励と安全な場所の提供
を申し出てきたこともあった。そのうちの一人、アキレス腱を切っていた
検察官は、松葉杖をついて私の家の急な階段を上ってきたのだった。その
夜、起ったことのすべてが、いかにジョニーが印象的な人間であったかを
最もよく示していた。

　今日、ジョニーはかつての彼のままで変わっていない。自らのベストを
つくし、彼に与えられた公平な分け前である時間を過ごしている。現在、
70歳を超えて、長い人生をともにするパートナーを得て、子供とも良好な
関係を保っている。そして、彼は心の平穏と人生に対する好奇心を持ち続
けている。彼は、今でも、私の心に深く存在している。

　私自身について：サン・クエンティン6人組の弁護経験が私に途方もな
い影響を及ぼしたことは疑いがない。私は、郊外に住む白人のリベラルな
青年から急進的な活動家の成人に変貌した。しかし、今になって考える
と、これは、今日でも続いている、より良き理解に向けた私の進化のほん
の始まりであったことがわかる。この理解の進化の中心にあったのは、も
ちろん、人種差別だった。しかし、他にも、この弁護経験によって私の眼
を見開いてくれたものがあった。

　おそらく、最も重要なことは、裁判官と司法制度に対する私の感情だっ
た。私の恵まれた青年時代には、裁判官といえば、観劇の後に一緒に集ま
る私の両親の友人であった。全員が不偏不党だったわけではないにせよ、
少なくとも不偏不党とみなされていたので、正義を配分するのに感情に左
右されずに客観的なやり方をする人のように思われた。私は、キング牧師
が言ったように、裁判制度は「正義に向かって弧を描いている」のだと思っ
ていた。しかし、私は、キング牧師のその引用の前にある最初の部分、す
なわち「道徳的な世界にかかる弧は長い」[30]という一節を知らなかった。6

---

30 公民権運動の指導者マーティン・ルーサー・キング牧師の 1963 年 8 月 28 日の有名な演説 "I

人組の事件は、いまだ十分には湾曲していない弧をわかりやすく示した実例だった。というのも、その事件では、不偏不党でも客観的でもなかった裁判官のゆえに、配分された正義はいささかもなかったからだ。

　今になって考えると、これは明らかだったと同時に必然であったように思われる。私の両親が知っていた裁判官は、全員が白人で、ほとんどが移民の出自という同じような背景を持ち、約束された地としてのアメリカの「リベラルな」哲学とその約束の地で育ったからだ。彼らは、今でもそうであるが、彼らの経験の産物なのだった。そして、その経験は、実際に、啓発への道を多く切り開いてくれるものではなかった。もちろん、6人組を拘束していた鎖と手錠を検証するために裁判官の雛壇から降りてきた、親切な退役したネヴァダ郡の裁判官や、特に1970年代の半ばに存在した「目覚めた」裁判官アルフォンソ・ジーポリ（Alfonso Zirpoli）[31]のように、例外もあった。

　しかし、最も開明的な裁判官であっても、機能不全の司法制度の下で働かなければならなかった。サン・クエンティン6人組事件は司法制度が誤った方法に行った教科書事例である。起訴状は、被告人らを、特定できないある人物と殺人と暴行を共謀したとして訴追したが、共謀したとされる相手方が幻の存在である以上、被告人を弁護することは不可能である。国家は、この事件を起訴するのに、これ以上ない最大限の期間を要したうえに、マリン郡市民センターに高度なセキュリティを施した法廷を作り、弁護人および被告人らから裁判官を守る防弾ガラスの遮蔽板を設けたのだった。2度にわたる控訴裁判所への不服申立は審理途中の事件を停止させた。その一方で、検察官はすべての申立を争った。思うに、有罪判決を

Have a Dream" の一節で、次のように続く。The arc of the moral universe is long, but it bends toward justice.

31 Judge Alfonso Joseph Zirpoli：1961 年 9 月から 1995 年 7 月に亡くなるまでカリフォルニア北部地区の裁判官を務めた。ベトナム戦争の最中、良心的兵役拒否者の権利を擁護し、時の大統領リチャード・ニクソンから「連邦の最悪の判事」と評された。

第 1 章
ジョニー・スペイン、デイヴィッド・メイヤー、
そしてサン・クエンティン 6 人組

求めるあまり盲目となっていたのだろう。そして、その結果は？　6 人の被告人のうち 5 人につき、無罪放免が 4 人、1 人が保護観察で自由の身となった。ジョニーを除き誰も殺人の罪で有罪になった者はいなかった。そして、ジョニーの有罪判決は 2 度破棄された。結局、誰も重罪で有罪判決を受けた者はいなかった。そして、7 人目の（かつ唯一の白人の）被告人は一度も留置場に入ったことはなかった。

　しかし、有色人種の 6 人の被告人にとって、彼らが体験した事実審理前の長期間の拘禁、すなわち、証明されていない犯罪——決して有罪にはなり得ない犯罪——の有罪推定に基づいて拘禁が繰り返され、かつ、その拘禁からの解放がいつも否定されたことは彼らの人生の紛れもない現実だった。ジョニーの有罪判決が 2 度にわたり破棄された後でさえ、しかも、何十人もの刑務所職員の支持があったにもかかわらず、ジョニー・スペインは刑務所システムによって仮釈放を否定され、やっと、21 年後に裁判所の命令によって初めて釈放をかち得たのだった。正義は何も貢献しなかった。

　今日、私はこれらのことを眺めると、サン・クエンティン 6 人組に私が出会ってからのほぼ半世紀、このパターンは変わるよりも一層多く繰り返されているように思われる。2012 年の被害者トレイボン・マーチン（Trayvon Martin）の死と加害者ジョージ・ジマーマン（George Zimmerman）の結果としての無罪釈放[32]から、誰一人として責任を取らない数多くの死亡事件が続き、2021 年半ばに、ついに、ジョージ・フロイドの殺害につき警察官デレック・ショーヴィン（Derek Chauvin）[33]の有罪判決が下されるまで、道徳的な世界にかかる弧が正義に向かって湾曲することはなかったのだ。

---

32 トレイボン・マーティン射殺事件。2012 年 2 月 26 日、フロリダ州サンフォードにおいて、当時 17 歳の高校生トレイボン・マーティンが自警団員のジョージ・ジマーマンによって丸腰のまま射殺された事件。ジマーマンは正当防衛を主張し、陪審は、第 2 級殺人罪につき無罪の評決をした。

33 警察官デレック・ショーヴィンは、ジョージ・フロイドの頸部を約 9 分間膝で押さえつけて死亡させた事件で、2021 年 4 月、ミネソタ州陪審裁判において第 2 級および第 3 級殺人罪で有罪とされた。

第 2 章
どんな事件もサン・クエンティン6人組事件と同じ
デイヴィッド・メイヤーと一緒の弁護活動

カリフォルニア州人民対オーティス・バロウ
カリフォルニア州人民対テュアン・トラン他

サン・クエンティン6人組事件は私に多くのことを教えてくれた
が、その最たるものは次の原則であり、それは、その後の私の
弁護士実務に影響を及ぼすことになった。すなわち、事件を引き受け
るにあたって、弁護士は利用可能なあらゆること——道理にかなった
すべて——をすべきであるという原則である。私は、弁護士としての
人生だけではなく、人間として成長するのに影響を及ぼした他のこと
も多く学んだ。しかし、第一で最大のものは、依頼者の代理人とし
て、「すべての石をひっくり返せ」[1]であった。

　私にとって予想外の幸運は、比類なき経験を有するデイヴィッド・
ロス・メイヤーと一緒に弁護活動を行うことができたことだった。デ
イヴィッドは、素晴らしい直感の持ち主であったので、ロースクール
の法廷弁護科目で教えるような厳格な規則には従わなかった。しか
し、同時に、彼は並外れてすべてに準備万端だった。そして、依頼者
の利益のために、彼は決して闘いから後退しなかった。私たちが一緒
に弁護実務を発展させていくにつれて、私たちは、ほどなくして、い
くつかの主要な原則に行きついた。そのいくつかは私たちが従う「事

1　原文は "Leave no stone unturned" で、すべての論点につきあらゆる手段をつくせという意味で
　ある。

務所のポリシー」となった。

　そして、私は人生の教訓も学んだ。第一は、6人組事件の度を越した人種的敵意とその結果としての偏見だった。第二に、その人種的敵意が、決して黒人に限定されたものではなかったということだった。私は、「いかなる人種、宗教、または背景があったとしても、すべての人を公正に扱いなさい。」と教えられて育ってきたが、これが、私たちの司法制度および私たちの国家のいずれにおいても、まったく実現されていないという教訓を胸に刻む必要があったのだ。

弁護士としての最初の日

　デイヴィッド・メイヤーは初めから印象的だった。それは、私たちが刑務所を訪問したときからだったと思う。ジョニー・スペインと接見するためにサン・クエンティン刑務所に行く場合、早く接見を始めるために、通常、私たちは午前9時までに着くように努めた。というのは、係官らによって待たされることになるからだった。もう接見できないのではないかと思うほど長時間待たされたことが数回あったのを覚えている。午前11時かその頃、デイヴィッドは、接見室の有料電話から電話をかけ始める。彼は、その日の刑務所運営の責任を負っている「管理責任者」、すなわち管理部長か部長代理に電話をした。彼は、刑務官の個人名を知っており、その個人名で――間違いなく個人名を特定する何かを使って――呼び出していた。それは、ほとんどの場合、上手く行った。一度、私たちが長時間待たされ、デイヴィッドが連絡を取った係官すべてから無視されたとき、彼はサクラメントにいた刑務所長のレイモンド・プロキュニエール（Raymond Procunier）に電話した。信じがたいことに、デイヴィッドは彼を電話口に呼び出し、こう言った。「レイ、俺たち、ジョニー・スペインに会うために今朝の9時15分からここにいるんだが、今午後2時15分なのにまだ待っ

ているんだよ。俺たちはジョニーに会うまでは帰らないつもりだが、何とかならんのか？」 その10分後にジョニーが現れた。

　私は、刑務所の係官はデイヴィッドのことを恐れていたと思う。しかし、私は畏敬の念を抱いていた。私は、デイヴィッドが鋼の意思をいつも人懐こい態度で隠していたことを知っていた——係官らもそれに気づいていたと私は思う。しばしば言われることだが、偉大な法廷弁護士は「殺し屋の素質」を持たなければならない。デイヴィッドは、たしかにそれを持っていたが、最もスゴイ所は相手方が最後までそれを知らなかったということだった。彼は親切心をもって奴らを殺したのだ。一度、彼は私に、理想的な殺し方とは、「ナイフを奴らの肋骨の間に突き刺し、奴らに何が起こったのかわからないように、ナイフを**ひねる**ことだよ」と言った。冷血漢？　多分そうだ。しかし、わかりやすくかつ効果的な殺し方だ。

　弁護実務で、デイヴィッドと私は、サン・クエンティン６人組事件で学んだ同じ原則を適用した。どういうことかと言えば、どんな事件であっても、これまでで最も深刻で重要な事件であるかのように扱うということだ。ある意味で、デイヴィッドと私は、ともにあの事件で「成長」していた。私にとっては、あの事件が知っているすべてであったからであり、デイヴィッドにとっては、闘いの最も効果的な方法を学んだのがあの事件だったからだった。それで、私たちが一緒に弁護活動を行うようになって１年半が経過したころ、テュアン・トラン(Tuan Tran)という少年が多くの人がいた駐車場で起こした発砲事件の弁護をその父親から依頼されたとき、私たちは上記の原則を適用した。すなわち、発砲当時、その場にいたすべての少年を証人として召喚したのだ。

　しかし、その話をする前に、ストール裁判官がサン・クエンティン６人組事件を公訴棄却にした1974年初頭にまで話を戻すことをお許し願いたい。私がロースクール生としての残りの学期を、マリン郡公設弁護人事務所の指導の下、刑事事件を行いながら過ごせたことは幸運だった。また、大変深刻な事件を担当できたことも幸運だった。放火事件１件と、殺傷能

第 2 章
どんな事件もサン・クエンティン 6 人組事件と同じ

力のある武器を使った暴行事件が 2 件あり、そのうちの 1 件は銃による発砲事件だった。上級の公設弁護人の中には、ロースクール生の指導など悠長なことはできないという者もいた。私が銃撃の被害者とされる者の反対尋問の準備をしているとき、私は指導者である公設弁護人に助言を求めに行った。彼は私に、「ガイシャ」はどこをやられたのかと尋ねた。私はふくらはぎと答えた。「撃ち方がまったくなってないから、そいつを釈放するように頼め」と彼は言って、自分の席へ戻って行った。

6 人組事件で公設弁護人であったフランク・コックス(Frank Cox)を私は非常に尊敬していた。彼はフレンドリーだったが、いつも過重労働を強いられていたので、ほとんどヒマな時間はなかった。幸運なことに、私はゲイル・オコーナー（Gaile O'Conner)とグレン・ベッカー（Glenn Becker)という 2 人の若い公設弁護人から、十分な援助を受けることができた。ゲイルは、放火事件につき最初から私を指導してくれたほか、発砲事件でも私が神経質になっていたときに助けてくれた。グレンは生涯の友となった。数年後、私とグレンは一緒にある事件の弁護を行うことになるが、それは後の章で紹介しよう。

それで、1975 年 2 月、私が弁護士登録を終えた 6 週間後、デイヴィッド・ベイティ裁判官(David Baty)が私を重罪である侵入窃盗事件の弁護人に指名した。私は、準備はできていると思っていた。しかし、4 月の陪審裁判に臨んだとき、私は極端なほどビクビクしていた。ロースクールで学んだことはすべて知っていた。しかし、私が**知らなかった**ことについては何の考えも浮かばなかった。たとえば、事件の早い段階で検察側記録の開示を求める方法、陪審員に対する最も効果的な説示を裁判官にしてもらう方法——決定的に重要な論点だ——などだった。評決が 9 対 3 と割れて有罪評決に至らなかったのは、私にとって非常に幸運だった。検察官が留置期間なしの軽罪に起訴事実を変更したので、私の依頼者は有罪の答弁に応じ、本人は満足してこの事件は終わった。

デイヴィッド・メイヤーについて言えば、彼が直感的であったという意

味は、彼が無鉄砲であったということではない。正反対である。彼は、法廷弁護士のもう一つの決定的なスキルである「記録化する」ことに優れていた。私たちの最初の数年間、私たちは量刑法の下、たとえば1年間から14年間といった「不定期刑」に処せられた受刑者が仮釈放を得られるようにその依頼者の代理人となった。仮釈放委員会に依頼者の釈放を認めさせる彼のやり方——仮釈放委員会が申請を却下した場合には、裁判所に**人身保護令状**を認めさせるやり方——は、委員会が仮釈放を却下し、刑務所側に1年間Xプログラムを、その次にYプログラムを実施するように勧告した場合、依頼者はすでにいずれのプログラムも無事に終了しているので、もはや刑務所側に収容しておく根拠がないということを論理的に示すことだった。実際に、私たちは、刑務所が受刑者に対して適用している独自の規則を逆手にとって、仮釈放を得ることに成功していた。

デイヴィッドは刑事事件で警察官に対しても同じことを行う仕方を教えてくれた。典型的な例は、警察官の報告書の重要性について一連の簡単な質問をすることだった。「オフィサー、起こった出来事で何か重要なことがあれば、あなたは、それを報告書に記載しますよね、違いますか？」（「**もちろんです**。」）　それからこう続くのだ。「あなたが証言する、ジョーンズ氏がナイフを持っていたという記載は報告書のどこにあるのか教えてくれませんか？」　もちろん、警察官は答えられない。なぜなら、その記載はないのだから。私は、ロースクール時代から、「どうして、あなたはそれを記載しなかったのですか？」といった、相手の答えがわからない質問は絶対にしてはならないことを知っていた。しかし、報告書という警察官が有する彼ら（当時、警察官はほぼ全員が男性だった）独自の最良のツールを警察官に不利益に利用することによって、私たちは警察官の失点と引き換えに多くの陪審員からの信頼性を獲得していたのだ。

彼の強固な意思にもかかわらず、彼は慎重な側面も持っていた。その最初の年の6月、私は過失による交通事故の事件を担当した。依頼者の名前はレザ（Reza）で、彼は郡庁所在地であるサン・ラファエル（San Rafael）と

第 2 章
どんな事件もサン・クエンティン 6 人組事件と同じ

隣町の間の大通りをバイクに乗っていた。彼は、左折合図が緑に変わっていないのに左折レーンからユーターンをした。おそらく、彼のバイクは重量が軽かったので、敷石の下にあるセンサー板が感知しなかったためと思われた。その後、彼は時速90マイル以上に速度を上げて逆走した。パトカーが彼を追って追跡が始まった。レザはサン・ラファエルに戻ったところで渋滞に巻き込まれたので、彼は速度を落とした。しかし、警察官は時速90マイル以上の無謀運転の容疑で彼を逮捕した。

　検察官は 5 日間の留置場拘禁の司法取引を提案したが、レザと私は不公平だと考えた。というのも、酔っ払い運転の場合なら、たとえひどく酔っていても、初犯である場合に留置場に入ることはなかったからだ。もちろん、その場合の被疑者はほとんどが白人であったが、レザは中東の出身だった。しかし、私は、レザは無罪になるだろうと確信していた。なぜなら、彼が先行する車列に追いついたときに彼は**速度を落としていた**のだから、「注意していなかった」ことにはならないからだった。デイヴィッドはそれほど無罪を確信してはいなかったので、私にこう警告した。「積極的な無罪方向のストーリーはとてもよいと思う。だが、そこに、どんな**消極的**なことがあるのかをすべて明らかにしなくてもよいのか？」と。これは、私がまだ学んでいなかった本質的な考え方に基づいていた。すなわち、事件の強度はその弱点ほどには重要とは言えないということである。「強度に頼って陪審裁判をしてはいけない。むしろ、都合の悪いたくさんのことを洗い出し、そのすべてを消去することに努めよ」ということである。

　私はじっと聴いていた。しかし、私たちはとにかく、全員が白人の陪審員である陪審裁判に臨んだ。そして、勝った。多分、私は幸運だったのだ。

　私たちが一緒に弁護活動を始めてから 1 年が過ぎたころまでに、デイヴィッドと私は基本的な原則をいくつか確立していた。特に、まったくの新人であるのに、私が誇りに思っていた原則は、たとえ 8 人の弁護士が X および Y の戦略は決して上手く行かないと言い、デイヴィッドと私がそう

だろうと思ったとしても、私たちは、いつも自分たちの道を選択するということだった。一人ならばヘマをするし、そのヘマは悲惨な結果に終わる。しかし、もし私たち二人が再考した結果意見が一致したのなら、先のコンセンサスの方が間違っていたのであり、私たち独自の結論の方が正しいと考えたのだ。

　私たちは、マリン郡地区検事が独自の規則を制定した後、もう一つの重要な原則を「事務所の方針」に加えた。その検察官の規則とは、被告人が**予備審問**[2]（相当な理由の審査）の前に検察官の提案した司法取引を拒否したならば、検察官は拘束期間をより長くし、保護観察の条件をより厳しくするというものだった。これは、私たちから見れば、明らかに不公正だった。依頼者には、検察側の証拠を吟味する権利があり、少なくとも相当な理由があることの疎明を求めたことを理由に不利益を課せられるべきではない。それゆえ、私たちはメイヤー・ズィトリン「綱領」を策定し、次のように書いた書簡を地区検事宛てに送った。すなわち、「もし、予備審問の後に司法取引の条件が厳しくなったならば、私たちはその提案を拒否し、陪審裁判に進むことにいたします」と。もちろん、実際にはこれを強行することはできなかった。なぜなら、私たちは依頼者の最大の利益を求めて行動しなければならない倫理的な義務を負っていたからである。しかし、この綱領は地区検事と闘う正しい立ち位置を示すものと思われた。

　そんな最中、地区検事にこの原則を告げた直後、私たちは侵入窃盗事件の弁護依頼を受けた。被告人はダレン・マルセロ（Darren Marcello）とその弟で、弟は少年裁判所管轄の少年だったが、民家に侵入しステレオを盗んだ罪で起訴されていた。予備審問の前に、検察官はダレンに極めて魅力的な取引を提示してきた。重罪である侵入窃盗罪につき有罪の答弁をする代わりに、90日間の留置場収容と保護観察の後に、重罪から軽罪に減軽する

2　preliminary hearing：被疑者に対し公判に付するだけの証拠があるかどうか、すなわち、検察官の主張する犯罪の嫌疑に「相当な理由（probable cause）」があるかを審査する手続。

第 2 章
どんな事件もサン・クエンティン 6 人組事件と同じ

という内容だった。ダレンはこの取引を拒否した。裁判所の重罪担当部門
では、それまで取引条件はかなりの程度加重されていた。すなわち、重罪
につき有罪の答弁をすれば、その後は、郡の収容施設における 1 年間の行
動の成績次第で刑務所での刑が猶予されるだけだった。最初に刑務所での
刑を受けることによって、ダレンは生涯重罪の前科を持つことになるの
だ。しかし、犯罪をめぐる司法取引の値段は吊り上がっていたが、私たち
は取引を拒否し陪審裁判へと進んだ。デイヴィッドが主任で、私はバック
アップに回った。

　私たちにとって不運と思えたのは、陪審裁判の裁判官が、郡で最も保守
的な古くからの共和党員だった裁判官の一人ロバート・ミラード（Robert
Millard）であったことだった。しかし、証拠が提出されるや、ダレンの弟
が家に侵入した者だったことが明らかとなった。デイヴィッドは、ダレン
が家に入ったのは弟が家の中に残してきた弟の革ジャケットを取り戻すた
めだったと主張した。しかし、陪審員の評決は有罪であった。事件は量刑
手続へ移行し、この間、ダレンは保釈されたままで自由の身だった。

　量刑手続において、検察官は刑務所収容を主張した。デイヴィッドは、
量刑を論ずる代わりに、ダレンは犯罪を行なっていないと主張した。ミ
ラード裁判官はダレンを見下ろし、それから検察官を見た。そして、彼の
裁量で有罪評決を軽罪に減縮したうえで、ダレンに留置場の収容期間**なし**
の保護観察を言い渡した。私たちは、有罪評決を得たが、事件には勝った
のだ。**加えて**、予備審問後の不利益な司法取引に関する地区検事の新しい
規則を認めないという点で勝ったのだった。検察官は、私たちに対してそ
の規則を適用することは二度となかった。

　ダレン・マルセロは大きなチャンスをつかんだ。しかし、彼は白人の少
年であり、マリン郡の大多数の少年らとたいして違っていなかった。おそ
らく、少年らの中にはミラード裁判官の息子もいただろう。これに反し
て、私の最初の被告人ゲイリー・ジェームズ（Gary James）は黒人の少年
で、検察官の眼には一層悪く見えていただろう。ゲイリーと共同被告人

は、黒人貧困層のコミュニティであるイースト・パロ・アルト（East Palo Alto）[3]から美しいソーサリート（Sausalito）[4]へと車を運転していた。陪審裁判の数週間前に、私がこの事件を担当する検察官と会ったときのことを、今でも鮮明に思い出す。私たちは検察官執務室前の廊下にいた。検察官はこう尋ねた。「なんで、こんな奴の弁護をしたいんだ？」「ここでの問題はだね……」。彼は続けた。「この地域の住人でない奴らが外からやってきて、まさに我々の前で犯罪を行っていることなんだ」。この時まで、私は、サン・クエンティン6人組事件で見た人種差別主義が構造的なものであること、人種差別主義は快適な白人の郡に侵入してくる「あんな奴ら」に同じ強制力を持って適用されることを、本当の意味で理解していなかった。それは、まったく気の滅入る胸の悪くなる体験だった。

オーティス・バロウと「挙動不審」

　しかし、当時、オーティス・バロウ（Otis Barrow）の逮捕の後、私にとっては、この強力な構造的な偏見は明らかであったはずだった。オーティスは、デイヴィッドの以前の依頼者で、麻薬使用者にはなじみのサン・ラファエルの荒廃したモーテルに住んでいた。彼はサンフランシスコの北約140マイルのウィローズ（Willows）の州間高速道路5号線を南に向かって運転中に高速道路パトロール隊に逮捕された。その後、私たちの事務所に電話をよこした。ウィローズは、実際に、真ん中に位置していた。すなわち、グレン郡の郡庁所在地であり、1,300平方マイルを超える土地に2万2,000人が住む郡の全人口の6,000人が住む町だった。オーティスが車から引きずり出されて身体捜索を受けた結果、パトロール隊員は彼のズボンのポケットにヘロインの包みを発見した。当時、少量のヘロインが小

---

3 East Palo Alto：サンフランシスコ・ベイ・エリアの郊外都市で、1990年ころには市の人口の6割をアフリカ系アメリカ人が占めていた。現在は、ヒスパニックが6割を占めている。

4 Sausalito：ゴールデンゲイト海峡をはさんでサンフランシスコ市の対岸に位置する都市。

第2章
どんな事件もサン・クエンティン 6 人組事件と同じ

さな包みにくるまれて売買されるのが通常だった。また、当時は、少量の
ヘロインの単純所持であっても刑務所収容になりえた。

　警察の報告書を読むと、警察官がオーティスの身体捜索をする根拠が
まったくなかったことが明白だった。警察官が指摘できたことは、パト
カーがオーティスのダットサンを追い越す際に、オーティスが警察官を注
視したという曖昧な「不審な挙動」だけだった。「挙動不審」は、長い間、警
察の社会で警察官が好んで使う決まり文句で、現在でもそうであるが、多
くの州で、警察官が誰かを、特に運転中の誰かを停止させるために使う理
由づけとなっている。私たちにとっては、それは「俺は実際には何も見て
いないが、アイツは俺を変なふうに見ていた。」もっと正確にいえば、「こ
の黒人は、俺にとっては変な奴に見えた。」ということを意味していた。

　でっち上げの挙動不審と本物の挙動不審の双方があるのは事実である。
たとえば、誰かが、突然、車の窓から物を投げ捨てるような場合である。
こうした事例では、この挙動が誰かを停止させる相当な理由になる可能性
はあるが——単なる**可能性**に留まる——、それは、他の重要な情報を伴っ
ている**ならばの条件**つきである。しかし、それが単独の場合は？　幸運な
ことに、1970年代に、州の最高裁判所はこの問いに対し「ノー」と言った。

　その事件は**人民対地方裁判所（キーファー）**[5]という奇妙な名称をつけられ
ていた。キーファー氏はスピード違反で停止させられ、すぐに道路わきに
車を寄せた。キーファー夫人が助手席に座っていたが、彼女は警官を見つ
めたように見えた。それから、振り返って手を座席の背もたれ越しに伸ば
し、その後、前方に手を曲げてから向き直った。他には何もしていない。
警察官は犯罪が行われたかもしれないと信ずる実際の情報は何も得ていな
かった。しかし、警察官は車内を捜索し、少量の個人使用のための大麻を
発見した。当時、大麻所持は麻薬所持の重罪だった。この事件の評価にお

----

5 The PEOPLE, Petitioner, v. The SUPERIOR COURT OF YOLO COUNTY, Respondent;
Martell Dean KIEFER et al., Real Parties in Interest(3 Cal. 3d 807, 91 Cal. Rptr. 729, 478 P.2d
449, 45 A.L.R. 3d 559 Supreme Court of California, Dec 31, 1970).

いて、最初に、いわゆる**キーファー法廷**は、車両停止後の車内の捜索は憲法に違反するという先例に言及した。それから、裁判官らは、「多くの挙動不審の行動」の「多く」という文言——当時、警察官は共通してこの言葉を使っていた——が何を意味するのかについて徹底的な検討を加えた。州最高裁がこの事件の有罪判決を破棄した結論部分を示すと次の通りである。

　　何でもない仕草が有罪を示す動作として間違われることはよく見られることである。……この危険性のゆえに、法は、身体捜索のための相当な理由を構成するのに単なる「挙動不審」以上のものを要求しているのである。……警察官がいわゆる「挙動不審」に依拠することが、時として、言い逃れでしかないことがこれまでにもあった。……単なる疑いまたは直感を根拠に身体捜索を行うために、実際に無関係であったか、あるいは、無関係と思われる仕草や周囲の状況が有罪の根拠として主張されてきたのである。

　裁判官は、無関係だが挙動不審と主張された実例を挙げた。すなわち、運転免許証または登録証に手を伸ばしたこと、車の窓ガラスを降ろしたこと、ラジオを消したこと、パーキングで休憩を取ったこと等々。

　私が弁護士会の一員として正式に宣誓する日の数日前であったが、デイヴィッドと私は証拠排除の申立をして審問に臨むことにした。もし、この申立が上手く行けば、ヘロインの包みは証拠から排除され、その結果、オーティスの事件は無罪となるのだ。私は、ロースクールの学生の時、別の事件で証拠排除の申立をしたことがあり、私はまだ司法修習生の資格[6]を有していたので、デイヴィッドが傍らにおり、かつ、オーティスが承諾

6　アメリカでは、日本と異なり、ロースクールの学生であっても、特別の許可を受けて、修習指導教官の弁護人とともに実際の法廷活動を行うことができる。

第2章
どんな事件もサン・クエンティン6人組事件と同じ

する限り、法廷での訴訟行為を行うことができた。法律に則っていたので、私は申立の弁論準備をしている間、自信満々だった。

このグレン郡での裁判所審問は、私の弁護士キャリアで「治安判事裁判所」[7]を体験した初めての機会だった。私がオーティス事件の証拠排除の弁論をした1974年12月までに、治安判事裁判所は時代遅れの遺物となっていたが、都市部にある通常の地方裁判所に行くには遠すぎる人々に司法手続を提供するために、まだ多くの田舎の郡には点在していた。これら治安判事裁判所の多くは、法曹資格を持たない普通の人が主宰していたが、1974年初頭に、州の最高裁判所が、拘禁刑を科することのできる刑事事件の審理を法曹資格のない者が主宰することはできないと判示した。その後数年の間に、治安判事裁判所は完全に姿を消した。

私は、子供の頃の一つの記憶として、治安判事裁判所がどんなものか覚えていた。私が9歳のとき、父がニューヨーク州ポーキープシー（Poughkeepsie）という牧歌的なハドソン渓谷の町で、信号無視を理由に警察に逮捕された。父は、信号は大きなメイプルの樹で完全に見えなかったと主張して、当時の反則金切符の交付を争った。私たちは、「治安判事」の法廷に連れていかれた。そこは、美しい古い館だった。私たちは建物に入り、裁判官室に導かれた。そこには、裁判官が座っており、交通規則違反事件の申立を聴いていた。裁判官は、すぐに父の事件を取り上げ、どこの信号でどこの樹かを尋ねた後、即座に、無罪を宣告した。年を取ってはいるが1人の有力な侯爵未亡人が敷地外に枝を伸ばした大木のある邸宅に住んでおり、市の年配者の誰もがその枝を切るように説得しても彼女は一切応じなかったのだ。

私の子供時代のイメージはそれほど違っていなかった。オーティス事件の在席が許可されたので、デイヴィッドと私は一緒に事務所から車を運転

---

7 justice's court：非法律家から任命されるパート・タイムの裁判官を治安判事（justice of the peace）といい、治安判事によって構成される、軽微な民事・刑事の事件を扱う裁判所。

して、予定の尋問時間の数分前に現地に到着した。「グレン郡治安判事裁判所」と書かれた標識が住宅地区の一角にある別の私邸の真ん前にあった。標識にそって片側をぐるりと回ると、そこには入口があり、大きな正方形をしたテーブルが置かれた部屋へと通じていた。テーブルの一方の端に裁判官が座り、傍らには数脚の椅子が並ぶほどの余裕があり、そこに、資格のある書記官が座っていた。テーブルの入口に近い方に検察官と逮捕した警察官が座っていた。私たちは、テーブルの奥の方に座るように指示された。

　審問は短く単刀直入だった。私がすでに学んだありとあらゆる技術を駆使して、警察官に対し、報告書をどのように準備したのか、報告書の作成にどれくらい慎重だったのか、提出する前に繰り返し確認したか、事件に重要と考えたことをすべて報告書に記載したかを質問した。審問の前に報告書を読み返したか否か、そして、その内容は書いたときと同じくこの場でも正確か否かも聞いた。そして、私は警察官に報告書の記載内容を引用した。「当職（警察が使う「報告書作成者」のこと）の車が被疑者の車を追い越した際、被疑者は顔を左に向けて私を見つめ、その後、ただちに顔を右に戻して、前方を注視する状態になった。当職は、彼の不審な一瞥が何かを隠していると思われたので、当職は、パトカーのライトを点滅し、被疑者の車を停止させた」。以上だった。これが、停止を求めた理由のすべてだった。裁判官が、検察官に追加の質問があるかを聞いたが、検察官は何もないと答えた。

　その後、興味深いことが起こった。私は、これと同じことを二度と法廷で経験することはなかった。裁判官が「執務室へ行きましょう」と言った。それまでにも、私は、司法取引の交渉や来るべき弁論期日の基本的ルールの協議のために裁判官の執務室へ赴き、多くの時間を費やしていた。しかし、私は、本件で、この裁判官執務室での協議は想定していなかった。書記官が立ち上がり部屋から出て行った。そして、裁判官は警察官に外で待つように命じた。それから、彼の前にある引き出しを開けてパイプを取り

第 2 章
どんな事件もサン・クエンティン 6 人組事件と同じ

出し、それに火をつけた。私たちは、何と執務室にいたのだ！

1 服か 2 服パイプをくゆらせた後、裁判官は、警察官にはオーティスを停止させる理由はなかったと明言した。裁判官は、検察官に、ここですぐに起訴を取り下げるのでなければ私たちの申立を認めると告げた。公訴取下をすると、証拠排除の申立認容による「違法な車両停止」という汚点は、検察官または高速ハイウェイ警察官の記録には現れずに済むのだった。ここで、デイヴィッドが初めて口を開いた。「破棄事由ありでお願いします。裁判官殿」。この表現は特に重要だった。というのは、検察官は「破棄事由なし」でも公訴を取り下げることができたが、この場合には、仮に新たな証拠が出てきたときに再起訴できたからだった。実にルーズな基準なのだ。本件の公訴取下は検察官の再訴追を封ずるために「破棄事由あり」でなければならなかった。検察官はこれに同意した。

当時私はまったく考えていなかったが、今振り返って気づいたことが 2 つある。当時、私は裁判官が法に従おうとしていることを単純に喜んでいた。私が気づいていなかった第一の点は、検察官に公訴取下を許可する一方で、起訴がオーティスの権利を明白に侵害していたにも関わらず、裁判官は、検察庁が陪審裁判を維持できない事実で起訴したことを放置し、かつ、高速ハイウェイパトロール隊の当該警察官が懲戒処分を受けることを回避させたことだった。この種の「許可」は、司法制度の不平等が繰り返されることを意味していた。本件の場合、警察官と検察官の権限逸脱は重大でないように思われるが、このような逸脱が、一人の男――白人主体の郡にとって「よそ者」と思しきアフリカ系アメリカ人――の逮捕、起訴、そして一時的な身体拘束につながっていたのだ。数年後、私は、書物と授業を通じて弁護士であることの倫理に精通するようになって、あの日の私の義務はオーティス個人に対するものであり、法執行官個人の行為を是正するためでもなければ、黒人社会に対するものでもなかったことを理解した。この二律背反――依頼者と社会との間でいずれを取るかの選択――は、悲しいことに、法の実践の場面では、両立不可能であることがあまりにも多

いのだ。

　ずっと後まで私が気づかなかった第二の点は、この北カリフォルニアの治安判事裁判所と南部の田舎に点在していた数多くの治安判事裁判所に存在した同一事例のことだった。南部では、オーティスのような黒人が何の理由もなく「不審な挙動」ですら不要で車から引きずり出され、留置され、場合によっては、命さえ失うに至るのだ。私は、ジョージア州コロンバスの友人のことを考えた。彼のお婆さんがフロリダ州アメリア・アイランド（Amelia Island）のアメリカン・ビーチ（American Beach）に面した一軒家を購入した。アメリカンビーチは、黒人差別法[8]の30代、40代、50代の間、黒人のビジネスマンとその家族にとって天国だった。1964年にハリケーンが多くの家屋を破壊した後は聖地ではなくなったが、折しもフロリダの公的なビーチでの人種隔離が終わりを迎えていたので、私の友人を含む多くの家庭が古い家屋を維持していた。

　数年前に、私がその友人宅を訪問した時、私は「昔は」どうやって、黒人の大家族が、ジョージア州の南部を横切ってコロンバスからアメリア・アイランドまでの280マイルを２台の車で移動し、しかも、警察に停止させられずに来られたのかを聞いた。答えは、単純に「停止しない」というものだった。時には、給油をする必要もあるだろうが、給油が必要な場合には、大きな高速道路沿線の最も大きくて明るい街で満タンにするのだ。しかし、彼らは決してトイレを使用するためには停止しなかった。それが最低限かって？　彼の答えはこうだった。「私たちは、運が良かったんだ」。

セブンイレブンでの銃撃

　テュアン・トラン（Tuan Tran）はアメリカ合衆国に逃れてきたベトナム

8　Jim Crow laws：Jim Crow は黒人の蔑称。南北戦争後 1880 年代から人種分離のために南部で制定された法律。人種隔離は、鉄道、学校、病院、レストランなど広範囲に及んだ。

第 2 章
どんな事件もサン・クエンティン 6 人組事件と同じ

移民の息子だった。家族はマリン郡の郡庁所在地サン・ラファエルでセブンイレブンを経営していた。週末になると、その地域から来た少年たちがセブンイレブンの駐車場敷地にたむろし、テュアンの家族に対して、ベトナム人を罵る悪口を叫んだり、建物の壁にベトナム人を侮蔑する落書きをしたりしていた。

　サンフランシスコのアジア系アメリカ人が集う教会の主催するピクニックがあった日、テュアンは知人に自分の家族が抱える人種的軋轢を語った。テュアンは知らなかったが、その知人はサンフランシスコの中国人ギャングの有力メンバーだった。次の土曜日の夜、サンフランシスコから2台の黒のセダンに乗った少年たちが、拳銃やブルース・リーのヌンチャクを持って現れた。銃声がして、その地域の白人の少年がケガをした。テュアンは「幇助および教唆者」[9]として殺人未遂罪で起訴された。月曜日の朝、私たちはテュアンの両親から相談を受けた。父親のトラン氏は見るからに学識のある人物で、経済学の博士号を取得しており、南ベトナム政府で上級エコノミストを務めていた。セブンイレブンの店の経営は到底以前と同じ収入をもたらさなかったが、彼とその妻はテュアンとテュアンの妹に十分な経済的支援を与えていた。トラン氏は、息子の弁護のためにすべての問題点を明らかにするように求めていた。それで、私たちはサン・クエンティン 6 人組事件の原則を適用して、考えられるすべての申立をし、すべての端緒をたどって事実を調査し、警察の報告書に書かれていたすべての少年を証言台に立たせることとし、予備審問に全員を証人として召喚した。

　私の仕事の一つは、セブンイレブン駐車場敷地の拡大地図を作り、それを、「予備審問」に召喚した少年たち全員に展示物として利用することだった。私たちは、その地図を増し刷りして、プラスティック性の透明なファ

9　aider and abettor：犯罪行為を手助けした者を幇助犯といい、そそのかした者を教唆犯といい、いずれも犯罪を実行した正犯の共犯とされる。

イルに移し替えた。審問において、検察官が警察官と白人の２人の少年を証人として呼び、銃撃があったことを証言させた後、私たちは「積極的防御」を開始した。デイヴィッドと私は交互に証人尋問をすることとし、最初に１人の少年を呼び、その後にもう１人を呼び、彼らに地図を渡し、誰がいつどこにいたかをイニシャルと番号で示すように求めた。第一の質問：２台の黒のセダンが来たとき、君と他の友達みんなはどこにいたの？第二の質問：白人少年とアジア系少年との間で殴り合いが始まったとき、君と他の友達みんなはどこにいたの？　第三の質問：君が銃声を聞いたとき、君と他の友達みんなはどこにいたの？　また、その銃声はどの方向から聞こえたの？

　これは検察官の怒りを引き起こした。彼は、審問の目的は「相当な理由」を示すことにあるのに、私たちが倫理規則に違反して審問をハイジャックし、審問をサーカスの大騒ぎに変えたと主張した。その日の終わりまでに、私たちが終えた証人は３人に留まり、その段階で予定の審問期日が終了した。まだ12人の証人が残っていた。幸いなことに、裁判官——私たちのお気に入りのデイヴィッド・ベイティ判事——は、彼自身が楽しんでいるように見えた。また、当時の法律は、当事者が望む限りの自らに有利な積極的証人の召喚を認めていた。それで、裁判官は期日を延期して、１週間後に別の審問期日を指定した。テュアンは拘禁されていなかったので、私たちには好都合だった。必要な時間がたっぷり取れた。私たちは、翌週、同じ事件で召喚した４人目の証人の尋問をした。再び、私たちは３枚の地図を透明ファイルに入れ、それぞれに時間に符合した地点を記入させた。

　私たちは、もちろん、証拠法の定める手続は知っていたし、実際、それは私たちのやり方を支持していたので、５番目および６番目の証人へと進んだ。スムーズかつ単調な証人尋問は一種の眠りを誘うリズムを持っていた。

　「裁判官、この書面を相手方に見せます。……この書面に被告側展示証

第2章
どんな事件もサン・クエンティン6人組事件と同じ

拠Xと確認の表示をしていただけますか？」　書記官から小さな確認番号票を受け取り、「裁判官、証人の所に行ってもよろしいですか？」「証人にお伺いします。あなたはフォックス大通りに面したセブンイレブンを知っていますか？／この書面を見ていただけますか？／それはセブンイレブンの店舗とその前にある駐車場の地図のように見えますか？」　それから、この「1枚の紙」が地図であると「証明された」後、「証人にお尋ねします。黒のセダンが駐車場に入ってくるのをあなたが見たとき、あなたがいた場所を示してください。」「あなたがいた場所にあなたのイニシャルを書いていただけますか？」　あなたが思い出せる限りで、フィレディ・スミス（Freddie Smith）がその時いた場所はどこでしたか？／彼がいたとあなたが思う場所に彼のイニシャルを書いていただけますか？」　その後に、「ジョーイ・ジョーンズ（Joey Jones）」「ジミー・グリーン（Jimmy Green）」等々が続いた。1セットの地図すべての記入が完了した後、「裁判官、証人が作成したこの地図を次の番号の被告人の展示証拠として採用されますよう求めます」。これが次の証人にも繰り返された。

　6人の証人尋問が終わった後に、ベイティ裁判官は、私たちに裁判官室にて協議をしたいので来るように求めた。「これらの透明ファイルを見ることにしましょう」と言って、検察官の異議を退けた。地図が示していたのは2歳児が書いた落書きの束であった。各証人が書いた1セットの地図の記載は、ほとんどすべてにわたって証人間で食い違っていた。これらの地図に依拠して、あの駐車場敷地で実際に何が起こったかを語ることは誰にもできなかった。ましてや、公判審理において事実を証明することは無理だった。全4日の予備審問と私たちが召喚した証人の半分が終了した時点で、検察官の起訴の見立てはすでに崩壊していたのだった。

　「6カ月の後に起訴を取り下げたらどうかね？」と裁判官が示唆した。言外のこの意味は、検察庁は申立によりこの事件を維持することもできるが、仮にテュアンが6カ月間何事もなく無事に社会生活を送ることができたならば、検察官はこの事件を取り下げるということだった。上司と相談

した結果、検察官は戻ってきて提案を承諾すると述べた。6カ月後、テュアン・トランに対するすべての起訴は取り下げられた。今でも、彼には何の前科もない。私たちは、この事件をちょっとした大騒ぎにしたのかって？　そう問われれば責任を感じるが、あのやり方は上手くいって、無実の依頼者が誤って処罰されるのを防いだのだ。

エピローグ

　トラン一家は、その後の7年間、父親が公認会計士の試験に合格してサンフランシスコの中心街に給料の良い仕事を見つけるまで、セブンイレブンを経営した。テュアンは大学を卒業し、コンピュータ・サイエンスの修士号を取って次のステップを考えており、成功の道を歩み始めた。私たちは、ダレン、レザ、オーティスについてはその後の情報をまったく得ていない。

　私にとって、この一連の事件は誰一人として司法制度の罠から免れていないことを示していた。しかし、これらの事件は、同時に、私たちの4人の依頼者が受けた絶望的な処遇状況を見事なまでに明らかにしていた。これを証明する方法はなかったが、私は、オーティスとレザは、彼らが白人であったならば受けなかったであろう、より苛酷な処遇を受けたと確信していた。そして、チャンスを与えられた1人の少年ダレンは白人で、役割が従たるものであったとしても明らかに侵入窃盗罪で有罪だった。

　テュアンについて言えば、検察は彼を最初から起訴すべきではなかった。中国系ギャングは警察にとってはよく知った存在であり、ベイ・エリアの大きな警察署の大部分がこうした団体に焦点を合わせたギャング対策班を持っていた。テュアンがギャングのメンバーである知人に何かを依頼したことを示す証拠はなかったし、その知人がギャングのメンバーであったことを示す証拠すらなかった。皮肉なことに、土曜日の夜にセブンイレブンに現れたギャングは、政府機関以上にトラン一家に向けられていた人

第2章
どんな事件もサン・クエンティン6人組事件と同じ

種差別主義者のあざけりを終息させた。いかなる場合であっても、私は銃を発砲する行為を非難する。しかし、セブンイレブンでの土曜日の夜以後、あの駐車場敷地で、再び人種差別主義者による事件が起きることはなかったのだ。

第 **3** 章

いつも、母親の言うことを聞きなさい

カリフォルニア州人民対エルビン・ドラモンド

時に、人生は予期せぬ挑戦を弁護人にもたらす。最も挑戦的なものの一つが、真に無実である依頼者の弁護である。私にとって、この依頼者は、私が実務について3年目の終わりに、エルビン・ドラモンドという姿で現れた。依頼者が、真実、起訴事実につき無罪である場合、弁護人にかかるプレッシャーは桁外れのものになる。事件が殺人事件であった場合、そのプレッシャーはさらに数倍に膨れ上がる。依頼者の運命は弁護人の手にあるのだ。その事件が弁護人にとって3度目の陪審裁判で、法医学証拠と目撃証言が被告人に致命的であった場合、その事件は絶え間ないプレッシャーを生む圧力釜であり、弁護人に課される課題は克服不可能に思われる。当時30歳の弁護士であった私にとって、この事件で敗けることの恐怖はそれを引き受けた際の私の傲慢さと深く関わっていた。

殺人事件を引き受ける

1976年、私の友人のビル・ベイリン（Bill Balin）は、理想に燃える若き弁護士たちが創設した小さな非営利団体「刑事リーガルエイド団（Criminal Legal Aid Collective）」に加わった。「CLAC」の背後にある考えは、弁護士

第 3 章
いつも、母親の言うことを聞きなさい

が、性別や人種の違いに関係なく、**プロボノ**活動[1]として、貧しい被告人を弁護するのにロースクールの学生や一般の人と協働することだった。チームは、エリート主義を避けつつ、その一方で、業務を拡大するのに十分な人的パワーを提供するという観点から構成された。その業務には、裁判所への申立、十分な事実調査、1人の国選弁護人だけでは対応できない陪審裁判の徹底した準備などがあった。弁護士の多くは、法律扶助[2]の代理人か、または、一般民事事件の「日雇い仕事」をしていた。創立者のリー・スティメル（Lee Stimmel）は、父親とともに民事事件の代理人を務めていた。

　数カ月後、私もこのグループに加わった。私は、弁護士になった当初から、主として刑事事件を扱ってきたが、2年間、陪審裁判を経験したことがなかった。たしかに、私がCLACで仕事をしたいと考えた理由には他人に奉仕したいという動機もあったが、いくつかの重大事件——警察官に対する発砲事件や強盗など——の弁護人としての基礎を固めつつ、陪審裁判を体験する機会を得たいと考えていたこともあった。CLACは徹底した弁護の経験と機会の双方を与えてくれると期待していたのだ。

　1977年秋、CLACにかつてない重大な事件がやってきた。殺人事件であった。エルビン・ドラモンド（Elvin Drummond）が、市役所の西ほんの4分の1マイル先のウェスタン・アディション（Western Addition）[3]の路地で、ジェームズ・モルソン（James Molson）の胸をナイフで6回にわたり刺して殺したとして起訴されていた。エルビンはモルソンを刺したことは認めていたが、それは、モルソンがナイフを持ってエルビンの胸をめがけてかかってきたので、完全な正当防衛だったと言った。エルビンは、当時ロースクールの学生で法律扶助のボランティアをしていたポール・パーソ

1　pro bono：本書第1章注21参照。
2　Legal Aid：貧困者に無料または安い費用で法的援助を提供する制度。
3　Western Addition：現在は、サンフランシスコ中心部に位置する、多文化が共生する歴史的な地区だが、過去には、貧困や社会問題に直面する黒人コミュニティの象徴的地区であった。

ンズ（Paul Persons）を介して私たちの所にやってきた。エルビンは、以前の内妻のレオナ・マックスウェル（Leona Maxwell）が娘のシャーリーン（Shaleen）の所に行くことを認めないので、娘への訪問を認める裁判所命令を得るために法律扶助の申請をしていたのだった。エルビンは、ポールに対して、レオナが麻薬中毒であること、および、シャーリーンが生まれた直後から「ボー（Bo）」という名の男とつき合うようになり、その男からエルビンが数回にわたり脅迫されたことを話した。ポールは複数回の子供との面接交渉を命ずる裁判所命令を獲得し、この命令に基づいて、エルビンはシャーリーンの許を訪れることができた。

　ある日、ポールは留置場のエルビンからのコレクトコールを受けた。エルビンはポールに、自分が「ボー」を殺害した罪で起訴されたこと、裁判所はすでに「相当な理由」の有無を審査する予備審問[4]を終えており、そこで、レオナが証人として、エルビンがモルソンを冷酷に刺し殺した旨証言したことを告げた。エルビンが言うには、予備審問の場に弁護人はいたが基本的には何もしないで座っており、レオナに質問することもなかった。次のCLACの会議で、私たちはこの事件を引き受けるか否かを議論した。私たちの中で最も経験のある弁護士はフィル・マーチン（Phil Martin）で、彼はほぼ8年間刑事弁護をしていた。しかし、フィルは自分の事件だけで手一杯で殺人事件を引き受ける余裕がなかった。フィルは、もし私がこの事件の主任弁護人となることを承諾するのであれば、彼がバックアップし、私を指導すると約束した。CLACが組織した最大規模の多様な人々で構成される支援チームの援助——6人の人間が分担して業務を行う——も約束された。私は承諾した。

　当時、私たち全員がなぜエルビンは無罪であると考えたのかの理由を、今、正確に思い出すことはできない。しかし、私たちは無罪と信じていた。一つの理由は、私たちはポール・パーソンズの判断を信頼していたこ

4　preliminary hearing：本書第2章注2参照。

第 3 章
いつも、母親の言うことを聞きなさい

とだった。ポールは、おそらく、私たちの中で最も多くの尊敬を得ていた人だった。彼は「優しい巨人」という人間像にピッタリの赤ひげを蓄えた熊のような男で、いつも温かい優しい目をしていた。しかし、唯一の例外はバスケットボールのコートに立ったときの姿で、その時、彼は悪魔に変貌した。もう一つの理由は、エルビンには他に重大な前科がなかったことだった。彼は逮捕の際に抵抗したとして公務執行妨害罪で有罪となった過去があったが、1970年代のサンフランシスコのウェスタン・アディションの黒人にとって、それは前科がまったくないのと同じだった。私たちは、サンフランシスコのアフリカ系アメリカ人成人男性で前科がない者の割合が極めて低いことを知っていた。さらに、エルビンは24歳で、最近、業務縮小で解雇されるまで、市営交通の保安職員という定職についていた。最後の理由として、私たちは、モルソンが２度刑務所に入っており、暴力事案で逮捕と有罪評決を複数回受けていた前科も知っていた。こうしたすべてが、正当防衛というエルビンのストーリーを信頼できるものにしていた。

　フィルと私は、事件を引き受けるか否かを最終的に判断する前にエルビンと面談するために、裁判所庁舎7階の留置場第２室へ行った。私たちは、語り口の柔らかなエルビンが完全に信頼できる人間であることを確認し、事件を客観的に眺めようと思った。というのも、事件の有罪証拠は強力で、当方に不利で圧倒的と言ってもよかったからだった。唯一の目撃証人としてレオナ・マックスウェルがおり、彼女は予備審問で、エルビンがモルソンと言葉を交わすことなく刺したとはっきりと述べていた。

　さらに、不利だったのは検視官[5]の報告書だった。レオナと違って、検視官事務所は中立とみなされていた。しかし、本件の報告書は有罪を免れないものだった。すなわち、モルソンは６ヶ所に傷を負っており、そのすべてがモルソンの胸の同じ場所に集中し、すべてがほぼ45度の角度でほぼ

5　coroner：自然死ではない者の死因を特定する任務を負っている専門医の公務員。

同じ深さに達していた。損傷の類似性を根拠に、検視官は、最もありうる態様として、エルビンがモルソンを建物の壁に押しつけたか、あるいは、地上に倒れたモルソンを刺したかのいずれかが考えられると結論していた。これでは、正当防衛の余地はなかった。モルソンの手首に切り傷があったという事実も正当防衛を裏づけるものではなかった。刺された被害者の指や手掌に切り傷があることは珍しくない。これを「防御創」という。なぜなら、通常、被害者は自己防衛のために外側に向かって手を伸ばすからだ。手首は防御創の典型的な場所ではなかった。しかし、それは問題となる手掌に十分に近かった。

　今日では、裁判所の命令か十分な資金があれば、セカンドオピニオンを得るために別の鑑定医を依頼することもできる。当時は、こうした機会はまったくなかった。私たちにはお金がなかったし、州の費用でそうした鑑定を裁判所が命ずることもありえなかった。その上、客観的事実として、すべての創傷は、部位、角度、そして深さが**同じだった**のだ。どんな解剖所見であっても、真実に忠実である限り、これを変えることはできなかった。

　代わりに、デイヴィット・メイヤーと私は、最初の数週間、エルビンとモルソンが路地でどんな行動を取ったのかの事実確認にかなりの時間を費やした。エルビンは私とポールに対して、レオナからシャーリーンを引き取りに行くために彼の車に乗って出かけたら、ボーがナイフを持って近づいてきた。エルビンは、以前にも２回モルソンから脅迫されており、そのうちの１回は、モルソンがエルビンのアパートのドアに銃弾を撃ち込んでいた。また、別の１回は、モルソンがエルビンに向かってナイフを振り回し、その後、一転してエルビンの車のタイヤを切り裂いていた。「今回は、殺されると思った。」とエルビンは語った。彼は素早くベルトの鞘にあったナイフを取り出し、下手に構えて、突進してきたモルソンを素早く刺した。この動作をエルビンは一連の素早いバックハンドの動きで再現した。エルビンは背が低くてずんぐりしており、モルソンは背が高くてひょろっ

第 3 章
いつも、母親の言うことを聞きなさい

としていたので、エルビンの話は辻褄があっていたし、突進してくる攻撃者が数秒という短時間に 6 回刺されることも十分にありうると考えた。フレイザー対アリの闘い[6]を想起していただきたい。フレイザーは低い姿勢からアリのボディに数発のジャブをかましていたではないか。

　もちろん、これはすべて単なる仮説でしかなかった。これ以上何もなければ、たとえ、「合理的な疑いを超えた証明」という高い証明基準があったとしても、私たちが陪審裁判で勝つチャンスがあるとは思えなかった。しかし、私たちに有利な事実が 2 つあった。モルソンの薬物中毒に関する報告書は、モルソンの体内に少量のコカインとヘロインがあったことを示していた。それ以上に重要だったのは、エルビンが留置場に拘禁されていたときに、エルビンの左手の人差指に傷があったことだった。それは完全に防御創と一致していた。

　私がフィルとデイヴィットの助言と支援の下この事件に取り組んでいた間に、支援チームの法曹資格を持たない白人と黒人の女性 2 人は、証人となる人物を探して市役所のすぐ西の地域を回っていた。彼女らは、レオナとエルビンの以前の口論について、陪審裁判で弁護側に有利な証言をしてくれる 2 人の証人を見つけ出した。警察官の報告書では、レオナ以外の殺人の目撃証人としてはたった 1 人、オーブリー・フランクリン（Aubrey Franklin）しかいなかった。フランクリンの警察官に対する供述は、モルソンが倒れ始めたちょうどその時に路地に入ってきたという内容で、彼は刺すところを見ていなかったが、エルビンがナイフを持っていたのは見ていた。彼は、また、エルビンが刺した後、モルソンの衣服を捜索し、モルソンの体をエルビンの車の方に引きずって行くのを見ていた。重要なカギとなる証拠ではないように思われたが、彼は現場にいたのだ。それで、2 人

---

6 Fraizer-Ali：1971 年 3 月 8 日、ニューヨークにて、ボクシング界のヘビー級チャンピオンであった二人ジョー・フレイザー（Joe Fraizer）とモハメッド・アリ（Muhanmad Ali）が闘った「世紀の一戦」として知られる試合。フレイザーが勝ち、アリが初めてタイトルを失った。その後も両者は 2 度対戦し、今度はアリが 2 度とも勝利した。

の「調査員」はフランクリンに会いに行き、より徹底した事情聴取を行った。そして、彼女らは極めて重要な事実を持ち帰った。それは、オーブリー・フランクリンが見たのは、モルソンが倒れるとき、モルソンとエルビンは**路上の中央**に立っていたということであった。

　検視官の報告書では、エルビンがモルソンを建物の壁に押しつけたか、あるいは、地上に倒れたモルソンを刺したかのいずれかが考えられるという結論だった。しかし、フランクリンは、モルソンが路上に倒れた所を刺された**のでも**、壁の近くのどこかで刺された**のでもない**ことを明らかにしていた。オーブリー・フランクリンは、たとえ、検察官が彼を検察側証人として召喚したとしても、私たちは、フランクリンは弁護側の最も重要な証人になると考えた。この情報を基に、私は検視をした鑑定医に２度目の面談を申し入れた。この面談において、その医師は、必ずしも壁に押しつけた状態でなくても、モルソンがエルビンと対面して立っていた場合もありうることに同意した。

エルビンとの事前の打ち合わせ、そして手紙

　私たちは予備審問後にこの事件を引き受け、エルビンは勾留中だったので、陪審裁判の日程は11月中旬に指定されていた。私たちは弁護方針を早急に整え事実審理に備える必要があった。私たちが追求すべき最善のことは、検察官に合理的な疑いを超える証明を要求すること——**もしも**、この高い立証基準を真に適用する陪審員を得られるのであれば——と理解していた。また、モルソンが間違いなくナイフを持っていたことも私たちは知っていた。というのも、エルビンがモルソンの体を自分の車の方に移動させた後、元の地面にナイフがタバコの箱とサングラスと一緒に残されていたからだった。そして、私たちは、エルビンがモルソンを車に運ぼうとしたのは、救急通報をする前に病院へ搬送しようと考えたからだと説明することができた。加えて、議論はあるにせよ、エルビンの防御創と、最も

第 3 章
いつも、母親の言うことを聞きなさい

重要な証拠として、オーブリー・フランクリンの目撃証言があった。しかし、オーブリーの証言は、「ボー」がナイフを持ちエルビンに向かっていくのを見たというような直接的なものではなかった。私たちは、陪審員に対し、フランクリンはモルソンが路地の中央に倒れたのを見たこと、および、エルビンは地面の上でモルソンを刺したのではないことを示したうえで、それがなぜ重要な意味を持っているのかを、２＋２＋２のように足し算でわかりやすく説明しなければならなかった。

オーブリー・フランクリンの証言から、私はエルビンが無罪であることを確信した。私は、強力な有罪証拠を前にして、エルビンが有罪となる結末を極端に恐れていた。同時に、この事件で無罪を獲得できなければ、弁護士業を辞めなければならないと感じていた。結局のところ、弁護人には無実の依頼者を刑務所に送ることは許されないのだ。今になって振り返ると、もちろん、それは若気の傲慢でしかなかった。本件は、どんな正当防衛事件でも同じだが、難しい案件であった。しかし、私は当時、弁護士としての職業を続けていくには勝訴することが必要だと考えていたのだった。

それで、デイヴィットが他の私の担当事件を肩代わりしてくれたので、私は週に数回拘置所にエルビンを訪ねた。あまりにも敗訴することを恐れていたことが大きな理由だった。

陪審裁判を１カ月後に控えたある接見の際、エルビンはレオナから受け取ったばかりの１通の手紙を私に見せた。紫色の紙に手書きされた２頁の手紙に、長椅子に寄り掛かったレオナの写真が同封されていた。手紙は「最愛のエルビン、はーい、ダーリン」との書き出しで始まり、繰り返し、レオナのエルビンに対する愛を語っていた。エルビンはいまだにレオナを愛しており、しかも世間ずれした男ではなかったので、レオナがそこに書かれているとおりであることを信じたかった。しかし、この手紙は、レオナが残されたわずかの資産をエルビンから奪い取る目的で、彼を愛しているのでヨリを戻したいと願っているとエルビンに思わせるためであること

がミエミエだった。

　最初の頁はひどかった（「ベイビー、私は最近とても落ち込んだ状態にあるの。私は誰にも何かを求めたくない。だから、あなたの失業手当の小切手にサインして私とシャーリーンに送ってくださいと頼んでいるのです」）。しかし、これは２頁に続くほんの序の口だった。「エルビン、シャーリーンと私はあなたを**愛しています**。どんなことがあっても、私たちがあなたを待っていることを信じて。どんなに長い時間がかかっても……ベイビー。私は、**あなた**のための家庭を作ろうと思います、ベイビー。だから、あなたが帰ってくるときは、**私たち**の所に来ることができるのよ♡」。さらに、「私は、あなたの家財がそのままあなたの部屋にあることを願っています。だって、私はあなたの物は全部ほしいと思っているからで、もう引き取ってきた猫を含めて、家財、失業手当の小切手などすべては**私たち**の物だからです、ベイビー」。

　私はこの手紙の本当の意図を忍耐強くエルビンに説明しなければならなかった。彼は悲しそうだったが、すぐに理解した。客観的に見て、手紙全体は、ほとんど教育を受けておらず施設で育った貧しい黒人女性、しかも薬物中毒者によって書かれたものだった。しかし、私は重要な証拠を得たと考えていたので、そのことに深入りすることはなかった。レオナは刺殺行為の唯一の目撃証人であり、彼女の証言が法廷でなされるならば、エルビンは第１級殺人罪で有罪となることが予想できた。私は彼女の動機や証言の信用性につき効果的な尋問ができると考えていた。そして、この手紙は、私が反対尋問をする際に大きな役割を果たすだろうと考えた。私はエルビンにそのことを説明し、その手紙を受け取った。

　私たちは間違いなく証拠上の困難な問題を抱えていたが、審理自体に必要な証人の数は比較的少数にとどまっていた。すなわち、警察官、鑑定医、およびレオナ・マックスウェルが検察側の証人であり、そしてオーブリー・フランクリンは私たちの側の証人、ただし――いつもそう願うだけだが――、検察庁が彼を検察側証人として召喚した場合のことであった。

第3章
いつも、母親の言うことを聞きなさい

もう1人主要な証人が残っていた。エルビン・ドラモンド本人だった。エルビンは世間ずれしていないだけではなく、非常に穏やかな口調で話す本当に内向的な性格の人間だった。彼の学歴は1950年代のサンフランシスコの黒人地区貧困層に生まれた者の典型的なものだった。すなわち、一連の公立学校では教育の質が悪く、多くの者、とりわけ黒人の児童が必要とする教育を施すことができなかった。私は、彼の尋問を準備するのに大変な努力をしなければならないことを知っていた。

エルビンの被告人尋問の準備をすると言ったからといって、留意すべき重要なことは、私が何か事実ではないことを捏造するという意味ではない。それとはまったく違う。事実の捏造は倫理規則に違反する高度に非倫理的な行為であるにとどまらず、かえって、真実こそが多くを語る機会を逃してしまうのだ。尋問の準備は、純粋に陪審員に対するプレゼンテーションの問題だった。憲法の下では、刑事事件において被告人自身が証言をする権利は依頼者の絶対的な権利である。そして、弁護人と依頼者の間においても、証言台に立つか否かは依頼者自身によって決定されるべきことである。依頼者が証言台に立つことを弁護人が阻止することは倫理規則上禁じられている。多くの被告人は証言台に立つことを望む。しかし、被告人が証言台に立つことは例外に属する。少なくとも、一旦、弁護人が陪審員に対し、なるほどと思わせることをなし遂げた場合はそうである。私が引き受けた殺人事件はすべて最終的に陪審裁判に行くことになったが、依頼者が証言台に立ったのはたった2件しかなかった。もちろん、全国の裁判所が、陪審員に対し、たとえ被告人が証言台に立たなくとも、そのことを被告人に不利益に考慮してはならないと説示するのは事実である。しかし、実際には、陪審員は、常に、被告人から直接話を聞きたいと願っている。そして、話を聞けないときにはいささか困惑する。とはいえ、被告人自身が自らを弁護するために証言台に立つことは、自己に都合のよい弁明とみなされ、いろいろな意味で、本人の証言は簡単に瓦壊するのだ。

それで、何日にもわたってエルビンの証言の稽古をし、完璧な主尋問の

問い答えを書き出した後、陪審裁判の初日までの８日間、毎日、私は拘置所に行き、エルビンの主尋問全体の吟味と想定される反対尋問のポイントにつき、おさらいをした。本人の証言が上手く行くためには、エルビンが私を信頼していることが不可欠だったが、幸運なことに、この点は心配しなかった。彼は、私たちがこの事件を引き受け、相応な関心を示したこと——彼の以前の裁判所指名の弁護人は関心を示さなかった——にとても感謝していたので、私たちに対する信頼は厚かった。

　私は妻と１歳半になった息子との夕食を終えた後、毎夕、車で12分の所にある裁判所庁舎の留置場に向かった。毎夜、エルビンと一緒に、彼の証言のテストを最初から終わりまで行った。私は彼にいくつかの反対尋問も行った。主尋問は、真実らしく見えない一ヶ所——最も重要な部分——を除いて、実際、上手く行った。ボーがナイフを持って彼の所にやって来た場面にきたとき、私は「次に、何が起こったのか？」と聞くと（主尋問では、誘導尋問はできない）、エルビンの答えは「俺は怖かった（I got out **mines**）」となった。いくつか理由があるが、エルビンは、自分に命の危険があると感じたと言う勇気がなかった。加えて、「俺の物（mines）」[7]という黒人表現は、ほとんどが白人とアジア系の住人で構成される陪審員の前では、十分な効果を発揮するとは思えなかった。エルビンの住む地域では、当時、ほとんどすべての人間がベルトに鞘入りのナイフを携帯することが一般的であるということさえ、陪審員には注意深く説明しなければならない事柄であった。

　私たちは、１週間以上にわたって、毎晩、この短い言葉について練習した。ついに、陪審裁判直前の週末、私たちは最終コーナーを回った。「次に、何が起こったのか？」の問いに対する答えは、「殺されるかもしれないと怖かった」（やっと言えた）。それから？　「すぐに俺のナイフに手を伸ばした」。それから？　「下手に構えて、奴が俺の後ろから来たときできるだ

7　mines：黒人英語で、自分の所有物（mine）のこと。

第3章
いつも、母親の言うことを聞きなさい

け素早く刺しました」。これでよし。陪審裁判の準備はできた。

陪審裁判が始まる

　私の人生の中で、月曜日の朝、サンフランシスコ裁判所庁舎第22室で座って呼び出しを待っていた時間ほど、怖い思いをした経験はそうない。胃の痛みはひどかった。経験もないくせにそんな重大事件を引き受けた自惚れはどこで身に着けたのかといぶかった。もちろん、事前の心配というものは、いつも、最悪である——ただ座って何かが起こるのを待っている。古参の裁判所主席廷吏のペギー・ホールダー（Peggy Holder）が、大きな声で審理予定の事件名を読み上げてから、当日の法廷割当表に目を戻した。「ホールダー裁判官」と弁護士たちは彼女のことを揶揄していたが、彼女は法廷をしっかりと管理しており、私の最初のサンフランシスコ陪審裁判の呼び出しも彼女がした。それは、冷たく私を恫喝しているように思えた。後になってから、私は、彼女が大変な正確さをもって誰に対しても自らの仕事を一生懸命果たしていただけであったことを理解した。彼女は、誰であってもルールに従う限り、敬意を払い誰とでも上手くやっていた。

　私は市役所（City Hall）の第19号法廷を割り当てられ、主宰する裁判官はフランシス・マッカーティ（Francis L. McCarty）であった。当時、裁判所庁舎には、陪審裁判の開始時期が法定されていた重罪事件を審理する法廷が十分にはなかった。それで、特に殺人のような最も重大な事件が市役所にて行われることは珍しいことではなかった。市役所での殺人事件の審理は奇妙なコントラストを生み出していた。市役所は伝説になるほど有名な建物で、巨大な丸天井（ワシントンの国会議事堂よりも高い）を備え「大階段」で象られた荘厳な円形大広間がそのボザール様式の美しさ[8]を誇っていた。

8　Beaux-Arts beauty：19世紀後半から20世紀にかけて、フランスのエコール・デ・ボザール（旧

その場所は、南北の明るい見事な庭と100年前のオーク材で作られた扉を背景に、これまで何千という結婚式の写真が撮られた聖地であった。皮肉なことに、そうした扉の背後には、審理前の被告人が留め置かれる小さな独房が隠されていた。

　フランシス・マッカーティ裁判官は、当時69歳で、やはり伝説的な人物だった。サンフランシスコで学生時代を送った政治家であり、1950年代の市の監査委員を何期にもわたって務め、委員長を務めたこともあった。しかし、彼の最も著名な功績はサンフランシスコに移ってきたジャイアンツの誘致者としてのそれだった。市の野球コミッションの長として、彼はジャイアンツの誘致に成功したばかりではなく、新たな球場キャンドルステック・パーク[9]を建設するための基金設立を支持する有権者を獲得するのに成功したのだった。彼の執務室には、ジャイアンツとの関係を示す数多くの写真があった。例えば、マッカーティとウィリー・メイズ[10]、マッカーティと監督のアルビン・ダーク[11]の写真、キャンドルステック球場の落成式のセレモニーで撮った、マッカーティ、ジャイアンツのオーナーであるホーレス・ストーナム（Horace Stoneham）と市長のエドムンド・〝パット〟・ブラウン（Edmund G."Pat" Brown）の写真などだった。

　マッカーティ裁判官は厳格ではあるが公正だという評判で、これは裁判官にとって悪いプロフィールではなかった。CLACメンバーの一人であったロースクール生のジョン・ウェインシュタイン（John Weinstein）は、陪

　王立美術アカデミー）で教えられた建築様式と手法。古典的な建築の要素と装飾を取り入れながら、現代的な技術と素材を用いて壮大で優雅な建物を作ることを特徴とした。

9 Candlestick Park：野球とアメリカン・フットボールの兼用球場で、サンフランシスコ・ジャイアンツ（1960年～1999年）、サンフランシスコ・フォーティナイナーズ（1971年～2013年）の本拠地だった。

10 Willie Mays：1951年から1973年まで、サンフランシスコ・ジャイアンツとニューヨーク・メッツで活躍したプロ野球選手。史上最も偉大な選手の一人とされ、ベーブ・ルースに次ぐ第2位にランクされている。

11 Alvin Dark：1948年にメジャーリーグにデビューし、複数の球団で活躍したプロ野球選手で、選手としても監督としても、ワールド・シリーズで優勝経験がある。

第 3 章
いつも、母親の言うことを聞きなさい

審裁判の全体を通じて、私と同席することを約束していた。記録を取るためでもあったが、より重要であったのは、私が昼食をとったか否か、そして、法廷で突然襲ってくる恐怖で死んでいないかを確認するためだった。マッカーティ裁判官は、私たちと検察官のダグラス・マンソン（Douglas Munson）を裁判官室に呼んで、基本的なルールを定めた。この時初めて、私はダグラス・マンソン検察官がこの事件を担当することを知った。私は幸運をつかんだと思った。というのも、前任の検察官は、靴にタップをつけていたので弁護士の間では「ボジャングル」[12]というあだ名で知られていた男で、常に、異常なほどの準備をしてくる意地の悪い奴として有名だった。反対に、マンソンはスマートで親切な奴だった。しかし、彼の徹底した正確な冒頭陳述を聞いて、彼の準備不足を期待していた私の考えはすぐに打ち砕かれた。数多くの殺人事件の陪審裁判を手掛けてきたベテランだったので、彼が要した陳述時間は私のそれの数分の1であった。

　冒頭陳述とは証拠の要約をするだけで、（一般に思われているように）事件を論ずるために設けられているのでは**ない**。その冒頭陳述の前に、私たちは陪審員を選定しなければならなかった。その頃はまだ、私が、驚嘆すべきキャッシー・ベネット[13]から陪審員**予備尋問**[14]の際どうやって適切な陪審員を選び出すのかの方法を教わる数年も前であったから、座っていても地に足がついていなかった。唯一の救いとなる慰めは、CLACのメンバー 6 人が傍聴席にいたことだった。その中には、私の「セコンド」役のフィルもいて、休憩時間中に皆の議論に加わった。

　私の度を超えた不安状態の下でも、あの時の陪審員に対する**予備尋問**で思い出すことが 2 つある。一つ目は、マッカーティ裁判官が「ズィトリン弁護人、予備尋問を始めてください」と言ったその時、 1 人の陪審員候補

---

12 Bojangles：1920 年代のタップダンサー、ビル・ボジャングル・ロビンソンの愛称に由来するあだ名。

13 Cathy Bennet：本書第 10 章参照

14 voir dire：陪審員に関する予備尋問。弁護士が、陪審員に対し、偏見または被告人や証人との関係の有無を確かめるために行う尋問手続。

者が手を上げた。裁判官が発言を認めるや、彼は「裁判長、俺はズィトリン弁護人が依頼者を有罪だと考えていると思うよ」と言った。私はどう対処してよいかわからなかったが、法廷にいた友人らが私に振り向くように言った。その時、私から出た言葉は「くそっ、何をやればいいんだ？」だった。幸運なことに、裁判官が対処法を知っていた。彼は、即座に、その男を陪審員から除外した。

二つ目のことは、私は、ソーシャル・ワーカーとして勤務する身なりのよい独身の中年男性に好感を持った。彼は共和党支持者だと言ったが、私はゲイだと思った。当時、ゲイを公表している男性は少なく、特に陪審員選定のような場面ではなおさらそうだった。尋問で得られた情報からは——「共和党支持者」という点を除けば——ゲイと考えるヒントとなるものは何もなかった。私はこの男の前向きな実務的な態度が気に入ったし、支援チームの中の２人も私と同じ考えだった。しかし、それ以外のチームメンバーは、「共和党支持者」の点は、ストライク・スリーではないまでも、ストライク・ワンかツーで危険だと主張した。結局、当時でもサンフランシスコでは70％が民主党支持者であったが、それが限界だった。しかし、当時の「共和党支持者」は今日意味するものとは違っていた。最終的に、支援チームの最低限の支持を得て、私は腹をくくり、この男を陪審員に選定した。私たちはその決断が特に重要なものとなることを知っていた。なぜなら、身なりがよく、学識のある専門職——そして、白人の男性——として、彼は陪審員長のダントツの候補者であったからだった。

証言が始まる

証人尋問は私たちの予想通り上手く行った。十分な準備をしていたので、知らなかった事実はなかったし、反論の戦略を練らなければならないことも多くはなかった。マンソン検察官が召喚した最初の証人は殺害現場に来たときの報告書を書いた警察官だった。彼は殺害現場の状況を確定す

第3章
いつも、母親の言うことを聞きなさい

る以上の重要な証人ではなかった。すなわち、遺体はどこにあったか、エルビン、レオナとその子供はどこにいたか等々の確認だった。しかし、この普通の証人からも、私たちはいくつかの重要なポイントを獲得した。第一に、有罪か無罪かにとって重要ではないが、後にポイントを得るには重要と考えた質問をした。主尋問の際、警察官は歩道の間違った場所にナイフ、タバコの箱、サングラスを置いていた。私は、これらの物が犯行現場の写真では別の場所にあったことを知っていたので、警察官に対し、客観的事実として、本当に「向こうの方」にあったのかと尋ね、それから、写真を見せた。警察官は間違っていたことを認めた。つまり、私が正しくて、彼が間違っていたのだ。これは、陪審員に、私が誰よりも証拠を知っていると思わせるやり方だった。

　警察官は、報告書の中に、エルビンが「奴を刺したのは俺だ」と述べて、逮捕に素直に応じたことを記載していた。また、エルビンの指に切り傷があったことも記載していた。警察官は、誠実に、こうした争いのない事実を証言したが、これらの事実は反対尋問の際に役に立つものだった。他方で、警察官は、エルビンの前言の後に彼が語った、後に問題となる「ボーが俺を撃った」という言葉と、エルビンが弾丸を警察官に渡したことをも証言した。反対尋問の機会であれば、私はエルビンが言った「奴は俺を撃つつもりだと思った」の意味を明らかにできた。モルソンは、実際に、弾丸を装填した銃を所持していた。しかし、それは彼の身体上にあったわけでも身体のどこかに隠されていたのでもなかった。それは、モルソンの車のフロントシートの上にあった。エルビンの「撃たれた」という供述とどう整合するのかの説明はすぐにでも可能であったが、検察側の立証段階ではそれができなかったので、私は、陪審員が忍耐強く裁判官の説示に従って、すぐ結論にとびつくのではなく弁護側の反証を待ってから結論を出すことを期待した。

　次に、鑑定医が登場した。この証人に対しては、その結論を極小化すること、そして、他の結論の可能性がありうること——言い換えれば、「合

理的疑い」が十分あること——を証人に認めさせることがテーマだった。それは、これ以上望めないほど上手く行った。その医師は、傷の深さ、角度、形態の類似性を考慮すれば、モルソンは何かに抗する状態であったことと最もよく適合すると述べた。しかし、その医師は、確実に言えることは、モルソンが静止状態だったか、せいぜいのところ、わずかに動いた程度に留まると述べた。私の反対尋問の間、その医師は、胸壁を刺すにはわずかな力で足りること、6つの傷は「おそらく」非常に速い速度で生じ、腕が動くのと同じくらいの速さで形成されたものと推定されることを認めた。これは私たちに有利に働く事実であった。

オーブリーとレオナ

　警察官と医師の証人尋問が終わった後、私たちはマンソン検察官が1人の目撃証人を、そう、レオナを召喚して検察側の証人尋問を終えると思った。ところが、レオナを召喚する前に、マンソンはオーブリー・フランクリンを召喚したので私たちは驚いた。オーブリー・フランクリンは「弁護側」の証人と私たちは考えていたし、防御のカギを握っていたからだ。なぜ、マンソンがその決断をしたのかはまったくわからなかった。しかし、私は、1人だけの証明力の弱い目撃証人にオーブリーを加えることで、オーブリーはレオナの証言を多くの点で補強すると考えたためではないかと思った。そして、オーブリーはある程度まで補強した。彼は、モルソンが両手を頭に置いて立っており、その後に地面に倒れるのを見たと証言した。モルソンの手のナイフは見なかったが、エルビンのナイフはたしかに見ていた。そして、モルソンのポケットからタバコとサングラスが落ちるのを見たと証言した。

　しかし、調査員のお蔭で、私たちは検察官以上にオーブリーが目撃した多くの事実を知っていた。反対尋問において、オーブリーは、モルソンが倒れたのは路地の中央であり、彼を支える物は何もなかったことをすらす

第3章
いつも、母親の言うことを聞きなさい

らと答えた。彼は、エルビンがモルソンの倒れた後は一度も刺していない
ことを明確に証言した。エルビンが、救助のためにモルソンの体を自分の
車に引きずろうとしていた間、オーブリーはエルビンの両手を見ることが
でき、エルビンは自分のナイフを落とした。そして、私たちに有利なもう
一つの重要な証言があった。それは、エルビンがモルソンの体を移動させ
たとき、モルソンの服の内側からナイフがこぼれ落ちたのをオーブリーが
見ていたことだった。そのナイフの刃はオーブリーから見ることができ、
それには血がついていた。マンソン検察官は、この最後のポイントとなる
証言を撤回させようと再主尋問を行ったが、オーブリーの証言は崩れな
かった。すなわち、そのナイフの刃には血がついていたのだ。

　もう一人の検察側証人が残っていたが、その証人尋問は翌日の午前中に
回された。その証人とは、レオナ・マックスウェルであった。マンソン検
察官の主尋問に対し、彼女は予備審問で行ったのと同じ内容を証言した。
すなわち、エルビンはボーを平然と殺したと。彼女はボーの手にあったナ
イフを見ていなかった。ボーが近づくやいなや、エルビンが何度も何度も
刺したと言った。極めてストレートな証言だった。そして、私の番が回っ
てきた。

　その前日の晩、私は経験豊富な「セコンド」役のフィル・マーチンと激論
を交わした。私は、レオナに、ボーが倒れた後、エルビンがボーを引き続
き刺していたか否かを質問しようと考えていた。オーブリーは、はっきり
とその事実を否定する証言をしていたからだった。私はレオナが嘘をつい
ていることを**知っていた**――いや、むしろ、知っていたと考えていた――
ので、彼女は、証言する機会が来れば、それ以前には一度も述べていな
かったのに、このさらなる攻撃に言及するだろうと考えた。そして、彼女
が、仮に「いいえ」と言えば、それ以上害になることは何もなかった。フィ
ルはこの考えの危険性を指摘して強く反対した。もし、レオナが陪審員に
信頼されているとすれば、それは、エルビンがより攻撃的であったと受け
止められるというのだった。しかし、仮に陪審員がレオナを信頼するなら

ば、エルビンは、どのみち、助からないと私は考えた。それで、私はリスクを取り、彼女に質問した。すると、彼女はエサに食いついた。「はい、2人が地面に倒れた後、エルビンはボーを再び何度も何度も刺したのです」。いまや、レオナはオーブリーの証言と真っ向から対立したのみならず、彼女は、エルビンが素早く連続して6カ所どころではなく、12ないし15の傷を負わせたと証言したのだ。

　その後、私は、最もワクワクする証拠物を持って、「ペリー・メイスン」[15]のような時間を過ごした。それはレオナの手紙であった。

　証拠を法廷に顕出するには厳格な規則がある。証人にそれを見せて存在を確認してから、法廷での証拠に加えられる。法廷によっては、その規則はほとんど「儀式」とも言うべき方法で厳格に守られなければならない。私の事件を数多く担当したほか、著名事件として、ハーヴェイ・ミルク（Harvey Milk）およびジョージ・モスコーニ（George Moscone）を殺した殺人犯ダン・ホワイト（Dan White）の陪審裁判[16]を担当したウォルター・カルカーノ（Walter F. Calcagno）判事など少数の裁判官は、この儀式を要求した。それで、私は、ロースクールで公判実務を教える際には、いつも、学生にこの儀式を身に着けさせた。

　文書を取り出し、それが何であるかを述べてはいけない。たとえば「1通の手紙」などと言ってはいけない。そうではなく、単に「1枚の紙」とのみ言うのだ（手紙と言ってしまうと、内容につき証言することになってしまう）。その文書を相手方検察官に見せながら、公判調書に記載されるように「検察官に文書を見せます」と言う。それから、書記官に向かって、その

---

15 Perry Mason：アメリカの作家 E.S. ガードナーが創作した小説の中の法廷弁護士で、彼は、法廷の中で依頼者の無実を証明することを得意とした。1957年から66年まで放送された TV ドラマが大ヒットし、その後もリメイク作品が相次いでいる。

16 1978年11月27日、サンフランシスコ市庁舎で、元市議会議員のダン・ジェームズ・ホワイトが市長のジョージ・モスコーニと市議会議員のハーヴェイ・ミルクを暗殺した事件の陪審裁判を指す。ホワイトは一時的な精神異常を主張し、殺人罪ではなく過失致死罪で有罪となったが、1979年5月21日、ゲイの権利運動の象徴であったミルクの暗殺に対するホワイトの軽い刑に抗議するデモ隊が警察と衝突し、「ホワイト・ナイト・ライオット」と称される暴動に発展した。

第3章
いつも、母親の言うことを聞きなさい

文書を弁護側の展示証拠として「特定するために」弁護側証拠の「次の番号」を記録させる。その証拠番号によってそれを特定したうえで、裁判官に、証人に「証拠品X」を示すために「証人に近づいて」もよいかを尋ねる。許可を得たら、その1枚の紙を証人に渡して、こう尋ねる。「あなたは、証拠品Xが何かわかりますか？」 彼女が「はい」と答えたならば、それが何かを聞き、証人の言ったことを確認して、「証拠品Xを証拠として採用することを求めます」と言う。その結果、陪審員はそれを検討することができるのである。

　マッカーティ裁判官とカルカーノ裁判官は仲の良い友人だった。事実、マッカーティ裁判官の娘シャロンはカルカーノ裁判官の息子ウォルター・ジュニアと結婚していた。しかし、証拠の提出についてのやり方はいささか違っていた。マッカーティ裁判官は証拠法の規則を知ってはいたが、かなり緩やかに解釈し、儀式を忠実に行うことを求めなかった。さらに、彼は儀式にも例外があることを知っていた。友人のカルカーノ裁判官も同じだった。最も重要な例外の一つが、弁護人が証人に対し、展示証拠が何であるかの証言を求めるのにその文書を証人に**見せなくてもよい**ことであった。弁護人は単に、「そのような文書がありましたか？」と聞くだけでよかったのだ。すべてを把握したわけではないが、多くの裁判官は、反対尋問の規則の一つである、このかなり基本的な例外を理解していなかった。私は最後に文書を見せることを考えていたのに、裁判官は、しばしば尋問の途中で、私に「その文書を証人に見せる」ように要求したのだった。

　公判実務を学ぶ学生に証拠法の儀式を教えるのに加えて、私は、なぜ、裁判官が例外を適用したがらないのかの理由についても説明した。反対尋問は、今でも、弁護人が定式化された方法よりも機知や技術を比較的自由に使うことができる場である。私は手に手紙を持ちながら、レオナに、紫色の便箋にエルビン宛ての手紙を書いたか否かを尋ねた。私は劇的な効果を狙っただけではなく、レオナに手紙を書いたか否かのいずれかを選択する機会を与えた。もし、彼女が書いたことを否定したら、私は「儀式」を履

践して彼女にそれを示すことで、書いたことを証明できた。彼女は否定せず書いたことを認めた。一旦、それを認めた以上、証人がその内容を否定することは、事実上、無理である。レオナは否定しなかった。こうして、その文書自体は裁判所には提出されず、彼女の口頭**証言**のみが法廷に顕出された。それは、すべてが質問と答えであったので、私は手紙を見ることができる有利な地位を利用して、手書きの全部を読むこともせず、また、特定するためのマーキングをする必要もなく、また、検察官にそれを示す必要さえもなく、自分の気に入った部分について質問することができた。手書きの中身のうち私が強調したかった部分のすべてをレオナが認めた後に、私はその部分を特定し、証拠として手紙を法廷に提出した。尊敬に値するダグラス・マンソン検察官は、多くの検察官がするような証拠提出の妨害をすることもなく、そこに黙って座っていた。

防御側の事件の構図

　弁護側の反証はエルビンの証言から始まった。私は拘置所で費やした日々の準備が報われたことを知った。エルビンは私がこれまで見てきた証人と同程度に良い証人だった。彼はどのようにボーが「自分を攻撃したか」、そして「自分は殺されると思った」ことを述べた。あの日の出来事の詳細に入る前に、私はエルビンにいくつかの背景事情を質問した。彼は、レオナと一緒に生活していたときに、彼女がどのように暴力を振るったのかを語った。レオナがナイフを持ってエルビンを襲ったときの様子と警察を呼んで彼女が使ったナイフを警察官に渡したこと、レオナが子供と一緒に出ていく前に、エルビンがシャーリーンに二度と会うことはないと、どのような言葉で言っていたか、レオナとボーが、どのようにしてエルビンのアパートに来たか、そして、ボーがエルビンを殴っている間に、レオナも彼の顔面をひっかいたこと、別の日には、ボーがエルビンの車のタイヤを切り裂き、その後、アパートのドアの前に来てドア越しに銃を発砲した

第 3 章
いつも、母親の言うことを聞きなさい

ことを語った。そして、どのようにその弾丸を見つけたのか——その弾丸がボーを刺した後にエルビンが警察官に渡した物だったこと——を語った。エルビンが「ボーが自分に向かって発砲した」と警察官に告げたとき、彼の念頭にあったのは刺殺事件の 1 カ月前の別の日の出来事のことであったことを説明した。

その後、刺殺事件当日の出来事の質問に戻った。エルビンはすでに子供への訪問を認める裁判所の命令書を得ていた。ボーは在宅で、エルビンに「出ていけ、さもないとぶっ殺すぞ」と言った。エルビンがすぐに立ち去らなかったので、ボーは同じ言葉を繰り返した。その後、エルビンが彼の車に戻りかけたとき、ボーが追いかけてきて、ナイフを取り出してエルビンを襲った。エルビンは、ボーの攻撃をかわすために一方の手——指に切り傷があった左手——を上にあげた。そして、右手で自分のベルトのナイフに手をかけて、ボーが前進してくるのを止めるまでボーを刺した。「俺は、殺されると思った」。エルビンは、ボーが持っていると思った銃を探してボーの服をまさぐった——銃は、ボーの車のフロントシートにあった。エルビンは、ボーを病院に運ぶために自分の車に乗せようとして、ボーの体を移動させた。

検察官の反対尋問は単刀直入なものだったが、エルビンの証言には影響しなかった。なぜなら、当然のことながら、彼は真実を語っていたからだ。

「君は、ボーが君に向かってきたとき、逃げなかったのか？」
「そうです。」
「どうして？」
「俺はレオナと話をして、娘に会いたかったからです。」

他に、弁護側の証人として 4 人の隣人がいた。そのうちの 2 人が、レオナがナイフを持ち出した事件を目撃しており、警察官が来たことは間違い

ないと証言した。また、２人はエルビンの部屋のドアに撃ち込まれた銃声を聞いており、エルビンの証言を裏づけた。しかし、この証言のときに、予想外のことが法廷で起きた。４人の証人のうち最初の証人が、ボーの兄弟をエルビンのアパートの周辺で見たと証言したとき、傍聴席にいた２人の大柄で背の高い、威圧的な髭を生やした男が、証人に向かって声を張り上げたのだ。

　マッカーティ裁判官は、ただちに証人尋問を停止し、その２人に、装飾の施されたオーク材の柵——法廷の「中」と傍聴人を区別する「バー」——のところに来るように命じた。彼らが誰であるかは推察できたので、私はチャンスと考えた。私は、裁判官に、記録にとどめるために彼らの名前を尋ねていただきたいと要請した。当時、陪審員が自分の席から質問できるように法廷内にはマイクが備えられていた。陪審員はそのまま座っていたので、裁判長は廷吏にマイクを２人の男に向けるように指示した。その結果、順に、ボー・モルソンの２人の兄弟であることが明かされた。最初の１人が「ジョー・モルソン」と名乗った、２人目が「ウィリー・モルソン」と名乗った。彼ら２人の強面の男がボーの兄弟であったことで、弁護側の事件の構図が揺らぐことはなかった。

　弁護側の証人尋問が終了したとき、マンソン検察官はかなり不機嫌になっており、２人の男を検察側証人として召喚した。彼らは、実際には、エルビンのアパート周辺をうろついていたのではなく、エルビンの所持品を移動させるためにレオナを手伝っていたと証言した。しかし、証言のダメージはすでに明らかだった。審理の最初から証人尋問の終了まで、弁護側にとって、これ以上ないくらい上手く行っていた。残るは、最終弁論、陪審員に対する裁判官の説示、そして評決だけだった。

私の母親シャーロットが介入する

　たまたま、私の弁護士人生で将来に役立った二つの出来事が数日の間に

第3章
いつも、母親の言うことを聞きなさい

立て続けに起きた。最終弁論は、私が「法曹倫理」を教えていた最初の学期の最終授業日の翌日に指定された。それだけでなく、母が孫に会うためにサンフランシスコに来ていた。ここで、母について少しだけ話さなければならない。

医学博士であったシャーロット・マーカー・ズィトリン（Charlotte Marker Zitrin）は、私にとって試金石であった。何よりも、私が内向的で不安に駆られていた子供から自信を持った（いささか）恐れ知らずの大人に育ったのは、母の私に対する支援と信頼のお蔭だった。女性の医師として母は先駆者だった。メディカルスクールのクラスでほんの一握りの女学生の一人であっただけではなく、母は、卒業までに、小児結核に関する論文を書いて出版した。母は2つの医学上の経歴を有しており、最初は小児科医の、その後、精神科医の学位を取得した。後者は、彼女が40歳後半になってから新たに丸々3年間の研修期間を経て取得した。

しかし、個人的レベルでは、母もまた内気で心配性であり、彼女の全人生を通じてその傾向は残った。母はそうした資質をそのままにしてはおかなかった。母は世間の注目を集める地位を求めなかったので、代わりに、父[17]をそのスポットライトの当たる場所に立たせた。両親は2人とも大変な成功をおさめたが、父が公正な評価の面で名声を獲得したのに対し、母は決してそれを求めなかったし、彼女自身の願うところではなかった。私の父は頭脳明晰で——世界的に、よく読まれている多作な論文執筆者であり——かつ、完全主義者だった。しかし、実践的な事柄については、母の声に従った。完全性って？　「完全なんて求めないで。完全なんて、誰も見つけられないのよ」と、母は親友のお母さんのイディッシュ語[18]のアクセントをまねて言ったものだった。

---

17 Arthur Zitrin：1971 年生まれ（2019 年没）の精神科医で、生命倫理学の第一人者。死刑に反対し、医師が死刑執行のために致死注射を打つことを問題視し、告発したことで著名である。

18 Yiddish 語：東欧のユダヤ人が話す高地ドイツ語にヘブライ語やスラブ語を交えた言語で、現在もアメリカのユダヤ人において使用されている。

木曜日の朝、CLACチームのメンバー６人と私の母が一緒だったが、私は不安で心臓が飛び出しそうなくらいだった。私は殺人事件で初めての最終弁論を開始した。私は重要な論点すべてを指摘した。合理的疑い。レオナがウソをついていたこと、およびその理由。検視官の推論が間違っていたこと、およびその理由。オーブリーの争う余地のない証言。合理的疑い。エルビンに対するモルソンの暴力行為の経緯。レオナの暴力行為の経緯。紫色の便箋の手紙。さらに増した合理的疑い。

　昼休みの時間になったので、マッカーティ裁判官は、私が最後の締めくくりをする前に休廷を宣言した。陪審裁判の期間中、毎日通っていた同じ場所で昼食を摂るために皆がそこへ向かった。法廷弁護士は、プロ野球選手と同様、しばしばゲンを担ぐ。私の「セコンド」役のフィル・マーチンを含む５人のチームメンバーは、皆、私がいかに雄弁で素晴らしかったかを褒めてくれた。ただ一人疑問を呈したのが私の最大の支援者である私の母だった。

　「リチ（Rich）」と母は言った。他の皆が静かになるのを待って繰り返した。「リチ」、母ははっきりと言った。「陪審員に対して、『エルビン・ドラモンドは、**自分の意思を通すためには法を無視して行動するタイプの人間**ですか？』と聞かなければダメよ」。それをもう一度強調した。母は、エルビンが娘への訪問を認める裁判所の命令書を持って娘を迎えに行ったときに殺人事件が起こったことを知っていた。また、エルビンがその訪問をするために司法制度を利用したことも知っていた。レオナがエルビンに対してナイフを使ったときに、彼が警察を呼びナイフを警察官に渡したことも知っていた。モルソンが発砲したときに、彼は弾丸を保管し、後に警察にそれを渡したことも知っていた。そして、エルビンが逮捕に抵抗することなく、すぐに、自分がモルソンを刺したと言ったことを知っていた。

　しかし、それ以上に、母はこの質問が非常に重要な別の意味を持っていること、すなわち、エルビンは、正当防衛でない限り、ナイフを手にすることはなかったことを知っていたのだ。それは素晴らしい指摘だった。そ

第3章
いつも、母親の言うことを聞きなさい

の日の午後の最終弁論で、私の口から最初に出た言葉はそれだった。「陪審員の皆さん、エルビン・ドラモンドは、自分の意思を通すためには法を無視して行動するタイプの人間ですか？」　私は6人の陪審員が首を横に振るのを見た。「いいえ」と。

エピローグ

　最終弁論には木曜日の終日を費やした。母は金曜日の朝、ニューヨークの自宅に帰っていった。私は、殺人事件の陪審裁判では共通してみられる、マッカーティ裁判官の陪審員に対する長い複雑な説示を聴くために法廷に戻った。陪審員は、その日の閉廷時間までに、迅速に評決に達した。私たちが信頼した共和党支持者のソーシャル・ワーカーの陪審員長が「無罪」と告げた。エルビンはそれをはっきりと聞いていたが、彼は「無実！」の言葉を聞いたと**確信**していた。

　釈放手続に要する時間以外、エルビンを留置場に留め置く理由は何もなかった。しかし、彼には行くところがなかった。今や、彼の以前のアパートは安全ではなかったし、彼の所持品はすべて持ち去られていた。それで、私は、陪審裁判を一貫して傍聴していたジョン・ウェインシュタインと一緒に階下の市役所の留置場にエルビンを迎えにいった。私たちは彼を私の自宅に連れて行った。私がジョンを車で送って行く間に、妻がエルビンのために一部屋を準備していた。それまでに、私はエルビンと次になすべきことを話し合った。彼はシティにいることを恐れていた。率直に言って、モルソンの兄弟の証言を聞いた後では私も恐怖を感じていた。

　ジョンはポートランドの出身で、そこには、エルビンの就職を助けてくれる多くの関係者がいた。エルビンには車がなかった。不可解な理由で、レオナが要求したわけでもないのに、警察官はエルビンの車をレオナに引き渡していたのだ。それで、私たちはエルビンにバスの切符を買ってあげて、数百ドルのお金と頼るべき善意の人たちの情報を手渡した。その中に

127

はジョンの2人の叔母も含まれていた。日曜日、エルビンは私と一緒に即席試合形式のバスケットボールをするためにやってきた。翌日、エルビンはポートランドに帰って行った。数カ月後、私は警察署と車を引き揚げた会社を相手取って少額裁判所に提訴した後、エルビンがレオナから彼の車を取り戻すのに必要な資金数千ドルを手にした。

　エルビンは、しばらくの間、ポートランドで上手くやっていた。しかし、エルビンが送った人生の中に根差した現実は、最良の条件の下でも成功することは難しく、誰も知人がいない別の町では、さらに困難になった。エルビンは、当時、大きな黒人コミュニティであったウェスタン・アディションで育った。彼がポートランドを去る前、恵まれた人には理解できないほどに困難な状況にいたと私は思う。エルビンは住んでいたウェスタン・アディションから3マイル先の海を一度も見たことがなかった。オークランドに至るベイブリッジを渡ったことは、彼にとって、人生で1度だけのことだった。彼を取り巻く狭い世界から、友達もおらず十分な教育も受けていない状態で別の大きな都市に移ったことで、エルビンには、平和で幸福な人生を送るチャンスは半分もなかったのだ。

　数年前、晴天の霹靂で、私はシャーリーン・ドラモンドから私の事務所宛ての伝言を受け取った。私はすぐに電話をかけて、エルビンの娘ととても素敵な会話をした。彼女とその家族はルイジアナで上手くやっていた。彼女は父エルビンとも連絡を取っており、お互いに愛情を持っていた。しかし、エルビンは食うや食わずの生活を送っていた。悲しいことではあったが、驚くべきことではなかった。彼はテキサスで逮捕され、その後、転落の一途をたどって行った。残念なことに、私は、彼が今どこにいるのか、まだ生きているのかもわからない。

　私の母は、はるかに違った背景と人生経験に祝福されて、自分の名前を引き継いだ曾曾孫のローレン・シャーロット（Lauren Charlotte）と会うまで長生きした。2カ月後、母は、その朝、私に電話をよこし、私の子供たちについてのアドバイスをしてくれた。その夜、一見すると完全な健康体

128

第 3 章
いつも、母親の言うことを聞きなさい

に見えたが、彼女は95歳の生涯を閉じた。

　私と同僚についていえば、私たちは事件だけではなく依頼者エルビンの代理人として最善をつくしたが、できることには限界があった。私はエルビンの苛酷な人生に想いを馳せた。そして、私の依頼者であるすべての被告人に言うのと同じように、彼が逮捕された前日まで「私は君を元の状態に戻すことは決してできないのだよ」と思った。

第 **4** 章

「ガーシュイン・ブラザーズ」事件

カリフォルニア州人民対ジョージ・バレルおよびアイラ・ムーン

刑 事実務において、「完璧な敗者」というのは、絶対に勝ち目の
ない場合をいう。「完璧な敗け」の事件はあまりにも頻繁にやっ
てくる。しかし、時として、これらの事件にも、慎重に事実をたどれ
ば検察側構図の穴に至る小窓——針先ほどのチャンス——がある。そ
して、ごく稀に、針先ほどの穴が大きくなって、風船から空気が抜け
るように検察側の構図全体が崩壊することがある。ガーシュイン・ブ
ラザーズ事件で起きたことがまさにそれだった。

事件

ジョージ・バレル(George Burrell)とアイラ・ムーン(Ira Moon)(この2人
はティン・パン・アレイ(Tim Pan Alley) [1] で結成された作詞家の兄アイラと
作曲家の弟ジョージの有名な「ガーシュイン兄弟」 [2] を想起させるので、以
下、「ガーシュイン・ブラザーズ」と呼ぼう。)は、元旦の朝5時30分ごろ、
サンフランシスコ16番大通りにある倉庫内で逮捕された。警報のサイレン

1　ティン・パン・アレイとは、ニューヨーク・マンハッタンの28丁目ブロードウェイと6番街に
　挟まれた一角を指す。
2　Gershwin Brothers:1896年生まれの兄アイラ・ガーシュインは作曲家で1898年生まれの弟ジョー
　ジ・ガーシュインは作曲家で、2人は共同して、20世紀を代表するポピュラー音楽とクラッシッ
　ク音楽の両方で膨大な数のアメリカ音楽を生み出した。

130

第4章
「ガーシュイン・ブラザーズ」事件

が鳴って倉庫に駆けつけた警察官は、手袋をはめ、後ろポケットに懐中電灯を持ち、頭髪には石膏ボードの粉クズがついた状態の男を発見した。それが、後に私の依頼者となったジョージだった。その傍らにアイラがいた。壁には手斧が立てかけてあり、壁の金庫の隣の石膏ボードには削られた溝があった。

　ジョージとアイラはともに逮捕され、侵入窃盗罪で起訴された。彼らは、保釈されず州拘置所の未決囚として勾留された。公設弁護人のマルコ・ラマッチャ（Marco LaMacchia）がアイラの弁護人に指名された。公設弁護人事務所のポリシーとして、複数の依頼者を同時に代理することは潜在的な利益相反があるので、弁護人となるのは1人の依頼者に限っていた。それで、複数の共同被告人の裁判に対応するために、予め資格を認められた待機弁護士[3]のリスト「利益相反者の弁護人名簿」に従い、私がジョージの弁護人として指名された。そのころまでに、私はドラモンド殺人事件やその他数件の重罪事件の陪審裁判を経験していたので、裁判所からどんな重罪事件でも弁護人に指名される資格を得ていた。裁判所指名の刑事弁護事件はお世辞にも金になるとはいえなかったが、私が望む弁護はできたし、家族法関係の訴訟やごくまれに金になる麻薬事件の弁護技術の向上には役立った。

依頼者接見と警察の報告書

　罪状認否（アレインメント）[4]にジョージとともに出廷した日——この時にジョージに対する起訴事実が朗読された——の午後、私はジョージに接見

---

3 stand-by lawyer：ここでは利益相反がある場合の共同被告人に備えた予備の弁護士を意味しているが、スタンドバイ弁護士とは、被告人が自己弁護をする場合に、いつでも補佐できるように法廷で待機している弁護士を指す。

4 arraignment：罪状認否手続。公開の法廷で、出頭した被告人に対し起訴事実を告げ、被告人の答弁を求める手続。被告人が有罪または不抗争の答弁をした場合には、事実審理を行わずに量刑手続に移行する。

するために留置場に向かった。ジョージはまったく協力的ではなかったし、事件について話すことにも関心を示さなかった。彼の口数が少ないことは驚くべきことではなかった。彼は司法制度についてよく知っていた。要するに、黒人の前科者からすれば、なんで、裁判所が指名した弁護人を信頼しなければならないというのか？　彼は私のことを知らなかった。私は裁判所制度が彼に与えた白人でしかなかった。私は、その制度の**一部分**であった。

　ジョージが私に語ったことのすべては以下のことだけだった。すなわち、彼とアイラは友達だった。２人はベイビュー地区（Bayview District）で行われた大晦日深夜のパーティから歩いて帰る途中だった。フィルモア・バス（Fillmore Bus）22番のルートに沿って16番通りを西に向かって歩いており、願わくは、ウェスタン・アディション（Western Addition）までの帰りのバスを捕まえられればよいと考えていた。その時間には、もうバスの便はなかったので、２人は歩き続けた。当時、中央高速道路の下を通る16番通りのこの地帯には、数多くの倉庫と小規模卸問屋がひしめいていた。アイラはそうした倉庫の一つに至るドアの窓が割れているのに気づいた。そこから首を突っ込み、それから首を外に戻してジョージにこう言った。「ちょっと来てみろ。中を見てみようぜ」。２人はそうした。そこはたくさんの湯沸かし器が置いてある倉庫の中だった。その後、何があったのかわからないうちに、警察官が現れて、彼らは逮捕された。

　多くの依頼者は好感の持てる人間であり、ジョージもそうだった。ただ、その背景や経験は、弁護人となった者にとっては、自分とあまりにもかけ離れたものであることが多い。少なくとも、私のように、両親が医者の息子として、中流の上の人間が住む町で育った弁護士にとってはそうである。多くの依頼者は刑事事件で弁護人をつけられるまで一度も弁護士に会ったことがなかった。一般的にいって、人生は彼らにとって苛酷なものだった。私も同僚弁護士の多くも、不可避的に、青年期の過ちを犯したが、通常、二度目あるいは三度目の更生の機会を与えられた。しかし、

第4章
「ガーシュイン・ブラザーズ」事件

ジョージやアイラのような黒人には、世界は一度目のチャンスさえほとんど与えなかったのだ。

信頼関係を築く間もなく、依頼者が真相の全体像を、またはその一部ですら語ろうとしないのは理解できた。私は一度だけ社会病質者[5]——少なくとも私にはそう思われた者——の依頼を受けたことがあったが、委縮はしなかった。私は、その人間の少年期から、職を解雇されて最終的に刑務所送りとなった青年期までの来歴をたどった。ある時、私は彼に一度だけ「真実を話してくれ」と頼んだ。彼がどう答えたかはこうだ。「あんた、真実を知りたいんだって？　えっ、全部の真実を知りたいって？　（間をおいて）　えっ、実際何が起こったかを知りたいんだって？」

多くの場合、依頼者の側から見た「真実」は、結局のところ、「警察官が書いた報告書ほどには重要ではない」というのは紛れもない事実である。私たちは、手持ちの道具で弁護するのであり、その道具が警察官の書いた報告書だけであることは珍しくなかった。通常の重罪事件では、警察の報告書に疑問を投げかけるだけの十分な理由——警察官の報告書が記載上矛盾していたり、関係者の供述が食い違っていたり、あるいは、ビデオが利用できるときなど——がなくても、報告書および後日の警察官証言は、裁判官および陪審員によって、ゴスペルのように——それらが真実か否かにかかわらずに——有罪証拠として採用された。マルコと私は、これらの報告書を読み、そして、依頼者の説明がそれと一致しているかを確認するのが常だった。

ジョージとアイラの事件では、警察官報告書は単純かつ明快だった。倉庫内部の部屋は湯沸かし器卸業者の所有だった。保管場所には多くの湯沸かし器が置かれており、その会社の営業部の事務所は中2階にあり、入口の近くに壁にはめ込まれた金庫があった。警察は、ジョージとアイラが金

---

[5]　sociopath：社会病質者ソシオパスとは、他者への共感を欠いた反社会的な行動をとる人間を指し、精神病質者を意味するサイコパスと並んで社会性パーソナリティ障害に分類される。

庫内に入ろうとしていたところを逮捕したと結論づけていた。報告書には、私たちが調査すべき余地はほとんどなかった。加えて、公設弁護人または裁判所指名弁護人による事件の場合、1人の調査員に300ドルももらえれば御の字であり、当時、その金額ですら十分な調査はできなかった。

　マルコはまだ30歳になっていなかったが、私たちのチームの若手のメンバーだった。この事件は、彼にとって、最初の重罪事件だった。茫々のイタリアン・アフロヘアと華奢な体——依頼者が声を張り上げれば、吹き飛ばされそうなほど彼は痩せていた——にもかかわらず、彼は立派な若き弁護人であった。マルコと私が、それぞれに依頼者の接見を終えた後、お互いにノートを突き合わせてみた。私は、アイラもジョージがそうであったように協力的ではなかったことがわかった。

予備審問の弁護のための事実調査

　重罪犯と疑われている者、ことに、ジョージやアイラのように仮釈放中の重罪前科者を弁護する場合、弁護人は依頼者を評価するには特に慎重でなければならない。たとえ、彼らが「それをやった (did it)」——犯罪を行った、または、少なくとも違法な何かを行った——ことを弁護人が知ったとしても、弁護人の役割は彼らの代弁者であり、それ以上でも以下でもない。ほとんどの時間、それに尽きる。こうした依頼者は弁護人の説教を聞くことに関心はない。彼らはどうすれば良き市民になれるかについて聞きたいとは思わない。どうすれば、クスリを止められるかについて聞きたいとは思わない。彼らが聴きたいのは、弁護人がどうやって自分を自由にしてくれるのかについてだ。それゆえ、私たちの仕事はそれを実現する方法——多分、針先ほどの穴——を探すことだった。こう言ったからといって、依頼者を批判しているわけではない。事実、彼らは正しい。というのも、アメリカの刑事司法制度の下では、たとえ、彼らが「それをやった」としても、「それをやった」ことは、陪審員が法廷に戻ってきて「有罪」を宣告

第 4 章
「ガーシュイン・ブラザーズ」事件

するまでは「有罪」を意味しないのだから。

　半世紀以上も前に、フットボールのスター選手から合衆国連邦最高裁判所の判事となったバイロン・〝ウィザー〟・ホワイト[6]（Byron"Whizzer"White）は、こう述べた。

　　「弁護人は真実を確認する、あるいは真実を提示する何らの義務も
　負っていない。弁護人は、無実の者の有罪を阻止することに関心を持
　たなければならず、現に関心を持っている。しかし、私たちは、同様
　に、弁護人において、依頼者が無罪か有罪かにかかわらず依頼者を弁
　護すべきことを主張する。もし、弁護人が、たとえ真実を語っている
　証人であっても、その証人を混乱させ、あたかも証人が不利な立場に
　置かれているかのように見せかけたり、証言が不確かか決定的でない
　かのように見せかけたりすることができるとすれば、それは弁護人に
　許された通常のやり方である。無辜の不処罰という私たちの利益は、
　弁護人が真実と考えているか、あるいは真実と知っているか否かに関
　わりなく、弁護人が国家に犯罪の証明を要求し、国家の主張とは考え
　うる最悪の観点からのものであると仮定することを許容しているので
　ある。私たちは、最も崇高な弁護人の行為として、多くの事例におい
　て、真実の探求との関連性がほとんどないか、あっても取るに足らな
　い行為を容認または要求するのである。」

　私がジョージとアイラのような事件に遭遇すると、私はいつも、保守的な最高裁判事のこの力強い言明を思うことで慰めを得ていた。

　ジョージとアイラは、カリフォルニア州の法律の下で身柄を拘束されていたので、予備審問は最初の逮捕からアレインメントが終わったわずか

---

6 Byron "Whizzer" White：プロのアメリカン・フットボール選手で、1962 年から 1993 年までアメリカ合衆国連邦最高裁判事を務めた（1917 年 6 月生〜 2002 年 4 月 15 日没）。あだ名の「ウィザー」は卓越した者を意味する。

２、３週間後に開かれた。重罪事件の予備審問は、多くの場合、検察官が被告人を陪審裁判に付するに足る「相当な理由」を示す目的で行われる。相当な理由は「合理的な疑いを超えた証明」の対極にある。検察官が示す必要があるのは、被告人が有罪である合理的な可能性があることであり、それ以上は求められていない。検察官は、通常、一定の証拠を提出するが、証拠の全部——書証の形式か生の証言かによる証拠——を提出することはしない。なぜなら、事件を陪審裁判に付するのに、多くの場合、すべての証拠を提出する必要がないからだ。

　しかし、この予備審問が終わるまでに、私は勝訴するかなりの手応えを得たと思った。過信は弁護士にとって非常に危険なものだ。若手の弁護士、特に若い弁護人にとってはそうである。刑事事件では、勝訴は極めて稀であり、圧倒的多数の事件では、弁護人に有利な証拠はほとんどない。しかし、当時の私は陪審裁判では連戦連勝だったし、うぬぼれていた。加えて、検察官は、意図せずに、とても良い防御のヒントを与えてくれた。

　倉庫内および金庫内からは何も奪われていなかった。金庫は一度も開けられていなかった。しかし、検察官は倉庫の中２階で仕事をしていた２名の販売員を証人として召喚し、２人は、休日には建物は間違いなく施錠されていたと証言した。反対尋問の順番が回ってきたとき、私は、各証人に対し、個人的に何かなくなった物があるかを尋ねた。驚いたことに、２人とも、実際になくなったものがあったと言った。すなわち、証人らは、湯沸かし器メーカーからの贈答品であった湯沸かし器の形をした小さな段ボール製の貯金箱を持っていた。２人とも、釣銭のコインを貯めておくのにこの貯金箱を使用していた。しかし、年が明けて、彼らが事務所に戻ると、１つの貯金箱は破られて机の上にあり、中は空だった。そして、もう１個は行方不明であった。

　何年もの間、私はロースクールで法廷弁護実務を教えてきた。最初の、しかも最も重要な教訓の一つは、良い弁護士というのは強さに基づいて裁判をするのではなく、**弱さ**に基づいて裁判をするというもので、特に刑事

第4章
「ガーシュイン・ブラザーズ」事件

事件ではそうだった。仮に、弁護人において戦略的に勝算があると考えたとしても、検察側構図の強さのすべてについて反論ができない限り、その戦略は十分に有効とはいえない。とはいえ、本件で予備審問が終わるや否や、私はマルコにこの事件は勝てるかもしれないと告げた。彼は信じられないという顔で私を見た。「何を言っているんですか？　彼らは現行犯逮捕されたんですよ」。「そうだよ」と私は答えた。「でも、彼らは**一銭も持っていなかった**。留置場での所持品検査では、君の依頼者は何も持っていなかった。そして、私の依頼者は尻のポケットに３セントだけ持っていた。もし、奴らが貯金箱からカネを盗んだとしたら、それはどこに行ったんだ？」　私の考えでは、少なくとも誰かが先にきて、窓を壊し、警報が鳴らないように操作し、貯金箱から金を取り出し、金庫内に入れないとわかった後に壁を切り裂いたという仮説が成り立った。「その後、奴らがやってきて、ただの興味本位で中に入ったのだよ」。

「侵入時点での意図」

この防御の鍵はこうである。すなわち、カリフォルニア州を含む多くの州では、侵入窃盗罪とは、犯罪を行うという「特定の意図」が**侵入の時点で**存在し、そのうえで実行される犯罪である。すなわち、軽罪である単純窃盗罪や住居侵入罪とは異なり、重罪の侵入窃盗罪で有罪となるには、ジョージとアイラがビルに入る最初の時点で窃盗ないし他の重罪を犯す特定の意図を形成していることが必要だった。これは、私が弁護士になってちょうど４カ月後の最初の陪審裁判で学んだことだった。私がその事件で陪審の評決不能を得たのはとてもラッキーなことだった。というのも、私自身は知らなかったのだが、３人の陪審員が、裁判官の説示にあった必要な要件を検察官が証明できていないと判断したからだった。その要件が侵入時の意図であった。

本件の時には、私は数年を経てもっと賢くなっていたので（とはいえ、

依然として、藁をも掴みたいと思うのだが）、ジョージとアイラが貯金箱にあった硬貨を持っていなかったという事実は、最初に誰か別の人間が倉庫に入ったことを強力に示していると考えた。つまり、彼らのストーリー、単なる好奇心から発した言葉「ちょっと来てみろ。中を見てみようぜ」が、単なる住居侵入罪か窃盗罪には当てはまっても、侵入窃盗罪には**当てはまらない**はずだった。

　法曹三者が合意手続の協議[7]——私たちが「司法取引の段階」と呼んでいるもの——に集まった際、裁判官も検察官も、私たちの依頼者が３年ないし４年の服役という提案を拒否するつもりだとは夢想だにしていなかった。彼らは、この事件を楽勝事件と見ていた。「冗談だろ」と検察官は私たちに言った。「我々は、本来の量刑からかなりの期間を差っ引くことでチャンスを与えているんだ。奴らは倉庫の中で捕まった。奴らが金庫に入ろうとした最中だったことははっきりしてるだろう。お前らは馬鹿だ！」

　敗訴を考えた場合、検察官の取引提案はかなり合理的なものだった。過大な譲歩ではなかったが合理的だった。しかし、この時までに、私は勝てる（すでに述べたように、潜在的には危険なことではあるが）と自分自身が納得していただけではなく、マルコも同様であった。私たちは２人とも「審理熱」、すなわち、弁護人が負け戦に備えている過程で、弁護人自身が勝つ可能性があると得心した瞬間に得られる感覚を覚えていた。そして、私たちの依頼者は、とにかく、司法取引で期間を差し引くことにさほどの関心を持っていなかった。彼らが現場にいて何かをしたことは確かだったのだから。加えて、私たちに有利な別の要素もあった。明らかに、この検察官が私たちの防御方法にまったく気づいていなかったことだった。いつも通りに、しかし本件では間違っていたのだが、検察官は侵入窃盗罪と「牽連犯」[8]としての住居侵入罪だけで起訴したのだった。検察官は、金庫を破

7　settlement conference：刑事事件を答弁取引で処理する場合の当事者間の協議。

8　lesser included offence：原文は「本体の犯罪に含まれる、より軽い犯罪」の意味であるが、本来の目的である窃盗の前提となる手段の犯罪であることから、我が国の用例に従って「牽連犯」

壊しようとしたという窃盗未遂罪を起訴**しなかった**。窃盗未遂罪という重罪の場合には、「ガーシュイン」兄弟が倉庫に入った時点で「窃盗の意図」があることは不要だった。窃盗罪で起訴されなかったことは陪審裁判で極めて重要であった。私たちは取引を拒否した。

主宰裁判官、G.ヴァゲリス・コストス判事

　陪審裁判の当日、私たちの事件はヴァゲリス・コストス（G. Vagelis Kostos）裁判官が担当することとなった。私がコストス裁判官の下で陪審裁判を行うのはこれが初めてだった。私は——他の多くの弁護人がそうであったように——いつも、彼の担当にならないようにと回避するのに必死だった。コストスは古い時代の人間で、不可解かつ脅迫的にみえるもじゃもじゃの白髪頭で何を考えているのかがわからない風貌の、図体がでかく、ドシンドシンと音を立てて歩く男だった。コストスはオーシャン・ビーチ（Ocean Beach）でリンゴを売っていたギリシャ移民の息子で、刑事部門では最悪の裁判官とみなされていた。検察ベッタリで、面前にいる被告人の人生経験にはほとんど関心がなかった。そして、率直に言って、法についても専門家ではなかった。彼が検認裁判所[9]から刑事部に異動になったとき、検認事件を扱う弁護士は大喜びだった。彼らは、何年間も、信託法や不動産法の技術的な微妙な違いを無視したり、いい加減に扱ったりするコストスにうんざりしていたからだった。

　私が思い出すのは、例のホールダー「裁判官」[10]が割り当てる重罪事件の審理日程を調整する市役所の22号法廷に座っていたときのことである。そこでは、17人の弁護士が、順番にホールダーに対し、偽証の制裁の下に

　と訳した。

9　Probate Court：遺言の検認、遺産管理などの民事事件を専門に扱う裁判所。

10　本書第3章参照。

ありながらも、条文の規定する「私の依頼者または私の依頼者の利益」の観点に照らして、コストス裁判官が公正ではないので彼を忌避する旨の宣言をするように求めていた。カリフォルニア州の法律では、訴訟当事者は誰でも、裁判官に対する専断的忌避ができるとしている。つまり、日常用語的に言えば、「即刻クビにする」「追い出す」「ガンガン警鐘を鳴らす」という意味である。コストスは、繰り返し、そして絶え間なく「警鐘を鳴らされ」続けていた。

　しかしながら、私たちの依頼者に認められたわずか90日間の仮釈放の期間は終了していたので、被告人2人は別の開廷期のために何週間も待つことを望まなかった。マルコと私は、すぐに対応可能な裁判官のリストを眺めて、評価できる者は誰もいないと判断した。私たちが息を殺して何も言わずにじっとしていると、コストスが割り当てられた。

いわゆる「別人がやった」の抗弁

　このような事件のポイントは——たしかに、多くの刑事事件にいえることだが——、被告人が不利な状況下にあったとしても、誰か別の者が犯罪を行なった——あるいは、少なくとも、その**可能性がある**ということを示すことである。本件では、侵入窃盗罪が問題となっているので、つまり、窃盗の意思を持って侵入した別人が他にいたという可能性である。私たちの主張は、依頼者は貯金箱にあったお金を持っていなかったのだから、誰か別の者が、単独または複数で、最初に倉庫に侵入し、手斧と手袋を持ち、警報が鳴らないように警報装置を遮断し、そして、おそらく、警察のサイレンを聞いたときに貯金箱からお金を取り出したというものだった。もちろん、私たちがこれを実際に**証明する**必要はなく、依頼者の有罪を否定する、この仮説が合理的に考えてありうるという合理的な疑いを提起するだけでよかった。

　陪審裁判での証人尋問は、私が思っていた以上に上手く行った。検察官

第4章
「ガーシュイン・ブラザーズ」事件

は、私たちの依頼者が警報音の鳴った時に倉庫内におり、争う余地のない有罪を示す証拠物——手斧と手袋、髪の毛についていた石膏ボードの粉カス——が存在したことを示した。予備審問と陪審裁判の間に、私たちの調査員は現場に行き、中2階で働いていた販売員の何人かと面談していた。そのうちの4人が自分の湯沸かし器を象った貯金箱が空になっていたと告げた。私たちはこの4人を証人として召喚し、法廷で順番に、各自の貯金箱からお金が無くなっていたことを証言してもらった。3人目の証人に取り掛かる頃には、陪審員はお金が無くなったことを証言する証人に頷いていた。

　その後、私たちは、被告人らを留置場に収監する際に所持品を検査した保安官らを証人として召喚した。彼らは、アイラが何も持っておらず、ジョージの後ろポケットに3セントしかなかったことを証言した。そして、警察官が貯金箱について新しい証言をしてくれた。すなわち、倉庫と隣のビルとの間の路地に1個の貯金箱が引き裂かれた状態で存在したのを発見したと証言した。これは私たちに有利な価値のある証拠だった。というのも、2人の販売員は、1つの貯金箱が行方不明になっていたと証言していたからだった。「**誰か別人がやった**」という抗弁は良い方向に向かっているように見えた。

赤いコルベット

　今振り返ってみると、多分、それは陪審員に考慮するべきもう一つの情報をもたらすだけの効果しかなかったのかもしれないが、依頼者との最初の接見の時から、倉庫内で何が起きていたのかについて、彼らが語っていたことがあった。彼らが建物に近づいた際に、倉庫の前に赤のコルベットが停まっていたこと、そして、それが去っていくのを目撃したことをはっきりと覚えていた。私たちは、販売員に対する事情聴取からも、数名が倉庫の前に時々赤いコルベットが停まっていたのを目撃していたことをつか

んでいた。証人尋問の際、私たちは彼らに赤いコルベットを見たことがあるかを質問した。すると、裁判官が私たちを叱責したのだ。

　マルコは彼の依頼者と若干の話をした後、私にアイラが証言をしたがっていると告げた。「それは好都合だ」と私は思った。私はジョージを証言台に立たせない方がよいと考えていた。陪審員は、常に、被告人の証言を聞きたいと思っている。しかし、現実には、その証言が被告人自身を害することがよくあるのだ。多くの被告人は、言葉を操ることにたけているわけではないし、まったくの無実というわけでもないので、ストーリーは、しばしば、ゴチャゴチャになるし、強力な反対尋問によってウソが暴かれて真実は半分だけということが多く、せっかくの主尋問の成果は悪夢と化すのである。そのうえ、マルコがアイラに語らせることには限界があった。「それをやった」と言ったからといって「有罪」を意味するわけではないので、弁護人は事実関係につき疑問を投げかけるという大きな裁量を与えられている。しかし、弁護人は、依頼者がウソを言うことを知りながら証言台に立たせることはできない。それは偽証教唆になりかねないし、弁護士の倫理規則に明確に違反しているのだ。

　それで、アイラに証言させるのはジョージにとっては好都合であった。陪審員との関係でいえば、アイラは被告人両名について語ることになるので、陪審員の願いには適うことになる。しかし、アイラだけが証言の対象となる。そして、もしアイラが有罪を導くようなことを言ったとしても、それはアイラにとっては不利益になるが、ジョージには及ばないのだ。

　アイラは、壊れた窓をみて、ジョージに、窓から首を突っ込んで中を見るつもりだと告げたこと、実際にそうした後、首を元に戻して「おい、ジョージ、ここへきてみろよ。これを調べてみようぜ。」と言ったことを証言した。すべては、窃盗の意思がなかったことと合致していた。特に、ジョージについてはそうだった。しかし、アイラは、自分もジョージも建物の前から赤のコルベットが発進していくのを見たことも証言した。

　これを聞いた裁判官は激怒し、即座に、私たちを裁判官席に呼びつけ

142

た。「君たちは何をしているんだ？」と怒った。「**誰か別人がやった**と言いたいのか！」 マルコと私は驚いてお互いを見つめた。その時初めて、コストス裁判官が常に弁護人から事件の担当を忌避されている理由がはっきりとわかった。「誰か別人がやった」ことを証明することは弁護人にとって本質的なことであり、むしろ、弁護人の仕事の日常的な部分であるのに、コストスはこのことを理解していなかったのだ。正確にいえば、別人の犯行を**証明する**ことではなく、倉庫の窓を壊して侵入し警報を遮断した者が私たちの依頼者なのか、それとも他の誰かなのかについて**合理的な疑い**を提起することだった。コストスは、弁護人がしようとしていたことの核心を非難していたのだった。

　発言を禁止されて、私たちはコストスの理不尽な非難にすぐ返答ができなかった。裁判官は、「昼休みにするので、その間によく考えて、先の質問を取消した方がよい」と告げた。法廷から出るや、マルコは私に向かって「さて、どうしますか？」と尋ねた。私もどうしてよいかまったくわからなかった。

　私たちは、当時、公設弁護人事務所の主席法廷弁護士であった、トム・ブリュイニール（Tom Bruyneel）を探すことにした。彼はいつも若手の公設弁護人に彼の知恵を喜んで伝授していた。トムはサンフランシスコで最も優秀な刑事弁護士とみなされており、「真実の信奉者」であり、時間と助言を惜しまずに与えてくれる弁護士のロールモデルとして知られていた。私たちは、午後1時半までの昼食時間内に彼を見つけ出すべく探し始め、最後に、裁判所地下のみすぼらしいカフェテリアにいる彼を見つけた。

　私たちはトムに、裁判所に対する義務について私たちに何か欠けた点があったのかを尋ねた。彼の答えは「もちろん、何もない！」だった。まだ心配だったので、私たちの弁護方法に対するコストス裁判官の非難についてどうすればいいのかを聞いた。彼の答えには驚いた。「心配しなくていいよ。彼は多分、昼食後にはそれを忘れているからね」。トムは続けた。「もし、忘れていなかったら、ひるむな。法はキミたちの側にある。」

しかし、昼食後、コストスは本当にコルベットのことを忘れていた。私たちは法廷に戻って、問題なく証人尋問を終えることができた。

最終弁論とチェリーパイ

　弁護人が被告人の側に立って行う弁論の核心は、極めて重要な「合理的な疑い」についてである。私は、とっくの前に、この鍵となる原則を説明するトム・ブリュイニール独自の最終弁論の仕方を「盗んで」いた。以下に、トムがよく用いていた弁論のさわりの部分を紹介しよう。

　　紳士淑女の陪審員の皆さん、ウィリアム・ペン (William Penn) [11] は、青年のころ、英国において扇動罪で有罪とされました。陪審員は彼を無罪とすることを望んでいました。しかし、裁判官が反対し、陪審員を評議に戻してペンを有罪とするように命じました。それで、ペンはアメリカに来てペンシルベニア州を作りました。そして、この国が作られたとき、私たちは、国王も、裁判官も、星室裁判所 [12] も市民一人ひとりの自由を剥奪することができないように決めたのです。

　　それは、あたかも私たちのコミュニティの構成員を私たちの家族の構成員であるように扱うことを決めたのと同然でした。もし、誰かがあなたの所に来て、「お宅のメアリーがうちの娘を叩いた」、あるいは「お宅の息子がうちの息子のバイクを盗んだ」と言ったとき、「わかった、息子と話す」と言いますか？　それとも、「私が子供たちに行動を起こす前に、それを私に証明してくれ！　私が納得できるような証

---

11 William Penn：本書序章注4参照。

12 Star Chamber：中世期以来、コモンローでは十分に対処できなくなった新たな法的紛争をコモンロー手続によらずに（したがって、陪審を用いないで）、国王大権に基づき解決してきた裁判所。17世紀の革命前夜に王政批判が高まり、1641年に廃止された。「星室」の名は、ウエストミンスター宮殿内の「星の間」に由来する。

144

拠を見せてくれ。そうしたら、その場合に限って私は子供たちと話す」と言いますか？

　今、「検察官何某」があなたの所にやってきて、こう言うのです。……

　私が刑事事件の陪審裁判を行うようになったころ、検察官が合理的疑いと情況証拠の証明力とを対比して示すのに最もよく用いた例——「検察官研修所」で教官が教えた例——が、おそらく、「ジョニーとチェリーパイ」の話だったと思う。そして、これこそが検察官がジョージとアイラの裁判で用いたものだった。私は、検察官がこの話を持ち出したとき大喜びした。本件では、このたとえ話は検察の助けにはまったくならなかったからだ。ここに、検察官の語ったことのエッセンスを示そう。

　時として、私たちは検察側の構図を証明するのに「情況証拠」を用います。「情況証拠」とは、あなたがその意味を決定する前に関連性——ある結論——を引き出さなければならない証拠のことです。裁判官はあなた方に、この種の証拠も他の証拠と同じ程度に証明力を持っていると説示するでしょう。本日、弁護人はこの法廷で「合理的疑い」について論じると思います。そして、その際、弁護人は情況証拠を攻撃します。なぜなら、あなた方はそこから一つの結論を導かなければならないからです。

　しかし、常識を働かせてください！結論を引き出すことは、普通に私たちが行っている簡単なことです。一つの例えを挙げましょう。ママがチェリーパイを焼いて、冷ますためにキッチンテーブルの上にそれを置いておきました。１時間後にママが戻ってくると、テーブルの上には空になったパイの容器がありました——パイはなく、いくつかのクズがあっただけでした。ママは、ジョニーの部屋に行き、そこでジョニーの口と手には赤い粘りがついており、チェリーの匂いがしま

した。

　「ママは誰がチェリーパイを食べたかは見ておりません。しかし、彼女はジョニーがチェリーパイを食べたという情況証拠——非常に強力な情況証拠——を持っているのです。チェリーパイはどこかに行ってしまいました。そして、ジョニーはチェリーの粘りを顔と手の至る所につけているのです。これこそが、陪審員の皆さん、どこにも合理的な疑いがない情況証拠なのです。

　陪審裁判の教育を行う機関、セミナー、検察官研修所などの問題点の一つは、一般的な原則や典型的な事例に焦点を合わせるために、特定の事件の事実に適合していないことがままあるということである。本件においても検察官が失敗したのは事実との適合性を考慮しなかったことであった。私は最終弁論のために立ち上がり、勝訴することをほぼ確信していた。

　私は、侵入窃盗罪で被告人を有罪とするためには、被告人に**侵入の時点で**窃盗の意思がなければならないことを裁判官は陪審員に説示することを強調しつつ、陪審員と一緒に証拠をおさらいした。そして、私はアイラが壊れた窓から頭を突っ込み、ジョージに「ちょっと来てみろ。これを調べてみようぜ」と呼び掛けたことを思い出させた。この時点、まさに核心となる時に、この言葉には窃盗の意図はたしかに含まれていなかった——特に、ジョージの意思は示されていなかった。

　しかし、その後、私は最良の証拠へと進んだ。すなわち、貯金箱から無くなったお金は被告人のどこにも存在しなかったことだった。そして、これこそが「ジョニーとチェリーパイ」の話が合理的な疑いを証明するのに役立つゆえんだった。私は次のように論じた。

　　検察官は、情況証拠及びジョニーとチェリーパイの例えについて話しました。それは興味深い例えですが、その例では、ジョニーがチェリーパイを食べたことに疑いがありません。しかし、この話を私たち

の事件の事実関係に当てはめるとどうなるでしょうか。警察官が来てジョージとアイラを見たとき、警察官はチェリーパイの一かけらも発見していなかったのです。ジョージの尻ポケットに3ペニーがあっただけです。そして、パイ容器はどこにあったのでしょうか？　キッチンテーブルの上にないばかりか、倉庫の中のどこにもなかったのです。それは、いまだジョージとアイラが倉庫の中にいた間に、外の通路上に引きちぎられて開いた状態の貯金箱としてあったのです。

　明白な説明はこうです。すなわち、他の誰かが貯金箱を通路に投げ捨てた。ジョージとアイラではありえない。なぜなら、彼らは倉庫の内部で逮捕されていたのですから。これは単なる合理的疑いなどではなく、ジョージとアイラは金を盗む、あるいは、彼らが何かを盗むために倉庫に侵入すると企てたこと——にはまったく関係していないという強力な証明なのです。

言い換えれば、「誰か他の奴がやった」のだ。

　マルコと私は、私たちの依頼者が住居侵入罪では有罪——彼らには倉庫内に立ち入る権利はない——である可能性があることを示唆したが、それがすべてであった。そして、住居侵入罪は90日間の拘留刑が最高であり、彼らはすでに100日近く身体を拘束されていたから、私たちは住居侵入罪で有罪であっても即時に釈放されることを知っていた。

「私の父はオーシャン・ビーチでリンゴを売っていた」

　短時間の評議で、私たちの依頼者は侵入窃盗罪では無罪となり、住居侵入罪で有罪となった。依頼者らは留置場に戻るものと思っていたが、その夜、釈放指揮を受けた。彼らは、服役期間に見合う刑期を宣告されるだけだったので、裁判官は評決の後、すぐに刑を宣告した。裁判官が陪審員に陪審義務の終了を宣言し感謝の念を示す手続の合間に、私は二人の被告人

を呼んで、コストス裁判官が量刑の説示をする間笑わないように警告した。

　同じ裁判官、同じ検察官と一緒に閉じられた空間で仕事をしている弁護士であれば誰でも、彼らの習慣や奇妙な癖を知ることになる。私は、コストスが、量刑手続において、被告人に数年間の服役を言い渡す前に話すお気に入りの訓話が、いつも、「私の父はリンゴを売っていた」であることを知っていた。その話を短く要約すると、次のようなものだった。

　　私が君に刑を言い渡す前に、君にはまだ希望があるということを知ってもらいたいと思う。私の父がこの国にやってきたとき、父は何年間もオーシャン・ビーチで荷車に積んだリンゴを売っていた。それで、家族のためにより良い人生を築くことができた。そして、その息子である私がロースクールに行くことができ、裁判官になった。だから、君が刑務所の中で自分の時間にこうしたことを考え、より良い人間になろうと考えるならば、同じことが君にも起こるかもしれないのだ。私の父が私に教えてくれた教訓から学びなさい。

　この教訓を与えたときに、コストス裁判官が完全に誠実だったことを私は疑わない。しかし、彼と２人の被告人は別の惑星から来たのだ。そして、私たちの依頼者は、実刑の宣告を受ける被告人とは違って、その日の夜には留置場から釈放されるのだ。コストス裁判官は誠実であったかもしれないが、彼はジョージやアイラ、そして他の有色人種の被告人が成長する過程でどのような人生を送ってきたのかについて知ろうとしたことは一度もなかった。コストスが人生体験を共有できなかったことは、裁判官と被告人との間の断絶をほぼ決定的なものとしていた。だから、彼の話の前に、マルコと私がなし得たことは、２人に対し、裁判官の話の間中、どうか笑わないで静かに敬意を込めて座っていてくれとお願いすることだけだった。

第4章
「ガーシュイン・ブラザーズ」事件

彼らはよく我慢した。そう、彼らは無事やり過ごした。

エピローグ

ガーシュイン・ブラザーズ事件の間、マルコと私は、何回となく実際に何が起こったのかについて想像をめぐらせた。時には、それが防御方法を吟味する重要な要素となることもあった。私たちにとってはっきりしていたことが一つだけあった。それは、ジョージとアイラが段ボール製の貯金箱からお金を盗っていなかったということだった。しかし、**その前**には何があったのか？　私たちの依頼者はほとんど語らなかった。「誰か別人がやった」というストーリーは真実だったのか？　仮に、誰か別人が窓を壊して中に入り、手斧と手袋を持ち、貯金箱を切り裂き、物音を聞きつけたか、または怖気づいて、そして通路に戻り、逃走する際に手許に残っていた貯金箱を投げ捨てたのか？

赤いコルベットの存在は、単に現行犯ではなかっただけとは考えられないか？　ジョージとアイラが通りを歩いてきたので、コルベットは去って行ったが、その車の中には窃盗犯人が乗っていた、言い換えると、内部の人間が自分の会社から盗もうとしていたのではないのか？

あるいは、ジョージとアイラには共犯者がいたのではないか？　物音を聞いたか、警察のサイレンを聞いて逃走した共犯者が、貯金箱からお金を盗り、バッグを持っていた2人——たしかに手袋と手斧を持っていた——を置き去りにしたのか？

マルコは私よりも新参者であったので、真相を本当に知りたがった。アイラは何も彼に語らなかっただろう。マルコは、私に、ジョージが釈放される前にジョージのところに行って彼に真相を尋ねてくれないかと頼んできた。しかし、このころまでに、私は5年の実務経験を積み、10件の陪審裁判を経験していたので、少しもその気にならなかった。そして、経験から、ジョージが裁判の後で私に何を語ろうとも、それが真実と大きく関係

しているとは思えなかった。それで、私はマルコに、真相には関心がない
と告げた。重要な唯一のことは法廷で起こったことであって、実際に起
こったことは決してわからないのだから、それは意味のないことだと言っ
た。私たちはシャーロック・ホームズではないのだ。私たちの依頼者は自
由の身となり、私たちの世界からも去って行った。私たちの仕事は依頼者
を釈放することであり、その仕事は終わったのだ。

第 **5** 章

三連続の刑事事件

カリフォルニア州人民対アーノルド、アーノルドおよびジョーンズ
カリフォルニア州人民対レオナルド・サンフォードおよびウィリー・ジェームス
カリフォルニア州人民対ジプシー・ハリスおよびラルフ・ブラッドレー

5 年あまりの実務の後、私はサンフランシスコの裁判所指名弁護人名簿に登載され、公設弁護人が利益相反のために複数の被告人を弁護できない場合、その共犯者の弁護人に割り当てられることとなった。また、私はサンフランシスコの北に位置するマリン郡の「特別」公設弁護人として、公設弁護人の受任容量を超えた事件を担当していた。その結果、私は連続して陪審裁判を担当するという時期があった。それら一連の裁判の中に「ガーシュイン兄弟」侵入窃盗事件があった。しかし、その前に、サッチ・アーノルド、そして、その後に、間髪を入れずに、レオナルド・サンフォードとジプシー・ハリスの事件が、共犯事件の片割れとして舞い込んできた。いずれの事件もそれぞれに難しいものだった。総じて言えば、どの事件も、私に、個人の自律性を尊重しつつ依頼者にどう助言すればよいのかにつき多くのことを学ばせてくれたが、同時に、当事者に平等ではない我が国の司法制度の辛い現実を想起させるものでもあった。

サッチ

　信じられないことに、私の最初の陪審裁判が評決不能で終わった後、私は続く５件の刑事裁判で無罪を勝ち取っていた。二番目の陪審裁判というのが、マリン郡のサミュエル「サッチ」アーノルドの事件であり、もう一つの「完璧な敗訴」と思われた事件だった。時として、「ガーシュイン兄弟」事件の場合のように、無罪へと導く針孔が開いていることがある。しかし、通常、それはない。本件は針孔がなかったと思われるものだ。事件は強盗で、サッチ、その妻イルマ、および共犯者のハロルド・ジョーンズが車で逃走したが、現行犯として追跡された後に逮捕された。

現行犯逮捕

　私は、お気に入りのデイヴィッド・ベイティ（David Baty）裁判官から弁護人に選任された後、ただちに、マリン郡留置場でサミュエル・アーノルド（Samuel Arnold）と会った。アーノルドが最初に語ったことは、皆、自分のことを「サッチ（Satch）」と呼ぶということだった。次に語ったのは、彼がこれまで二度捕まったことがあり、現在、保護観察中であるということで、これは保釈できないことを意味した。三番目に私が知ったのは、彼がヘロインの使用者で、犯罪はすべて薬物に関連していたということだった。四番目に彼が語ったのは、私が「ヘロイン中毒者」という言葉を決して使うなということだった。彼は、中毒者ではなく「愛用者」であると言って、その違いを説明した。私は、その違いを必ずしも理解したわけではなかったが、彼が好んで使う用語は何であれ、間違いなく尊重することにした。

　彼が最後に語ったのは、事件についてほとんど知らないということであり、逃走車を運転していた妻イルマ（Irma）のことをとても心配していた。イルマには前科がなく、サッチは、彼女が事件に巻き込まれたのはすべて

第 5 章
三連続の刑事事件

自分のせいであると感じていた。彼は事件の重大性を理解していると言った。というのも、ハロルド・ジョーンズ（Harold Jones）が拳銃を持っており、窃盗に失敗した後の騒動の最中、銃を発砲したからだった。そして、それはサッチだけではなく、イルマも、前科がないにもかかわらず、刑務所に収容されるかもしれないことを意味していた。

　この事件の有罪の可能性は極めて高かった。サッチとハロルドはサン・ラファエル市のサークル・マーケット（the Circle Market）——高速道路入口近くの右手にある大型のコンビニエンスストアーに入った。ハロルドは拳銃を持ち、サッチがカウンターの内側に行き現金引出機から現金を奪った。彼らが立ち去ろうとしたとき、店主が店の外に逃げたので、ハロルドが空に向けて拳銃を発砲した。それから、ハロルドが店主に追いついた後、彼の股間を数回にわたり蹴った。店主が痛さのあまり身をくの字に折り曲げたのを機に、サッチとハロルドは車に飛び乗り、イルマが車を発進させて全速力で高速道路に侵入した。

　彼らにとって不幸だったのは、店主はすでに警察に通報していたに違いなく、高速道路に入って30秒もしないうちに、3人は追跡してくる警察車両のサイレンの音を聞いた。明らかに、警察官は逃走車ビューイック[1]の手配書を持っていた。というのも、警察官はすぐビューイックに狙いを定めていたからだった。結果は、テレビで見る警察ドラマの追跡劇そのものだった。

　追跡劇は、南下してゴールデンゲイト・ブリッジに差し掛かるところで終わった。そこには、彼らの行く手を阻む料金所があった。イルマは、ティブロン（Tiburon）半島へ向かう4車線のティブロン大通りで車を止めた。4台の警察車両が接近してきた。とうとう、3人は車を捨てることを決断し、道路の南側にある木立に覆われた丘に走って逃げた。警察官も同じく走って登ってきた。多くのテレビドラマと同じように、警察官は、最

1　Buick：アメリカの GM 社が製造・販売している自動車メーカーのブランド名。

後には、疲れ果てて地面に横たわったサッチとその仲間を逮捕した。周り
には、現金の入ったバッグと38口径のカリバー拳銃があった。サッチに
とっての不利益な事実は3人全員にとって不利益な事実だった。イルマを
含めて、彼ら全員が武装強盗と加重暴行の罪で起訴された。イルマは車を
運転していた者であり、幇助犯および教唆犯として共犯の要件を備えてい
た。ハロルドが暴力行為のほぼすべてを実行していたのであるが、法律上
は、サッチもイルマも同様に強盗罪で有罪であった。

利益相反と裁判所指名の共同弁護人

　サンフランシスコと同様、マリン郡公設弁護人——ほとんどの公設弁護
人事務所も同じ——のポリシーは、どんな事件でも1人の被告人しか弁護
しないというものだった。たとえ、2人の人間が完璧に共同していたとし
ても——たとえば、同じ成育歴、背景、前科及び責任を有する双子の兄弟
とか最良の友とか——、常に、両者の間には袂を分かつ何かが存在する。
もし、他に何もなければ、検察官は一方に他方が不利益となる証言をする
ように取引を持ち掛ける可能性がある。こうした理由から、被告人の自由
が関わっているときには、公設弁護人は、同一事件で1人の被告人しか弁
護すべきではないというポリシーをずっと維持しているのだ。そして、州
——検察官と裁判官の両者——も、昔から、この倫理原則に同意してき
た。結局、**各個人**には、その者に対してのみ忠実である誰かが援助するの
が相応しいのだ。これが、実際に、「利益相反」という言葉が意味すること
のすべてである。事実、弁護士と素人がその逆を考えてみれば、忠誠の意
味をより良く理解することができるだろう。

　公設弁護人は事件が起訴された時点で事件名を知る。それで、通常、担
当する公設弁護人が自ら弁護すべき被告人を選び出す。フランク・コック
ス(Frank Cox)は、最も弁護が難しい被告人を選ぶ傾向があった。しかし、
ジョン・バークス(John Burks)は、花形の公設弁護人のフランクではな

かった——はるかに及ばなかった——から、彼が逃走車を運転した「だけ」の罪の軽いイルマを選んだことは驚きではなかった。最も弁護が難しい被告人、ハロルド・ジョーンズの弁護人にはヴァーン・スミス（Vern Smith）がついた。私は、彼がサン・クエンティン6人組事件で検察側申立書の起案者だったので知ってはいたが、よく知っていたわけではなかった。多分、彼とは数語言葉を交わした程度だったが、私は彼が賢いことを知っていた。というのも、私たち弁護側の申立に対する彼の回答はいつも的を衝いていたからだった。しかし、私は、彼が弁護人としてどの程度徹底しているのか、どの程度熱心であるのかにつき、不安を抱いていた。

その心配は杞憂だった。ヴァーンは、最初から、絶望的な見通しにもかかわらず、彼は力の限りを尽くしてハロルドを弁護しようとした。そして、実際にそうした。それだけではなく、彼と私は、他のほとんどの弁護人が知らない法律上の秘密——弁護の助けになる或る秘密——を共有していた。それは、「行為と事実の選択の理論」[2]と称されるものであった。

「行為と事実の選択の理論」

1世紀以上もの間、カリフォルニア州は、刑法第245条という他に類をみない加重暴行に関する法律を持っていた。一般に「245」（カリフォルニアの刑事弁護士は法律条文の番号で呼ぶのを好む）、または、殺傷能力のある武器を用いた暴力行為（assault with a deadly weapon）を意味する「ADW」と呼んでいた。それは、実際には、2つの別の犯罪を法律の1つの条文に結合させたものだった。一つは、いわゆる「ADW」、すなわち火器またはその他の殺傷能力のある武器を用いた暴力行為である。しかし、それ以外の暴力行為は、「重大な身体傷害をもたらすおそれのある強制力を手段」とするものだった。殺傷能力のある武器を使用することは不要だった——事実、

---

2 Doctrine of Election of Acts and Facts：本文の解説参照。

武器は一切不要だった——。誰かを殴って叩きのめすことも、この類型の「245」の行為になりえた。

いわゆる「ADW」が他と違っていたのは、証明が容易であるとともに結果がより重大である点にあった。というのも、暴行は、通常、身体傷害の**脅し(threat)**だけで足り、拳銃を発砲することなく拳銃を振り回すことでも「ADW」になる。そして、銃の使用は、たとえ発砲しなかったとしても、刑罰にさらなる刑期を加算することで量刑が加重されていた。しかし、身体殴打といった種類の暴行は、強力な強制力を行為者が認識していることを要件としており、それゆえに、証明するのがより難しかった。かつ、量刑は加重されてはいなかった。

しかし、被告人が「245」で起訴され、事実がいわゆる「ADW」と身体暴行の双方を示している場合、2つの出来事のいずれか一方につき陪審員全員一致の評決がなされないという危険があった。6人の陪審員が、銃が振り回されていたことを理由に有罪とし（他の6人がこれに反対し）、他方で、6人の陪審員が身体暴行を理由に有罪とする（他の6人がこれに反対する）という場合である。こうして、12人の陪審員はいずれかに合意できるが、同じ何かには合意できないことがありうるのだ。

この問題を解決するために、1900年に遡る先例は、「行為と事実の選択」の理論を編み出した。これは、極めて稀にしか用いられないが、1900年以来書物には載っており、依然として有効な法であった。その考え方はこうである。加重暴行の犯罪事実があった場合、検察官はどちらかの「行為および事実」を選択のうえ、それを立証するとして対象行為を選ぶことができるのである。ヴァーン・スミスと私は、サン・クエンティン6人組事件を通じて、この法的な「秘密」を知るようになっていた。6人組事件では、多くの申立の中で、私は、起訴状の各暴行の起訴事実につき、同一の起訴事実を証明するのに異なった主張が用いられる可能性があるので、検察官は各起訴事実につきどの事実が用いられるのかを選択するように、裁判所は検察官に命ずるべきであるという申立書を書いた。

第5章
三連続の刑事事件

　ヴァーンは、その時、検察側からその理論を検討し、検察官が弁護人の要求を受け入れるべきことを理解した。彼はそれを受け容れた。なぜなら、彼は持ち帰って調べ、弁護人がすでに発見していたように、もし検察官が特定の行為を選択**しない**ならば、検察官が証明しなければならない暴行とは、陪審裁判に提出された証拠に基づく**最初の「行為と事実」**となることを知ったからだった。サッチの事件では、私たちは、後に明らかになったとおり、この事件の担当検察官がこの理論をまったく知らないことを正確に見抜いていた。6人組事件とは異なり、私たちが望んだのは、検察官が証明する対象行為のいずれを選択するのかを特定しないまま検察官任せにしておくことだった。検察官は、間違いなく、銃の方を選ぶはずだった。それゆえ、私たちは、検察官においていずれかを選択すべしという裁判所宛ての申立をしなかった。代わりに、ヴァーンと私は意思を通じて、陪審員の面前で、証拠上、銃が問題とされる前に、股間への蹴りに目を向けさせることにした。これは、量刑の上限を低減したにとどまらず、蹴りが加重暴行罪を構成するほどにはひどくはなかったと弁論することにつながった。

　たとえ、私たちが銃の前に証拠上蹴りがあったと仮定することができたとしても、それは、強盗の起訴事実には関係がなかったし、また、ヴァーンの依頼者ハロルドが火器の個人的使用のゆえに加重される余計な期間についても関係がなかった。しかし、「人はできる限りのことをする」ということは、人生におけると同様、先例においても真実である。そして、私たちはできることをした。陪審員が評議から戻ってきた時、3人の被告人全員が強盗罪につき有罪で、ハロルドには銃の個人的使用が付加されていた。偶然にも、陪審員がハロルドを暴行罪で有罪としながらも、サッチとイルマに対する暴行罪については評決不能となった。おそらく、陪審員は、ハロルドが店主の股間を暴力的に蹴ったときに、サッチとイルマが幇助および教唆をしたか否かについて合意できなかったからと思われた。

異例の量刑審理

　評決から刑の宣告までいつも通りの3週間の間に、私は数回拘置所を訪問したが、サッチは、私に、彼自身の量刑について弁論する代わりに、彼の妻のためにより軽い刑となるように弁論してくれと頼んだ。前科がなかったので、イルマは陪審裁判の間、釈放されていた。これは良い兆候だった。保護観察となること、おそらく、最初は郡の留置場——州刑務所よりもはるかに遠い——に収容されることは、少なくとも、可能性としてありえた。

　当初、私はこの依頼を受入れてよいかわからなかった。結局のところ、私の依頼者はサッチであり、イルマではない。サッチが求めた結果については正しかったと思う。彼はいずれにしても刑務所に行くことになっていたし、彼の妻は「WV6」——憲法修正第6条の「弁護人の援助を受ける権利」を具現しない生身の違反者(Walking Violation)の短縮形——、すなわち、いわゆる「悪しき弁護人」の弁護を受けていた。しかし、私が能力的に疑問のあるイルマの弁護人よりも強力な弁論ができるからという理由で彼女の保護観察につき弁論をすることが、倫理規則上、許されるだろうか？もし、私が彼女のために弁論をするならば、それはサッチの量刑を減ずる機会を放棄することを意味した。それは、サッチを放置することではなかったか？

　その頃までに、私は経験を積んでロースクールのいくつかの学期で法曹倫理を教えていた。授業で議論する好きなテーマの一つが、「弁護士は依頼者の救世主かマウスピース[3]か？」だった。クラスでは、学生は**彼ら**の考えたことを実践することが依頼者の最善の利益だという立場を強く支持するところからスタートした。私は、最後の段階で、これに反対した。私は

3　mouthpiece：俗語表現で「代弁者」の意味。発言内容の責任は本人にあり、代弁者にはないという含意がある。

第5章
三連続の刑事事件

依頼者こそが決定する権利を持っていると考えていた。結局のところ、デイヴィッドと私は、いつもこう言ったものだった。「我々が服役するのではない」と。法曹倫理の授業で「何が最善の利益かは依頼者が決定する」と言うことは、実際の事件で法廷においてそれを実践することよりも容易だった。さらに、サッチは大人であり、明確な願望を持っていた。最終的な検討の後、私はイルマのために弁論するべきと考えたにとどまらず、弁論しなければならないと考えた。私の依頼者は明確な指示を私に出しており、私の仕事はそれを実行することだったからだ。

　量刑手続において、私は「アーノルド氏の刑については保護観察記録に基づいて提出する」と述べた。それは、もちろん、必然的に州刑務所に収容される刑罰を推奨していた。その後に、私はイルマのための弁論をした。彼女の弁護人は先に相当不適切な弁論を終えていたが、彼女の弁護人以外の者からの保護観察の申出は裁判官の関心を惹いた。しばしの熟考の後、裁判官は、イルマの量刑につき3年間の保護観察と9カ月間の留置場収容の条件で執行猶予とした。これは、イルマが留置場収容中に一時外出許可[4]を取って就労することを可能にするものだった。彼女は、日中に仕事をし、夜間に拘禁のために留置場に戻るということができた。

　イルマは、すぐに、サン・ラファエルで一時外出許可制度に見合ったウェイトレスの仕事を見つけ、後に、中間収容施設へと移った。数年後、私は彼女が無事に保護観察期間を終えたことを知った。私は、あの事件がほぼ成功裏に終わったと感じた。

レオナルド

　時として、陪審裁判に進むことが依頼者にとって有害な結果をもたらす

4　work furlough：施設収容期間の間、通常の勤務時間帯に収容施設から外出して就業し、夜間に収容施設に戻る制度。カリフォルニアでは、120日以内の収容期間に週35時間までの雇用が認められる。

159

ことがある。訴訟に勝ったとしてもそうだ。レオナルド・サンフォードの悲しい物語はその不幸な実例を示している。サッチと同じように、レオナルドも犯行現場にて共同被告人とともに逮捕された。事態は私の想定通りには進まなかった。

　レオナルド・サンフォード(Leonard Sanford)は、友人のウィリー・ジェームス(Willie James)とともに或る晴れた日曜日の午後に逮捕された。ウィリーが、他人のガレージから自分の物ではない品物を古いセダンに持ち込んだからだった。ウィリーがすべての行為を行ったように見えた。レオナルドは車の運転席に座っていただけだった。とはいえ、もちろん、2人とも逮捕された。

　サンフランシスコの荘厳な裁判所での罪状認否手続[5]において、私がレオナルドの弁護人に選任された。一方、ウィリーの弁護人には私の友人のノーマン・フレデリック(Norman Frederick)が選任された。本件で、第一の、ある意味で最も重要なことは、私が審理期間中レオナルドを自由の身にできるか否かであった。前科者で薬物中毒者だったレオナルドではあったが、この時は、明らかに彼の人生は上向いていた。すなわち、彼は、実入りのいい仕事にかなりの期間就いており、妻と息子を愛しており、しかも、薬物更生プログラムによって彼は薬物依存から脱却して正常な状態にあった。彼は、実際、そうした状況すべてを統合しているように見えた。貧しいマイノリティ層に属する被告人にとって、身体拘束を免れていることが当該事件の鍵となる場合はよくある。物事が良い方向に回り始めたと思われるレオナルドのような者にとっては、特にそうである。身体を拘束されたままであると、彼らは有罪の答弁をせざるをえない圧力にさらされた。そして、有罪答弁の結果、さらなる身体拘束、保護観察、服役さえ甘受することになった。これは、実際に有罪の犯罪が何であったかとは関係

5　arraignment：本書第 4 章注 4 参照。

第5章
三連続の刑事事件

がなく、たとえ被告人がまったくの無実であったとしても同じだった。

　幸運なことに、サンフランシスコ釈放プロジェクト（San Francisco Release Project）[6]の良い「評価点」のお蔭で、レオナルドの身柄解放を求めるのに、多くの好材料を得た。最も重要なことは、彼を自由の身にして仕事を続けることができるようにすることだった。裁判官は彼を釈放した。釈放後、私の事務所でレオナルドと面談した際、彼は、ウィリーとは服役中のときからの古い友人だと言った。2人は、ウィリーのセダンで海にドライブに行くことにし、ウィリーはレオナルドに運転を頼んだ。その途中で、ウィリーは戸が開いたままのガレージの中を盗み見て、ガレージ内に洒落た装置がいくつかあるのを見つけた。ウィリーはレオナルドに車を止めるように言い、確認のために車外に出た。レオナルドは、ウィリーが車のトランクにいくつかの品物を放り込んでいたとき、彼はただ車の中にいただけだったと語った。

　二人にとって不運だったのは、ちょうどその時、警察車両が通常の定期パトロールで通りかかったことだった。警察官が目撃したのは、ガレージのドアが開いており、白人とアジア系住民の住む区域で2人の黒人の男が車に品物を運び込んでいる姿だった。警察官にとって、何が起こっているかは一目瞭然のように思えた。ウィリーとレオナルドにガレージに入る権利があるかと問うまでもなく、警察官は彼らを逮捕し、尋問のために身体を拘束した。その後ほどなくして、一組の夫婦の車がやってきて車道で停止した。夫婦は買い物に出かけたが、ガレージの戸を閉めなかったことに気づいて戻ったのだった。そして、まさしく、車の中の品物はこの夫婦の所有物だった。

　レオナルドとウィリーは2人とも侵入窃盗罪で起訴された。またして

---

6 San Francisco Release Project：1970年代半ばから保安官事務所によって始められたこのプロジェクトは、被告人自らが裁判所への出頭を約束した正式な誓約書により、保釈保証金を必要とする保釈手続を経ることなく釈放することを目的とした。

も、警察の怠慢なのかやる気がないのか、重窃盗罪[7]では起訴されなかった。重窃盗罪で訴追するには盗品が500ドル以上の価値があることを証明しなければならないのに、これをしなかったからだ。しかし、有罪か無罪かという意味では、本件はサッチの事件よりもマシとはいえなかった。正式な審理前協議[8]は、サッチの陪審裁判が終わったわずか2日後に開かれた。レオナルドの陪審裁判は次の月曜日と定められた。私は答弁取引[9]が最も好ましいと考えた。私はいつも依頼者の最善の利益を心にとめてきた。時には、最善の利益とは重罪[10]の侵入窃盗罪での有罪を避けるために陪審裁判で闘うことを意味した。しかし、本件では、留置場にいながらも一時外出許可制度の適用を受けることで、レオナルドが仕事を続けられ、その結果、新たに見出した安定した生活をレオナルドに保障できることを意味した。私は、彼が重罪について有罪の答弁をすれば、この取引は実現できると考えた。彼にはすでにいくつかの重罪の前科があったが、彼の真の関心はあの仕事を維持できることだった。

　検察官は、レオナルドが侵入窃盗罪で有罪答弁を受け容れることを歓迎し、彼が9カ月間留置場での拘禁刑を務めた場合には正式な刑罰を科さないという条件を受け容れた。これは、レオナルドが仕事のための一時外出許可制度を利用でき、かつ、薬物治療プログラムも受けることができ、そして、正式な刑罰が科されないので、彼が保護観察期間を満了できれば、重罪としての前科は軽罪に縮減されることを意味した。

　しかし、サンフランシスコ検察庁は、2人の被告人を一括して扱う

---

7 grand theft：一定額以上の価値の財産を盗んだ罪で、それ以下の価値の財産を盗んだ軽窃盗罪と区別される。

8 pre-trial settlement：本書第4章注7参照。

9 plea deal：司法取引ともいう。被告人が有罪を認める代わりに、検察官が当初の起訴状記載の犯罪事実よりも軽い罪で処罰することを認める事件処理の合意。この合意には、裁判所も関与して採否を決定する。

10 felony：重罪。制定法で死刑または長期1年を超える刑期の定めのある犯罪。重罪よりも法定刑が軽い犯罪「軽罪（misdemeanor）」と区別される。

第5章
三連続の刑事事件

「パッケージ取引」[11]についてだけは厳格な方針を採っていた。それは、仮に共犯者のウィリーが有罪の答弁をしなかったならば、レオナルドとの取引もなかったことになり、レオナルドも陪審裁判に臨まなければならないということだった。パッケージ取引について、私は、いつも、この検察庁の方針が倫理規則に違反していると感じていた。それは、有罪の答弁をもっと多く引き出すために考案された口実のように思われた。結局のところ、なぜ、各被告人は一人の個人として扱われないのか？ということだ。多くの検察庁は、そもそも最初からこうした方針を採っていなかったし、採用していた検察庁の多くも、すでにこの方針を放棄していたが、当時、検察官の倫理規則の中に、パッケージ取引を厳格に禁ずるという条項はなかった。それゆえ、ウィリーが州刑務所での服役の取引を提示された際、彼が有罪答弁を拒否したので、レオナルドの司法取引もなくなり、私たちは陪審裁判に臨むことになった。レオナルドは雇い主に電話をかけ、最大限の病欠期間——4日間——の許可を得た。6ないし7日間と想定された陪審裁判に時間的な余裕はなかった。

陪審裁判に臨む

　陪審員を選定する前に、私は、レオナルドが検察官から提示された取引を望んでいたことを裁判官にわからせるために骨を折った。私が検察官との答弁取引でハッピーな気持ちになることはまずなかった。しかし、今回の答弁取引はレオナルドに彼の生活を維持させるためのものであった。その上、私は、情況証拠から見て、有罪は十分にありうると考えた。第一に、最も単純なことだが、客観的な事実が悪かった。第二に、レオナルドは、語り口の柔らかな好感の持てる人間だったが、6.5フィートの身長、230ポンドの体重、そして黒人だった。それゆえ、私は、重要なこととし

---

11 package deals：共同被告人を一括して同一条件で合意する司法取引。

て、レオナルドが陪審裁判を強制されたことを記録に残したいと思った。あの答弁取引を留保する試みに加えて、私は、裁判官にレオナルドを証言台に立たせるつもりはないことを告げ、事実、一人の証人も呼ばなかった。唯一、有効な弁護を提供するために、召喚された検察側証人に対する反対尋問は行い、自分の能力の限りをつくして最終弁論を行った。何の保証もなかったが、私の希望は、有罪評決の後、レオナルドの協力的態度が陪審裁判前と同じ取引内容が得られることだった。

　すべてを裁判官に告げる前に、私はレオナルドと会って詳しい説明をし、彼は快く同意した。また、私は、少しだけ倫理的な議論もした。他ならぬ私自身と。私がレオナルドの無罪を獲得するために自己のベストをつくさないのは倫理規則に適っているのか？　その議論はすぐに終わった。第一に、私は実際に証人を得ていなかったし、いずれにしても、レオナルドを証言台に立たせようとは思わなかったからだ。しかし、第二に、そしてより重要なこととして、私はサッチの弁護から学んだように、ゴールは必ずしも訴訟に勝つことではなく、依頼者と私の双方が考える最善の利益を実現することだった。

　陪審裁判はすぐに始まった。2日目の昼食時までに、ガレージの家主がウィリーの車にあった品物は彼とその妻の所有物であることを証言した。また、警察官が、ウィリーがガレージの開かれた入口のところで品物を掴んで車に向かって移動していたのを目撃したこと、およびトランク内に「盗品」があったことを証言した。以上が検察側の立証だった。第2日の昼食の時に、私たちは、証人を立てないまま最終弁論を行い、第3日に評決を得て、量刑手続を保留にしてレオナルドを仕事に戻すという段取りを考えた。

　ノーマンが「ザ・ラインナップ」で私と一緒になるまではそうだった。ザ・ラインナップとは、「裁判所」の角を曲がったところにある飲食店で、陪審裁判の期間中、多くの弁護士がそこで昼食を摂っていた。「ウィリーが証言台に立つと言い張っている」とノーマンが言った。私は「ウィリーは

第5章
三連続の刑事事件

何を言うつもりなのか？」と聞いた。すると、ノーマンはまったくわからないと告白した。私たち2人とも、被告人が証言台に立つか否かについては、弁護士が依頼者に対して助言することはできるが、決定権は依頼者だけにあると考えていた。私は、ウィリーが言語的な表現能力や合理的で強力な反対尋問に耐えられる能力を持っているとは思わなかった。だから、ウィリーの証言が有利に働くとは思わないというノーマンの考えに賛成した。しかし、私の本音はこうだった。「3日間で陪審裁判を終わらせてレオナルドをすぐ仕事に戻すチャンスがなくなってしまう」。

どんな裁判でも、弁護士には冒頭陳述をする権利が認められている。最終弁論とは異なり、冒頭陳述は事実に基づくこととされている。「陪審員の皆さん、証拠によれば……」という具合である。原告のための代理人弁護士あるいは検察官は、陪審員選定手続が終わった直後、最初に、冒頭陳述を行わなければならない。しかし、被告側は、防御の反証機会が始まる前まで陳述を遅らせることができる。ノーマンも私も冒頭陳述の時期を遅らせていたが、それが通常のやり方だった。そして、私はいかなる証拠も提出せず、意見陳述もするつもりはなかった。しかし、今や、ノーマンは問題に直面していた。「何を冒頭陳述で述べればいいんだい？」と私に聞いてきた。私は、立ち上がって陪審員にこう言うように勧めた。「私から彼の証言の内容を聞くよりも、私はジェームス氏を証人として召喚しますので、皆さんは、彼から直接、証言を聞いてください」。ノーマンはその通りに述べ、陪審員は、余計な法律家の弁舌を聞かなくて済んだことに安堵しているように見えた。

ノーマンはウィリーが何を言うのかを知らなかったので、彼の質問は「それから、何が起こった？」といった類の質問に終始した。ウィリーは、私たちが聞いていた話を証言した。すなわち、ウィリーとレオナルドが開いたガレージを見たのは、オーシャン・ビーチに行くドライブの途中だった。ウィリーはレオナルドに車を止めるように頼み、ガレージのドア近くの車道に置かれていた品物を確認するために車外に出た。彼は、いくつか

の興味をそそられた物を見つけて、それらを取り上げ、車のトランクを開けてそこに品物を入れた。彼がガレージに戻り、別の物を手にしたときに警察の車がやってきた。物理的にガレージに侵入したことについては何も語らなかった。そこまではよかった。

　反対尋問は当初予定されていた時間をはるかに超えるものだった。検察官はストレートに本題に入れるほどには証人尋問に熟達していなかった。それでも、ウィリーに何回か同じことを違ったやり方で聞いた後、ガレージへの侵入について次の証言を得ることができた。「自分の足が敷居を跨いだかもしれません」。自己制御が失われた瞬間、ノーマンは手で頭を抱えた。

　第4日目、証人尋問は終わり最終弁論が行われた。私はできる限りの弁論をした。「幇助者かつ教唆者」[12]とされているレオナルドは、車から一度も降りていなかった。トランクを開けることさえも行っていなかった。彼はいかなる積極的な行為も行っていなかった。加えて、ウィリーが実際にガレージに侵入していなかったとすれば、本件は住居侵入窃盗罪ではなかった。仮に、ウィリーが侵入したとしても、その時点で窃盗の意図を持っていなかったとすれば、やはり、住居侵入窃盗罪ではなかった。そして、もちろん、合理的疑い、+合理的疑い、+合理的疑いが残った。裁判官は、陪審員に説示を与えた後、彼らを帰宅させた。

　金曜日、第5日目、陪審員は評議を開始した。今や、陪審裁判の時間がとても心配になったので、私はレオナルドに、店長に電話をして本来あと2日間休みを取る必要があったのにそうしなかったミスを謝る理由を考えるように促した。私は、その日のうちに評決を得てすべてが終了し、レオナルドが量刑手続の前に自由の身になれば、レオナルドはその仕事を維持できるかもしれないと考えていた。

　しかし、そうはならなかった。その日の最後に、陪審員長が、陪審の評

---

12 aider and abettor：本書第2章注9参照。

第 5 章
三連続の刑事事件

議はまだ続いておりいまだ結論には至っていないと報告した。裁判官は月曜日の午前中に評議を再開するように命じた。そして、陪審員はそれにしたがった。月曜日の終日を評議に費やし、さらに火曜日、第7日目になって陪審員は評議から戻ってきた。この時、私は裁判所地下の粗末な小さなカフェテリアに座って、レオナルドがあの仕事を失った場合のことを考えていた。廷吏が私を探しにやってきて、「陪審員は、サンフォードについての評決をするそうです」と私に言った。「サンフォード？」「なぜ、ジェームスではないんだ？」 彼はレオナルドよりもずっと有罪であることが明らかだった。

　ノーマンと私とレオナルドは、彼の家族とともに廊下で待機していたが、一団となって26号法廷に戻った。陪審員がその部分的評決を読み上げるために召喚された。私たちは、陪審員が入廷し、着席し、そして陪審員長が評決用紙を書記官に渡す間、規則に従って起立していた。「カリフォルニア州人民対レオナルド・サンフォード」と女性の書記官は読み上げ、「私たち陪審員は、レオナルド・サンフォードが『無罪』であると認めます」と続けた。率直に言って、私はその結果にショックを受けた。そして、レオナルドも同様だった。

　訴訟には勝った。だが、より広い意味では、1人の人間を失った。7日間の休みの間に、おそらくレオナルドは彼の職を失った。順調に進んでいた彼の薬物からの回復途上で、有罪答弁や有罪判決の場合に受けられたであろう一時外出許可制度の下でのソーシャル・ワーカーの支援がないまま、回復状態を維持し他の仕事を見つけることはとてつもなく困難だった。レオナルドは無罪放免を喜んでいた。しかし、彼の妻の顔には、一見してわかる不安の念が見て取れた。私たちは、皆、抱擁を交わし、そしてレオナルドは自由な人間として裁判所を後にした。

　二日後、ウィリーの裁判の方は有罪とするには8対4で足りず評決不能となった。ウィリーは、最終的に、陪審裁判前に拒否したのと同じ内容の司法取引を受け容れて有罪の答弁をした。

レオナルドについて言えば、私が次に彼と会ったのは、彼が銃を用いた強盗で逮捕されて、裁判所6階の郡留置場の1号室にいたときだった。レオナルドはたしかに職を失い、薬物使用の生活に戻っていた。彼の依頼を受けて、私はまたしても彼の弁護人に選任された。警察の報告書を読んで、私は彼が今回はより多くの困難を抱えていることを知った。

　レオナルドと共同被告人に対する起訴状の罪名は3件の別々の機会に行われた強盗であり、そのうちの最近の事件にレオナルドが関わっていた。レスビアンのカップルが犯罪の仲間であり、このカップルは同じアパートの3人の老齢の女性から金品を強取した罪で起訴されていた。警察の報告書には、第三の事件で、このカップルが銃身を切り詰めた改造銃を所持した黒人の巨人を伴っていたことが記載されていた。彼女らは老齢女性のアパートに侵入し、貴金属と現金を盗み、通りからの警察サイレンの音を聞きつけるや、裏口と業者用の玄関を通って戸外に出て、何とか裏庭のフェンスを乗り越えて逃走した。一方、カップルから警察の目をそらすために、カップルはレオナルドに表口から出るように指示し、彼は従順にそれに従い、老齢の住人を人質に手には銃を持って、10人の警察官が銃を構えて待ち構えているまさにその場所に出てきたのだった。

　留置場の中で、私はレオナルドに「一体全体、銃で何をしていたんだ？」と聞いた。彼は、女たちが銃を彼に渡して、その仕事に500ドル払うと約束したことを話した。彼には麻薬を買うために金が必要だったのだ。そして、カップルが彼に表口から出るように告げたとき、彼はそれを拒否することなどまったく考えていなかった。

　この女たちは間もなく逮捕され、3件すべての強盗罪につき司法取引に応じた後、刑務所送りになった。レオナルドだけが残され、彼の陪審裁判は1月の最初の週と指定された。彼に対する圧倒的な有罪証拠の下、私にできた唯一のことは刑務所での服役期間を短くするための弁論をすることだけだった。審理前協議で、ウィリアム・ムラン（William Mullins）裁判官が担当であることを知った。アイルランド系政治団体の古くからのメン

第5章
三連続の刑事事件

バーで厳しい人であったが、ムランはそれにもかかわらず人情家だった。審理前協議において、私はレオナルドの前件の悲しい物語を彼に話した。そして、無罪放免となった結果、就労のための一時外出許可制度を利用できなかった不運についても話した。検察官は10年の刑期を提案していた。私がもう少し時間をいただきたいと願い出た際、ムランはほぼ8年の取引合意を考えていた。ムランは、その日がクリスマス前の最後の法廷が開かれる日であったので、刑期から1年を減刑し、これはレオナルドに対するクリスマスプレゼントだと言った。以来、私はレオナルドからは一度も連絡を受けていない。

ジプシー

　時として、依頼者は、どんな事件であれ、陪審裁判に進むことを単純に恐れることがある。たとえ、依頼者が完全に無実であってもそうだ。レオナルド・サンフォードの場合とは真逆で、私は、依頼者に、自らがしていないことについて有罪の答弁をしないように圧力をかけなければならなかった。

　私は、サッチ・アーノルドの強盗事件が陪審裁判に進む1カ月ほど前に、強盗罪で起訴されたジプシー・ハリス（Gypsy Harris）の弁護人に選任された。というのも、共同被告人のラルフ・ブラッドレー（Ralph Bradley）は勾留中であり、嫌疑に相当な理由があるか否かを審査する予備審問[13]が、サッチの陪審裁判が始まる10日ほど前に開かれたからだった。ジプシーはラルフと同じ罪名で起訴されていたが、身体拘束はされていなかった。ラルフは留置場にいたが、それは彼には重罪犯罪の前科があったからだった。ジプシーには、「売春事件」の長い前歴があったが、記録上、

---

13 preliminary hearing：本書第2章注2参照。

彼女は常に裁判所に出頭していた。裁判所に出頭することは、被疑者を陪審審理の前に身柄を自由にするか否かを決定するうえで、最も重要な要素だった。

　1930年代に遡る探偵小説の黄金期に、ダシュエル・ハメット（Dashiell Hammet）やレイモンド・チャンドラー（Raymond Chandler）[14]他が「街娼」を描写する際、彼らは「Bガール」と呼んだ。カリフォルニア州刑法第647条の(b)項が売春を禁ずる規定であったことに由来する表現だった。職業的に言えば、ジプシーは「Bガール」だった。民族的に言えば、彼女は、その当時私たちが「アメリカ・インディアン」と呼ぶ民族の出身だった。多くの原住民が貧困の中で育ったように、ジプシーは15歳の時にアルコールを覚え、17歳までに、彼女は薬物中毒になった。彼女はサンフランシスコのテンダーロイン地区（Tenderloin District）に落ち着くまでに数年間放浪していた。当時も今も悪名高いテンダーロイン地区は、安価な1人用ホテル「SROs」（single-room-occupancy hotels）が密集した街で、区画ごとに酒屋があり、多くの売春婦が通りをうろついていた。今日では、サンフランシスコで最もホームレスが集まる中心地になっている。当時も今も、固定収入のある古参者がかなりの数そこに住んでいるが、彼らは自ら承知のうえで危険を引き受けているのだ。

　私が事務所でジプシーと面談した際、彼女は自らの生い立ちを語った後、強盗で起訴されたその日の出来事を話してくれた。彼女は弁護士をまったく怖がっていなかった。むしろ、彼女はいつものように誠実だった。彼女は、逮捕されたら弁護士が最も有利な取引をしてくれることを知っていた。弁護士は彼女が営業をしていく上でのコストの一部であった。

　彼女が私に話した内容はこうだった。隣人という関係から面識のあった

---

14 両名とも、アメリカを代表するハードボイルド探偵小説の作家で、ミステリー小説や映画の世界に多大な影響を与えた。

第5章
三連続の刑事事件

ライオネル・ライト（Lionel Wright）が、ある日の午後、彼女の持ち場——リーベンワース通りとエディ通りが交わる角——にやってきて、セックスをするなら金を払うと言ってきた。2人はSROホテル近くにある彼女の部屋にあがって行った。しかし、ライオネルは金をまったく持っていなかった。それで、彼女の友達のラルフ・ブラッドレー——彼女は彼をいわゆる「ヒモ」とは認識していなかった——が現れ、彼女とラルフは、ライオネルを裸同然にして屋外に放り出した。

どうやら、ライオネルは、その直後に警察に行き、ジプシーが通りで売春を持ちかけてきた後、ラルフとジプシーがライオネルに暴行を加えて100ドルを彼から取り上げたと申告したようだった。それが真実ならば、刑法の用語である「強制力または恐怖による」強盗罪の構成要件に該当した。ジプシーは、この申立のうち、特に、売春を彼女が持ち掛けたとする点について憤っていた。「私は何もしていない！　あいつを誘ったことなんてまったくない！　あいつが私を誘おうとしたんだ！」　彼女の言い分を信じるのは難しいことではなかった。強盗は彼女のレパートリーにはなかったし、それは彼女の前科調書をみても、遥かにかけ離れていた。

二、三度、話を整理した後、ジプシーは私に、有罪の答弁をした場合、彼女が拘束される時間とはどの程度のものかを聞いてきた。彼女が言ったのは、「仮に」ではなく「場合」であった。彼女が「売春」事件で逮捕されたときはいつも、彼女は有罪の答弁をしてきたし、その場合、ほとんど時間がかからず、彼女は少しだけ身辺をきれいにした後、通りの持ち場に戻って行った。ジプシーは、明らかに無罪の答弁——彼女が一度もしたことのない無罪の主張——をすることを恐れていた。彼女は、今回、強盗罪、すなわち重い刑罰が課される犯罪で、しかも、自らが犯していないと誓っている犯罪で起訴されていることをなかなか理解することができなかった。私は、まず、検察官に証拠を提出してもらう予備審問に出頭しなければならないことを彼女に話した。これでさえ、彼女は怯えた。彼女はもっと前に有罪の答弁をしておくべきだったと考えていた。幸運なことに、私は、少

なくとも当面、彼女に最後までやらなければならないと納得させることが
できた。

19号法廷

　現在のサンフランシスコの裁判所は1961年までは開かれていなかった。
しかし、1970年代までに、その建物は半世紀を経過していた。1階から3
階まではコンクリートの箱部屋の法廷が占め、6階と7階に留置場があっ
た。ロビーには警察署本部が置かれ、当時、検察庁、公設弁護人事務所、
警察の刑事局が残りの空間を占拠していた。建物は陰気で暗く薄汚れてい
た。それは今日でも変わらない。その建物は、かつてチャイナタウンの
カーニー通り（Kearney Street in Chinatown）にあった旧裁判所が備えてい
た優美さをまったく欠いていた。おそらく、レイモンド・バー（Raymond
Burr）が市警察の主任刑事を演じた「**アイアンサイド**」[15]のオープニング場
面が旧裁判所庁舎であったのは、その優美さのゆえだったろう。しかし、
旧庁舎はすでに取り壊されていたので、そのモンタージュがオープニング
場面を飾ったのだった。

　後に、留置場は立て替えられて現代風になった。しかし、ジプシーの事
件の当時は、建物の中で最もひどい場所が第19号法廷であり、その評価に
は圧倒的なコンセンサスがあった。当時を振り返ると、カリフォルニア州
の裁判所は「市裁判所」[16]と「地方裁判所」に分かれていた。前者は軽罪の審
理と重罪の予備審問を担当していた。1階から3階までの他の法廷とは
違って、19号法廷は6階にあった。簡略化していえば、裁判官、廷吏、書
記官用および検察官と弁護人用の2つの机、そして、その後ろに狭い2列
のベンチがあるだけの部屋で、傍聴人や陪審員候補者のための場所はな

-----

15 Ironside：1967年から1975年まで放映されたTVドラマ。サンフランシスコ市警の下半身マヒ
　の刑事ロバート・アイアンサイドをレイモンド・バーが演じて人気を博した。

16 municipal court：軽微な事件を処理するために地方の都市に設置された第一審裁判所。

第 5 章
三連続の刑事事件

かった。19号法廷は６階にあったので、６階の留置場と法廷とは直接結びついていた。陪審裁判には不適当だったので、この法廷はもっぱら重罪の予備審問を行う法廷として使用されていた。

　しかし、まず始めに、毎朝、午前８時30分になると、いわゆる「トラ箱」[17]の事件が開始された。刑法647条(f)は、「公共の場での酩酊」を６カ月の拘禁刑とする軽罪としていたが、実際には、泥酔者を安全に社会に戻すための回転ドアであった。一晩、保護房に収容されていた者が、朝食後、１列になって裁判官の前に召集された。彼らが外出できるほど十分にシラフになっていれば、彼らの軽罪の訴追は却下され、ただちに留置場から釈放された。午前９時30分から始まる予備審問の開廷時間までの間、その場所にはアルコールの臭気が漂っていた。

　19号法廷は特異な弁護実務と裁判実務が支配する場所だった。半年ないし１年間この法廷を担当することになった裁判官は煉獄にいるように感じていた。特に、フランク・スミス（Frank Smith）裁判官は、休憩前の証言が１時間以上続くことには耐えがたく、いつも苦悶していた。彼は、９時45分ごろから10時55分までを審理時間とし、女性の書記官を見た後、時計の針が11時に向かって動くのを眺め、こう言うのだった。「書記官は疲れているようだ。10分間、休廷とする」——いつも決まって、さらに５分間、休憩時間は伸びた。一度、私は若い公設弁護人のボブ・リンカーン（Bob Lincoln）と賭けをした。彼は、スミス裁判官が、間違いなく、最初に時計を見、それから書記官を見ると言った。私は違うと言った。書記官、それから時計、そして、その後に書記官に戻ると。私たちは賭けの掛金としてお互いに25セント硬貨を机の上に置いた。スミス裁判官が最初に書記官を見、それから時計を見るや、ボブは彼の25セント硬貨を私の方に滑らせてきた。19号法廷のある日の光景である。

　しかし、そこでは深刻な事態も生じた。一度、私はそこで、１人の目撃

---

17 drunk tank：泥酔者を保護する警察の留置場を指す。

証人だけが唯一の有罪証拠である強盗事件の予備審問に臨んでいた。目撃者による人物特定というのは問題の多いもので、不正確極まりなく、特に、被疑者が混血である場合、中でも「黒人に白人の血が混じっている場合」はそうである。私は、被疑者に、予備審問の日の19号法廷に、友人で自分に良く似ている奴を数人連れてくるように頼んだ。そうすることで、私は目撃証人の人物特定の識別能力が信用できないことを示す明確な証拠が得られると考えていた。弁護人のすぐ隣に**1人だけ**黒人を座らせることは、人物特定のヒントとしてはあまりにも明らかすぎたからだ。裁判官サム・イー（Sam Yee）が席に着くや、彼は黒人の顔、顔、顔を見て叫んだ。「君は、彼ら黒人たちによって私を威嚇するつもりか？」　そして、私を裁判所侮辱罪で拘束すると脅した。幸運なことに、目撃証人は現れず、それ以上の対立を招くことなく時間が経過した。私は裁判所侮辱罪で身体を拘束されることなく、その危機を逃れた。

マークが危機を救う

　ジプシーの予備審問手続は、同じ裁判官サム・イーの下19号法廷で行われた。被害者とされるライオネル・ライトは数件の軽罪で公設弁護人の依頼者であったので、共犯者のラルフ・ブラッドレーもまた、マーク・ローゼンブッシュ（Mark Rosenbush）という名の裁判所指名弁護人をつけていた。マークは、当時、まだ20歳代で私よりも弁護経験は少なかった。幸運なことに、マークは素晴らしい弁護人であることが後にわかり、彼は予備審問で見事な弁護を展開した。

　私について言えば、華氏120度の熱を出して、その朝起きた。しかし、身柄拘束中の予備審問である以上、手続は進行しなければならない。私は物理的にはその場にいたが、ベストの精神状態には程遠かった。マークは、いわゆる「重い」案件、すなわち依頼者が重罪の前科者だったから、とにかく、彼が主導権を握った。マークは、二人の証人、ライオネル・ライ

第5章
三連続の刑事事件

トとその妻メルバと対決しなければならなかった。多くの裁判所の規則の下では、カリフォルニア州を含めて、事件の証人は証言をするまで法廷の外にいなければならない。このセオリーは厳格だった。もし、証人が同じ「側」にいてお互いの証言を聞いていたならば、自らの証言を一致させようとする極めて大きな誘惑が生ずるからだ。それで、ライオネルが、最初に何があったのかを証言する際、その妻メルバは法廷の外の廊下で待っていなければならなかった。

　検察官はライオネルの事件の構図を彼から聞き出した。すなわち、ジプシーが街角で彼に売春を持ち掛けた。ライオネルがジプシーの部屋に行った後、ラルフが入ってきて、彼を殴りつけ、彼から100ドルを奪った。マークは、一つの鍵となる質問をするだけの非常に短い反対尋問をした。「100ドルの金の種類は何か？」　ライオネルは「20ドル札5枚」と答えた。次に、法廷の外で待っていたメルバ・ライトが召喚された。彼女は、ライオネルがアパートに戻ってきたとき、彼は顔に殴られた跡があり、他にも打ち傷や擦り傷があったと言った。マークは、メルバに、ライオネルは無職で公的扶助を受けているのに、どうやって100ドルものお金を持っていたのかと聞いた。メルバは、その日の朝、彼女が100ドルを夫に渡したからと言った。マークの次の質問　「あなたが彼に渡したお金の種類は何だったのですか？」　メルバは、「1枚のパリッとした100ドル札」と答えた。そして、弁護側立証の番となった。私は何も言う必要がなかった。この証言の不一致だけで十分で他の考えを考慮する必要がなかったにもかかわらず、イー裁判官は、被告人両名に対し、地方裁判所において重罪の起訴事実に対して応答するように命じた。

　マークと私はこの証言の不一致に驚かなかった。私たちにとっては、この事件の全体が最初から冤罪だったからだ。ジプシーは単価100ドルのコールガールではなく、15ドルの街娼であった。私たち2人は、予備審問から地方裁判所での罪状認否までの3週間の間に、検察官の所に話に行った。ウソが明白であることを指摘して、訴追を取り下げるように頼んだ。

しかし、無駄だった。検察官はすでに「持ち越し」ていた。つまり、陪審裁判のために事件を地方裁判所に送っていた。そして、検察官は、ラルフには前科があったので、彼を拘束したいと考えていた。それは、たとえ保護観察がついても、ラルフは囚われの身、すなわち「監視付保護観察」に付され、逐一行動を報告しなければならない保護観察官の監視の下、どんな些細な違反があっても保護観察が取り消されるという条件下に置かれることを意味した。そして、警察官はラルフのことをよく知っていたので、警察も彼を監視下に置くことが予想された。私たちは八方塞がりだった。

　最終的に、私はマークを外して検察庁と個別に話をするために地区検事（DA）[18]を追いかけた。私はもちろん地区検事と意見を共通にする者ではなかったが、この私的に傍聴に来ていた上司に対する申し入れは緊急事態だった。すなわち、ジプシーは、今や、完全に無実であるのに有罪の答弁をする用意をしていた。彼女の世界では、それがなすべきことであり、彼女はその結末を完全には理解していなかった。また、強盗罪と売春の罪の違いを理解していなかった。現在の彼女の保護観察は「監視なし」で、これは彼女が比較的自由でいられることを意味した。しかし、たとえ「単純保護観察」付重罪の答弁であっても、警察はラルフと同じように彼女を捕まえるだろう。私は、ジプシーの起訴を取り下げるように可能な限り強力に地区検事を説得した。しかし、無駄だった。私の懇願も地区検事を軟化させるには役に立たなかった。

陪審裁判に臨む

　ジプシーとラルフはともに罪状認否手続に付された。そして、陪審裁判の日程と審理前協議の日が決められた。今や、私の仕事はジプシーを説得して、今回だけは有罪の答弁をさせないことだった。なぜなら、刑は州刑

---

18 District Attorney：本書第1章注11参照。

第5章
三連続の刑事事件

務所での服役となることがありえたし、最高に良くても、彼女が監視付保護観察に付され、この場合でも、違反行為があれば刑務所送りか、数カ月の留置場収容となることが想定されたからだった。彼女は、依然として、私の助言に従わず、いささか怯えてもいた。私は、ジプシーが何の犯罪も行っていないことを知っていたので、強力に私の助言に従わせることにした。しかし、私は、その間ずっと、彼女にとって危険な決断となるかもしれないことを強要しているのではないかと心配していた。無実か有罪かを問わず、強盗罪の被告人は陪審裁判では敗訴することがほぼ確実で、敗訴はしばしば州刑務所での服役となることを意味していたからだった。

　この事件では、私はレオナルドの事件とは真逆の状況に置かれた。レオナルドの事件では、私とレオナルドは2人とも、彼が仕事を続け、かつ、薬物依存からの回復をはかることができるように、就労のための一時外出許可制度を利用しようとして、間違った取引を望んだ。しかし、どの事件も難しい。事実、ジプシーの事件は私により難しい倫理的なジレンマをもたらした。サッチとレオナルドの事件では、私は、依頼者である各人の自律性を尊重しながら、各人が強く望んだことを行った。自己決定権は彼ら自身の権利だった。デイヴィッドと私はよく言ったものだ。「私たちが服役するのではない」と。しかし、ジプシー事件では、私は彼女の意思を無視しているのではないかと感じていた。状況を理解しているのか否かにかかわらず、強力な弁護の力を真に認識していなくとも、彼女は有罪の答弁をしなければならないと思っていた。そして、究極的には、それは完全に彼女の声だった。

　審理前協議において、それはレオナルドが無罪放免となった1週間後に開かれたのだが、検察官はジプシーに重罪の第2級強盗罪の有罪答弁をするように、監視付保護観察と留置場収容なしの条件を付して求めてきた。強盗罪という状況下ではいい取引だったが、私はこの事件については受け入れることができなかった。ジプシーと私は話し合うために法廷を去った。私は、取引は陪審裁判の当日裁判官が予定表の事件を終える最後の努

力をするまで有効になしうることを説明して、彼女に強く、陪審裁判の日まで有罪答弁をしないよう説得した。この期限の説明は事実だった。少なくとも多くの場合は。

　ジプシーは、最後に、もう１週間待つことに同意した。月曜日の朝、22号法廷にて、陪審裁判のために本件の呼び出しがなされるや、検察官が立ち上がり、本件起訴を取り消すと述べた。公正な結果だった、しかし、それは、無実の者から１ポンドの肉を引き出すために崖淵まで追い込んだパワーゲームの後のことであった。少なくとも、私はジプシーに圧力をかけたことが正当だったことを理解した。

エピローグ

　その後、ジプシーとは何の連絡もとっていなかった。しかし、裁判を終えた数カ月後、私は**サンフランシスコ・クロニクル(San Francisco Chronicle)** [19]**紙**のハーブ・シーン[20] (Herb Caen)のコラムにあった記述に目をとめた。それは、ジプシーが元気に生きており、彼女が仕事に復帰したことを私に告げていた。当時、誰もがハーブ・シーンのコラムを読んでおり、多くの人が彼のコラムに織り込ませるために小さな話題を彼に送っていたのだった。そのコラムには、こう書かれていた。「レーベンワース通りとエディ通りが交わる角の新聞販売ボックスの上に口紅で書かれていたのを見た。『お客様へ。もし私がここかジョーンズの所にいなかったら、私は客と上にいるわ。待っててね。ジプシー』と」。

　私について言えば、以上の３件の刑事事件は、いくつかの点で私に忘れ

---

19 San Francisco Chronicle：北カリフォルニア最大の新聞で、西海岸ではロサンゼルス・タイムズに次いで２番目の発行部数を誇る。調査報道で数多くの記事がピューリッツアー賞を受賞している。

20 Herb Caen：サンフランシスコ・クロニクル紙でほぼ60年にわたり、サンフランシスコの都市と生活を記録した伝説的なコラムニスト。彼のコラムは「サンフランシスコへの絶え間ないラブレター」と称された。

得ぬ痕跡を残した。第一に、彼らは、弁護人は事件につき依頼者の決定を
尊重すべきであるという私の信念を再確認させてくれた。第二に、ジプ
シーの事件は、時として、通常ではない状況の下ではその原則にも例外が
あることを再確認させてくれた。すなわち、弁護人は、依頼者が説得に応
じようとしない場合であっても、最終的に弁護人がそれを行う意思を有し
ている限り、弁護人は依頼者に強い圧力をかけてもよいということだ。

　ジプシーに進むべき方向を間違わないように圧力をかけたことは、私に
とって正しかったと思った。しかし、ジプシー事件の数年前、私は、重篤
な精神的問題を抱えた或る少年が小さなカリバー銃を第三者に向けて発砲
したという少年事件を担当した。少年は少年裁判所での審理を希望し、最
も重い処分の少年院に行きたいと言った。私は、ソーシャル・ワーカーと
精神疾患治療プログラムの支援を受ける方がずっとよい方法であることを
説明して、彼を説き伏せようとした。彼は、誰であっても「僕を診る精神
科の医師」は嫌だと言った。私は、彼を矯正プログラムに委ねようとして、
一層強く圧力をかけた。彼は「少年院には多くの友達がいる」と私に言っ
た。私はジプシーにしたようには彼を説得することができなかった。それ
で、私は、少年裁判所に行き、裁判官に少年が望んでいる「少年院送致」を
言い渡すように弁論をした。裁判官はそうした。しかし、それは120日後
の司法審査である事実審理の結果に基づいてのことだった。その少年院送
致の宣告の時までに、少年はかなり健全な精神状態を回復したように見
え、彼が当初拒絶した代替的治療措置を受けることを望んだ。幸いなこと
に、少年院側の報告書が治療プログラムを受けながらの自宅収容を推奨し
て、代替的治療措置の方法に同意したので、裁判官も少年の願いを聞き入
れた。

　最後に、これら３件の事件はすべて、いかに法制度が気まぐれなものか
をより鮮明にした。気まぐれな制度は一貫して正義をもたらすようには設
計されていない。サッチの事件では、暴行罪に２つの類型が含まれるとい
う恣意的な性格のゆえに結果の違いがはっきりしていなかった。なぜな

ら、2つの類型のどちらの行為が最初の立証対象となるのかによって強盗罪の有罪に影響を与えることはなかったからである。しかし、別の事実関係の下では、いわゆる「行為と事実の選択」の理論の結果、言い換えれば、検察官がいずれの類型かを選択をしなかったことが、「有罪」と「無罪」の違いをもたらすのである。

レオナルドとジプシーの事件では、法制度の影響はより深刻だった。レオナルドにとって、彼が有罪の答弁をして仕事と薬物依存治療プログラムを維持することを検察官が拒否したのは本当に悲劇であった。陪審裁判それ自体——刑事事件の究極の憲法上の保障——が、現実には、想定外の無罪放免の評決を彼に下した時点で、それが彼の破滅の原因となった、無罪評決は、レオナルドを、仕事がなく、薬物治療の支援もなく、そして、究極的には希望もない孤島に置き去りにした。ジプシーはそれよりは少しだけ幸運だった。しかし、私が彼女の意思を超えるところまでいかなかったとしたら、ジプシーは監視付保護観察を繰り返す悪循環に陥り、最終的に刑務所収容になるのがオチであった。

今日の到達点から過去を振り返ると、私たちの司法制度が、ある意味で、どの程度進歩してきたかがわかる。今や、多くの裁判官や一部の検察官は、厳格な「三振」法[21]と義務的な最低量刑制度には反対しているし、死刑を存置している州も数えるほどになったし、従来よりもずっと多くの検察官が誤判の是正に乗り出してもいる。そして、ほとんどの検察官はレオナルドの運命を決めた「パッケージ取引」の類を提案することはない。しかし、多くの点で、法制度はより抑圧的かつ退行的になってきている。

今日、刑務所に収容されている人員の数は劇的に増加している。1980年代の収容人員の数倍になっている。被告人に付与される憲法上の諸権利を

----

21 three strikes law：これまで2度の重罪で有罪判決を受けた者が3度目の重罪で有罪判決を受けた場合、刑期を無期懲役とする法律で、野球の「スリー・ストライク、バッター、アウト」に由来する。1990年代に、受刑者の増加と累犯に対処するために制定された。その後、刑自体があまりにも厳し過ぎるうえ、黒人ら有色人種に不釣り合いに適用されていると批判を浴び、州によっては要件を緩和する修正を行っている。

第 5 章
三連続の刑事事件

侵害する裁判所の決定も劇的に増加している。その中には、違法な捜索や身体拘束を禁ずる憲法修正第 4 条の制限や弁護人との間の通信を絶対的に保障する修正第 6 条の権利の侵害などが含まれる。そして、多くの州では、「被害者の権利章典」[22]なる制定法が定められ、それが法律としてより詳細に規定されることで、従来、被告人が享受していた諸権利を制限するに至っている。他方で、富裕層と貧困層の乖離は大きく改善したようには思われない。多くの場合、この貧困層に属するのは黒人と褐色人種の人々なのだ。

---

22 victim's bill of rights：犯罪被害者の権利を守ることを目的とする法律。被害者が尊厳をもって保護される権利や、被害者が利用できる情報や救済にアクセスできる権利のほかに、司法手続に参加する権利も含まれる。

第 **6** 章

最高齢の依頼者、
陪審裁判に臨む

アネット・フライエル対パローニ・マーケット株式会社

弁護士は98歳のお婆さんを陪審裁判の場に立たせるべきだろうか？　そんな高齢者があのストレスに耐えられるだろうか？
刑事事件の陪審裁判に馴染んでいる弁護士にとっては、陪審裁判とは考えうる限り何でも行う場であったので、アネット・フライエル（Annette Friel）の場合も、その答えは「もちろん、どうしてダメなのか？」だった。弁護士の世界では、年齢は問題ではない。しかし、注意が必要である。弁護士が「どうしてダメなのか？」という場合、利己心、金銭、換言すれば、依頼者の利益よりも「勝訴」が優先していないか？　とはいえ、アネット・フライエルと私は、被告側保険会社の代理人弁護士が提示した金額——彼女の医療費用の半額未満——を拒否しなければならず、陪審裁判を選択して単に相手方を驚かせただけでなく、陪審裁判で素晴らしい成果を得たのだった。

フライエル夫人は、サンフランシスコのノエ・ヴァレー（Noe Valley）にある自宅近くの24番通りに面したパローニ・スーパーマーケットで滑って転倒し、後に私の依頼者となった。その時、96歳だった。この転倒事故の数カ月後のある日、フライエル夫人の妹フランシス・グレイディ（Francis Grady）が、ノエ・ヴァレーの別の端にあった私たちの事務所にやってきて、弁護士に会いたいと言った。その時、事務所にいたのは、私のパートナーであり、かつ、指導者でもあったデイヴィッドだけだった。彼は、グ

第6章
最高齢の依頼者、陪審裁判に臨む

レイディ夫人と会って、「滑って転倒した」事故の損害賠償事件の成功報酬
契約につき、彼女と委任契約を結んだ。というよりも、むしろ彼女の姉フ
ライエル夫人と契約をした。この日まで、私にとって「飛び込み」の事件と
いうのはグレイディ夫人が持ち込んできたこの事件が初めてであった。

　デイヴィッドはフライエル夫人の代理人となったことをすぐに後悔して
いた。彼は生粋の刑事弁護士であり、民事陪審裁判のやり方を、刑事のそ
れとの違いを含めて学ばなければならなかった。すなわち、審理前の証拠
開示、立証責任、立証事項の提示等々を学ばなければならなかった。そこ
で、閉口していた彼は、当時、居候弁護士として一緒だった私の妹[1]の補
助をつけるという約束の下、私にこの事件を引き受けてくれと頼んでき
た。

　私と妹は、フライエル夫人と面談するために、6街区離れた夫人の自宅
を訪れた。彼女は小柄でやせていたが、気持ちのよい表情と歌っているか
のような高音の美声を持っていた。彼女がときどき悲しい思いにとらわれ
ると、彼女の夫が「この椅子のここで」亡くなったことを思い出す時と同じ
ように、彼女は3回舌打ちし、頭を揺すり、彼女の入れ歯を動かした。し
かし、概して、彼女は会う人すべてにとって変わらぬ太陽の光だった。彼
女を嫌いになることは不可能だった。

現場

　フライエル夫人は、階下に住むデヴィン・ホルコーム（Devin Holcomb）
と一緒に買い物に行くことがよくあった。転倒した日、彼女とデヴィンは
夕方の早い時間にパローニ・スーパーへ出かけて行った。フライエル夫人
がトイレに行きたくなったのは、2人が肉売り場に差し掛かったときだっ
た。肉売り場に隣接するドアの後ろに登り階段があった。いつもは階上の

---

1 Elizabeth Zitrim：アメリカを代表する死刑廃止運動家の弁護士。

肉切り場に専門の屠畜職人がいて、そこで注文の肉をさばくことができるようになっていた。しかし、この日の夕方、そこには誰もいなかった。それで、フライエル夫人とその連れは階段を登って初めて、そこが肉切り場であることに気づいた。間もなくして、フライエル夫人は床にあった脂肪の塊と肉片の上に乗り上げて滑ってしまい、転倒して膝の骨を折ったのだった。後日、私たちが被告側弁護団の若い女性弁護士の立会の下、このスーパーを訪れた際も、肉切り場の床は完全に肉と脂肪の断片で覆われていた。その上に乗り上げれば、90歳代の老人ならば誰であっても滑って転ぶことは必至だった。

　私が若い女性弁護士に写真を撮ってもよいかと聞いたら、驚いたことに、彼女は承諾した。私は、彼女がなぜ承諾したのか、今でもわからない。彼女は単純に拒否することもできたのだ。弁護士は、通常、どんな犠牲を払ってでも依頼者を守ることを第一にする。つまり、依頼者の代理を精力的に（多くの弁護士は「熱心に（zealous）」という言葉を使うが、私はこの言葉を避けてきた）行う。私とその若い女性弁護士は、法廷にいたのでも供述録取書の作成をしていたのでもなく、対立当事者であることを意識せずに、他愛もない会話をしていたのだ。おそらく、この状況が、なぜ、彼女が防御姿勢を緩めたのかの理由を説明しているようだ。明らかに、肉切り場の床は原告側に有利な大きなポイントであった。そして、私が撮った写真は諺どおりだった。すなわち、百聞は一見にしかず。

供述録取書と「無断侵入者」のルール

　この時までに、私は十数件の刑事事件を無難にこなしていた。しかし、民事の陪審裁判の経験は1件もなかった。おそらく、私たちが民事のことをよく知らない刑事弁護士であったこと、そして、おそらく、私たちが、店内にいた者すべてから、いつ、どこで何を見たのかを明確にしなければならないと考えたことのゆえに、私と妹は、あの夕方に働いていたパロー

第6章
最高齢の依頼者、陪審裁判に臨む

ニ・スーパーの従業員全員の供述録取書を採った。私は、誰かがフライエル夫人に対し、トイレに行くのに階段を登ることを承諾したのではないかと期待していた。しかし、より重要なこととして、私は、誰一人として彼女に階段を登っては**いけない**と言わなかったことを確認したかったのだ。

被告代理人のジョー・マクマーナス（Joe McManus）は、私と妹が、総じて民事事件の代理業務に未熟で、17人の店舗従業員の供述録取書を採るなどという過剰な準備をし、時間を無駄に使っている完璧なバカだと考えていた。私たちはバカではなかった。私は、単純に、デイヴィッドとの最初の事件以来、常に従うようにしてきた同じ原則に従っただけのことだった。すなわち、証拠が、後になってから、別の方向にブレることのないように、その証拠をピン止めするために今すべきことをすべてせよ、ということだ。フライエル夫人がトイレに行くために階段を登っていくのを見た者が誰もいなかったこと、言い換えれば、彼女に行くなと言った者が誰もいなかったことは決定的な事実だった。誰も彼女にその階段を登らないように忠告した者がいなかったことを確認する唯一の方法が、あの夕方に店で働いていた全員の簡潔な供述録取書を採ることだったのだ。

サンフランシスコ周辺の十数件のパローニ・スーパーマーケット店はすべて、明確な同じポリシーを持っていた。すなわち、「お客様のトイレの使用禁止」であった。この意味は、法律的には、フライエル夫人は無断侵入者だったこと、96歳か否かを問わず、彼女が肉切り場に入る何らの権限をも持っていなかったことを意味した。しかし、法の下では、トイレに行く許可を店から得ていたか否かは関係がなかった。トイレに行くには、店舗の西側にある大きな二重ドアを通り、それから広い階段を登り、店舗事務所前を通り過ぎて、きれいなコンクリートの廊下を降りるか、または、東側の壁に面した肉売り場の隣の狭い階段を登るかのいずれかであったが、いずれでも法的な効果は同じだった。つまり、「構内責任」[2]に関する、

---

2 premises liability：建物や仕事場など施設管理権が及ぶ構内において、管理者の安全配慮義務に

1968年の**ローランド対クリスチャン**（Rowland v. Christian）[3]事件判決によれば、「訪問者」（その場に入る許可を得ている者）と「免許者」（ある特定の目的のための侵入許可を有する者）および「無断侵入者」との間のコモンロー上の区別は廃止されていたからだった。

　本質的な問題として、カリフォルニア州最高裁判所は、傷害を負った当事者がその場にいる法的権利を持っているか否かにかかわらず、建物内の危険な状態に責任を持つ者に損害賠償責任があることを判示していたのだ。この意味で、無断侵入者は刑法犯ではなかった。無断侵入者は、単に、本来いるはずの場所から迷い込んできた人とみなされていた。**ローランド**事件の後、論点は、建物の所有者において、そうした侵入者がいる可能性を**認識**していたか否かとなった。認識していれば責任が生ずるので、無断侵入者もその場に招かれた者と何ら違いはないことになったのだ。

　これがフライエル夫人事件の私たちの主張のエッセンスであった。供述録取書を採る間、従業員の何人かは、店の客が時々トイレを使用しているのを知っていたと認めた。フライエル夫人が転倒した日の当番だった女性の店長は、１日に３人がトイレを使用すると思うと語った。私が、店長にその人たちは２階に行くのに、どっちのルートを選ぶのかを尋ねたところ、彼女の答えは「分からない」だった。１日に３人？　年間を通してみれば、これは多くの無断侵入者がいたことを意味していた。

「一般的損害」

　人身傷害事件では、通常、「物理的および精神的な苦痛に対する慰謝料」と称される「一般的損害」[4]額が「特別な」損害額——医療費、通院費、薬代

　基づいて事故を防止する責任で、事故被害者の損害賠償の根拠となる。

3　Rowland v. Christian: JAMES DAVIS ROWLAND, JR., Plaintiff and Appellant, v. NANCY CHRISTIAN, Defendant and Respondent (69 Cal. 2d 108, 443P. 2d 561(1968)).

4　general damages：通常、一般人を基準として、類型的に認められる損害額。

第6章
最高齢の依頼者、陪審裁判に臨む

など——に加算される。重大な傷害の場合には、苦痛が恒久的に続くだけではなく、人——特に、人生の最盛期の人——が歩くこと、馬に乗ること、公園をジョギングすること、あるいは、単純に、誰かの援助に頼らず普通に動き回ることすらできなくなることがある。そうした普通の人の重大傷害の場合には、背景事情がどれくらい深刻かによって、一般的損害の金額は巨額になりうる。

　しかし、ずっと昔に退職し、かつ、特別な活動をしていない老人——特に、非常に高齢の老人——の場合、一般的損害として相当な金額を積み上げることは非常に難しい。私は、友人の原告側の代理を務める弁護士数人に、この問題をどう扱うのかを聞いてみた。その多くが、「黄金期」[5]論と称される一般的な余生の生活実態に依拠していた。すなわち、人間は、何もせず現役引退後の余生を平和で快適に満足した状態で生きるべきであるという考えだった。この考え方は、私にとって、良いものとは思えなかった。私は、フライエル夫人が今はできなくなったが、膝を骨折する前にできたことは何であったのかを知りたかった。しかし、フライエル夫人は不平を述べるような人ではなかった。彼女が軽快に歌うかのような声で何度も繰り返したのは、「オー、私は大丈夫よ！」とか「オー、私は元気よ！」だった。

　とはいえ、フライエル夫人が事故後にできなくなった何かが必ずあったはずだった。彼女の家は私の自宅から数ブロックしか離れていなかったので、私は自宅から事務所に歩いて行く途中に立ち寄って彼女と話をすることにした。多くの会話の一つに、彼女が以前には2階の部屋から階段を下りて戸外に出て、歩道の裂け目から生えた草を摘んでいたことを私に話した。人々が彼女の傍らを通り過ぎる際に挨拶をし、彼女がそれに答えて挨拶を返していたのだった。数週間の間、彼女は好んでこの話を何度か繰り

5　golden years：現役を引退した後の老後期間を指し、稼働することなく、人生の果実を受け取って、安寧と幸福を堪能する理想の期間というイメージを持っている表現。

返した。それは明らかに彼女に大きな喜びを与えたものだったのだ。

　フライエル夫人は通りを隔てた友人宅をよく訪問していたが、その友人は彼女自身よりも部屋に籠りがちだった。私と妹はその友人宅を訪れた際、美術館に招き入れられたように感じた。ミス・ジュリア（Miss Julia）はフライエル夫人と同じ年齢であり、ヴィクトリア風のコテージの1階に住んでいた。この建物は、ジュリアの父親が彼女のためにサンフランシスコ大震災[6]——その時、母親は妊娠しており、出産を待っていた——の数年前に建てたものだった。そのヴィクトリア様式の建物は市内でもよく知られており、掛け替えのないものだった。というのも、この建物は建築当初と同じ姿を保っていたからだ。建築に用いられたすべての原木、飾りガラス、ウォークイン・キャビネット、前方と後方の客間を分けている装飾の施されたドア、そして、当時、極めて珍しかったヴィクトリア風の照明設備がそのまま残っていたのだ。このノエ・ヴァレーの端にある小さな宝石であったミス・ジュリアの家がジュリアの人生のすべてとなっていた。しかし、今や、転倒事故の後、フライエル夫人がその家を訪問することは著しく困難になっていた。ミス・ジュリアもフライエル夫人と同じように優しく親切で、「今度はお茶に来るように」と私たちを誘った。二度目の訪問をした別の日に、私たちは美しい場所で優美なおもてなしを受けた。それは実に甘美な体験だった。

　フライエル夫人のミス・ジュリア宅の訪問、そして、歩道の裂け目から生えた草を引き抜く何気ない日常の方が、フライエル夫人の「黄金期」を一般論で語るよりも遥かに重要であると私は思った。私の友人である人身傷害事件の専門弁護士は、一人として、その話に関心を寄せなかった。それは私を不安にさせた。なぜなら、彼らはその分野の専門家であったからだ。しかし、私は、内心、友人らの方が重要な点を見失っていると考えて

6　the Great Earthquake：1906年4月18日、カリフォルニア州のサンフランシスコ近郊で発生し、数千人の死者を出した大地震。当時、震度7から9の範囲と推定され、以後の地震発生のメカニズムの理論的モデルの端緒となった。

いた。はっきり言って、これらの日常がフライエル夫人のかつて愛していたことであり、彼女に最も多くの喜びをもたらしていたものだった。彼女の日常的な外出は、**彼女にとって**、重要で現実的なものであったのだ。そして、それが非常に大きな結果をもたらすことになった。

私たちは事件の和解を試みる

　原被告双方の弁護士は皆、**ローランド対クリスチャン事件**判決を知っていた。しかし、保険会社の代理人弁護士は、バカな刑事専門の弁護士が98歳の老齢の依頼者を伴って陪審裁判に進むことの方がよりマシだと考えていたことを十分に理解していなかった。幸運なことに、フライエル夫人は、彼女が思う冒険を求めて、陪審裁判を楽しむ姿勢を持っていた。それゆえ、私は、勝訴して金銭を得られるようにするために、彼女を安全地帯から出るように圧力をかけるべきか否かという難題に一度も直面することはなかった。

　フライエル夫人の医療費は22,000ドルに上った。しかし、パローニの代理人弁護士は和解金としてたったの5,000ドルしか提示しなかった。私たちの最初の要求額——穏当な金額——は100,000ドルを下回らないという金額だった。個別に双方と協議した後、裁判官は執務室から出てきて、私と被告側弁護士に対し、どんなに金額を積み上げても被害総額として原告の要求額には達しないと告げた。すなわち、私たちの要求は6桁なのに対し、彼らの回答は4桁だった。

　つまり、和解不成立であった。

「私がこのようになるとはまったく思わなかった。 なんて不自由なの！」

すべての店舗従業員の供述録書を仕上げて、私は次第に、この事件につ

き勝訴の自信を深めた。フライエル夫人は決して不満を口にしなかった。良き弁護士は、身体傷害事件の依頼者として、ぶつぶつ愚痴をいう苦情申立人を望まないが、後悔や苦痛、または失望のかすかな表現は害にはならない。私は、こうした愚痴をフライエル夫人の口から聞いたことはなかった。その後、陪審裁判の1週間ほど前になって、いかに事故後の彼女の生活が困難になったのかについて彼女に証言してもらうために私が考えていた質問事項をテストする際、私は別の主題について質問した。

　フライエル夫人宅には浴槽とは別にシャワーが備えつけられた浴室があった。これは、フライエル夫人がシャワーを浴びようとすれば、浴槽の縁を跨がなければならないことを意味した。彼女は跨ぐことが少し難しいと言っていた。もし、私たちがこの事件に勝訴すれば、最初に彼女のためにしてあげたいと思っていたことの一つが、彼女が直接歩いてシャワーの所に行けるように浴室を再設計することだった。それで、私は、陪審裁判が始まる1週間前に、「シャワーを浴びるために浴槽の縁を跨がなければならないことを、あなたはどう思っていますか？」と聞いた。驚いたことに、彼女は頭を端から端まで目いっぱいに振って、3回舌打ちした。これは、いつも、彼女が何か困惑したことを思い出したときに見せる仕草だった。そして、彼女は言った。「私がこのようになるとはまったく思わなかった。なんて不自由なの！」

　しめた！　完全に直感任せだったが、何とか、私は彼女の苦悩を解き放つことに成功したのだった。そして、ある意味で、これは、疑いもなく、陪審員の大きな共感を得ることができるものだった。この言葉が、フライエル夫人が何かについて不満を示した最初にして最後のものだった。

　フライエル夫人の記憶力は最高の状態には程遠かった。それで、私は陪審裁判までほぼ毎日、彼女の家に立ち寄って彼女と話をし、鍵となる同じ質問を繰り返した。浴槽の縁について質問をするたびに、必ず、彼女は頭を振り、3回舌打ちし、そして、高音の声でこう言うのだった。「私がこのようになるとはまったく思わなかった。なんて不自由なの！」と。これ

で十分だと私は思った。今や、私たちは、陪審員に対して、彼女の苦痛を本当に示すことのできる何かを得たのだった。裁判の場で、結果はあとからついてくるだろう。

陪審裁判

　年齢のゆえ、フライエル夫人には、1つの法廷を供与される「優遇措置」——高齢者または死期が近い人に与えられる便益——を受ける資格があった。その優遇措置を受けると、その人は死に至る前に裁判期日を法廷で過ごすことができた。それは私の第1号法廷への初めての出席であった。1号法廷は大きな法廷で、男女を問わず皆、紺のスーツを身にまとった人でいっぱいであり、部屋の周りには緊張した囁き声が広がっていた。この場面に慣れていなかった私にとって、最も怖い体験をした場所の一つだった。加えて、私だけが、茶色のスポーツ用のコートとズボンを着た唯一の弁護士だった。この姿は、以前読んだ本で、陪審員候補者に親近感を持ってもらうための装いと書いてあったからであり、特に、私が6.3フィートと大柄なうえに髭を生やしていることから、採用を決めたものだった。「弁護士然とした服装」をしないことについて私は自信を持っていたが、私だけが浮いていたという事実は1号法廷全体をより恐ろしいものにした。

　主宰裁判官[7]は、補助裁判官[8]のフランク・ドルレット（Frank Drulette）を本件に割り当てた。補助裁判官は、原被告双方の代理人弁護士が書面で合意または口頭で同意すれば、正式に宣誓をした裁判官と同じ司法権限を行使することができた。私は、いつも、どの裁判官が良いか悪いかを検討し、利用可能な裁判官が誰かを考えていた。しかし、補助裁判官については検討していなかったので、誰も知らなかった。私は事件の配点後、事件

7　presiding judge：主宰裁判官。合議体を構成するときの裁判長を務める首席裁判官。

8　commissioner：一定の範囲で司法権を行使するフルタイム又はパートタイムの裁判官。

記録がドルレット裁判官の法廷に行くまでの数分の間に、彼のことを調べようとした。私たちは合意書面の作成を拒否して別の法廷とすることもできた。

　私はドルレットについて法廷での評判を何も見出すことができなかった。それで、私は未知の危険を冒さないこととし、書記官に対し、ドルレット裁判官に本件を担当させることに同意しない旨を伝えた。「主宰裁判官」がこれを聞くや、彼はその書記官の所に行き、私が誤って理解しないようにはっきりとした唇の動きを見せて囁いた。それはこう言っていた。「マズいな、それは。法廷がないんだ」。法は90歳代の原告に優遇措置を与えることを要求していたが、主宰裁判官が法廷を管理していた。そして、彼の法廷では彼こそが**法だった**。私たちは補助裁判官の方をとった。

　私は、友人であり仲間の弁護士でもあるジョン・ウェインシュタインを原告代理人に加えていた。彼はエルビン・ドラモンドの弁護の時と同じように、陪審裁判の間、私と一緒に代理人席に座ることになった。より重要な役割は、彼がフライエル夫人を自宅に迎えに行き、彼女を車椅子に乗せ、手続が始まる前に彼女を裁判所まで連れてくることだった。最初の日、ジョンは彼女をサンフランシスコ市役所周遊の旅に連れ出した。フライエル夫人は、大階段、大理石の床、着色されたオーク材の扉、そして金箔のドームに驚嘆した。市役所は現在も荘厳な建物であるが、その日のフライエル夫人ほどこの周遊を楽しんだ者はいなかっただろう。私たちが陪審員を選定する際、法廷の後方が陪審員候補者でいっぱいになるので、彼女は私とジョンに寄り掛かり、驚きに満ちた歌うような声でこう言った。「想像してみて！　この人たちみんなが、私のためにここにいるのよ！」私はフライエル夫人に陪審裁判を受けるように圧力をかけるか否かについて思い悩んだことをすっかり忘れてしまった。彼女は明らかにこの体験を楽しんでいたのだ。

　二、三の小さな手違いはあったものの、陪審裁判は上手くいった。フライエル夫人とデヴィン夫人がトイレに行くのを見た者は誰もいなかった。

第6章
最高齢の依頼者、陪審裁判に臨む

フライエル夫人にトイレに行くなと言った者も誰もいなかった。私たちは、あの日当番であったスーパーの女店長を証人として呼んだ。彼女は、トイレに行くには2つの方法があったこと—— 一つは、広い階段を登り、2階の事務所前を通り抜ける方法、もう一つは、肉切り場を通り抜ける方法——を証言した。彼女は、1日に3人の顧客がトイレを利用していると考えていること、および、その顧客がいずれの方法でトイレに行ったかは分からないことを証言した。そして、あの日、当番2人の屠畜職人の体制—— 1人は肉売り場近くのフロアにいて、もう1人が肉切り場にいる——ではなく、1人しかおらず、その者もしばしば2階にいたことを証言した。これらは決定的な事実であり、すべて原告側に有利な証拠であった。

　フライエル夫人が証言台に立つ番が回ってきたとき、言うまでもないことだが、彼女が陪審員に与えた影響は大きかった。誰が彼女を嫌いになることができただろう？　彼女は、陪審員に、いかに「ミス・ジュリア」の所に行けなくなったことを悲しんでいるか、そして、特に、何度も私たちに語ったように、彼女が戸外に出て歩道の裂け目の間から生えた草を抜き取ること、隣人が通りかかるたびにかわす会話を楽しんでいたことを語った。彼女は自分が転倒した場所を覚えていなかった。実際には、時間についてはデヴィン夫人の証言に基づいて、場所については、マーケットの従業員が肉切り場でフライエル夫人を見つけたことに基づいて、「肉切り場の中だった」とだけ述べた。彼女が屠畜職人の部屋から階上の廊下に至るドアを通り抜けた後に彼女は転んだのだった。被告側代理人弁護士のマクマーナスは、昔のロースクール出身の気さくな保険会社専門の弁護士で、多くの民事陪審裁判を経験していた。彼は、反対尋問で、フライエル夫人の場所の間違いについて大きな得点を上げたように見えた。しかし、私には、その間違いが何故得点になるのか理由がわからなかった。私たちは彼女がいた場所を明確に**知っていた**。98歳の老人が場所を正確に思い出せなかったからといって、それがそれほど重要なことか？

予定通りにならなかった唯一の箇所は、私がフライエル夫人にあの魔法の質問をした時だった。

ズィトリン　「フライエルさん、シャワーを浴びるのに浴槽の縁を跨がなければならないことを、あなたはどう思っているのですか？」
証人　（幸福そうに、ためらうことなく）「オー。大丈夫よ！」

これは98歳の証人を相手に事前に証言の準備をさせることがほぼ不可能であることを示している。

医者が苦悩の場に来る

ほぼすべての人身傷害事件において、保険会社は原告の健康状態を診断する医者を雇う。一般に、その診断は「独立した医師の診断（independent medical examinations）」を略して「IMEs」と呼ばれる。しかし、それは決して独立したものではない。なぜなら、その医師は保険会社に雇用されているので、通常、原告の負っている傷害の程度を最小化する方向になりがちだからだ。本件の医師スチュアート・ガーナー（Stuart Garner）は、正直に本音を語る人という評判があり、実際に、そうだった。私は、初めて人身傷害事件の陪審裁判に臨む者として、IMEに同席することにした。その診断は、私の依頼者の年齢と歩けない状態のゆえに、彼女の自宅で行われた。私が同席したことが正解であったことは後に判明した。当時、多くの弁護士はIMEに同席することはなかった。しかし、私の場合、この最初の機会以降、必ずIMEに同席することにした。依頼者と相手方の医師との間では、弁護士の眼から見て、有利・不利双方のあらゆる出来事が起こる。そして、それは、そこに同席していなければ、決して知りえないことなのだ。

ガーナー医師が証言台に立ったとき、彼はフライエル夫人の膝の損傷が

第6章
最高齢の依頼者、陪審裁判に臨む

恒久的なものであることにつき言葉を濁した。私はガーナーがごまかしていると感じた。そして、彼の診断結果レポートの記載と現在の証言との食い違いを指摘しながら彼を攻撃したのは間違いだったと思った。2つの理由で間違いだった。一つは、私たちが言い争っていた論点は、せいぜいのところ、小さな重要性を持つに過ぎなかったことだ。フライエル夫人は98歳であり、合理的に考えて、彼女の膝は元の状態に戻ることは決してなかった。また、ガーナーは法廷経験のある専門家証人であり、率直に言って、好感を持たれる人間だった。私は、常に、法廷で最も好感を持たれる弁護士であろうとして多大な努力をしてきた。それは、私に大きなアドバンテージを与えてくれた。しかし、ガーナーから私は、はっきりと「好感を抱く対象外の者」とされていた。ガーナーは保険会社側の医師という自分の役割をわきまえていたのだ。私はダメージが大きくなる前に尋問を打ち切った。彼は少しばかりいら立って証言台を後にした。

その後にフライエル夫人が証言台に立った――いや、文字通り証言台の前方にもたれかかった。ここで、私は法廷における当事者の位置関係を説明しておかなければならない。刑事の陪審裁判では、以前にも述べたように、検察官が陪審員に最も近い所に座り、被告人および弁護人は部屋の反対側の、廷吏、開廷表、そして給水器の隣の場所に座らされる。しかし、初めての民事陪審裁判では、**私たち**が原告であった。それで、私たちは陪審員席の隣に座った。そして、証人が近くにいれば、陪審員は証人の挙動を最もよく観察でき、かつ、証言を良く聞き取れるので、証言台は法廷の陪審員側にある。

それで、ガーナー医師がムッとして証言台から降りて、フライエル夫人の右側を通り過ぎようとしたとき、フライエル夫人は車椅子から左手を伸ばして、あの心地よい甘い声で、こう言った。「オー、ガーナーさん、また、お会いできて良かったわ！」 医師は微笑む以外には何もできず、彼女の手を取って挨拶を返した。

フライエル夫人が窮地を救ったのだった。その医師のイライラと私の行

き過ぎた反対尋問は忘れ去られた。

弁論

　弁論は、常に、陪審裁判の最も楽しい部分の一つである。そして——私の母がエルビン殺人事件[9]で私に教えてくれたように——、語る言葉が極めて重要な役割を果たす場面である。私は、特に、この弁論を待ち望んでいた。というのも、初めての民事陪審裁判だったので、私は、１つではなく２つの弁論を準備していたからだ。ちょうど、検察官が刑事事件の第１ラウンドの後、弁護側主張に対する反駁の弁論をするように、民事陪審裁判でも、原告が反駁の弁論をする。このセオリーは、原告が請求原因の立証責任を負っているので、原告の代理人弁護士が最後の弁論をすべきであるという考え方である。

　これは刑事事件では意味がある。検察側立証は合理的な疑いを超えて証明されなければならないからだ。しかし、ほとんどすべての民事事件では、原告は「証拠の優越」の水準まで自らの主張を証明すれば足りる。単純に、証明の秤がほんの少しでも自分の側に有利に傾けばよいことを意味する。私は、このありがたい利点があるので、それを最大限有利に利用したいという考えを持っていた。私は、二度目の弁論機会のために、ちょうど、検察官が弁護側を攻撃するように、最良の説得材料となる攻撃手段をいくつか準備していた。

　私の最初の弁論はシンプルで率直なものだった。フライエル夫人とデヴィン夫人が階段に至るドアを見て、肉売り場には屠畜職人はおらず、誰も２人がそのドアを通り抜けることを止めなかったし、ドアには警告表示もなかった（私たちは写真を撮っていた）。フライエル夫人は肉と脂肪の断片が床中に散らかっている部屋（さらに多くの写真があった）を通った際に、

9　本書第３章参照。

第6章
最高齢の依頼者、陪審裁判に臨む

転倒し、膝を骨折したことを述べた。その後、裁判官が陪審員に説示するであろうこと、すなわち、店側において顧客がトイレに行くためにこうした階段を使用する可能性があることを認識していた場合、フライエル夫人にそこに立ち入る権限があるか否かは問題とならないことに短く言及して、注意を喚起させた。最後に、簡単な計算をして見せた。すなわち、1日に3人がトイレを使用し（年間900人を超える）、店長の証言によれば、誰も顧客がどうやってトイレまで行っていたのかを知らず、店舗内に「公衆用のトイレはありません」という表示がなかったのだから、トイレに行く際どっちのルートをたどるかにつき均等に半分と推定すれば、450人が二重ドアを通り、450人が危険な肉切り場を通ることになる。たしかに、私は、トイレ利用者の多数は店舗事務所に至る二重ドアを通ってトイレに行っただろうと考えていた。そして、陪審員も、最もありうる可能性としてそう仮定しただろう。しかし、たとえ、トイレ利用者の10分の1が肉売り場の隣のドアを通ったとしても、やはり、1月に10人の人が階上に行くのに危険なルートを利用することになるのだから、店側が留意しなければならなかったことは明白だった。

　ジョー・マクマーナスは、もっと多くの金額を和解金として提示しなかったために計算違いをしていたことに気づいていた。彼は経験豊富な法廷弁護士であり、私たちがほぼ完璧な原告とともに、見事に隙のない訴訟を進めていることをよく理解していた。しかし、弁護士が裁判の途中で勝敗を諦めることはしない。それで、彼は立ち上がり最善をつくした。「私たちは、一体、何ができたのでしょうか？」と彼は言った。それから、その言葉をもう一度繰り返した。「この種の出来事を防ぐのに、私たちは何をすべきなのでしょうか？」　これこそが、まさしく私が望んでいた問題提起だった。

　前の晩、私は、7歳の息子がフルーツの香りのする蛍光ペンを隠している場所に行き、翌日陪審員に示す表示板を何枚か作っていた。ラズベリーの香りのする赤色ペンで「危険。入るな。肉切り場」と書き、ブルーベリー

の香りのする青色ペンで「とまれ！　この入口を使用するな！」と書いた。当日の朝、私はスーパー・マーケットのちょうど真向いにある金物屋に立ち寄り、屠畜職人が当番でなく不在の時にドアに掛けるための留め具を買った。私には反論の準備ができていた。

　　「陪審員の皆さん、マクマーナス氏はあなた方に尋ねました。『私たちは何ができただろうか？』と。では、私に言わせてください。彼らは、私が昨晩作ったこのような表示を作ることができたのです。そして、それをドアに張りつければよかったのです。」(私は、先に進む前に、香りのあるマーカーの息子のコレクションについて語るという余計なことをした)「彼らは、私が今朝、金物屋で買ったようにドアに掛ける金具を買うことができたのです。しかも、その金物屋は店舗前の通りを隔てた真向いにあるのです！　この金具がいくらするかご存知ですか？69セントです！　屠畜職人は、2階に行っている時は、ドアを閉めて、これを使用すればよかったのです。しかし、彼らは何もしなかった！」

　陪審員は完全に私の側だった。
　私は陪審裁判で事件を完璧に証明できるとは思っていない。この時も、私は、間違いなく、その基準には達していなかった。私に有利に働いたことの一つは、私はそれまでに多くの民事事件を担当していたが、民事の陪審裁判は一度も経験していなかったこと、そして、民事の陪審裁判は刑事のそれとはまったくの別物で、かつ、より困難であることをまったく知らなかったことだった。それゆえ、私は間抜けと見られないように必死に準備したのだ。悲しいことだが、法廷弁護士として最善をつくした動機づけの要因の一つは恐怖だったのだ。
　本件で、私は多くの失敗を犯した。最後の失敗は、私がスーパー店舗前の通りを隔てた金物屋から1ドル未満で金具を買ったことを陪審員に語っ

たことだった。私はこれを「疑似事実」[10]と見ていた。しかし、証拠に基づかない情報——私が通りを隔てた所でドア金具を買った事実——を弁論に持ち込んだ点で、私は倫理規則上の義務に違反したことを知っていた。不必要かつ無根拠でそれに言及したことは、私が、陪審員の知らないことを弁論の中で引用したことを意味しており、明白に不適切だった。これが最後に弁論をした私の初めての経験であったが、申し開きはできなかった。審理後の数週間、私は、マクマーナスがこの不適切行為を理由に裁判のやり直しを求める申立をするのではないかと心配するあまり、精神的におかしくなった。決定的な時点で私のエゴに身を任せたがゆえに、私はこの重要な事件を無に帰せしめたのか？　何年も後になって振り返ると、それは些細な逸脱であり、評決を左右するに足る重大なものではなかったことがわかる。しかし、当時は、その失敗はとても大きく思えた。幸運なことに、マクマーナスは何の申立もしなかったし、私は数時間眠れなかったという代償を払っただけで済んだ。

結末

　陪審員はかなりの時間を評議にあてた。少しばかり不安になるには十分な時間だった。しかし、陪審員は、特別に浴槽を改造する費用を含めるために評決の金額を加算していたのだった。その結果、フライエル夫人は浴槽からシャワーの所に歩いて行ける平面を得ることができた。陪審員は181,000ドルを損害賠償額として認定した。これは、私たちが最終的に提示した和解金額78,000ドルよりも遥かに高額であり、陪審裁判の開始当日に保険会社が提示した15,000ドルを大きく超える金額だった。ドルレット裁判官は「損害額減縮の申立」[11]を認めた。これは、裁判官が「13人目の陪

---

10 cool factoid：客観的な事実であるが、まだ立証されていない事実のこと。

11 remittitur：陪審員の評決による認容額が不合理に過大な場合、裁判官が合理的と認める金額まで縮減すること。原告の同意によって効力を生じる。

審員」として最終的な損害額の決定に加わる資格を認めたもので、評決の金額を140,000ドルまで減額した。しかし、その数字でもこの種の事件では非常に高額だったので、私たちは快くそれを受け容れた。

エピローグ

フライエル夫人は、残りの人生の間、太陽の光が注ぐかのような気質を持ち続けた。私たちが彼女の家で100歳の誕生日を祝った際、ジョン・ウェインシュタイン——彼はエルビン事件の劇的な結末に関わっていた——が赤ん坊の息子を連れてきた。そして、私たちは赤ん坊のアーロン（Aaron）を抱くフライエル夫人の写真を撮った。彼女は103歳で静かに息を引き取った。

パローニ・マーケットの屠畜職人の部屋に至るドアについて言えば、その後の15年間、私が家族と一緒に買い物に出かけた際に、ときどき、この店舗を訪れたが、誰かが警告表示を掲げたり、肉売り場のドアに施錠したりした形跡はなかった。危険な状態は、さらに数年間、その店舗が閉鎖されるまで存在していた。

いつものように、本件から学ぶべき教訓はあった。法廷弁護士である私にとって最も重要な教訓は、依頼者の事件の行方に自分のエゴを決して招き入れるなということ、特に、私がドアの金具を買った場所について証拠に基づかない事実を提示した例が示すように、思いつきで何かをするなということだった。しかし、他にも教訓があった。デイヴィッドがいつも私に教えていたことの再確認を含めて、陪審裁判において、依頼者の願い以外の境界線はあるべきではないということだった。フライエル夫人の年齢は決して境界線ではなかった。単に克服すべき課題であったに過ぎない。

私が将来の弁護業務のために記録化していた一つの教訓は、私が刑事法の専門家であるという背景事情のゆえに、民事の法廷弁護士は、全体として、刑事の法廷弁護士を過小評価していたということだった。当時を振り

第6章
最高齢の依頼者、陪審裁判に臨む

返ると、民事の法廷弁護士は、刑事の弁護人を、民事陪審裁判の「実務」を知らないも同然と仮定して見下す傾向があった。多くの弁護士が、刑事弁護の仕事とは、刑事裁判所から通りを隔てた保釈金保証業者に出入りする「弱者を食い物にする人間」によって行われていると考えていた。民事の法廷弁護士は、前職が検察官であった者に対しては、技術があり、よく教育されており、規律もしっかりしていると見て、より健全な尊敬の念を持っていた。しかし、個人的には、私は、意味深長な言い方になるが、民事の陪審裁判の方が最も簡単な刑事事件よりも易しいと思った。

フライエル夫人と赤ん坊のアーロン・ウェインシュタイン。

201

当時も今も、刑事事件を専門にしている弁護士の中に弱者を食い物にしている者がいるのは事実である。とはいえ、彼らは専門職の中で不誠実な行いを独占していたわけではなかった。しかし、民事の法廷弁護士の刑事の弁護人に対する否定的な印象は、これ以上ないほどに悪かった。私が知っている最良の法廷弁護士たちのほとんどすべてが、最初の経験を刑事弁護から始めている。同様に、最良の法廷弁護士は、法廷における法律の知識に加えて、どうすれば自らが有利になるかの状況判断に熟達しているので、勝訴か敗訴かの違いをもたらす分岐点で瞬時の決断を下す。通常、刑事の法廷弁護士は不利な事実に直面しているので、しばしば機知によって危機を脱し、どんな民事法廷弁護士よりも創造的であり、想像力に富んでいる。検察官について言えば、通常、よく教育されていた。しかし、一般的に、検察官は有利な事実からスタートするので、多くの場合、ガーシュイン兄弟事件[12]の検察官の例が示すように、技術的で、公式化されたアプローチに依拠し、より困難な仕事をしようとは考えないのだ。

　最後に、本件裁判は来るべきときに来て去るべきときに去ったと思うが、結果として、現実は何も変わらなかったことにはショックを受けた。フライエル夫人は浴槽を決して改造しなかった。たしかに、住むのに快適な家があり、快適な生活を送るのには十分な年金があったので、彼女は、私たちが勝ち取ったお金をいかなる意味でも必要としなかった。パローニの店について言えば、彼らは、本件が一切なかったかのごとく、夜間、肉切り場に至るドアに施錠することもなかった。事件は起こったが、ほとんど何も変えることはなかったのだ。

---

12 本書第4章参照。

第 7 章

ケニー・クレイジー

人民対サイモン・スタンレー

陪審員が、殺人罪の起訴状にわざわざ書いてあるにもかかわらず、被告人の「別名」に気づかないということは先ずない。別名がなかったとしても殺人事件の弁護は難しいが、別名がある場合には、なおさら難しいスタートとなる。たとえ、重罪の殺人事件に6人の目撃者がいることを考慮しないとしても、別名のゆえに難しいのだ。重罪にあたる犯罪の遂行中に人を殺せば第1級殺人罪である。不利な事実関係に加えて、証明力は弱いものの真実味のある証人たちの存在を考えれば、本件は楽な仕事ではなかった。多くの人が、辛辣な言葉と暴力の場としかみていないパンク・ロック会場の大騒ぎのメンバーであった私の依頼者は、その無法者のイメージのゆえに孤立無援だった。

サイモンとパンク・ロックSRO

いわゆるバーバリー・コースト (Barbary Coast) [1] の時代以降、サンフランシスコに、「SRO」[2] と略称される、小さくて安価な一人部屋だけの専用ホテルが拡散した。ちょうど、ジプシー・ハリスが住んでいた部屋のよう

---

1 Barbary Coast：ゴールドラッシュ以降の19世紀後半から20世紀初頭にかけてのサンフランシスコで、売春、賭博、大麻吸引などが容認された無法地帯となった歓楽街を指す。

2 single-room-occupancy hotels：本書第5章第3話「ジプシー」参照。

なものだ。1930年代、サンフランシスコのシティは「ホテル・シティ」として一定の層に知られるようになっていた。当時、60万人の住民のうち9万人がSROに住んでおり、それは普通のアパート住民の数にほぼ相当していた。SROの部屋は、通常、8フィート×10フィートの立方体で、ホールの下に浴槽かシャワーを備えた浴室があった。1850年代、こうしたホテルはどれも安価で、多くは見せかけのメッキが剥げたみすぼらしいものだったが、一攫千金を目論む者、その者たちに商品を売る行商人、港湾労働者にとっての住居であり、「夜の淑女」の何人かも住んでいた。

　後に、SROは、季節労働者、日雇い労働者、そして、一家のより良い生活のために道路清掃、皿洗い、洗濯などに従事して、苛酷で長時間にわたって働かなければならなかった移民の住居となった。時を経て、SROは、中国からの移民、テキサス州やルイジアナ州から来た黒人、グアテマラ、エルサルバドル、メキシコといった中南米から来た中米アメリカ人、そして、フィリピン人、韓国人、その他の太平洋諸国から来た渡来人に人気のある宿泊場所になった。ホテルの多くはチャイナタウン、ブラック・フィルモア（Black Fillmore）地区、ウェスタン・アディション、および、ラチーノ・ミッション（Latino Mission）地区にあった。そして、部屋の多くは、単身者が住むのではなく、3人ないし4人の家族が住んでいた。

　市役所の東の荒廃したテンダーロイン地区と、当時、スキッド・ロウ[3]として知られていた、マーケット通りのちょうど南の6番通り周辺は、ともに大きなSRO群を形成していた。サンフランシスコは、長い間、ほとんどすべてのタイプのカウンター・カルチュアの人々を引きつけてきた。すなわち、ストリート・ミュージシャン、ビート世代の詩人、修行中の芸術家、名声と幸運を追い求めつつタクシー運転手をしている俳優、そして、単にその生活スタイルを求めてやってきた人々がいた。そして、多くの人

---

3 Skid Row：サンフランシスコのホームレスの多い地区。Skid Row は 1986 年結成のヘビーメタルバンドの名前。

第 7 章
ケニー・クレイジー

は麻薬を求めてやってきた。それほどまでにサンフランシスコでは薬物が広まっており、それは、いわゆるサマー・オブ・ラブ(the Summer of Love)[4]の社会現象の前から始まっていた。こうした人々もまた、SROに引き付けられ、特に、テンダーロインとスキッド・ロウのホテルに住むようになった。グレイトフル・デッド(the Grateful Dead)[5]が、「フロム・ザ・マース・ホテル」[6]のアルバムを収録した1974年ごろは——ちなみに、このタイトルは、ジャック・ケルアック(Jack Kerouac)[7]がしばしば泊まっていたマーケット通り横の4番通りに面したSROの名前に由来する——、シティのSROの数はまだ600強だったが、そこに住む人間の数は、シティの人口の5パーセント以上を占めていた。今日でも、依然として、500を超えるSROがシティの住居の大きな構成部分として残っている。

　1979年と1980年に、サイモン・スタンレー(Simon Stanley)は、自称マグダレーヌ・モンマ(Magdalene Momma)とかデイヴィッド・デリンクウェント(David Delinquent)などと名乗るパンク・ロック仲間と一緒に、SROの一つに住んでいた。この仲間のほとんど全員が彼らの**パンク名**でお互いを知っていた。

　サイモン・スタンレーが殺人容疑で逮捕されたとき、最初に問題となったのは彼固有の**パンク名**——「ケニー・クレイジー(Kenny Krazy)」——だった。それは、正しく起訴状の表面に書かれることになった。「**人民対ケニー・クレイジーことサイモン・スタンレー**」と。彼の二番目の問題は、警察が逮捕状を持ってSROに来たと聞くや、彼が州外に逃げたことだった。彼は13カ月後に捕まった。カリフォルニア州の法律によれば、この逃

4　the Summer of Love：1967年夏にサンフランシスコのハイト・アシュブリー(Haight-Ashbury)に集った10万人規模のイベントで、幻覚用薬物の使用、フリーセックスなど1960年代のヒッピー文化を特徴づける文化的、政治的な主張を伴うカウンター・カルチュア運動の端緒とされる。

5　1965年、カリフォルニアのパロ・アルト(Palo Alto)で結成されたロック・バンド。

6　From the Mars Hotel：グレイトフル・デッドが1974年6月に発表したアルバムの名前。

7　アメリカの詩人で小説家。1940年代後半から1950年初頭にかけて伝統的価値観を否定するビート世代の先駆者とされる。

走の事実は有罪を示す情況証拠として陪審裁判で使用することができた。

　彼の三番目の問題は、これこそがその時点では最も大きな問題であったのだが、レナト・フランコ（Renato Franco）が死んだ後、彼のパンク仲間が警察から取調べを受けた際、6人が警察官にべらべらと喋っていたことだった。権威に対する彼らの反抗的な外見や態度にもかかわらず、警察の取調べを受ける段になると、彼らは、最も典型的な、恐怖におびえた白人の少年か20代の青年のような対応をしていた。完全に自白していたのだ。警察が得た供述はこうだった。すなわち、彼らは、「ケニー」がフランコの部屋に彼の革ジャンパーを取りにホールまで降りていくつもりだと言うのを聞いていた。彼はジャケットを着て戻ってきたが、手には血のついたスイス・アーミーナイフを持っていた。

　私が初めてサイモンに会ったのは、彼が裁判官の面前に出頭して罪状認否が行われた法廷のすぐ外の廊下に面した独房だった。こうした即時面会は、裁判所から指名された弁護人の場合、普通に行われるものだった。公設弁護人事務所は、パンク・ロッカーの証人の1人につき軽罪の起訴事件の弁護をしていたので、利益相反の関係にあった。私は、その日、たまたま、いわゆる「利益相反のゆえに任命される弁護人」に割り当てられたのだった。そして、私は殺人事件を引き受ける資格のある特定の弁護士名簿にも登載されていた一人だったので、本件を「受任」した。

　形式的な罪状認否手続——無罪の答弁をし、予備審問の期日を決める——の直後に、私は留置場にいるサイモンを訪ねた。驚いたことに、彼は逃走1年後に逮捕された殺人罪の被告人とは思えないほど淡々としていた。私が、彼を呼ぶときに何といえばよいかを聞いた際、私はいささか驚いたが、彼は実名の「サイモン」と答えた。また、彼は——私にはその理由が分からなかったが——、自分がゲイであること、そして、彼が知っている限り、自分が唯一のゲイのパンク・ロッカーであることを私に告げた。

　何があったのかについては、彼がレナトを刺したことは間違いないが、それは正当防衛だったと主張した。革ジャケットについての供述は矛盾し

第7章
ケニー・クレイジー

ていた。革ジャケットをとってきたことを認めたが、盗む意図はなかったと言い張り、レナトを刺した後にそれを持ってきただけだと言った。彼も同じフロアの他の者も、レナトが短気で狂人のような行動をする人物だったので、レナトを恐れていたとつけ加えた。一例として、サイモンは、レナトが、最近、彼の気に入らない奴ら何人かのドアに自分の糞便を塗りつけていたと話した。

　もし、検察官が、サイモンの意図がレナトのジャケットを盗むつもりだったと証明できるなら、サイモンがレナトを殺すつもりだったか否かは問題にならなかった。重罪[8]の殺人罪に関するルールの下では、重罪にあたる犯罪の遂行中に殺人が起こった場合、殺人の意図は必要ではなく、レナトの部屋にジャケットを盗むために入ったことが既に重罪であったからだった。ドアに糞を塗りつけたことがどれほど不愉快極まりない行為であったとしても、暴力による報復を正当化する理由にはならなかった。サイモンの防御のためには、私は別の何かを見出さなければならなかった。

卵

　エルビン事件以降、私は常に、陪審裁判の間、誰かと一緒に弁護人席に着くことを望んだ。一番多かったのはロースクールの学生だった。何はともあれ、私には高度の慢性心配症があったので、セカンド役は、私が昼食に何かを食べたか否かを確認した。たとえ、それが、みすぼらしい地下のカフェテリア常連客になじみの「自家製トースト」だったとしてもだ。サイモン事件では、私は、当時、ロースクールの最終年次にいたレン・マストロモナコ（Len Mastromonaco）を、同じビルに事務所を構えていた弁護士から借り受けた。レンが私との同席を引き受けた動機は、殺人事件の裏側を最初から終わりまで見られる稀な機会だということだった。

8　felony：本書第5章注10参照。

私たちが一緒にする作業は多くはなかった——検視官[9]の報告書、6人の同じような目撃証言、いずれもフランコの死を取り巻く出来事の一致した再現であった。検視官の報告書の中に、一つの奇妙な言及があった。卵だった。私は、それがフランコの死とどんな関係にあるのか、特に、現場——みすぼらしく薄汚いSRO——を考えたときには意味がわからなかったが、当時は、どんな藁にでも縋るつもりだった。それで、私はレンに、なぜ検視官がレナト・フランコの遺体の下に凝固した卵があったと書いたのか、その理由に焦点を合わせたいと言った。私は、レンに角の店で生卵6個を買ってくるように頼んだ。彼は戻ってきたが、明らかに、私が何を考えているのかわからず困惑していた。私は彼に、卵を浴室の裾板に投げつけ、リノリウムの床に凝固するまでにどれくらいの時間がかかるのかを確かめるつもりだと言った。レンはもっともな質問をしてきた。「どうして？」　私は彼に本当のことを告げた。すなわち、「わからない」と。しかし、防御のために何かをしなければならない。卵が、今のところ、私たちが把握している尋常ではない唯一のことなのだ。「でも、そうすることが何か役に立つのですか？」とレンは知りたがった。いい質問だ。もう一度、私は「わからない」と言った。しかし、何はともあれ、それは、何もしなければ明々白々であったはずの事件にいささかの疑問をもたらすだろう。

　それで、私たちは裾板に投げつける準備をし、レンは黄色の法廷用メモ用紙にそれぞれの卵が固まるのにかかった時間を正確に記録することになった。私は、陪審裁判において、彼が卵について証言する証人になることを想定していた。いかにしてこの実験が事件と関連しており証拠になるのかはいずれ明らかにできると考えていた。

9　coroner：本書第3章注5参照。

第 *7* 章
ケニー・クレイジー

予備審問とよりマシな弁護

　予備審問[10]は、市裁判所[11]の裁判官マクシン・マックラー・チェズニー（Maxine Mackler Chesney）の下で開かれた。彼女は、私が知っている最も聡明で公正な裁判官の一人だった。最良の裁判官の多くは検察官出身者である。チェズニー裁判官もその一人だった。あらゆる犠牲を払ってでも数多くの有罪評決を勝ち取ってきたが、最低限、倫理規則の枠内にいた検察官だった。敵ではあったが、私は、長い間、正直で尊敬すべき検察官が偉大な裁判官になると考えていた。こうした検察官は、客観性、実務能力、そして職務に対する情熱を持っている。裁判官の職にこの原則を置き換えても同じことが言える。マクシン・チェズニーは、こうした資質をすべて兼ね備えていた。わずか10年の間に、サンフランシスコの検察官という華々しい経歴の後、すぐに転身して、法廷弁護士から上級弁護士、陪審裁判担当の主席弁護士となり、最終的に、「次席検事」[12]となった。そして、異例に速い昇進の後、37歳の若さで市裁判所の裁判官に任命された。数年後、彼女は、地方裁判所の裁判官となり、程なくして、カリフォルニア州北部地区の連邦地方裁判所の裁判官に任命された。25年経った今も、彼女はそこで、やはり卓越した上級裁判官として勤務している。

　当時の話に戻ろう。1981年8月、彼女は市裁判所の裁判官として3年目を迎えており、手慣れたやり方で、予備審問手続を主宰した。審問中の証言に関して驚くようなことは何もなかった。検察官は6人の目撃証人のうち4人を召喚した。私には、彼らの証言は少し誇張されているように感じたが、パンク・ロッカーの誰が信用できて誰が信用できないかを見究めるよい機会となった。しかし、現実は、彼らの風体と薬物中毒者特有の態度

---

10 preliminary hearing：本書第2章注2参照。

11 Municipal Court：本書第5章注16参照。

12 Assistant Chief Deputy：地区検事＝地区主席検察官（DA. 本書第1章注11）を補佐する検察官。わが国の表現にならって「次席検事」と訳した。

209

にもかかわらず、各自とも、なるほどと思わせる一致したストーリーを
語った。彼らは全員、かなり良い検察側証人だった。

　最も重要な証人は、痩せた小柄な金髪の「デイヴィッド・デリンクウェ
ント」と名乗る少年で、本人は19歳と述べたが16歳にしか見えなかった。
彼の本名は忘れてしまった。「デリンクウェント」は他の証人よりも重要
だった。というのも、彼と「マグダレーヌ・モンマ」は、「ケニー」の後につ
いてホールに降りてフランコの部屋まで行き、半開きのドアの中で何が
あったのかを見聞きしていた可能性があったからだ。デイヴィッドの先の
宣誓供述に照らして、その証言内容にはさほど驚かなかったが、彼の言い
方の方に驚いた。

　`検察官`　さて、デイヴィッド、あなたがみんなとケニーの部屋にいた
ときに、あなたが聞いたケニーが言ったことを教えてください。
　`デイヴィッド・デリンクウェント`　彼は、「俺は、自分のナイフとあのウザイ、
クソ忌々しい（asshole's fuckin'）ジャケットを取りに行くつもりだ！」
と言いました。
　`検察官`　それから、何が起こったのですか？
　`デイヴィッド`　彼はホールに降りていき、俺とマグダが下までついて行
きました。
　`検察官`　レナトの部屋の中は見えましたか？
　`デイヴィッド`　すこしだけ、部屋の角が。
　`検察官`　彼らの声がきこえましたか？
　`デイヴィッド`　あー、お互いに怒鳴っていたけれど、言葉の全部は聞こ
えなかった。ジャケットについて話していた。レナトが、「バカ野郎、
くそったれ！（Fuck you!）」って言ってたのは聞こえたよ。
　`検察官`　それから、何があった？
　`デイヴィッド`　それから、ケニーが、あのくそったれジャケットを着て
出てきた！

第7章
ケニー・クレイジー

その時だった。裁判官が証言台の方に身を乗り出して、尋問を止めた。

チェズニー裁判官 デリンクウェントさん、聞いてください。サイモン氏が言うのをあなたが聞いたこと、あるいは、フランコ氏が言ったことについて、あなたが証言をしており、その人たちが卑猥な言葉を使っていたのなら、あなたがそれを使用してもよいです。なぜなら、それは、実際に起こったことをあなたが証言していることにほかならないからです。しかし、もし、あなたが誰かの言ったことをそのまま引用するのではなく、ただ自分の言葉として話して質問に答えているのであれば、どうか、その卑猥な言葉は法廷で使用できないことを思い出してください。この違いがわかりますか？

デイヴィッド はい、裁判長。わかりました。

検察官 オーケー。デイヴィッド、ケニーがジャケットを着てレナトの部屋から出てきた後、次に何が起きた？

デイヴィッド 彼は、くそったれ、ナイフを持っていました。

チェズニー裁判官 デリンクウェントさん！　お忘れですか、その言葉をそういうふうに使わないでください。

デイヴィッド （プライドを傷つけられて）おー、わかりました、裁判長。俺は、くそったれ、忘れてました。

チェズニー裁判官 （笑いながら）もういいわ、10分間の休憩時間が来たようです。

　私の反対尋問で、少しだけ役に立つ証言が1つ得られた。デイヴィッドは、パンク・ロッカーの全員、同じフロアの皆、そして、その建物の住人のほとんどが、頻繁に起こるレナト・フランコの度外れた怒りと暴力的行為のゆえに、彼を恐れていたことを明らかにしたのだ。サイモンが起訴事実につき応答を求められ、再び、地方裁判所で罪状認否を求められた3週

211

間のうちに、私は可能な１つの防御方法を考えていた。それは、完璧な防御方法ではなかったが、第１級殺人[13]よりは軽い罪となる可能性のあるものだった。

　予備審問の後、私はなけなしの調査費用を使って私の最良の調査員に対し、SROでサイモンの友人と話をし、レナト・フランコについてもっと情報を聞き出すように依頼した。調査員が面談した各人が、フランコの暴力的な気質を示す異なった出来事を話してくれた。パンク・ロッカーのカップルは、レナトが、少なくとも１回は「5150で収容されていた」と考えていた。「5150」という数字は、警察が、ある人物を自傷他害の危険——サイモンの友人たちが直面していたよりも大きな危険——を理由に強制的な精神科治療と鑑定のために逮捕することができる法律の条文を意味していた。

　私は、フランコを刺したときのサイモンの行為について多くの減軽要素を見出すことはできなかったが、仮に、フランコが刺された時点で異常な粗暴状態であったことを示すことができれば、少なくとも、その殺人が第１級殺人よりも軽い犯罪となる可能性があった。希望的観測ではあったが、「卵の抗弁」よりはマシだった。もっとも、そんな抗弁は実際にはなかった。私は父の古くからの友人であり、全米を代表する法医学者の一人でもある医学博士ジョセフ・サッテンの許を訪ねた。彼には、サン・クエンティン６人組事件[14]で、すでにお世話になっていた。私は彼にこう尋ねた。「或る人物の暴力に走る属人的傾向について、その者を実際に鑑定することなく、その者の医療記録だけに基づいて意見書を書くことはできますか？」

　サッテン博士の答えは「イエス」であったので、私は、かつて5150患者を鑑定のために受け入れたことのある精神科病棟を有する市内のすべての病

---

13 the first-degree murder：第１級謀殺。アメリカの多くの州では、謀殺を２つの等級に分け、予謀がある場合や一定の重罪を犯す過程で行われた故意の殺人を第１級殺人としてその他の殺人よりも重く処罰する。

14 本書第１章参照。

第7章
ケニー・クレイジー

院に対し、診療録の提出命令[15]手続をとった。私はフランコに関するかなり厚い記録を得て、それをサッテン博士に渡した。

　私の意図を明確にすれば、もし、サイモンとフランコが口論をしていたならば、フランコの暴力的属性は第1級殺人の罪に対する防御方法となりえた。つまり、サイモンが殺害の意図を持っていたことについて疑問を提起することができた。しかし、厳密に言えば、それは第1級の**重罪**である殺人罪に対する抗弁とはならなかった。なぜならば、仮にサイモンがフランコのジャケットを盗ることを意図していたならば、本罪の重罪の部分は充たされるので、検察官において、通常の場合には要求される殺人の故意、言い換えると「事前の害意」を証明することが必ずしも必要ではなかったからだ。それでも、私は、もし、陪審員が「フランコは本当に危険な奴だ」と納得したならば、サイモンがジャケットを盗る前に何らかの口論があったのか否かについて疑問を提起することができるし、それは、陪審員の中にフランコに対する反感を生み出し、おそらく、サイモンに有利に働く共感をもたらすことができると考えていた。

　陪審裁判の2、3週間前に、サッテン博士がレナト・フランコの全診療記録の検討を終えていたので、私たちはサッテン博士の見解を伺うために博士と会った。彼は、フランコの診療歴、フランコの長期かつ不安定な暴力の歴史に関する報告書に基づいて証言する準備ができており、フランコの属性は生来的に危険な人間であったという結論だった。その専門家証言をどのように提示するかにつき、私たちは準備作業をしたが、私の依頼で、尋問の準備と記録化はすべて口頭で行うこととした。それは、検察官が申請するかもしれない文書提出命令によるメモやその他の文書の提出を阻止し、私たちが提起しようとしていることを知られないようにするためだった。

---

15 Subpoena：罰則付きの証人召喚ないし証拠提出を命ずる裁判所の令状で、証拠を獲得する目的で利用される。

陪審裁判の裁判官と検察官

　10月の始めに、私たちは陪審裁判に臨んだ。検察官は検察庁で最も力量のある検察官だった。すなわち、ヒュー・アンソニー・レヴィン(Hugh Anthony Levine)検察官は、我が国最高の検察庁の一つとして知られていたマンハッタン検察庁で有名なフランク・ホーガン(Frank Hogan) [16] の下で教育を受けていた。レヴィン検察官は西海岸に異動し、すぐに、殺人事件チームに配属された。一方、アンソニー・クライン(J.Anthony Kline)裁判官の方は遥かに経験不足だった。彼もニューヨークの出身で、当時若かった知事ジェリー・ブラウン(Jerry Brown)の法律部門秘書を務めていた。この秘書という仕事は重要であり、知事に対し、既存の法律に関係する立法につき署名するか否か、また、裁判官に誰を任命すべきかについて最終的な助言をする地位にあった。最終的に、ブラウン知事は彼「トニー」・クラインを裁判官に任命した。彼はそこにほんの1年ほどいただけで、担当した殺人事件の陪審審理はわずか2件であった。事実審裁判所を去る直前に、ブラウン知事はクラインを控訴審裁判所の裁判官に昇進させ、そこで、彼は卓越した控訴審判事となり、80歳で定年退職するまでの38年間、その職務を続けた。

　当時に話を戻そう。クライン裁判官は、本件の検察官と弁護人と比べて、殺人事件の経験が十分ではない新人だった。この点は、私たちが陪審員の専断的忌避の論点につき申し立てた審理前申立の最初の日から明らかになった。専断的忌避とは、検察・弁護双方が、人種に基づくと思われる忌避でない限り、理由または根拠を示すことなく陪審員として選任しない旨の申立である。難しい事件では、弁護側が多くの忌避を申し立て、検察側は単に事実審理に入ることを望むというのが通常である。当時、カリフォルニア州では、通常の事件では専断的忌避の上限は10人だったが、死

---

16 ニューヨーク出身の法律家及び政治家で、ニューヨーク郡地区検事を30年以上にわたり務めた。

214

第7章
ケニー・クレイジー

刑求刑の殺人事件の場合には、26人まで認められていた。本件は死刑求刑事件ではなかったが、殺人事件であった。それで、私は本件につき26人の専断的忌避が認められるべきだと論じた。当時を振り返ると、「普通の」殺人事件に26人の専断的忌避が認められるか否かの論点につき、答えは完全には明らかになっていなかったが、おそらく、ありえた回答は「ノー」だった。しかし、レヴィン検察官はすぐに人数の追加に同意した。忌避申立の数を増やしたところで、有罪証拠、つまり、検察側の立証の強度には何の影響も与えなかったからだ。そして、レヴィン検察官が望んでいたのは、控訴審裁判所において、実際の証拠には何ら関係しない些細なことを理由にサイモンに有利な判断をして有罪判決を破棄する機会を与えないことだった。

クライン裁判官は、この論点についてよくわからなかったが、人数の追加には疑問を持っていた。彼は「申立に対する裁判所の判断は翌朝示す」と告げた。レヴィン検察官と私は、クライン裁判官が、当時、裁判所の刑事部門の権威とみなされていたクロード・ペラッソ（Claud Perasso）裁判官とこの問題を議論するために、裁判官専用の廊下を通って階下に降りて行ったと思った。翌朝、クライン裁判官は専断的忌避の人数の追加に同意した。この論点の判断につき控訴審裁判所への不服申立を避けたいと考えている当事者が弁護人ではなく検察官の方であったことを間違えていたのだ。

クライン裁判官が判断しなければならなかった第二の論点については、ペラッソ裁判官の助言を必要としなかった。ユダヤ教の聖なる日である「ヨム・キプル（Yom Kippur）」[17]が、陪審裁判の第4日にあたっていた。レヴィン検察官と私はユダヤ人であり、その日は裁判所に来たくなかったが、当時、その日は休廷となる休日ではなかったし、その日を陪審裁判の休廷日とする公的な根拠もなかった。クライン裁判官もユダヤ人のコミュ

---

17 Yom Kippur：ユダヤ教で最も神聖な日で、罪の許しを神に請う贖罪の日とされる。

ニティであったロング・アイランド南西部のファイブ・タウンズ(the Five Towns)で育ったユダヤ人だった。しかし、この論点についても、彼は、経験豊富ではあったが決してユダヤ人ではなくカソリック系の学校で教育を受けたクロード・ペラッソ裁判官に助言を求めた。クライン裁判官は、最終的に、その日を休廷とすることに同意した。

　私が提起した最後の論点は本件の証拠に直接影響を及ぼすものだった。すなわち、別名の「ケニー・クレイジー」に言及することの禁止(これはすぐに却下された)とサイモンが乳首環をしていることに言及するのを禁ずる旨の申立だった。乳首環は、今日ではそれほど異常とは思われていないが、1981年当時は、陪審員にとって、被告人による自己加害損傷および暴力の印であると考える類のものだった。当然、私は、乳首環は本件とは関係がないことを論じたし、実際に、本件とは関係なかった。またしても、クライン裁判官は、一晩おいて、再び、私たちの方に軍配を上げた。最後の頼みの綱として、裁判官がよく使用する包括的な理由があった。それはカリフォルニア州証拠法352条[18]を読み替えたもので、「偏見を抱かせる影響の方が証拠価値よりも重要だ」というものだった。

審理の合間──検察側立証、「デイヴィッド・デリンクウェント」とロースクール学生レン

　私たちは追加が認められた人数枠を使うことなく陪審員を選定した。その後、ヒュー・レヴィンは検察側立証を始め、現場に臨んだ２人の警察官を、続いて、検視官を証人として召喚した。検視官はフランコが大動脈を

---

18 California Evidence Code Section 352: Balancing of provable value with prejudice. "The court in its discretion may exclude evidence if its probative value is substantially outweighed by the probability that its admission will (a) necessitate under consumption of time or (b) create substantial danger of undue prejudice, of confusing the issues, or of misleading the jury."

第7章
ケニー・クレイジー

貫いた刺し傷によって死亡したこと、その傷はスイス・アーミーナイフで刺されたことと一致すると証言した。私は質問を卵に限定した。私は、警察官に、フランコの遺体の下または周辺に凝固した卵があったのに気づいたか否か、そして、警察官が引き出した結論（関連するものは多くなかった）があれば、それは何かを尋ねた。検視官には、なぜ、報告書の中に凝固した卵を記載したのかを尋ねた。彼は「客観的に完全なものにするためだった」と答えた。そして、彼は、陪審員に対し、何も卵に関連する結論を導き出していないと述べた。その後、サイモンの友人のマグダレーヌ・モンマとクラシャウト（Crashout）が召喚され、2人は、「ケニー」が階下に行ってレナトの革ジャケットを取ってくるつもりだと言うのを聞いたと証言した。また、「マグダ」は、デイヴィッド・デリンクウェントと一緒にレナトの部屋の外で口論を聞いたが、何を言っていたかは分からなかったとも証言した。

レヴィン検察官の最後で中心となる証人はデイヴィッド・デリンクウェントで、彼の証言は予備審問の時と同じだったが、彼はやっとの思いで卑猥な言葉を使わずに、彼が現場で聞いたことだけを語った。私の反対尋問は、レナト・フランコが危険人物であったことに焦点を合わせ、デイヴィッドは2、3の事例を話してくれた。彼がフランコの部屋の外で見聞きしたことを尋問して彼を弾劾しようとすることは、かえって、当方に不利な証言を強化することになると思われたので、反対尋問はしなかった。

私たち弁護側の証人はたったの3人だった——サイモン、卵が凝固していた現場に関する証人のロースクール学生レン、そして、暴力的なレナトの否定的な人物像を描くことによって役に立つと私が期待した精神科医のジョー・サッテン博士だった。私は、2つの理由から、最初にサイモン本人を証人として召喚しようと考えていた。一つは、陪審員は、いつも、被告人自身から真実を聞きたいと考えていたこと、二つには、サイモンの証言と陪審員の評議との間に少し間隔をあけておき、私は最も強力な証人と考えていたサッテン博士の尋問で終えたいと考えていたからだった。しか

し、短時間の間に、そのプランを変更しなければならない或る事態が発生した。

デイヴィッドの証人尋問の朝、第一の出来事があった。私たち弁護人は、卵の証拠能力について裁判官室で45分間議論して、やっとクライン裁判官を説得できた。私たちは、裁判官から、卵の存在が弁護側に有利な証拠となる何らかの根拠を示さなければならないとされることを恐れており、レヴィン検察官は卵の凝固はまったく関連性がないとして証拠採用に反対していた。レヴィンは352条に基づく異議を述べた。すなわち、卵の「証拠価値」はレンの証言が訴訟の結論に影響を及ぼすような効果を持っているかどうかで決まる、と。私の議論は明らかに弱く、最も強力な論拠は、その卵は死亡時期に関連しているというものだった。本件は殺人事件の陪審裁判だったので、たとえ証明力の薄い証拠であっても、証拠能力が認められるべきである。なぜなら、それを認めたとしても、陪審員に偏見をもたらすことにはならないからだった。クライン裁判官は、レンの証言にほとんど意義を見出さないと言いながらも、それを許可した。検察側にとって本件はとても強力な事件であり、レヴィン検察官は、控訴審裁判所において後からとやかく言われる危険をゼロにしたかったからである。

デイヴィッドの証言で検察側の立証は終わったので、クライン裁判官は弁護側の防御が始まる前に短い休憩をとった。この休憩時間に、レンは廊下を横切ってトイレに行き、そこで、裁判所を立ち去る前のデイヴィッド・デリンクウェントと鉢合わせになった。レンは戻って来るや、私に、興奮した状態で、「デイヴィッドはハイになっており、ほぼ確実に、スピード、つまり覚せい剤を使用したのは間違いない」と述べた。ロースクールに入学する前、また、入学してからも、レンは、3年間、北部カリフォルニアでよく知られている最高の治療センターであるウォルデン・ハウス(Walden House)で薬物カウンセラーとして勤務していた。何百人もの患者と一緒に勤務していたので、彼は薬物使用者と薬物についての知識を習得していた。「デイヴィッドがハイになっているのは確かだ」というレン

218

第7章
ケニー・クレイジー

の言葉を聞いて、私は、それは真実だと理解した。30秒もしないうちに、私はレンを薬物使用の専門家として証人申請しようと決め、彼にデイヴィッドについて証言してもらうことにした。

カリフォルニア州の法律の下では、証人が、共通の日常的な知識を超えた論点につき「特別な知識、技術、経験、訓練または教育」を有している場合には、その論点を陪審員が理解できるように援助する限度で専門家の意見を聴くために、その専門家を証人として喚問できるとされている。連邦裁判所および多くの州裁判所でも同様の基準を持っている。ある人が薬物使用者か否かは、ある種の特別な訓練を受けて特殊な知識を持っているのでなければ、平均的な一般人が判定できることではない。これが、資格のある専門家がその専門分野に関する意見を提供するために裁判所に証人として召喚される意味である。私は、レンが明白に専門家証人としての資格を備えていると考えた。法律は**超**特別な知識や技術などを要求しているのではなく、単に、合理的な専門知識等の総量を求めているだけだから、レンは立派にそれを満たしていた。

陪審員が法廷に戻ってくる前に、私は裁判官と検察官に、レンを単なる卵についての証人ではなく、デイヴィッドが薬物使用者であることについて彼の意見を述べる専門家証人として召喚する予定であると通告した。最初、私はヒュー・レヴィン検察官が怒ったのを見た。彼はこの証人申請に強硬に反対した。彼は、私がレンについて専門家であるとは告知していなかったと言った。しかし、私だって10分前まではその証拠について知らなかったのだ。次に、レヴィン検察官は、この単なるロースクールの学生は専門家に要求される資格を満たしていないと言った。これはたいしたことではなかった。なぜなら、法律では、レンは**予備尋問**、つまり彼の専門知識を試す証人資格に関する尋問を受ければすんだからだ。それで、陪審員が法廷の外で待機している状態で、レヴィンはレンを証言台に召喚し、彼の「特別な知識、技術、経験、訓練または教育」について質問した。5分後、レンは資格要件を満たしている以上の逸材であることがはっきりし

た。クライン裁判官はレンが必要な専門性を有していると判断し、陪審員が入廷した。そして、レンが証言台に立った。

　私の質問は短くしてポイントだけに絞った。レンはデリンクウェントが証言を終えた後に、彼を観察する機会があったのか？　何を観察したのか？　デイヴィッドが薬物を使用したと結論したのはなぜか？　レンは彼の見解を裏づけるいくつかの要因を引用して説明した。すなわち、瞳孔の収縮、ピクッとした動き、興奮した態度、反復動作等々。私はレヴィン検察官の反対尋問を聞くために着席した。

　レヴィンは、明らかに、まだ怒っていた。おそらく、彼はサプライズが嫌いなのであって、誰であっても裁判の途中で変更されれば怒るという一般的理由ではなかった。しかし、実際のところ、レンの証言はサイモンの有罪をめぐる論点との関係ではかなり周辺的なことだった。デイヴィッドがハイの状態だったという証拠は、陪審員に、彼の証言の信用性につき影響を与えるかもしれないが、デイヴィッドがウソを言ったことを証明できるといったものではなかった。依然として、レヴィン検察官はレンに対して非常に敵対的だった。次から次へと繰り出す質問、一定しない声の抑揚、攻撃的な姿勢等々の尋問の仕方全体がそうであった。レンはユーモアのセンスのある男で、すべてに冷静に対応しているように見えた。そして、私はこのボクシングの試合が検察側にとってのポイントにはならないと感じていたので、椅子に寄り掛かり、あたかも、日曜日のピクニックにでも行っているかのようにリラックスして見ていた。私がした最後の仕事は、レヴィン検察官の議論に渡る尋問のやり方に異議を出すことだった。

　レヴィン検察官はノックアウトパンチを最後に試みて尋問を終えた。すなわち、反復動作が薬物使用の一つの兆候だというレンの証言に対して、レヴィンは、証人尋問の間、クライン裁判官が定期的に自分のヒゲをなでる癖があることに気づいていたかと尋ねた。レンは気づいていたと答えた。それから、レヴィンは攻撃に戻って、こう質問した。「あなたは**クライン裁判官**が薬物を使用していると思いますか？？？」　これは、核心に

220

おいて議論に渡る質問であり、かつ、攻撃的な質問であった。しかし、私は異議を出すつもりはなかった。レンは振り向いてクライン裁判官を見、ほんの1秒にもならない間に、レヴィンの方に顔を戻して「いいえ」と答えた。しかし、この余計な半秒間の行為をみて、レヴィン検察官は可哀想なロースクールの学生に襲いかかった。「これは**首尾一貫しない**ことだとは思いませんか？マストロモナコさん？」

　レンは私の方を見た。私はまだ日曜日のピクニック気分でいたので、何もしなかった。それがレヴィン検察官の反対尋問の最後の言葉だった。私は立ち上がって、「再主尋問はありません」と言った。レンは、私が彼を擁護しなかったことにかなり憤慨しており、憮然として証言台を降りた。しかし、クライン裁判官は困惑しており、サイドバーの所に私を呼び、陪審員から離れた方の裁判官席から**小声で**、私に「卵はどうなった？」と聞いた。私は「聞かないことにした」と答えた。クライン裁判官は私が単純に戦略的な決断をしたことを完全には理解していないように見えた。私たちが、その朝、約1時間、卵の証拠能力について議論をしたにもかかわらず、現状では、私が卵についての尋問をしなくとも、レンの証言の方がずっと良かったのだ。

サイモンが証言台に立つ

　本件の最大の問題はサイモンに証言させるべきか否かだった。証言するか否かはサイモン一人が決断すること——彼の権利——であったが、私は「証言せよ」と言った。ほぼ例外なく、私の依頼者はこの点については、私の助言に従う。私は、サイモンが証言したがっていたことを知りながら、彼が私の勧めに従うことを期待していたのだった。彼を証言台に立たせることに反対する根拠は、サイモンがレナトを刺したという自白の存在、彼の「クレイジー」というあだ名、そして、優秀な検察官が反対尋問をして彼の主張の綻びを突くことだった。他方、サイモンは、2人の間で口論があ

り、もみ合っている間にレナトを刺したと主張していた。より重要だったのは、サイモンは刺した後になって初めてレナトのジャケットを盗ろうと考えたことで、これを証言できるのはサイモンだけだった。この証言によれば、重罪の犯行中の殺人に関するルールを否定できた。

　レンのすぐ後に、サイモンが証言台に立った。彼の証言は十分に率直なものだった。いや、彼は、自分がナイフを取りに行きレナトのジャケットを盗るつもりだとは誰にも言っていなかった。彼の弁明によれば、その前の晩からの口論の決着をつけるためにレナトの部屋に行った。2人の間で罵り合いが始まり、それから取っ組み合いになり、それがエスカレートして、やるかやられるかのバトル・ロイヤルとなり、その最中に、サイモンのポケットナイフ——彼がいつも所持していたナイフ——でレナトを刺した。レナトが床に倒れた後に、サイモンは洒落た革ジャケットを盗ろうと思った。サイモンは一貫して自分の主張を貫き、反対尋問にもよく耐えた。例外は、レヴィン検察官がサイモンに、「どうして、自分の物ではないジャケットを持っていこうと考えたのか？」と聞いたのに対し、簡単に、サイモンが、「レナトはもうそれを必要としないだろうと考えていたからだ」と答えたことだった。これはマズかった。

　サイモンを証言台に立たせることを決断した際、私は、彼の証言が真実か否かについてはほとんど考えていなかった。サイモンを信じていたのか？　もし、私がそれを深く考えていたとしたら、多分、彼の言うことを信じていなかったと答えただろう。しかし、この時までに、私は、刑事弁護士としてのキャリアにおいて、この論点につき、多くの時間を費やして考えてきた。私の弁護人としての倫理規則上の義務は明確であった。私の存在意義は依頼者の裁判官としてではなく、依頼者の援助者としてある。問われていたのは、その証言が**偽証**であることを認識していたか否かだけだった。依頼者が偽証するという明確な認識——証明と同義——がなければ、弁護人が依頼者の証言に対して個人的な疑念ないし否定的な評価を下すことは、熱心な弁護の義務に反するので、倫理規則上、禁止されてい

第7章
ケニー・クレイジー

た。刑事弁護士の世界では、自らの代理人性に反して自らの意見を優先さ
せることを「神のように振る舞う」と言う。

　それは、私がサイモンの証言を彼のために最大限有利になるように使用
しなければならないことを意味した。本件でいえば、サイモンが口論の始
まる前にあのジャケットを盗む意思を持っていたか否かにつき、彼の証言
が合理的な疑いを提起することを陪審員に明示することだった。サッテン
博士の証言に加えてこの合理的な疑いを付加するならば、第1級殺人の罪
を回避できるかもしれないと私は思った。

　弁護士が真実とは信じていない依頼者の証言を使用すること——倫理規
則上、弁護士の守秘義務および誠実義務によって、そうすることが義務付
けられている——は、弁護士以外の一般人にとって理解するのが最も難し
いことの一つである。多くの人にとって、これは、正義が否定され、不正
義に奉仕しているように見える。被告人を代理する弁護人にとって、被告
人が有罪であるという真実は依頼者を熱心に弁護しなければならない義務
に対しては二次的なものだ。このことの持つアイロニーには、弁護人の全
員がそうであるように、私も気づいていた。しかし、弁護人がこの困難な
役割を果たさなければ、私たちの刑事司法制度——無罪推定、憲法上の権
利に基づく被告人保護——は崩壊するだろう。何年も前に、私は、弁護人
の役割をどのように説明するかにつき、次のように論じた[19]。

　　見てごらん、私たちが弁護する依頼者の多くは、人生で決して多く
　のチャンスを手にすることはなかった。貧しく、まともな教育も受け
　られず、家族も問題を抱えていた。私だけが彼らの側に立つ唯一の人
　間なのだ。少なくとも、私は依頼者に対し尊厳と敬意を持って接す
　る。そして、もし、私が彼らのために語らないとすれば、誰が語るの

---

[19] リチャード・ズィトリン＝キャロル・ラングフォード（村岡啓一訳）『アメリカの危ないロイヤー
　　たち—弁護士の道徳指針』（現代人文社、2012年）44頁参照。

だ？　結局、一方には、国家権力、すなわち、検察官、警察、保安官といった法的な権威者がいる。他方には、誰がいるかって？　たった1人の貧しく、怯えているお前がいる。それと私が。

　国家が犯罪を証明しなければならない地位にいるためには、私のような人間が必要なのだ。しかし、仮に、私が単に型どおりの申立をするだけだったら、私は本当に国の責任を試したことになるのだろうか？私たちの司法制度は、「力いっぱい打ってみろ」と言っているカーニバルの怪力男のようなものだ。私が最高のパンチを繰り出さない限り、それはすべての目的を実現できなくなるのだ。

　どうか、理解していただきたい。私は、人が重大な犯罪を行ったとき、その人が行ったことを弁護しているのではない。私は、他の皆さんと同じように、危険な人間が自由となることを案じている。しかし、もし、私が最大限のことをしないのであれば、法制度は機能しないのだ……。

　私は弁護士になった始めの数年間を刑事弁護士として実務を行ってきた。一方で、私が刑事弁護を辞めて以来、すでに、弁護士生活の半分以上の時が経過したことも事実である。しかし、私は、依然として、若き弁護士としての私を導いてくれた原則を堅く信じており、私が刑事から民事の仕事に移ってからも、これらの原則を放棄したことは一度もない。私が転向したのは原則の問題ではなく、むしろ、刑事弁護の極端なストレスが遥かに大きかったからだ。もちろん、そのストレスの中には、刑事事件の弁護人の困難な役割に従うことも含まれている。

「寝ぼけのジョー」と「被害者を裁くこと」

　刑事の陪審裁判では、弁護人が形勢を逆転しようとして被害者を法廷に引きずり出すのは珍しいことではない。性的な暴行事件では、この戦略は

第7章
ケニー・クレイジー

明らかに攻撃的であると同時に危険を伴っている。しかし、他の事件では、特に、圧倒的な有罪証拠がある事件の場合、それは弁護人が採りうる数少ない選択肢の一つである。本件では、もちろん、攻撃の対象となるはずの被害者が死んでいたという違いがあった。

　この被害者への攻撃を実現するために、私はジョー・サッテン博士の証言を必要とした。サッテン博士はカール・メニンガー（Karl Menninger）博士[20]の薫陶を受けた。メニンガー博士は、おそらく、20世紀のアメリカの精神科医の中で最も尊敬されていた人物で、法医学の父であった。1973年に、私が初めてジョー・サッテン博士に会って、サン・クエンティン刑務所の「穴倉」に閉じ込められた人間にかかる心理学的な圧力について質問したときには、彼はすでに法医学者として25年間の経験を有していた。このものすごく多忙な博士に私が会うことができたのは、私の父と彼が近い関係——２人は、専門職養成大学院であったメディカル・スクールで「同じ釜の飯を食った」仲間——であったうえ、親交が続いていたからだった。親交が続いた理由は、多分、２人が似たような背景を持っていたからだった。

　ジョーと私の父は２人ともブルックリンから来たユダヤ人移民の息子だった。二人はそれぞれ、ニューヨーク市の市立大学に進んだ。ジョーはブルックリン・カレッジ（Brooklyn College）に、私の父は「CCNY」と略されるニューヨーク市立大学（City College of New York）に進学した。ともに主席に近い成績で卒業した。しかし、２人ともメディカル・スクールに入学する際に反ユダヤ主義の壁に直面した。ニューヨーク最高のメディカル・スクールには、NYU（ニューヨーク大学）、コロンビア大学、コーネル大学などがあったが、これらの大学では、市立大学から毎年１人のユダヤ人しか受け入れなかった。市立大学がその評価をどんなに高めてもそれは変

---

20 アメリカの精神科医（1993年7月22日生、1990年7月18日没）で、カンザス州トペカに創設したメニンガー財団およびメニンガー・クリニックの中心メンバー。精神医学、心理学、刑事学等の分野で重要な貢献をし、1981年に大統領自由勲章を授与された。

わらなかった。しかし、真珠湾攻撃の後、国家の側で絶対的に医師が必要となったので、戦争の要請で入学枠が緩和された。

　邪道な方法ではあったが、私の父とジョーは反ユダヤ主義の壁を乗り越えた。軍隊は2人を一尉として登録し、教育のための費用を負担した。そして、2人は、通常であれば4年必要なプログラムを1年前倒しした特別な3年間プログラムを履修した。できるだけ早く彼らを戦場に送り出すための短縮だった。履修終了後、実際には、2人とも、最初は待機していなければならなかった。戦争の前、ジョーは、1年間、第一線から外されていた。一方、私の父は数歳年上だったので、数年間社会に出なければならず、すでに行動生物学者としてのキャリアをスタートさせていた。しかし、学校側の追放政策という最後の皮肉な出来事によって、2人とその級友たちも、ヨーロッパでドイツが降伏した日と同じ日に卒業させられた。そして、2人は、日本が降伏したときに、テキサス州のサム・ヒューストン基地(Fort Sam Houston)の基礎訓練場にいた。2人はメディカル・スクールへの入学許可と無償の教育を受けて、軍務の義務を終え、完全に戦争と「おさらば」した。

　こうして新しく医師免許を得た軍医は、軍務に就いて初めて、戦争前に苦しんでいたユダヤ人差別が少ないこと、そして、依然として軍隊内部で行われていた黒人に対する分離政策下にあった黒人兵よりはずっとユダヤ人出身の兵に対する差別の程度が低いことを知った。1944年、ジャッキー・ロビンソン(Jackie Robinson)中尉が**人種統合された**軍隊バスの後方座席に座らなかったとして逮捕されたとき、彼はその合法的な行為によってではなく、抗弁したことが不服従の要件に当たるとして、不服従の罪で軍法会議に付された。最終的に、ロビンソン中尉は無罪放免となった。私の黒人の依頼者が、最初から逮捕の理由がなかったことが判明した後に、逮捕につき抗議した事件を扱う際、私はいつも、このロビンソン中尉の物語を思い出した。

　戦後、カンザス州レーベンワース(Leavenworth, Kansas)にある連邦刑務

第7章
ケニー・クレイジー

所でアメリカ公共健康サービス（US Public Health Service）の仕事をした後、ジョー・サッテンは、トペカ（Topeka）にある、国内で最も大きく最も重要な心理学センターであるメニンガー・クリニックの主任法医学者になった。殺人犯の病理学研究に加えて、彼は、小説『冷血』のモデルとなった2人の男を作家トルーマン・カポーティに紹介し、カポーティとともにこの本の完成に尽力した[21]。彼が1971年にサンフランシスコに引っ越すまでに、サッテンは、カール・メニンガーを別としてアメリカ合衆国の誰よりも殺人犯の心理に通じていた。私は彼以上に信頼のできる専門家を知らなかったが、その点を考慮しても、特に、本件における彼の証言は通常彼が扱うテーマとはかなり様相を異にしていた。しかし、私のサッテン博士に対する主尋問は期待していたようには上手く行かなかった。というのは、サッテン博士は、証人としては、ある欠陥を持っていたからだった。

サッテン博士は、何がレナト・フランコのような暴力的性向を持った危険人物を生み出すのかについて基礎的な理解をしていた聡明な医師だった。彼の証言は、フランコがあの危険な暴力的属性を持っていたという明確な見解を提供していた。しかし、彼の級友が「寝ぼけのジョー」と呼んだように、サッテンは、異常なほどソフトな語り口で、かつ、話すのに時間をかける話し方をするので、ほとんど、カウンセリングをしている精神科医を見ているようだった。分析者として椅子に座って患者の話を聞き、それから、ヒゲをなでて沈思黙考し、ゆっくりと——苦悶しているかのように——自分の意見を述べるのだった。彼はすべて正しいことを語った。だが、陪審員は最後まで聞いていたのか？　私は心配になった。私は、陪審員が彼の証言の核心であったことの多くを忘れたのではないかと疑った。

しかし、陪審裁判の弁護側証人尋問に入って、ヒュー・レヴィン検察官がヘマをした。またしても、彼はサプライズに驚くこととなった。レヴィンは自宅で事前調査をし、ジョー・サッテンが殺人犯の病理学の著名な専

---

21 本書第1章注23参照。

門家であることを知った。しかし、彼は、私がサッテン博士を証人として召喚した目的をサイモンの「心神耗弱」[22]——サイモンは特定の殺人の明確な意思を形成することはできなかった——を証言してもらうためと考えた。私も、当初、その可能性を検討したことがあったが、その主張を支持する証拠を得られなかった。しかし、レヴィンはそのことを知らなかった。

　もう一度、レヴィン検察官は、反対尋問で、自己に有利な証言を引き出そうとした。しかし、弁護側が主尋問で行った専門家証言の出来が悪かったのだから、追加の質問はしない方がずっとマシだった。レヴィンは、陪審員がサッテン博士をどのように認識していたかを、間違いなく知らなかった。それで、彼はサッテン博士を攻撃的に追及した。ちょうど、ロースクールの学生レンの時と同じように。しかし、それは無駄だった。レヴィンが、ジョーの意見の背後にある論拠を質問すればするほど、ジョーは、その論拠を、一層強力かつ巧みに説明することができた。サッテン博士は、フランコに関する彼の結論がいかに明確な医学的証拠によって裏づけられているかを何度も繰り返すことができた。ジョー・サッテン博士の証言が終わるまでに、私は、第1級殺人罪を回避するためにやってきたことに、ずっと良い感触を感じていた。

　私たちは、すぐに、最終弁論へと進んだ。レヴィン検察官は本件が第1級重罪殺人の法律上の要件に当たることを強調した。一方、私は、レナトの人格、一般的に言って、不気味で信頼性に欠けるSROの現場の状況に焦点を合わせ、具体的な法の原則がどのように本件に適用されるべきかについてよりも、より衡平に力点を置いた弁論をした。2日半の評議の後、陪審員は法廷に戻ってきた。殺人罪の評決は第2級殺人罪[23]であった。これ

---

22 diminished capacity：限定責任能力。責任無能力までには至らないが、責任能力の減退した状態で、わが国の「心身耗弱」にあたる。

23 the second-degree murder：第2級謀殺罪。第1級謀殺罪（本章注13参照）の成立要件である「予謀（malice aforethought）」の加重要素を欠く謀殺をいう。「故殺」と「謀殺」との違いについて

が、私にとって初めての第2級殺人罪の評決というわけではなかったが、私が自分のできる最善をつくしたと感じた点では最初の機会だった。

この事件は、私に、平均的な普通の人々（陪審員のような）は、局外者——つまり、明らかに自分たちと違っており、生来的に変わっていると見える人々——を、少なくとも表面的にはなじみのある人々よりも違って認識するということを思い起こさせてくれる。私はサイモンが陪審員の幾人かにとっては嫌悪感をもたらす存在だったことを理解していた。私がこうした陪審員の偏見と闘う方法は、私自身が法廷での仕草や雑談を通して被告人とフレンドリーな関係を示すことだった(サイモンの性的指向、それは、当時、もう一つの異端分子の要素となりえたが、事件とは関係がなかったし、決して言及されることはなかった)。幸運にも、陪審裁判の終わりまでには、レナト・フランコの方がサイモン以上に異端分子のようだった。そのことが、第1級殺人罪を回避するのに役立ったのだろう。

エピローグ

サイモンは州刑務所に16年以上無期までの不定期刑を言い渡された。20年以上、彼が仮釈放の権利を得るまで、彼から私に何の音沙汰もなかった。仮釈放の申請時までに、彼はかなり宗教的になっていたが、それは、多くの場合、被告人の短所を補う取り柄、そして、仮釈放を得るための手段として宗教を利用する一つの策略だった。サイモンの場合も、私はそれが本物であることを強く疑っていた。彼は、私に対し、いかなるご託宣も与えてはくれなかったし、私には、彼がそのような遺伝子を持っているようには思えなかった。明らかに仮釈放委員会も同じ意見だった。サイモンは2013年に仮釈放となり、4年後に仮釈放から解放された。解放後に私は彼と会話をして、彼が峠を越えたことを得心した。彼は薬物もパンク・

....

　　は、本書第11章注1参照。

ロックの世界も捨てて、西部の州で、自分の過去の生活とフランコを殺したことを後悔しながらも、面倒を見てくれる友人に守られて、比較的満足した平和な日々を静かに送っていた。

ヒュー・レヴィンは、数年間、常に、私が出会った最も手強い相手の一人として、高いレベルの検察官であり続けた。2つのサプライズがあった本件で、特に、サッテン博士が彼に得点を与えなかった点でレヴィンに勝ったことは幸運だった。

私は、何年間もの間、**ジョー・サッテン**とその妻ノーマとの交際を続けていた。その最後の機会は、ニューヨークから来た私の両親と一緒に、妹の家で開いた記念すべき夕食会だった。ジョーは、1960年に、どうやって彼とノーマとハーパー・リー（Harper Lee）[24]がトルーマン・カポーティと一緒に1台のタクシーに乗ってトペカに行ったかについて、長い逸話を語った。カポーティが、運転手に、真っ暗でほとんど人気のない町のある特定の場所を見つけるのに、あれこれ指示を与えていた。最後に、カポーティが「ストップ、着いた！」と言った。そして、一行が車を降りて入って行った場所は地下のゲイ・バーだった。それは面白い話だった。寝ぼけのジョーは、場合によっては、面白い話の出来る人間になっていた。

レン・マストロモナコは司法試験に合格し、弁護士として開業した。15年後、私たちは同じ事務所のパートナーとなり、その関係は10年以上続いた。今でも、私たちは良き友達である。私たちはさまざまな場所で何度もレンの証人尋問の話をした。レンは、当時の私の義務が依頼者に対して最善をつくすことであり、レンを擁護することではなかったことを明確に理解してはいるが、いつも、私がどのように彼を証言台に放置したかについて私をなじるのだった。

私たちは2人とも、時々、地方の行事や何かで**トニー・クライン**裁判官

---

24 アメリカの小説家（1926年4月28日生、2016年2月19日没）。アカデミー賞受賞の映画『アラバマ物語』の原作小説である『物まね鳥を殺すこと（To kill a Mockingbird）』で、1961年にピューリッツアー賞を受賞した。また、文学への貢献で、2007年に大統領自由勲章を受章した。

第7章
ケニー・クレイジー

と偶然出会うことがある。彼は陪審裁判担当の裁判官よりも控訴審裁判官の方が適任なので、私たちは彼が控訴審裁判官として活躍していることを幸運に思っている。今度、私がクライン裁判官に会う時には、彼は眼を輝かせて私を見、それから例のヒゲをなでることだろう。

第 8 章
エスコート・サービス、それともコール・ガールの一味?

人民対ロバート・エム・「マックス」フォレスト

かつての依頼者で、免許を受けて同伴者（エスコート）サービス業を営んでいた男が「売春および周旋」罪の弁護を私に依頼してきた。有罪の証拠は、それまで私が弁護して無罪を獲得してきた事件と比べても、さらに脆弱だった。しかし、問題があった。依頼者は黒人男性で、主として白人の住む町で会社を営んでいた前科者であり、白人の若い魅力的な女性と一緒に逮捕され、しかも、妻であり会社の共同経営者であったパートナーも白人だった。加えて、正直なところ、マックスは、人々が抱く口先の上手い黒人の「売春斡旋業者」のイメージにほぼピッタリ当てはまっていた。裕福な白人が住むマリン郡では、これは弁護にとって致命的にマズかった。

昔の依頼者が社会復帰し、逮捕され、捜索を受ける

私が、サン・クエンティン６人組事件の後、デイヴィッド・メイヤーと一緒に弁護士業務を開始したとき、デイヴィッドは６人組事件だけに数千時間を費やしていたので、彼にはほとんど進行中の事件がなかった。私たちの目指すところは刑事弁護を実践することだったが、まず、家賃を支払うのに十分なお金を稼ぐ必要があった。私たちは、私たちの立てた原則に忠実であろうとした。その中には、大企業または保険会社の代理をするのではなく、社会的不正義の犠牲者の代理をすることが含まれていた。それ

232

第**8**章
エスコート・サービス、それともコール・ガールの一味？

は簡単なことだった。そうした大金持ちは誰も私たちに依頼をすることは
なかったからだ。デイヴィッドの手腕と持ち前の人間性に好感を抱いてい
た女傑弁護士３人が経営する家事事件専門の繁盛していた法律事務所が、
多くの少額家事事件をデイヴィッドにまわしてよこした。こうした事件が
負債の支払に役立った。その他に、受刑者の権利擁護の専門弁護士とし
て、デイヴィッドの評判は別の流れの事件をもたらした。すなわち、裁判
所ではなく刑務所で行われる服役囚の仮釈放審理の代理だった。それは多
額の収入にはならなかった。通常、親類がかき集めた数百ドルにすぎな
かったが、私たちが最高の弁護をするために、サン・クエンティン刑務所
という場に復帰するには十分だった。デイヴィッドはそれらの事件のかな
りを私にまわし、私はすぐに、仮釈放委員会に対して行う説得的で心を動
かす弁論に必要な技術を身に着けた。そして、そのやり方についてのブッ
クレットまで書いた。

　1970年代の半ばでも、今と同じように、社会復帰は受刑者の人生にとっ
て重要とみなされていたので、仮釈放審査は頻繁に開かれるようになり、
毎年１回程度は開催された。しばしばあったのは、刑務所内の評価が良
く、「115s」[1]の履歴がない者、つまり、懲罰を受けたことのない受刑者が、
仮釈放委員会のメンバーから称賛された後、刑務所で指示された社会復帰
プログラムを履行すれば、年内にもう一度仮釈放を申請できたことだっ
た。毎年、仮釈放委員会の社会復帰の条件に従った受刑者には、仮釈放へ
の道が開かれていた。もし、受刑者がプログラムＸを成功裏に成し遂げれ
ば、次の年にはプログラムＹを成し遂げるように指示される。それを完遂
すると、プログラムＺを成し遂げるように指示される。それも完遂する
と、私たちは、次の審査で、仮釈放委員会独自の基準に従って弁論するこ
とができた。「この者は、委員会が命じたすべてのことを成し遂げた。し

1　カリフォルニア州矯正更生局（the California Department of Correction and Rehabilitation:
　CDCR）の懲戒記録のCDCR様式115を指す。

かも、それを満足のいく形で成し遂げた。委員会は彼をこれ以上収容すべき理由がない」と。こうした事件で、私たちが仮釈放の許可を得た割合はかなり高く、たとえ、許可が得られなかった場合でも、私たちは、仮釈放委員会が要求した社会復帰条件のすべてを成功裏に完遂したことを根拠に、これらの受刑者を釈放するように、裁判所に対し**人身保護請求**[2]を申し立てて、そのいくつかは成功していた。

　ロバート・フォレスト（Robert M. Forrest）は私の最初の成功例であった。彼が刑務所から釈放された後、数年間、私に連絡はなかった。私が彼から連絡を受けたのは、皆から「マックス（Max）」と呼ばれていた彼が、「売春および周旋」という重罪の容疑で逮捕されたからだった。「売春」は多くの人にはなじみのある用語だが、「周旋」にはなじみがないだろう。「周旋」とは、対価を要求することなく、誰かに売春婦を斡旋し性交または性交できる状況を作出することをいう。マックスは、私に、「エリート」というマリン郡の同伴者（エスコート）サービス業を経営していたと言った。そこでは、彼が一群の女性と雇用契約をしており、彼女らは域外から来たビジネスマンと一緒に、カクテル・パーティーや社用の会食、場合によってはデートをしていた。彼は州から免許を得ており、1年半にわたり合法的にビジネスを行っていたと語った。最近、彼がエスコート役として職を求めてきた1人の女性と面接をした際、その面談の最中に突然、警察が事務所に入ってきて、彼とその場にいた事務所マネージャーのジェニー・バー（Jenny Bahr）を逮捕した。彼が保釈を得て電話したのが私だった。

　マックスが面接していた女性は、当時、「ファーゴ・ユニット（Fargo unit）」と呼ばれた最先端の警察用無線機器を装着した覆面警察官だった。ファーゴは、体に装着したマイクを通して音声を近くの警察の録音機に送信する仕組みだった。警察が、なぜ、この特殊なビジネスに覆面捜査官を派遣したのかの理由は、警察研究の博士号取得者に聞くまでもなかった。

2　habeas corpus：本書第 1 章注 14 参照。

第 8 章
エスコート・サービス、それともコール・ガールの一味？

マックスは前科者で顔立ちの良い若い黒人の青年であった。つまり、彼は、当時の人種差別主義者の眼には「明瞭な」対象者だった。南カリフォルニアに戻る代わりに、彼はマリン郡にとどまった。マリン郡の保安官事務所は周辺にいるサン・クエンティン刑務所からの出所者すべてを監視していた。その上、マックスはおとなしくしていることができなかった。彼の性格に照らして、何かを望むとじっとしていられなかった。そして、エスコート・ビジネスを経営するために、彼は広告をしなければならなかったのだ。

　公設弁護人のグレン・ベッカー（Glenn Becker）は、事務所マネージャーのジェニーの弁護人に選任されていた。私がロースクールの学生として公設弁護人事務所にいたとき、彼は新人の公設弁護人だったが、その時以来、私はずっとグレンを知っていた。マックスとジェニーの事件の時までに、私たちは良き友人になっていた。ある朝、コーヒーを飲みながら、私たちが警察の報告書に目を通し、ファーゴ・ユニットからの録音テープを聞くにつれて、私たちはすぐに、2人が逮捕された理由、そして、この事件には穴があり、私たちに勝つチャンスがあることを理解した。証拠はかなり不利だった。すなわち、マックスは覆面警察官に「私たちはここで性（sex）のビジネスをしている。性は私たちの売り物である」と言っていた。しかし、嵩張ったファーゴ・ユニットには2本のワイヤがあり、一つはマイク、もう一つはアンテナの役割を果たしていたが、これらを隠すのは難しかった。11月の凍える夕方に逮捕が行われた。覆面警察官はコートを着ていた。面接の途中で、マックスがその女性に「あなたがよく見えるようにコートを脱いでください」と彼女の衣服ではなくコートを脱ぐようにと頼んだときに、路上の角にいた覆面パトカーの警察官が、合図のある前に、フライングを犯したのだ。コートを脱いでワイヤがむき出しになるリスクよりも、エスコート・サービスの事務所に急行してマックスとジェニーを逮捕することの方を選んだのだ。これは、「覆面捜査の中断」の一例を示すものだった。なぜ、警察がワイヤを簡単に発見されるような装着方

法を採ったのか私にはまったくわからなかった。しかし、警察が覆面捜査の完了前にそれを中断したにもかかわらず、やはり、マックスとジェニーは重罪で起訴された。

このファーゴ・ユニットが嵩張っていただけではなく、送信された音声もどうとでも聞こえる代物だった。録音テープを聞いていたとき、私たちは、マックスが「コートを脱いでください」と「性のビジネス」と言ったのは聞き取れたが、残りの会話の多くを理解するのは不可能だった。私とグレンはこの点におおいに関心を持った。というのも、パトカーの中でこれを聞いていたアルカシアン警部(Detective Sergeant Arkasian)は、私たちには理解できなかった会話が、録音テープからわかる結論よりもはるかに明瞭だったと主張していたからだ。そして、それは伝聞証拠ではなかった。原則として、法廷の外で人が語ったことは伝聞証拠である。しかし、その人が犯罪を行ったことを供述した場合——法律用語では「自白」という——は伝聞証拠にはならず、その供述を聞いた第三者も、それについて証言することが認められている。

マックスは保釈され、ジェニーは自ら事実を認め法廷に出頭することを約束して釈放されていたので、予備審問[3]の期日は5週間先と指定された。身柄を拘束されている被疑者にとっては、予備審問がいつ開かれるかは、常に、最優先の関心事項だった。カリフォルニア州およびアメリカ合衆国憲法の下で保障されている迅速な裁判を受ける権利は、予備審問手続にも適用があったにもかかわらず、審問手続が保留されている間、被疑者は拘置所に収容された状態でただ待機しているだけだったからだ。身体拘束を受けていない他の者にとって、裁判所——そして、弁護人——は、より多くの時間を使うことができた。そして、通常、私たち弁護人にとって、この与えられた時間が弁護の準備をし、戦略を練る時間だった。

逮捕の後、保安官は「エリート」の事務所をくまなく——机、引き出し、

---

3 preliminary hearing：本書第2章注2参照。

第 **8** 章
エスコート・サービス、それともコール・ガールの一味？

クローゼット、金庫など——徹底的に捜索し、証拠になると思った物すべてを押収した。弁護人には、押収された物すべてを確認する権利があった。それで、すぐに、この事件の担当となった検察官マイク・エリオット（Mike Elliot）との間で、検察庁で警察官が押収した物すべてを閲覧する旨の合意をした。しかし、その閲覧の機会が来る前に、グレンと私は、証拠排除の申立ができることに気づいた。「MTS（motions to suppress）」[4]と略称される証拠排除の申立、または、刑法の条文に由来する、カリフォルニア州の法曹が使う専門用語「1368申立」が、刑事事件の法廷では共通に用いられていた。私たちは、本件では、憲法修正第 4 条の定める「不合理な捜索および差押え」を受けない自由という憲法上の権利の明確な侵害があったと考えた。なぜならば、警察官はエリートの事務所内全域を支配していたのだから、徹底的な捜索をする許可を裁判官に求めて捜索令状を得る時間はいくらでもあった。時には、敷地内捜索は、通常、緊急の出来事が発生した場合を指す「緊急事態」を根拠に正当化されることがあるが、本件では、いかなる緊急性もなかった。また、憲法修正第 4 条にはこう書いてある。「令状は、相当な理由に基づいて……発付されなければならない」と。本件では、警察官は令状を得ることができたし、相当な理由を示すこともできたのに、彼らはそれをしなかった。そして、そのことが捜索を違法不当なものにしていた。

　私たちは、予備審問の直後に、証拠排除の申立をした。しかし、まず、私たちは、検察庁で腰を据えて、警察がエリートの事務所から押収した証拠物を検討した。実際には、どう転んでも有罪の証拠となるような物は、1 つの品物を除いては、なかった。それは緑色のスパイラル・ノートだった。その中には、誰かが書いた、同伴者となる契約をした女性各人の「好きと嫌い」をリスト化した頁があった。嬉しいことに、「好きと嫌い」が実

4　motions to suppress：違法収集証拠排除の申立。原則として事実審理の開始前に申し立てなければならない。

際に意味している関心事が何かは、各頁の記載内容からすぐにわかった。すなわち、「音楽が好き、スポーツが嫌い」「食べることが好き、クラシック音楽が好き、でもジャズは嫌い」「ダンスに行くのが好き、野球が好き、しかし、フットボールは大嫌い」といった類だった。

　私たちは、「エリート」がマックスの言っていた通りのサービス業であることを示す大きな証拠を発見したのだった。すなわち、合法的なエスコート・サービスであること。

予備審問

　私たちが予備審問に臨んだ時、グレンも私も、あの緑色ノートのお蔭で事件についてかなり楽観的だった。しかし、私たちには、まだ、大きな懸念があった。予備審問という聴聞の機会があることを考えると、マックスとあのエスコート候補者との間で交わされた会話のテープでは聞き取れなかった部分について「警察官は何を証言するのだろうか？」ということだった。陪審裁判での不意打ちを避けるために、私たちはアルカシアン警部を予備審問に召喚した。

　しかし、最初に、検察官は覆面警察官として雇われた女性を召喚した。彼女は警察官ではなく配車係であったが、マックスとの会話について証言した。それから、テープ録音の設定を担当したロー刑事（Detective Low）が召喚され、録音テープが真正であることを証言した。これらの証人だけでも、マックスとジェニーを起訴するに必要な相当な理由という基準を満たしていた。しかし、ロー刑事は、テープの一部が聞き取れないことに同意したが、会話が行われていたとき、彼自身はパトカーの中にはいなかったので、会話を直には聞いていなかった。アルカシアン警部だけが、パトカーの中で会話全体を聞いて、録音内容を捻じ曲げた警察官だった。警察の報告書の中で、アルカシアン警部は会話のいくつかに解釈を交えたものがあることを認めていたが、私たちには、彼が何を証言──または主張

第8章
エスコート・サービス、それともコール・ガールの一味？

——するつもりなのかはまったくわからなかった。私たちは、アルカシアン警部の予備審問時の証言によって、彼が何を聞いたのかにつき、彼の証言をピン止めしておかなければならなかった。それと同じくらい重要なこととして、彼が何を聞かなかったのかについても、彼の証言をピン止めしておかなければならなかった。

　私がアルカシアン警部を証人として召喚した際、検察官は何も言わなかったが、裁判官ロバート・マンセル（Robert Mansell）——気難しくて、時には強情で手に負えない奴——が「立証趣旨の提示を求める」と言った。「立証趣旨の提示」とは、その証人が何を証言する予定かについて弁護人が明らかにする陳述のことである。本件では、私は正確な提示をいかなる形でもすることができなかった。というのは、アルカシアン警部は予備審問の前に私と話すことを拒否しており、私は彼が何を言うのかはわからなかったからだ。だからこそ、私は彼を証言台に呼んだのだ。その当時、予備審問における証拠に関する法律の重要な原則——被告人にとっての公正を実現するもの——は、もし、ある証人が検察側の立証を凌駕するか、または、防御方法を基礎づける証拠を持っているならば、弁護側は、裁判所の許可を得て、その証人を召喚することができた。その背後にある考え方はこうである。仮に、検察官がある証人を予備審問で証言させるのではなく、後日の公判審理の証人として温存しておくという選択をした場合、公正性の要請から、弁護側は、その証人が知っていることを見出すためにその証人を召喚することができるというものだった。

　不運なことに、この召喚の権利を支持する多数のカリフォルニア州裁判所の先例があったにもかかわらず、1990年に「犯罪被害者司法改革法」[5]と称される州法の提案によって、この権利は他の被告人の諸権利とともに廃

5　The Crime Victims Justice Reform Act：1990年に制定されたカリフォルニア州の法律。法案の目的は犯罪被害者の権利擁護とされたが、実際には、カリフォルニア州最高裁判所が、アメリカ合衆国憲法の保障を超えて認めてきた被告人の諸権利を剥奪することを目的にした。本文の解説参照。

止された。想定されていたのは、犯罪被害者を擁護する利益になるとの考えだったが、事実は、予備審問手続を簡素化することに熱心だった地区検事が立案し、法案通過を支持したものだった。この「改革法」によって、憲法によって保障されるべき他の被告人の権利も剥奪される結果をもたらした。その中には、憲法修正第６条の下での証人審問権が含まれており、警察官が伝聞によって証言できる場合には、目撃証人を召喚しなくともよいという理由だった。また、弁護側に対し有罪立証の基礎となる情報を提供しなければならない権利も含まれていた。これらの剥奪は憲法修正第５条および６条違反だった。この提案は、法と秩序への関心の高まりの中で議会を通過し、犯罪で告発された人々をかつてないほど厳しく不利に扱うことを可能にした。

　それでも、当時、私が警部を証人に召喚できることを法律が認めていたのは明らかだった。誰にとっても明らかだと思っていたが、この裁判官だけは違っていた。私が「アルカシアン警部はパトカーの中で会話を聞く立場にあった」と説明すると、裁判官は「それが何だというのだ？」と答えた。私が、さらにアルカシアン警部は録音テープを編集し、かつ、その内容を知っている人物だと説明すると、裁判官は私に５分間与えるから、証言内容を明らかにするようにと言い、そうでなければ証人申請を却下すると述べた。しかし、アルカシアン警部は私に任意で話そうとはしなかった。それでも、私は、マンセル裁判官が法廷に戻ってきたとき、私がかろうじて知っている一般的な事項の概要を述べて立証趣旨の提示をした。すなわち、アルカシアン警部は「電気録音機器を持参して」現場に臨み、「雇用面接の形態をとって」いる会話を聞き、マックスが席を外して数分後に若い女性（多分、ジェニー）と一緒に戻ったのを確認し、その後の会話を聴取した。

　マンセル裁判官は、私の提示は「完全に不十分である」と宣告して、私が「明らかに、立証趣旨の提示が何を意味するのかの知識を欠いている」と言った。マンセルは、私の述べた証言概要についてアルカシアン警部が証

第 8 章
エスコート・サービス、それともコール・ガールの一味？

言する内容につき双方で合意書面を作成するように求めた。合意書面の作成などと言ったら、私が最初に警部を証人として召喚したことの意味——後の証言で変更できないようにピン止めすること——がまったく失われてしまうのは明らかだった。それで、私は拒否した。裁判官は怒った。しかし、検察官は、弁護人の方が法律上正しく、些細な手続的な瑕疵を理由に後に有罪判決が破棄されることを嫌ったので、いかなる異議の申立もしなかった。それで、マンセル裁判官は捨て台詞を吐いて矛を収めた。「もし、この法廷に弁護士がいたならば、間違いなく有益だったろうに。」

　後に明らかになるように、アルカシアン警部の証言は私たちの弁護にとって不可欠なものだった。そして、もし、私が警部を召喚することを主張しなかったならば、私たちは敗訴していた可能性が高かった。私は、アルカシアン警部の証人尋問において、言語不明瞭な録音テープを再生し、彼がそこから何を理解したのかを尋ねた。彼は同じ断片的な会話を挙げた——「私たちは性のビジネスをしている」「性は私たちの製品です」そして、最後に「あなたのコートを脱いでください」。これらが録音テープから理解可能であるすべてで、警察の報告書でもこれらだけが強調されていた。その後、私は、アルカシアン警部が作成した報告書がいかに重要であるか、彼が重要な事実をいかに細大漏らさずに記載したかについて型通りの前提質問をした後、警察官を尋問する際の典型的な質問をした。すなわち、彼が言語不明瞭の録音テープから理解できた内容で報告書に記載しなかった重要な会話内容があったか否かを質問した。当然、彼はノーと言った。それで、目的は達成された。アルカシアン警部は、後になってから、もっと明白な会話があったとは言えなくなったのだ。検察側の有罪証拠は「私たちは性のビジネスをしている」「性は私たちの製品です」に尽きた。私たちにとって、それは決して理想的ではないものの曖昧な表現であった。そして、私たちには、あの緑色のノートがあった。

地方裁判所での申立と陪審裁判

　マックスとジェニーが地方裁判所で重罪の訴追に対し罪状認否を終えた後、グレン・ベッカーと私が着手したのは証拠排除の申立だった。通常、各被告人の弁護人は、それぞれ別に申立を行う。または、一方の弁護人が申立書を作成し、他方の被告人の弁護人がそれに加わるという形を採る。いくつかの理由があったが、おそらく、私たちは親密な連帯関係を持って申立に臨まなければならないと考えたと思うのだが、私たちは、証拠排除の申立書を「**連名**」で書いた。この意味は、単一の申立を示す一通の申立書の中に申立弁護人の氏名および事務所の記載が連名でなされたということである。そして、私たちは、その申立の法廷での弁論に２人一緒で出頭した。それは、当時、法律に則っている自信があったので、私たちはたいしたことではないと思っていたが、これが陪審裁判では大問題になった。証拠排除の申立というのは、通常、ほとんど認められることがない。しかし、私たちは、本件はその例外に当たりうると考えていた。警察は容易に捜索令状を入手できたのに令状なしに捜索した点で違法は明確であったからだ。

　証拠排除の申立審理と陪審裁判の担当はウォレン・マクガイア判事(the Honorable E. Warren McGuire)となった。マクガイア裁判官は、生粋の保守系共和党支持者だったが、私が法廷で対峙した最も優秀な裁判官の一人だった。彼は多くの裁判官が実践しない極めて重要なことを実践していた。すなわち、彼は、自らの個人的信条、偏見や私見を法廷に入る前に封印し、一旦、裁判官席に着くや、法律を忠実に適用することに最善をつくした。マクガイア裁判官は、すぐに、警察が「エリート」の事務所から押収した証拠すべてを証拠排除した。検察官マイク・エリオットは、あの状況の下では証拠排除はやむを得ないと考えたのか排除決定にはまったく驚かず、裁判官の決定をそのまま受け入れた。そして、私たちは検察側が法廷に提出する予定の違法収集証拠の排除を求める申立もしていた。その証拠

第 8 章
エスコート・サービス、それともコール・ガールの一味？

の中には、あの緑色のノートも含まれていたが、弁護側が防御方法として
それを法廷に提出することは禁止されていなかった。結局のところ、私た
ちはそれを違法に収集した当事者ではなかったからである。

　すべての陪審裁判と同様、本件の事実審理も陪審員の**選定手続**[6]から始
まった。陪審員候補者が私たちの依頼者にとって公正な人物か否かを見極
めるために、各候補者に質問する機会のことである。言い換えれば、私の
依頼者の多く、特に有色人種にとっては普通に見られることであるが、高
額所得者層の白人地域であるマリン郡のような場所では、より不公正では
ないと思われる人かどうかが選定の基準だった。本件のような場合、私は
選定手続に２つの目的を持って臨んでいた。一つは、陪審員の偏見を知る
ことであり、もう一つは、裁判官に理由のある忌避の根拠となる偏見を十
分にわからせることであり、換言すれば、当事者双方に認められている
「専断的忌避」[7]——理由を示すことなく陪審員候補者を忌避できる方法
——を通じて、偏見を持つ陪審員候補者を除外することだった。マックス
が歩んできた道を考えれば、若くて格好の良い、ステレオタイプ的に「ず
る賢く」見える黒人青年について、陪審員が生来的に持っている偏見を明
らかにすることは重要だった。陪審員がそうした偏見によって、本件の証
拠が何であれマックスに対する否定的な感情に基づいて事実審理に臨むこ
とは阻止しなければならなかった。

　この特別な選定手続の間に、啓蒙しようとする私の努力からするといさ
さか一貫しない異例の出来事が起こった。私が、一人の陪審員候補者フォ
レスト・マービン氏（Mr. Forrest Marvin）に、被告人を見てどう思ったか
と質問したとき、彼は、率直に、「売春斡旋業者」のイメージに似ている奴
だなと思ったと述べた。私が、マックスをステレオタイプ化して見ていな
いかと問うと、彼は、素直にそれを認めた。彼はそう考えた根拠として、

6　voir dire：本書第 3 章注 14 参照。

7　peremptory challenge：理由不要の陪審員忌避。本書第 7 章参照。

マックスの服装の着こなし方、法廷における振る舞いについて言及した。私はそのステレオタイプをさらに明らかにするために、陽気な感じで、「フォレストさん、あとは、つばが広くて大きな締まりのない帽子があれば完璧ですか？」と聞いたら、彼は同意した。この陪審員候補者は、見立てのすべてがこのステレオタイプに基づいていることに実に忠実であった。そして、彼はマックスに対するこのステレオタイプを持ち続けないように慎重になるだろうと考えて、私は彼を陪審員に残した。通常であれば、私は、陪審員候補者の誠実性を理解したとしても、そうした偏見を示す者に対して信頼を置くことはない。しかし、マービン氏はあまりにも正直だった。その上、彼はほぼ全員が彼のように特権階級に属する白人であった他の陪審員を啓蒙するのに重要だった。私は彼を忌避した場合の他の陪審員候補者たちの反発の方を恐れていた。

　陪審裁判はいつものように淡々と進んだ。少なくとも１回、私はグレンに、彼の依頼者ジェニーの肌がもう少し見えないように彼女のブラウスのボタンをもう１つ止めるように言えと頼んだ。私たちの一貫した信念は、マックスが合法的な同伴サービス業を営んでいたこと、彼の発言「私たちは性のビジネスをしている」は、単に率直な真実を述べたものであること——男性のビジネスマンの顧客は見た目が良い女性同伴者を望んでいたことだった。覆面捜査が途中で中断していたので、これ以上、売春を裏づけるようなものは何もなかった。したがって、この発言にもかかわらず、弁護はかなり強力だと感じていた。そして、私たちには、緑色のノートから得られる強力な反証があった。私たちは、そのノートを弁護側証拠として提出し、それを押収した警察官を証人として喚問して、その警察官に中身を確認させてそれを読ませることもできたし、あるいは、そのノートについてマックスに証言させることもできた。しかし、私は、一番良い方法がマックスの妻であるアンジェラ（Amgela）に証言させることだと考えていた。彼女がこの記載を始めた当人だったし、記載内容のほとんどを書いていたのが彼女だったからだ。その上、彼女は、たまたま自らも稼働してい

第 8 章
エスコート・サービス、それともコール・ガールの一味？

る登録同伴者だった。彼女は白人でありながら夫が黒人であったことは両刃の剣ではあったが、バランスの上では、彼女の方がマックスよりは遥かに信頼のおける証人として受け止められるからだった。

　検察側立証は１日半で終了した。すなわち、証人は、覆面捜査員、ロー刑事、およびアルカシアン警部であり、残りは音声録音の再生だけだった。警察官は、覆面捜査員が衣服を脱ぐように言われたときに覆面捜査員の安全を心配したと証言した。しかし、脱ぐように言われたのは衣服ではなくコートだった。私たちは最初の証人としてマックスを召喚した。彼は、エスコート・ビジネスというのは、事実、ある意味で「性」を売り物にしているが、それは違法なことではないことを説明し、全体として良い証言をした。しかし、彼の応答は私が想定していた以上になめらか過ぎて、べらべらと口先だけの印象を与えた。それで、陪審員が彼のことをどう考えたかにつき心配は残った。しかし、それでも、「性のビジネス」の説明は合理的であった。

　その日の午後の法廷を終えた後、私はアンジェラと緑色のノートについて考えながら、200頁のノートを何気なく指でめくっていた。同伴者の（無罪証拠となる）「好き嫌い」の記載で埋められていたのは最初の15頁ほどの箇所だけだった。頁の３分の２ほどまで繰った時に、１頁のちょうど４分の１くらいのスペースに数行書かれている文章が目に留まった。その記載の前後には50頁ほどの空白の頁があった。その記載は、明らかに、ボイスメールのメッセージの原稿であるように思われた。それは芳しいものではなかった。

　　こんにちは。こちらはエリート・エスコート・サービスです。現在、あなたの電話にお答えすることができません。しかし、あなたのエスコートの依頼には間違いなく応じることができます。同伴者は、あなたの自宅、あなたのホテルの部屋、その他あなたが希望する場所にお伺いすることができます。あなたのご希望をお知らせください。

それを実現する用意があります。

　私は茫然となった。たしかにこの内容は曖昧ではあった。誰も「同伴者があなたとセックスをするために行きます」とは言っていなかった。また、誰も行く（come）という表記を「イク（オルガスムに達する。cum）」とは書いていない。しかし、私はこのメッセージが気にいらなかった。私はグレンを探しに行き、一緒に誰もいない法廷に入って、私が発見したものをグレンに見せた。私たちは３、４回それを読んだに違いなかった。私たちは本件の弁護に自信を持っていた。そして、緑色のノートが依頼者を身柄拘束から解放した切り札だった。しかし、今や、私は、陪審員が私と同じように頁を指でめくり、あの頁を見つけ、同伴者がコール・ガールであったとの結論を引き出すことを恐れた。グレンはこの考えに同意しなかった。彼は、合理的に、次のように指摘した。「本件で検察側の有罪証拠としては排除されたこのノートを入手したのであるから、検察官がすでにこの頁を見ていた、つまり、ノートを子細に検討していたとは思えない」と。彼はまた、「陪審員がこの記載に着目するとは思えない。なぜなら、私たちはそもそも無罪証拠である最初の15頁についてだけ言及するからだ」とも述べた。さらに、グレンはこう論じた。「仮に陪審員がこの頁を読んだ場合でも、最悪、曖昧な内容にとどまるから、それがノートの最初の頁部分の無罪方向の証拠を凌駕することは決してない」と。

　それは金曜日の午後の出来事だったので、グレンと私は、週末の２日間この問題を検討し、さらに議論することにした。私たちは日曜日にどう対処するかにつき結論を下すことで合意した。私たち両名の連名申立の結果、マクガイア裁判官は緑色のノートを検察側の有罪証拠から排除していた。それゆえ、私たちは、弁護側証拠としてこのノートを法廷に提出するか否かにつき決定できる権利を有していた。２日間の中断の間に、私は２つのことを確信した。すなわち、第一に、このノートの「好き嫌い」の記載を使用するか否かにかかわらず勝訴できるし、私は内心、勝訴するだろう

第 8 章
エスコート・サービス、それともコール・ガールの一味？

と思った。覆面捜査の中断という事態が生じた場合には検察側の構図が崩れるのが常だった。「性のビジネス」に関するマックスの説明どおり、彼の証言はうまく行った。私は、単純に考えても、被告人を合理的な疑いを超えて有罪とするのに十分な証拠はないと思った。第二に、私が読むたびに嫌な感じを抱く、あのボイスメールのメッセージが含まれるノートを証拠として提出することは、不必要な危険をもたらすと確信した。検察側の立証が脆弱であることを考えれば、ノートを弁護側証拠として提出しない方が安全な対応だった。それで、私は日曜日にグレンに電話をしてその考えを伝えた。しかし、その時までに、優秀な弁護士であると同時に頑固な独立不羈の思索家でもあるグレンは、私とは反対に、それを弁護側証拠として提出する決断をしていた。月曜日の朝、私たち2人が真逆の立場で法廷に臨むことは奇妙かつ異常なことだった。

月曜日の法廷でマクガイア裁判官が裁判官席に座る前に、私たちは、陪審員が入廷する前に協議する事項があると裁判官に告げた。その後の30分間、グレンは緑色のノートを弁護側証拠として提出したいと告げ、弁護側証拠として提出できる理由を説明した。一方、私はこの証拠提出には反対し、私がこの証拠の排除を申し立て、それが認められたことに留意するように言った。マクガイア裁判官は、当然のことながら、困惑していた。「誰が証拠排除の申立人だったんだ？」　私たちは2人の連名であったと言った。グレンは、この証拠は警察によって違法に収集された証拠だが、その証拠としての利用の禁止は**検察側**の有罪証拠としての提出にのみ適用されるのであって、弁護側には適用がないと主張した。私は、いかなる目的であってもこの証拠を法廷に顕出させないように証拠排除の申立をしたのであるから、申立人の私が同意しない限り、いかなる理由であっても、証拠として提出することはできないし、それが憲法修正第4条の保障することだと主張した。この議論の間、エリオット検察官は、テニス試合の観戦者のように、首を右に左に交互に振って眺めていたが、その結末には関心がなく、実際に、なぜ、この議論が起こったのかの理由については無知

だった。マクガイア裁判官はこの点に関する先例を尋ねた。私たちは「先例は見つけられなかった」と答えた。裁判官は執務室で一旦休憩をとり、裁判官席に戻ると、憲法に依拠して、私の方に軍配を上げた。

その結果、私たちは事件の最もシンプルな地点まで戻った。すなわち、検察側において、マックスとジェニーが免許を受けた同伴者サービスの経営と業務内容に違反して「売春と周旋」をしていたことが、合理的な疑いを超えて証明できたか否かという地点である。陪審員は、2日間、評議をした。これほど短期間で終わった事実審理に比して驚くべき長さであった。陪審員長がマクガイア判事にメモを渡した。それには、「一人の被告人については評決に達したが、もう一人については評決に至っていない」と書かれていた。裁判官は陪審員にもう少し評議を続けるように促し、陪審員は評議を続けた。マクガイア裁判官は陪審員を法廷に召喚し、評議の不一致は評決不能なものなのかを尋ねた。

私は、ここで一般論を述べておかなければならない。陪審員が評決不一致になる場合とは、刑事事件であれば、被告人の有罪について全員の意見がまとまらないことを意味し、**常に**、突然に「評決不能」という結末となることが予想される。裁判官が陪審員長に意見の不一致は解消できないほどのものかを尋ねたときの私の心境はまさにそうだった。今や陪審員長となっていたマービン氏が立ち上がり、「マックスに関して意見の不一致がある」と言った。するとただちに、他の陪審員が声を荒げて話し始めた。要するに、マービン氏は、陪審員には、裁判長に対し意見の不一致では**ない**ので評決に至るまで評議を続ける旨を告げると約束していたというのだった。しかし、私は、これまでの経験および最悪の場合に対する恐れから、結論として「審理無効」[8]を覚悟した。マクガイア裁判官は他の陪審員に静粛にするように求めてから、陪審員長に対し、全員一致になる何らか

---

8 mistrial：陪審の評決がなされる前に、裁判官から無効と宣言されて事実審理を終了すること。多くの場合、陪審の評議がまとまらないときに宣告される。

第8章
エスコート・サービス、それともコール・ガールの一味？

の道があるのか否かを尋ねた。マービン氏は、はっきりとした口調で
「ノー」と言った。マクガイア裁判官は、マックスに対して審理無効を宣言
し、その直後に、ジェニーの無罪釈放を宣告した。

　その後、私の経験上、実に奇妙なことが起こった。陪審員が裁判官席へ
駆け寄り、マービン氏が、陪審員には「審理無効とはならずに評議を続け
ることになる」と説明していたこと、および、陪審員長だけが有罪の評決
に固執していた者であること、加えて、ジェニーとマックスを有罪とする
実質的な証拠はなかったこと、そして、マービン氏固有のマックスに対す
る偏見が公正な評決の障害になっていたことを裁判官に説明した。私は、
羽一枚で倒れるほどの衝撃を受けた。私は、刑事事件の弁護人であれば誰
でも行うように行動したが、根本的に間違っていたのだ。そして、もっと
悪いことに、私はそれほどまでにひどい人種差別主義者の人物を陪審員に
残したのだった。

　「何があったの？」　マックスが私に聞いた。

「何があったの？」

　この評決の後、私が学んだことで思い起こすのは、当時のマリン郡検察
庁の人種差別主義的態度であった。もちろん、全員がそうだったというわ
けではなかった。陪審裁判を担当した検察官のマイクは、マックスが11対
1の評決後に本件が公訴取下げになれば、それを歓迎しただろう。マイク
は立派な法律家で、本件の証拠が致命的に脆弱であることを理解してい
た。しかし、検察庁の上層部は、マックスの隠れた素性を明らかにするこ
とを望み、審理無効にもかかわらず、本件を取り下げることを拒否した。
いささかやり過ぎと思える方法で、検察庁は、私が提起したあらゆる審理
後の申立に対し反論するために、**次席検事**を裁判所に送り込んできた。し
かし、マクガイア裁判官は検察官の公訴取下げ拒否に対して私以上に不愉
快であったことがわかった。最初に、私は裁判官に対し、マックスがさら

249

なる保釈によるのではなく、自らの誓約書だけで釈放されるように求めた。認容。次に、私は、マックスが最初の陪審裁判で手持ちのお金を使いきってしまったので、私を裁判所指名の弁護人として選任するように求めた。というのも、マックスが起訴された後、彼のビジネスは廃業となり無一文となったからである。この申立も認容。それから、私は裁判官に、調査のための費用の支出許可を求めた。これも認容。1カ月後、私は法廷に戻り、言語学——基本的には、マックスの言葉「私たちは、性(sex)のビジネスをしている」が合理的にいかなる意味を持つのかについて——に関する証言をする専門家証人を申請した。これについては裁判官は認めなかったが、検察官に対し、この論点に関する報告書を提出するように命じた。そして、裁判官は、再審理の日程を決めるのを延期した。

　一方、裁判を報道対象としているマリン郡の日刊紙「**インデペンデント・ジャーナル(Independent Journal)**」が本件を取材対象に取り上げ、地区検事がマックスを再度審理に付すことに固執している理由は何かを問う2、3の記事を書いた。私が、法廷担当記者に対し、評決に至らなかったあの日、法廷に戻ってきた陪審員が何を語ったのかの法廷担当記者のメモを反訳するように求める申立をするや、地区検事はついに降伏し、本件を取り下げた。検察庁が前の陪審裁判の終結から起訴取下げまでの8週間に行ったことは、裁判官と地域社会の眼に、検察官自身をバカ者と思わせる以外の何物でもなかった。

エピローグ

　マックスは前科者で詐欺師であり、しばしばトラブルを起こす奴であり、無垢な人間像からは程遠かった。しかし、彼は才能豊かであったから、今度は、郡の首都であるサン・ラファエルで、店頭からは消えた古い電気製品の修理業を新たに始めた。「売春と周旋」被告事件の取下げから1年半ころまで、警察の監視の眼はずっと彼に注がれていた。それで、彼は

第 **8** 章
エスコート・サービス、それともコール・ガールの一味？

別の重罪——詐欺事件——で捕まった。今度は、陪審裁判が始まる少し前に、ほぼ間違いなく無罪となる確実な証拠を発見した。事件が陪審裁判に進むと、いつも裁判官室で、最初に、事件が司法取引によって解決できないかについて、ちょっとした議論が行われる。私は検察官と裁判官リチャード・ブレイナー（Richard Breiner）に弁護側の証拠を開示した。リチャード裁判官は、数年前に、サン・クエンティン6人組事件のフリータ・ドランゴ（Fleeta Drumgo）を弁護していた男だった。

　検察官は上司の意見を聞くために時間をくれと言った。その上司とは、あの売春被告事件の取下げを拒否していた同じ次席検事だった。検察官はずっとマシな取引条件を持って戻ってきた。私たちは「ダメだ。とても十分ではない」と言った。検察官は陪審員選定手続に入る前にもう少しだけ時間をくれと言った。上司の所に戻り、より寛大な取引条件——留置期間なし保護観察なしの軽罪についての有罪答弁で、長い前科調書にもう1つだけ軽罪が加わるだけであった——を持って戻ってきた。しかし、私がマックスと協議すると、マックスは、たとえ軽罪であっても彼の新しいビジネスの許可を失うかもしれないことを心配していた。私は裁判官室にいた裁判官の所に戻り、そのことを伝えた。すると、ブレイナー裁判官が行政法規を調べ、適用法規を見つけて、こう述べた。「見てごらん。この犯罪は免許停止をもたらすものではないから、そのことを私が前科記録に付記しよう。それだけではなく、私がそのことを依頼者に代わって文書に書いてあげよう」。

　さて、私はそうすべきと考え、検察官と裁判官双方にそれは良い考えだと思う旨を伝えた。多くの人にとっては、軽罪であっても前科調書に残ることは大事であるが、マックスにとっては、重罪の前科が1つ以上あるのだから、それは些細なことのように思えた。罰金なし、身体拘束なし、保護観察なしなのだから申し分ない。彼の店へ戻ろう。これ以上の行幸はない。

　昼食時間になっていたので、マックスと私はこの提案を議論するのに十

分な時間があった。私は、この取引が最大限有利なものである多くの理由をあげて、拒否が想定できないほど完璧に近い有利な取引であることを説明した。彼はこう言った。「リチャード、俺はあんたを信頼しているよ。あんたならこの事件を無罪にするだろうと確信している。俺はどんな罪であっても有罪の答弁をしたくないんだ」。私は、**いつだって**、敗訴する危険はある。それは、刑事事件では、不可避的に真実なのだ」と答えた。しかし、マックスは私にこう続けた。「あんただってわかるだろう。誰にだって、自分の人生の中でけじめをつける時期があると思うんだ。俺にとって、その時が今なんだ。どんな罪であっても、俺は有罪の答弁をするつもりはないよ」。

昼食後、私たちは法廷に入った。まだ、陪審員候補者は廊下に待機していた。ブレイナー裁判官は、私の方を振り向き、マックスが無罪の答弁を撤回して有罪の答弁をすることを期待して、こう言った。「弁護側、何か申立がありますか？」「いいえ」と私は答えた。マックス以外の誰もが驚いた。すると、検察官が立ち上がり、起訴を取り下げると述べた。

マックスの弁護を通じて私は重要な教訓を学んだと同時に、今になって思いだすことが２つある。教訓とは、それが何であっても、自分が弁護人であり、弁護人の眼からみて自らの判断が正しく、かつ、それが重要であったならば、たとえ、当局者がひどく立腹するとしても、その当局者を前にして譲歩してはいけないということだ。私が子供のころ、完全な非暴力主義者であった私の母親は、「自分の力を信じなさい」という言葉で、そのことを教えようとした。予備審問の時、マンセル裁判官は私に腹を立て、法廷侮辱罪で私の身柄を拘束する寸前まで行った。しかし、私は法に則って自らが正しいと知っていたし、より重要な点として、依頼者の利益を守るために警察官を証人喚問することが必要だったのだ。奇妙なことに、マンセル裁判官は、私が実務修習のために修習生[9]として彼の前に現

---

9 student practitioner：本書第 2 章注 6 参照。

第 8 章
エスコート・サービス、それともコール・ガールの一味？

れたとき以来、ずっと、私に目をかけてくれていたのだ。たまたま、その翌日、私は特別公設弁護人として、パートの仕事である別の予備審問のために彼の法廷にいた。マンセル裁判官は、私を裁判官席に招き、私のことを立派な若い弁護士の卵であると知っており、他のことを考えずにそれを続けなさいと言った。裁判官からそう言われることは嬉しいことであり、かつ稀なことだった。

今、思い起こすことの第一は、依頼者は自らの自己決定権を持っていたということである。私は、マックスに対し、この取引を受けるように強力に説得した。私には不利な条件はまったく見えなかった。しかし、ジプシーのとき[10]には、彼女は最終的に有罪の答弁を**しない**ことに納得したが、その時とは異なり、私はマックスを納得させることができなかった。そして、後に明らかになったように、マックスは正しかった。しかし、たとえ、彼が間違っていたとしても、彼の人間としての尊厳は自らが決定権を持つことを要求した。そして、彼は私の弁護人としての技量を信じて取引を拒否したが、それは、まさしく彼が当事者として自分自身で決断する権利の問題だったのだ。

思い起こすことの第二は、言うまでもなく、人種差別主義が深く浸透していたことである。私は、陪審員**選定手続**の長い対話を通じて、マービン氏が偏見を認識していることは公正さ——彼はマックスに対するステレオタイプな見方を真に捨て去り、彼を客観的に見ることができる——の表明であると考えた。しかし、マービン氏は他の陪審員を啓蒙できた半面、自分自身を啓蒙することができなかったことがわかった。有罪証拠が弱く、11人の陪審員が証拠上有罪の認定は無理だと考えていたにもかかわらず、マービン氏はマックスに対する自らの内面化された敵意を克服することができなかった。そして、同僚の陪審員たちにウソをつくほどまでになった。そのとおり。確実に、人種差別主義は一個人の中に深く根づいているのだ。

---

10 本書第 5 章第 3 話「ジプシー」参照。

第 **9** 章

マリン郡の離婚裁判の王

ベッツの婚姻に関する事件
デュアルテの婚姻に関する事件

若い弁護士の時代に私が学んだ一つの重要な教訓は、自らが弁護実務を支配しないならば、間違いなく、自分がそれに支配されるということだった。それは、私が弁護士になった初期の頃に扱った海軍一等下士官のアーニー・ベッツの離婚事件で、彼を代理したときにわかったものだった。アーニーは、妻マージーが包丁を手に彼に向ってきたときに、結婚生活の終了を決断した。彼は自宅を逃げ出し、停泊中の航空母艦を住処にして流浪生活をし、その後、私に連絡してきた。私は、彼のために必要な物、前妻にとって必要な物、彼の飼い犬にとって必要な物を、おおむね、この順序で引き取ることとなった。

　同じ時期、私は難しいデュアルテ事件を扱っていた。アーニー事件の体験とは異なり、私は、扱い方が難しいだけではなく、規則に従って行動することを拒絶する依頼者に途轍もない努力を強いられていた。

第9章
マリン郡の離婚裁判の王

「顧客名簿」を発展させること

1980年までに、デイヴィッド・メイヤーと私は自分たちを「マリン郡の離婚裁判の王」[1]と見ていた。私たちは、そうなろうと考えていたわけではなかったが、開業して生計を営むためには、500ドルの家事事件の顧客はありがたかった。その上、少なくとも、私たちは手ぶらで壁を見つめるのではなく、刑事事件が舞い込んでくるのを待っていた。家事事件は、始めは細々と来るだけだったが、数年のうちに、私たちは家事事件の実務を手広く行うようになっていた。デイヴィッドは、すでに、マリン郡の一流の女性弁護士で構成された家事専門法律事務所の友人を通じて、素晴らしい供給源——弁護士が「顧客名簿」と呼ぶもの——を確保していた。約1年後、私も自分自身の顧客名簿を発展させていたが、それは、サンフランシスコのプレシディオ(Presidio)にあるアメリカ軍基地の主任法務官事務所から付託された家事事件のものだった。

私とプレシディオ主任法務官事務所との関係は、最初から順調に始まったというわけではなかった。私は陸軍軍人のジョセフ・モンク(Joseph Monk)がマリン郡で起こした重罪事件の弁護人として彼に雇われた。良い精神科医と温情味ある裁判官のお蔭で、ジョセフが治療プログラムを受けることを条件に、彼は軽罪での有罪答弁をする代わりに保護観察だけで釈放となった。陸軍はジョセフを軍法会議[2]にかけ、彼は、再び、私を弁護人に雇った。ジョセフには軍所属の弁護人の援助を受けられる権利もあった。私には軍法会議での弁護経験がなかったので、得られる援助は何でも利用したかった。私がいろいろな人に評判を聞いた結果、プレシディオの誰もが認める基地で最高の弁護人はボー・ビリングスリー(Beau

---

1 the Divorce Kings of Marin County：マリン郡を管轄地とする離婚裁判で、依頼者の希望する離婚を実現するのに定評のあった自分たちをもじった表現。

2 Court-martial：軍裁判制度の第一審裁判所。軍法会議の管轄は、駐屯地内の犯罪または制服着用中の軍務に関係した犯罪に限られる。

255

Billingslea）大尉であるとわかった。それで、彼の許を訪ねた。ビリングスリーはジョセフの弁護団に加わる意思はまったくないと明言した。しかし、私はデイヴィッドから空軍の法務官事務所での話を聞いていたので、法務官事務所の弁護人が利用可能な状態の時には、弁護人の就任要請を拒否できないことを知っていた。私がビリングスリーにそのことを告げると、彼は、不承不承、弁護人になることを承諾した。

　一旦、ボーが弁護人に加わるや、彼は弁護に最善をつくしただけではなく、その手腕はかなりのものだった。彼の援助を受けて、私はささやかな奇跡を得ることができ、ジョセフは懲戒解雇ではなく普通解雇となった。この事件を通じて、ボーと私は親しい友人となった。私たちは良き弁護人仲間であっただけではなく、遊び仲間でもあった。ボーは魅力的なイケメンの30代半ばの黒人青年で、コネチカットのロースクールに通う傍ら、ニューヨークで昼ドラ「**ザ・ヤング・アンド・ザ・レストレス**」[3]の俳優として出演していた。彼は軍隊を嫌悪しており、それを証明するために、彼の言葉を借りれば、「裸で」歩いていた。つまり、軍服に着けるいかなる種類のメダルをもつけずに歩き回っていた。そのメダルには表彰メダルもあった。私が彼と会ったとき、彼は俳優としてハリウッドに行くために除隊の時期をうかがっていたのだった。一旦、私たちが仲良くなった後、彼は私に奇妙な依頼をしてきた。テニスの仕方を教えてくれと言うのだ。彼はまともにテニスの試合ができることはロサンゼルスで役に立つと考えていたのだ。私は上手なテニスプレーヤーではなかったが、子供時代にテニスをしていたので、私と彼はプレシディオのハードコートで頻繁にテニスをした。

　ボーがテニス相手を見つけた見返りとして、私は事件の付託を受けた。私は刑事事件の依頼を望んでいたが、それはなかった。軍隊内では結婚生

3　the Young and the Restless：1973 年 3 月から CBS テレビで放映されたドラマで、人気を博し、昼ドラマ部門のエミー賞などを受賞した。

活の破綻が頻繁に起きており、多くの場合、基地内のレターマン陸軍病院に勤務する医師が当事者だった。医師は全員が将校であり、その配偶者が、どうすれば離婚のための弁護士を得られるかの助言を求めて、頻繁に法務官事務所を訪れていた。それで、ボーおよびボーの親友であるハーバード卒の法務官アート・グラント（Art Grant）が、事件の多くを私に付託するようになったのだ。およそ3年間、これが私の最大の顧客源となった。仮に私の求めていた業種がこれであったとしたならばの話だ。とはいえ、私はこれらの事件を通じて、金を稼ぎ、多くのことを学び、多くの離婚裁判の経験を積んだ。

　デイヴィッドと私はともに刑事弁護士であり、カリフォルニア州弁護士会から公式に刑事専門弁護士の認定を受けていた。しかし、私たちは弁護士として成功することも望んでいた。ある意味、「成功」とは、その業務が持続的で、多忙であり、かつ、収入を生み出すか否かによって決まる。それで、家事事件の受任を制限するのではなく、私たちは離婚事件を受入れ続けた。私たちは、2人の間で、1年の四半期ごとに、どっちがより多くの収入を得たかを競い、勝った方が敗けた方のおごりで素敵な夕食とワインにあずかれる約束をした。とはいえ、この過程で、私たちは多くの若い弁護士が犯す失敗をした。すなわち、私たちは、これらの事件を論争的にしてしまい、和解でよりマシな決着ができたのに、怒った依頼者がそれを蹴って訴訟にまで行くという例があまりにも多かったのだ。こうした離婚事件が私たちの実務の中心で、かなりの程度まで、私たちの生活を支えることとなった。

ベッツ対ベッツ事件

　ベイ・エリアの軍内部のコミュニティに口コミで私の評判が広がるにつれて、私の事件の供給源は拡大した。アーニー・ベッツ（Ernie Betz）は陸軍ではなく海軍の所属であり、徹頭徹尾、海軍軍人らしく見えた。すなわ

ち、小柄ながら、刺青を入れた屈強な腕を持ち、ガニ股で歩く男だった。彼はアルコール中毒からの回復を手助けする専門医であり、航空母艦に乗船して薬物乱用者のカウンセラーとして勤務していた。彼がどのようにして私の所に来たのか経緯はわからないが、私は彼に会ったとき、依頼者となる医師や金払いの良い配偶者の多くよりも好感を持った。アーニーの妻のマージーはバーテンダーで、アーニーの２倍の体格をしており、明らかに、アルコール中毒からの回復途上にあった。マージーが包丁を持ってアーニーに向かって来た後、彼は仕事を中断して、オークランドに停泊していた航空母艦に逃げ帰った。それ以前も、彼がマージーの前に恐れをなしていたのは明らかだった。

　アーニーとマージーはほとんど財産を持っていなかった。彼らの自宅は、サンフランシスコ準郊外のソラノ郡(Solano County)ヴァレーオ(Vallejo)にあった海軍基地マーレ・アイランド(Mare Island)の借家だった。彼らは、２台の中古車、少額の銀行預金、古いキャンピングカー(ウィニバーゴ)と２匹の血統書つきのビーグル犬、バフィーとレディを所有していたが、これですべてだった。

　アーニーが依頼者として来るまでに、私はこの種の離婚事件でかなりの経験を積んでいた。カリフォルニア州では、1970年に、離婚原因を争う訴訟に代わって「有責性を問わない離婚」が一般的になっていた。私は、原則として所有物を50対50の均等に分けることを知っていたし、アーニーとマージーの財産はほとんどなかったので訴訟で争うほどの価値はないと考えていた。最大の争点は、夫が妻に支払う扶養料が争点となった場合の配偶者扶助の取扱いだった。いずれの郡であっても、当事者の収入に基づいてその配偶者扶助の額が決まるガイドラインがあったし、アーニーはそれに従って支払うことに異存はなかった。マージーを困らせることは何もなかった。

　マージーの代理人弁護士ケン・ララビー（Ken Larrabee）は好人物に見えたし、普通の弁護士、すなわち、その道の第一人者ではないとしても、

第 9 章
マリン郡の離婚裁判の王

十分な能力を備えている弁護士であれば、合理的に考えて、きちんと対応するだろうと思った。しかし、ララビーは先例や勝訴の自信について多くを語らなかった。彼と私は、数回、電話で話をし、公平な分割について両者が合意するのに困難はほとんどないと考えた。本件での唯一の争点は犬だった。両当事者とも、心底、これらの犬を愛しており、彼らは一度ならず繁殖にも成功し、子犬を売却していた。アーニーは、心底、オスのバフィーを愛しており、その所有を望んでいた。しかし、ララビーが二匹の犬を分けて所有する提案を持ち帰ってマージーに提示したところ、マージーは、頑として、自分が 2 匹の犬を所有するのでない限り和解には応じないと言い張った。ララビーと私は行ったり来たりして、可能な複数の解決策を提示したが、マージーはまったく動じなかった。彼女は犬 2 匹とも所有することを望んだ。

　軍隊関係者の離婚を扱った数年間、私は実に些細な品物が夫婦間で合意できない象徴となるのを見てきた。そして、時として、まったく馬鹿げた理由で訴訟になる事例も見てきた。紛争の種が日本製の木彫りの馬であったり、2 人がドイツの小店で買った花瓶であったりというのがその例だった。犬の方が些細と思われる静物よりもずっと重要であることはわかるが、2 人の弁護士とアーニーが数回にわたり、行ったり来たりを繰り返した後、私はアーニーに対し、マージーの移り気を考慮すれば、アーニーが 2 匹の犬を彼女に与えることで上手く事態は進むのではないかと助言した。彼はこの提案が気に入らず、それについては熟考しなければならないと言った。

　そうこうしている間に、本件はサンフランシスコの北東 1 時間ほどの所にあるソラノ郡のフェアフィールド（Fairfield）で裁判が行われることになった。多くの郡がそうであるように、家庭裁判所は当番制で割り当てられた特定の裁判官 1 人が担当することになっていた。当時の家庭裁判所の裁判官はデイヴィッド・シャーウッド（David Sherwood）だった。彼の噂は聞いていたが、それは彼が女嫌いで有名であったからだ。私は、もし、

アーニーが本件を訴訟に持ち込んだならば、マージーにとって非常に不利な判決になるだろうと思った。マージーにとって幸運なことに、事実審理の前日、アーニーが私に電話をよこし、彼は、犬のことを考えた結果、訴訟の苦痛を避けるために、不本意ではあるが、バフィーをマージーに渡すことにしたと述べた。アーニーは支払う扶助額の総額についても合理的な金額以上を提示していたので、事実審理前の和解は、いつも以上に容易であるように見えた。

　しかし、私たちは、マージーの内心まで推測することはできなかった。

　ソラノ郡家庭裁判所での第1日目の審理は、いつもと同様、当事者に紛争を和解で終わらせる最後の機会を与えるために、午前10時にならなければ開始されない扱いになっていた。事実審理の当日の朝、ララビーと私は午前9時に会い、私はアーニーが犬を諦めることにしたと彼に告げた。ララビーは和解協議に決着をつけることになると確信して、マージーの同意を得るために部屋を出て行った。5分が過ぎ、10分が過ぎ、20分が過ぎた。私は何があったのか不安になり、相手方弁護士を探しに行った。私が彼を見つけたとき、彼は見るからに困惑していた。「マージーは、扶助額を月に250ドル上乗せしない限り和解には合意しない」と彼は言った。私はララビーに、アーニーはマージーが生活をするのに十分な金額を提示しているので、それ以上増額はできないこと、マージーはバーを営んで普通の暮らしができていることを告げた。「収入に基づく裁判所ガイドラインが定める金額以上の額を得ているじゃないか」。「それはわかっている。だけど、彼女は頑として聞かないのだ」とララビーが答えた。

　「シャーウッド裁判官のことを知っているのか？」と私は聞いた。

　「いいや、知らない」とララビーが答えた。ララビーは、明らかに、必要な事項を予め調べておくタイプの弁護士ではなかった。

　「シャーウッド裁判官には、女性に対して非常に厳しく接するという評判がある。もし、私たちがこれで合意できなければ、この裁判官は君の依頼者を締め上げるぞ」と私は言った。

第9章
マリン郡の離婚裁判の王

　ララビーは、もう一度、彼の依頼者の所に話に行ったが、何の進展もなかった。それで、私たちはやむなく事実審理に臨んだ。

　この点につき、私は説明しておかなければならないだろう。アーニーの代理人弁護士として、マージーの利益を擁護することは私の義務ではないということだ。実際のところ、仮にアーニーが本件紛争から可能な限り多くを得ようと考えたならば、倫理規則上の義務として、私はマージーを助けることになることをララビーに言う必要はなかった。しかし、アーニーは、最低限の、つまり彼の受けるべき割合だけを望む人間であり、犬のバフィーを愛していながらも、犬を諦めることで平和裏に和解ができるのであればそれでよいと考えたのだった。

　私たちは結果を予想しながら事実審理に臨んだ。包丁の件には一切触れなかった。それは、カリフォルニア州の「有責性を問わない」法律の下では、単純に無関係であったからだ。しかし、シャーウッド裁判官は、証言が終わるや否や、マージーに対し、私たちが和解案として提示していた金額よりも月額にして150ドル少ない金額（彼女が要求していた金額よりも400ドル少ない額）を支給することを言渡した。そして、アーニーに対し、彼が求めてもいなかった2台の車のうち1台を選ぶ選択権を与え、ボーナスとしてキャンピングカーも与えた。それから、裁判官は、最後に、犬2匹について「当裁判所は、ベッツ氏がオスの犬バフィーを、ベッツ夫人がメス犬(bitch)のレディを所有するように命ずる」と述べた。私には、裁判官がいわゆる禁句の「メス犬(bitch)」という言葉を余計に強調したように思われた。悲鳴が上がった。「嫌っ、私のバフィー！！！」 マージーは裁判官席に突進し、裁判官の首を絞めようとした。私のすべての裁判において、身の毛がよだつような刑事事件の裁判であっても、このような事態を見たことがなかった。どこからか3人の廷吏が現れて、マージーを裁判官から離そうとし、マージーを裁判官席から引きずり下ろした。どういうわけか、廷吏はマージーの身体を拘束せずに彼女を釈放した。私は、その後、彼女が刑事事件の被告人として起訴されたのかどうかについては知らない。

その日の最後に、アーニーと私は保安官の警護車に伴われてバフィーを引き取りに行った。そして、バフィーを連れて、私たちはソラノ郡の区域外に出るカークイネス・ブリッジ（Carquinez Bridge）の端まで保安官に付き添われて、帰路についた。

離婚事件の実務の困難さ

　ベッツ訴訟の頃までに、私は自分の弁護実務の方が自分の人生を支配していることを知った。その逆ではなかった。この当時の事件リストを見ると、進行中の離婚事件が17件もあった。これらの事件が財政的に私の生活を支えていたのだが、刑事事件よりも遥かに難しかった。たしかに、依頼者が犯罪で起訴されると、その人の人生と自由が危機に瀕した。それは最大の危機であり、私個人にとっても、それは最大の心配事だった。しかし、離婚事件の争点にみられるような依頼者の生の感情が表出することはなかった。しばしばあったのは、私が提出期限直前に刑事事件の申立書を起案したり、陪審裁判の1週間前の準備をしたりしている最中に、家事事件の依頼者から電話がかかってきて、「極めて急を要する」ので私と話すことが「是非とも必要」だと言って、作業を中断されたことだ。実際には、こうした中断が緊急を要することは稀だったし、通常は、単に依頼者の精神状態だけが絶望的だったに過ぎなかった。とはいえ、これらの電話の主は私の依頼者だったから、私は電話口で、小1時間、結局は来ることになる来訪時間について依頼者と話をするか、または、配偶者を罵倒するのを聞いていた。この間、私の心は刑事事件の被告人が刑務所に行かないで済むにはどうすればよいかを考えていた。

　デイヴィッドと私は、家事事件では、弁護士・依頼者関係の本質的な要素はしばしば失われることに気がついた。すなわち、「依頼者コントロール」のことである。依頼者のコントロールとは、私たちの望むように依頼者を強制して何かをさせるということではない。私が意味しているのは、

第9章
マリン郡の離婚裁判の王

有意義な建設的な対話からわかった依頼者の願いを理解した後に、依頼者にとって最善の利益が何であるか、そして、その利益を実現するための最良の方針は何かについて、依頼者に客観的に見るように説得することである。離婚事件の平均的な依頼者と比べて、刑事事件の被告人の方が良き聴き手であり協働者だといえば、非論理的に思われるかもしれない。しかし、デイヴィッドと私はともに、これは真実であると思った。おそらく、刑事事件の被告人の方がより現実的な見通しを求めていることと関係しているに違いない。私たちには、離婚事件の依頼者とは築けなかった信頼関係が刑事事件の被告人とは築くことができる方法があったのだ。おそらく、刑事事件の被告人は、いかに渡世術にたけていたとしても、法廷においては力不足であることを認識していたのに対し、家事事件の依頼者——平均して、より高い教育を受け、お金もあり、多くは白人——は、その根拠はわからないまでも、法制度が彼らに有利にできていることを知っていた。

　理由がどのようなものであれ、私にとって、平均して、離婚事件の依頼者よりも刑事事件の依頼者の方が認識を共有する点では容易だったことに疑問の余地がない。そして、直感に反するように思われるかもしれないが、私は刑事事件の被告人のほとんど（ただし、酔っ払い運転者を除く。彼らは給付金をもらっていた者が多い傾向にあった）が好きだった。その一方で、私がまったく好きになれない多くの家事事件の依頼者を抱えていたのだった。

　私は、ベッツ事件の時までに、家事事件の難しい依頼者は少しも異常な存在ではなくそれが普通であることを知った。彼らは家事事件という領域ごとやってきたのだ。そして、彼らは私の弁論能力を必要としたのではなく、単に、私の庇護を求めたのだった。私が弁護士になって最初に引き受けた家事事件の訴訟で、私はセネット（Sennett）夫人を代理した。彼女は、サンフランシスコに移り住んできたとき、夫からゲイであることを告白されて夫に捨てられたと感じ、うつ状態になった60歳代の女性だった。彼女

は怒りを覚える以上に不幸を感じてうつ状態になっていたが、依然として、怒りの気持ちもあったので難しい依頼者であることは間違いなかった。しかし、彼女の事件では、明らかに、夫と取引をするということはありえなかった。私が夫ラルフ・セネット（Ralph Sennett）氏の代理人弁護士ドナルド・ビーチ（Donald Beech）と話すたびに、ビーチは依頼者ラルフが置かれていた環境で彼の苦痛がどれほどのものであったかを話した。ラルフの行動は妻の行動を反映したものだった。しかし、私は彼女の悪口は一切言わなかった。そうなのだ。私はここで強調しておかなければならない。依頼者の悪口を言うことは弁護士の倫理規則に違反するのだ。まさしくこれは、私がロースクールで法曹倫理を教え始めてすぐに学んだことなのだ。しかし、私にとっては、むしろ、沈黙する方が訴訟において戦略的に有利な地位に立てると思えたからだった。裁判において、これが正しかったことが証明された。

　しかし、セネット夫人や彼女のような人物を代理することは、やはり楽な仕事ではなかった。ベッツ事件が事実審理に進んだときに、折悪しく、私は災難ともいえるデュアルテ事件に深く巻き込まれることとなった。この事件では、私がかつて会った依頼者の中で最も非協力的な人物、ジゼル・デュアルテ（Giselle Duarte）夫人が関わっていた。もし、誰かが私に離婚事件から撤退する必要があった理由をもっと説明せよと言うのであれば、デュアルテ夫人の存在がその十分な説明をしてくれるだろう。

デュアルテ医師とデュアルテ夫人

　ハンニバル・デュアルテ（Hunnibal Duarte）氏はフィリピンの出身だった。彼はフィリピンでアメリカ合衆国陸軍に加わった。その時の約束は、アメリカに渡り陸軍の費用で４年間のメディカル・スクールの履修を終える代わりに、卒業後、軍医として勤務するというものだった。ジゼル・ドブソン（Giselle Dobson）は、ハンニバルがヴァージニア大学のメディカル・

第9章
マリン郡の離婚裁判の王

スクールにいたときに、彼と知り合った。どういう経緯で出会ったのかは不明である。ジゼルによれば、彼女がヴァージニア大学の3年生の時に働いていたキャンパス内の書店で2人は出会ったということだったが、数年後にハンニバルの代理人弁護士に私が聞いた話では、彼らは「売春宿」で出会ったとのことだった。当時のハンニバルは、小柄で、肌が褐色で、イケメンで、まだヒヨコでかつエキゾチックであった。おそらく、ジゼルの背景事情がどのようなものであれ、ヴァージニア出身の若い女の子はハンニバルを夢中にさせた。彼らが結婚した1年のうちに、女の子と男の子の2人の子供が生まれた。ハンニバルがプレシディオのレターマン陸軍病院に配属されて神経外科の研修医としての期間を終了する時点までに、子供たちは5歳と6歳になっており、結婚生活は破綻しつつあった。

ジゼルは、私の友人だった法務官事務所のボーから私に付託された依頼者だった。彼女が私に会いに来たとき、彼女は500ドルの弁護士依頼料と深い怒りを抑えるための薬を所持していた。ジゼルは、ハンニバルの人物像につき、家事の手伝いをせず子供たちとの絆もほとんどない不誠実な夫だと繰り返し述べた。ジゼルは、ハンニバルがすべての時間を病院で過ごすか、友人と一緒に外で過ごすかのどっちかだと言った。これは以前にも私が聞いていたことで、別に問題とするほどのことではなかった。実際に、軍関係の事件では異様なことではなかった。ジゼルは、医師収入の中から、ハンニバル自身の弁護士費用と同額の費用を私に支払うことは十分に可能だったので、私は喜んでジゼルを依頼者として契約した。その時、私は、『不思議の国のアリス』と同じように、彼女の個人的なラビット・ホール[4]へと彼女を追いかけて転落していったのだった。

抑うつ状態だったセネット夫人とは異なり、ジゼルは怒りを抱いていただけではなく、復讐心に燃えていた。彼女はどんな方法でもいいからハン

---

4 デュアルテ事件の受難の端緒を『不思議の国のアリス』でアリスが落ちていった「ウサギの穴」になぞらえた表現。

ニバルに仕返しをしたかった。もし、私がこの復讐の強固な意思を知っていたならば、私は彼女の代理人には決してならなかっただろう。しかし、私がこれに気づいたときにはすでに遅く、彼女に実害を与えずに辞任することはできなかった。すべての弁護士にとって、特に、まだ経歴の浅い弁護士にとって、後になってから引き受けなければよかったと後悔する事件がある。しかし、仮に私が間違ったと思っても、それは私について言えることで依頼者の側ではないと思ったので、私は最後までつき合った。

　ジゼルとハンニバルは、結婚中に集めた普通の、象徴的な意味はあってもつまらない安物の装身具すべてについて言い争った。しかし、２人の不一致はほとんどの人よりも遥かに激烈で、特に、ジゼルの側がそうであった。ジゼルはわめき散らし、かつ、怒り狂っていた。彼女は物を壊したが、それは単に意地悪の目的のためだった。彼女は、場合によっては、彼と子供たちとの間の行き来ができない理由を偽った。そして、彼女は彼の個人的文書にまで侵入した。

　彼女の怒りの多くは子供たちとの面接交渉に向けられていた。ハンニバルは対等の共同監護権を望んではいなかった。というのも、彼の医師としての研修期間は少なくとも週80時間の勤務を要求していたからだった。しかし、ジゼルは、ハンニバルには面接交渉の最低限の時間しか認めないと言い張った。彼女はハンニバルが「あらゆる点でだらしない父親」であると主張したが、それを裏づける証拠は何もなく、ただ、彼女の抱いていた不愉快の表明でしかなかった。ハンニバルの側には、物理的な虐待もなく、体罰もなく、言葉による虐待もなく、子供たちを叱ることもバカと呼ぶようなこともなかった。ジゼルは、ハンニバルには隔週の週末しか子供に会えないこと——これは慣例だったが、この頃までに、父親が子供の許に訪問する日程を決めるというやり方は、裁判所の支持を失って時代遅れになっていた——を求めていた。これはハンニバルにとっては受け入れがたく、彼は、少なくとも毎週、彼のいる所で一晩子供たちと過ごすことを求めていた。この双方の主張の違いは本件が裁判に移行することを意味して

266

第 9 章
マリン郡の離婚裁判の王

いた。そして、面接交渉をめぐる争いではジゼルに勝ち目はなかった。

裁判の約6週間前に、ジゼルが事務所に来て、私に、ハンニバルが子供たちを連れて逃走するつもりだと確信していると述べた。彼女がハンニバルのアパートに子供たちを引き取りに行った際に知ったと言った。アパートには、ハンニバルが病院の霊安室当番であったため子供たちが部屋に残されて、ベビーシッターの世話を受けていたのだ。ジゼルはこの機会を捉えて、ハンニバルの机の中を探索して、数週間のうちにハンニバルと子供たちがフィリピンに行く片道航空券を発見したと言った。もちろん、この事実は深刻なトラブルを引き起こすものだった。まず、これが真実であれば、ハンニバルには帰国する意思がないことになるから、彼は子供たちを誘拐したことになる。第二に、ジゼルがハンニバルの文書をパラパラとめくって見たことは不適切な行為であり、犯罪に問われる可能性があった。

私は深刻なジレンマに陥った。私は、いかなる状況の下でも誰かが子供たちを連れ去ることを断じて望まなかった。他方で、私は、ジゼルの取った行動を、依頼者に対する厳格な守秘義務に反することなく、どうやって相手方の弁護士や裁判所に明かすことができるだろうか？ 熟慮し、かつ、デイヴィッドに相談した後に、私は、これまで良好な関係を築いてきたハンニバルの代理人弁護士のブルース・バーガー（Bruce Berger）の判断に委ねるべきと決断した。セネット夫人事件の弁護士とは違って、当事者の明白な敵意やこの種の事件ではほとんど不可避的に生ずる「難しい依頼者」の感情的な雰囲気にもかかわらず、ブルースも私も自らの依頼者について悪口を言うことはなかった。そのことから、私は彼が尊敬できる公正な心を持った弁護士であると考えたのだ。

私は、危険を知りつつブルースに電話をかけて、ハンニバルが子供たちを連れて国外逃亡するつもりだとジゼルが心配していると伝えた。ブルースはその考えは馬鹿げていると回答し、ハンニバルには陸軍で勤務しなければならない義務の履行期間がまだ3年残っていると言った、しかし、私たちは健全な信頼関係を築いていたので、ブルースは私の抱いた懸念を完

全に否定することはしなかった。そして、彼はジゼルがそう考えた根拠を聞いてきたが、私がそれを明かすことはできない旨を伝えると、彼はそれ以上回答を求めず、黙って私の話を聴いてくれた。この好意的な対応のゆえに、私はブルースに対する信頼をさらに強めた。可能な限り相手方弁護士との間で良い関係を発展させることの重要性がよくわかった。私の経験上、相手側の弁護士との良い関係というのは原則というよりもむしろ例外に当たるが、本例のように、こうした例外の起きるときは、それは極めて価値のあるものとなるのだ。

私は、ブルースに、立派な医師が子供たちを連れて裁判管轄外に逃れるということは考えがたいことに同意すると告げた。しかし、もし、ブルースがハンニバルにおいてその種の事をまったく考えていないと確信できるのであれば、ブルースが彼のパスポートを法律事務所に保管しておくことに反対しないのではないか。ブルースは、この点につき、喜んで依頼者と話をし、安全の保障を私にすると言った。翌日、彼は電話をよこし、ハンニバルが国外に子供たちを連れて出国しないことを保証するので安心するようにと告げてきたが、その保証が何に基づくのかについて明確なことは言わなかった。私が情報源を明らかにしなかった際、彼が私を信頼したのと同様、今度は、私が彼の言う「安心せよ」の言葉を信頼しなければならなかった。

私はブルースを信頼したが、ジゼルはそうではなかった。そして、彼女は自分のずっと持ち続けている懸念を克服できるほどには私をも信頼していなかった。彼女の怒りが和らぐことは一度もなく、2人の怒った当事者は訴訟へと進んだが、怒りの大部分はジゼルの側のテーブルにあった。

2日間の事実審理の結果は予測できたものだった。夫婦は婚姻中の品物のリストについて争ったが、裁判官はそれについて判断することをせず、代わりに、それぞれが最も必要とする物3点を書いて提出するように求め、仮に双方が合意できない場合には、調停官に委ねるという方法を選択した。子供たちについては、裁判官は、ジゼルが子供たちの監護権を維持

第9章
マリン郡の離婚裁判の王

する一方で、デュアルテ医師が、少なくとも3分の1の期間、子供たちと一緒に過ごす権利があることを認めた。その期間には、宿泊を伴う週末の面接交渉が含まれていた。私は、ジゼルに、これが現実の結果であり、以前から予期していた結果であることを何回も繰り返して説明したが、彼女は、依然として、激怒したままだった。

　訴訟が終わり離婚成立の認証証書が交付された後、争いのあった財産の分割はその後に行われた。ハンニバルとジゼルは、最終的に、残っていた争いのある品物の所有権の帰属を解決できたが、それに1カ月間を要した。その後、私は事件記録を閉じ、ジゼルとは1回話しただけだった。

エピローグ

　アーニー・ベッツ：彼の事件が終わった3カ月後、アーニーは私に電話をよこし、ビーグル犬のバフィーを前妻のマージーに与えるつもりだと言った。彼が言うには、アーニーがよく遊んでいた友人を通じて前妻からの伝言があり、マージーが2匹の犬と一緒にいないので気が狂いそうだという内容だった。アーニーは、「あの犬を愛している。でも、私は2匹の犬を離れ離れにしておくことはできないんだ。それで、友だちにバフィーを彼女の所に届けてもらった」と言った。彼の声には後悔が滲んでいたが、マージーと結婚したときよりもずっと平和に感じていると私に語った。

　ボー・ビリングスリーは、予告していた通りハリウッドに行ったが、この章を書いている現時点まで、彼と会ったことも彼から連絡を受けたこともない。彼のテニスの腕前が上がったのかはわからない。しかし、彼が相当な魅力と美貌を備えたままベイ・エリアを去ったことは間違いなく知っている。ボーは努力してハリウッドで立派な経歴を築いた。彼は、一度も、望んでいたスターの座につくことはなかったが、1970年代後半から、80年代、90年代を通じて、数多くのテレビや映画に脇役で登場し、全力で演じていた。2000年の後、彼は、俳優のほか、ナレーター、アニメの声優

などを務め、その中には、批判もあるが人気のある日本のアニメ「**カウボーイ・ビボップ**」[5]に登場するジェット・ブラック（Jet Black）の声優役があった。77歳になった現在も、彼は、依然としてコンスタントに働いている。

デュアルテ一家：弁護士が、家事事件で一旦和解し、あるいは、訴訟で判決を得たならば、代理人を辞任するのが標準的なやり方だった。とりわけ、子供が関わっていた場合はそうであった。そうしないと、弁護士は「記録上」代理人にとどまったままで、万一、当事者が訴訟に戻った場合には、潜在的に、何年間も事件に関わり続けることになるからだ。私が代理人を辞任した約6カ月後、私は相手方弁護士のブルース・バーガーから電話を受けた。彼は、ジゼルが子供たちを連れてヴァージニア州の実家に引っ越したと言った。ブルースは、面接交渉期間を修正するために裁判所に行き、子供たちが毎年、クリスマス、感謝祭、春休みの代わりに、夏にカリフォルニアに来て、カリフォルニアに永住することを決めたデュアルテ医師と一緒に過ごすことができるようにしたいと語った。私は、裁判所が命じた子の監護に関する条件はどんなに不満であっても遵守しなければならないことをジゼルに喚起させるために、彼女に電話をした。ジゼルは、裁判所の命令には従うと私に言ったが、私はその答えに完全には納得していなかった。

その時までに、ブルースと私は友だちになっており、私は家事事件から手を引こうと考えていたので、2、3の家事事件を彼にまわした。数年の後、私たちの音信はしばらくの間途絶えた。デュアルテ一家のことを最後に耳にしたのは、10年ほど経って、私たちの親交が再開された後のことだった。この章を書く前に、私はブルースに電話して、彼の依頼者であったハンニバルはどうしているかを尋ねた。ブルースは、ハンニバルが開業

---

5 Cowboy Bebop：1998年4月から1999年4月までテレビ東京とWOWOWで放映された日本のSFアニメ作品。

第9章
マリン郡の離婚裁判の王

医として成功しており、彼とハンニバルは、何年もの間、月に1度は食事をともにする友人関係にあることを話してくれた。しかし、ブルースは、同時に、ジゼルが面接交渉期間についての裁判所からの連絡を無視し、面接交渉の日程に一度も従わなかったこと、これからもハンニバルに電話で子供たちと話をさせないだろうこと、ハンニバルが送った手紙をすべて破棄したこと等々を語った。ハンニバルが再び子供たちに会うことはなかったのだ。

　この知らせに驚きはなかったが、私は悲しみと同時に怒りの気持ちにとらわれた。私は、たとえジゼルの行動が私の——他の誰であっても——コントロールの及ばないものであったとしても、共犯者のように感じた。そして、私は、もしジゼルがフィリピン人でハンニバルが白人だったとしたら、この結末になっただろうかと考えた。このような結果となる事件や依頼者に良い感情を持つ者は誰もいないだろう。

　私たちの弁護士としての業務：私たちを支配した離婚事件代理人としての実務を5年間続けた後、デイヴィッドと私は、支配する側から支配される側へと主客が転倒している状態を止めることにした。私たちは受任する離婚事件の数を制限し、徐々に数を減らし、事務所の拠点をサンフランシスコ（「マリン郡の離婚裁判の王」ではもはやありえない場所）に移した。そして、できる限り多くの刑事事件と離婚事件以外の民事事件を引き受けた。1986年までに、私は最後の離婚事件の代理業務を終えた。このことは、私が望んでいた本来の場所に帰ってきたことを意味した。被告人のために裁判所に出頭することは一つの挑戦であり、受動的なものではなかった。私の離婚事件の依頼者の全員が財産と地位を持っていたわけではなかった——アーニー・ベッツはそのいずれも持っていなかった者の典型であった。しかし、全体として見れば、家事事件の依頼者は、刑事・民事を問わず私が弁護した人々に比べれば、遥かに、お金も社会的地位も権利も持っていた。ジゼルのような人間を代理することは私の好きな仕事ではまったくなかった。率直に言って、私は、バックミラーに映る去り行く景色を眺

めるように、この分野から去っていく自分を幸福に感じていた。

第 10 章
医師、患者、
そして性的いたずら

カリフォルニア州人民対ジョセフ・シン、医学博士

私が扱った性的虐待に関する事件は、長年にわたる弁護士経験の中でも数えるほどしかなかった。そのうちの1件だけが陪審裁判に進んだが、その時期が悪かった。子供による告発は文句なく真実であると皆が想定していた時期だった。検察側の証拠は弱かったにもかかわらず、私の依頼者は、一度、有罪になりかけた。それで、再審理のために陪審コンサルタントを雇った。コンサルタントは、私に、陪審員候補者に対する質問の仕方だけではなく、いかに真実を——陪審員と私自身に対して——語るかを教えてくれた。私は十分に教訓を学んだが、それは私が弁護士として人生最悪の日を経験した後のことだった。

性的虐待と無知と1980年代

アメリカ社会に性的虐待が理解されるようになった時期は1980年代半ばのことで、その頃は、依然として「無知のネアンデルタール期」であった。性的虐待の蔓延が認知されて、それが議論の場に提示されることはなかった。聖職者、ジムの運動コーチ、その他の人々による性的いたずらが広く知られるようになったのは、その後、何年も、いや数十年先のことだった。地味ながら大きな問題だったのは、私たちが、1950年代の性的犯罪に対する一般人の態度を今日以上に普通に受け入れていたことだった。イタ

リアを旅行するアメリカ人女性は、背後から胸を触られてもそれを受入れるだけではなく、それを「喜んでいる」と見られていた。より深刻なのは、1982年の雑誌**ミズ・マガジン**[1]の記事に「デイト・レイプ」という用語が登場したのに、それがいかに普通に起きているのかを深刻に調査することはなかった。調査するようになったのは1980年代の後半のことだった。ハッシュタグ・ミー・ツー運動[2]についていえば、その用語が認知されるようになったのは、さらに20年先のことだった。当時の一般的な態度は「あまりにも挑発的」、つまり、セックスをするのに抑止のガードが下がっていると思われる衣服を着ている者は誰でも、「セックスを求めている」とみなされていた。知人によって強姦されたという告発は、見ず知らずの者による強姦もそうだったが、通常は、捜査の対象とされないか、警察による捜査がされても、捜査官は男性であり、センシティヴな問題につき、どのように被害者女性を扱うかの訓練を受けていないのが常態だった。

しかし、1984年に、子供たちによる性的いたずらの申立がなされるようになると、それまでの無知は真逆の効果をもたらした。一般的な考えは、性的いたずらについての子供の告発はすべて真実であり、児童に対する性的いたずらで起訴された者は誰でも、すなわち、児童のケアをする勤労者から両親、そして教師まで、皆が有罪と推定された。

数十年後になって、私たちは、子供たちが非常に迎合的であり、常に真実を語る代わりに、質問する大人から認められることが子供たちの欲求であることを学んだ。私たちは、迎合的な人間に対し、評価する者が質問に対する回答を与えたり、それを示唆したりする発言をしないように、また、たとえ、意図的なものではないにせよ、子供を特定の回答に誘導することのないように、特別な注意をしなければならないことを学んだ。心理

---

1 Ms. Magazine：1971 年創刊のアメリカの女性雑誌でフェミニズムの理念を広げた。

2 #Mee Too 運動：2017 年にアメリカの映画プロデューサーによる性被害につき多数の女優が性被害の告発をしたのを機に、性被害者が、自らの性被害体験を SNS を通じて告白・共有するためにハッシュタグをつけて「Me Too」と発信した運動で世界的な性犯罪撲滅運動へと発展した。

第 10 章
医師、患者、そして性的いたずら

学者、臨床心理士など性的虐待に関わる専門家全体の訓練は、1980年代以降、日々進展し、子供の告発者、および子供に代わって告発をする両親やその他の代理人をどのように扱うかの方法につき、非常に多くの専門性を必要とする時代になった。

しかし、1980年代に話を戻すと、国中が、後にコメンテーターが「児童に対する性的虐待ヒステリー」[3]と評した現象にとらわれていた。このヒステリーが最初に顕在化したのが、1983年、カリフォルニア州ベイカーズフィールド（Bakersfield）においてであった。この直前に選出されたカーン（Kern）郡地区検事のエド・ジャゲルス（Ed Jagels）は、少なくとも26件の児童の性的いたずら事件につき、刑期の全部を加算すれば数千年に及ぶ服役期間となる有罪判決を積み上げていた。これらの事件はすべて、警察および検察の取調官による子供たちの告発供述に依拠していた。子供たちの告発そのものは、多くがおぞましいものだった。たとえば、親が子供と性的関係を持った、兄弟姉妹の間で強制的な性的関係を持った、年長少年の乱交パーティ、そして、極めつきは悪魔崇拝の話で、子供たちが殴打され、フックに吊るされ、強制的に血を飲まされたというものだった。

重要なことは、こうした起訴や有罪判決が物的証拠のないままなされたということだった。子供たちの証言が単純に信じられただけだった。

同じ年、捜査の手はロサンゼルス郊外のカリフォルニア州マンハッタン・ビーチ（Manhattan Beach）にあるマクマーティン・デイケア・センター （McMartin Daycare Center）にまで拡大した。マクマーティン事件では、その地理的な場所が決定的に重要だった。ベイカーズフィールド事件[4]とは異なり、ロサンゼルスのメディア市場は、新聞紙の場合、1面の

---

3 child sexual abuse hysteria：1980年代から1990年代にかけてアメリカで発生した、学校などの公的施設内で子供たちが性的虐待を受けたという虚偽の告発が相次いだ現象を指す。「セーラムの魔女裁判」に匹敵する集団パニックとも言われる。

4 Bakersfield Case：カリフォルニア州カーン郡で発生した子供たちに対する性的虐待を告発した一連の事件を指す。本章のエピローグを参照せよ。

トップ記事で報道し、地域のテレビ局は激烈な口調で事件を暴き、それは全国紙の見出しを飾るに至った。「マクマーティン」という言葉は、あっという間に、子供は常に信じるべき存在という誤った考えを最もわかりやすく見える形で浸透させ、かつ、悲惨さを示す象徴となった。

いわゆるマクマーティン事件[5]は、ある親が「息子がデイケアの教師レイモンド・バッキー（Raymond Buckey）に犯された」と主張したことから始まった。これを受けて、その地域の警察が200件以上の家庭にアンケート調査を行った。そこには、こう書かれていた。「私たちの捜査対象には犯罪に該当する可能性のある次の行為が含まれます。口腔性交、性器、臀部、または胸部の愛撫、肛門性交……」。このアンケートは保護者らの間にパニックを引き起こした。警察は子供たちの取調べにほとんど経験がなかったので、その仕事を外部の代理業者に任せた。その業者は400人の子供たちと面接し、そのうちの360人が性的いたずらの被害を受けていたと結論した。

1984年2月2日、KABCテレビのリポーターのウェイン・サッツ（Wayne Satz）が大事件の物語の口火を切った。すなわち、60人以上の子供たちが「今や、各自、これまで心に秘めていた性的に虐待されたことや、小学校に入学する前の児童ケアの間にポルノ写真を撮られたといったグロテスクな秘密を捜査当局に語りました」と。この話は、メディアの狂熱を招き、新聞およびテレビのニュースが飛びつき、最新情報——ほぼすべてが有罪を前提としていた——を報道した。**ピープル・マガジン（People Magazine）**の見出しは、こう叫んでいた。「カリフォルニアの悪夢の保育園」、**ロサンゼルス・タイムス（LA Times）**は多くの記事を掲載したが、初期の記事の見出しは「マクマーティン学校の残虐性が明らかに」だった。ナショナルテレビもまさしく同類だった。**ツデイ（Today）**ショーのケイン・

---

5 McMartin Case：本文にあるとおり、当時の「児童に対する性的虐待ヒステリー」現象の象徴となった冤罪事件。本章のエピローグを参照せよ。

ポーリー（Kane Pauley）は、「これを知って、皆さんは私たちと同じように気が滅入りませんか？」と尋ねた。**ナイトライン（Nightline）**が最も極端だった。「ここにいる子供たち誰もが話すのを恐れていたひどい秘密を誰も知らなかった」あの場所マクマーティンで、「極めて邪悪な何かがあったのだ」と述べ、「まだ幼い子供たちであっても、その話に耳を傾け、それをいかに信じるかについての物語がこれなのだ」と述べた。

　1984年3月、ロサンゼルス地区検事のロバート・フィリボシアン（Robert Philibosian）は、マクマーティンの7人の教師に対する起訴を大陪審において獲得した。その中には、デイケアの創立者のヴァージニア・マクマーティン（Virginia McMartin）、学校を経営していた娘のペギー・マクマーティン・バッキー（Peggy McMartin Buckey）、そして、孫のレイモンド・バッキー（Raymond Buckey）が含まれていた。彼らは、最終的に、48人の子供たちが関わった321の訴因[6]で起訴された。もし、これらの罪で有罪であったならば、被告人らは数千年にわたり服役することとなった。証拠は子供たちの供述と、子供たちは性的にいたずらされたという一握りの医学専門家の意見だけであった。ベイカーズフィールド事件と同様に、そこには物的証拠がまったく存在しなかった。

　にもかかわらず、数年後に、**ニューヨーク・タイムズ（New York Times）**の記者が書いたとおり、「あの時期の神聖化されたスローガン」によって、子供たちの証言は信用されなければならなかったのだ。

ジョセフ・シン医師

　このヒステリー現象の真只中という絶妙な忌まわしい時期に、小児科医ジョセフ・シン（Joseph Sing）は私の事務所にやってきた。シン医師はデイジー・ウォン（Daisy Wong）という患者に診察室で性的いたずらをしたとい

6　count：本書第1章注17参照。

う２つの訴因で起訴されていた。彼の診療所はチャイナタウンの中央にあった。その地域で、彼はサンフランシスコの中国系アメリカ人家庭のかかりつけの小児科医だった。シン医師は、彼の母親、兄と姉と一緒に私の所にやってきた。中国系アメリカ人の第４世代である兄弟は、父親の跡を継いで小児科医となり、成功した経歴を持っていた。ジョセフの母親はとりわけ印象的だった。70歳代半ばで、着ている物、話す内容およびマナーにおいて優美であり、耳目をひく女家長だった。そして、ジョセフの診療所は、父親が小児科医としての医療を行っていた同じ場所だった。父親の名前は、ドアの上に、シン医師の名前と並んで金文字で残っていた。

　カーン郡の事件やマクマーティン事件と同様、デイジーの告発を裏づける物的証拠は何もなかった。事実、調査員と私自身が徹底的に事件を洗い直した後に、告発が真実ではないことを示す多くの情況証拠が見つかった。それは、デイジーがウソを言ったということではなく、他の「児童虐待ヒステリー」事件の子供たちと同じものだった。むしろ、デイジーは、大人からの圧力と1984年の一般的状況、つまり、子どもは常に信じられる存在という風潮の犠牲者だったのだ。

　たった１つだけ未解明の事実があった。カーン郡の事件やマクマーティン事件とは異なり、デイジー・ウォンは未就学児童や幼稚園児ではなかった。彼女は15歳で、５年前に台湾から家族とともに移住してきた。しかし、現実の世界という脈絡の中で見れば、小さな子供たちの迎合性と、このナイーブでおどおどした移民の10代の少女に加えられた圧力との間に強力な類似性があることは明らかだった。

　ある金曜日の午後、デイジーは、１人で、１年ごとの小児科検診を受けるためにシン医師の診療所を訪れた。検診の間、医師はデイジーに、自分自身で胸のしこりを探す方法——思春期の患者を抱える医師にとって当時の基本的な小児科の手順だった——を教えた。シン医師も彼のスタッフもデイジーの行動には何も気づかなかったのだが、明らかに、彼女は検診のこの部分にひどく動揺していた。それで、彼女は数ブロック先の自宅に戻

第 10 章
医師、患者、そして性的いたずら

るや、浴室に駆け込んで泣き出した。これが、事態が勃発した最初だった。

　デイジーの母親は浴室のドアを開けようとしたが、それは施錠されており、繰り返し、中の娘に中国語で叫んだ。「シン医師があなたに何をしたの？」　デイジーが、なぜ、シン医師が**不適切に**彼女の胸を触ったという答えをしたのか、その理由はデイジー自身さえもわかっていなかったかもしれないが、おそらく、定例検診についての彼女自身の当惑と彼女の母親の考えを否定したくないという思いによるものだったろう。いずれにせよ、それが彼女の語ったことだった。そして、ここから事態はエスカレートしていった。

　次の日の朝、デイジーの父親がシン医師の診療所に乗り込んで行き、彼を発見するや、顔面にパンチを食らわせた。父親は自宅に戻り、彼と母親が、嫌がるデイジーに警察でその話をするように促し、警察署に連れて行くと言い張った。道すがら、両親はデイジーに対し、もっと詳しく話すようにとけしかけた。そして、その際、デイジーは、医師が彼女の胸よりも下の方を触ったと言った。その日遅くなってから、デイジーはパトカーの助手席に座り、運転席に座った中年の白人男性の警部から多くの質問を受けた。パトカーの後方座席には父親が陣取っていた。尋問が終わるまでずっと父親が居座り、デイジーの話は過激化していった。すなわち、彼女が診察台の上にいる間に、シン医師が彼女の陰部に口を押しあてて舐めたとなった。これが、私たちが陪審裁判において闘わなければならない供述であった。

最初の陪審裁判

　この事件に関与した者は皆、マクマーティン事件とその含意された「子供たちは真実を語る」というテーゼを正確に認識していた。迎合性という概念と子供たちが大人の言ったことをオウム返しに答えたいという欲求を

持っているということは、私たちにとっては理解できたが、一般公衆の頭の中にはなかった。しかも、デイジーは15歳であって６歳児ではなかった。デイジーの過激化した供述を超える証拠は何もなかったが、私が多くの人の援助を必要とすることはわかっていた。私が最初に助けを求めたのは、私の父の医学生時代の別の友人であったアービング・シュルマン（Irving Schulman）医師だった。彼は、スタンフォード大学の有名なルシル・パッカード子供病院（Lucile Packard Children's Hospital）の主任部長だった。私は彼に事情を詳しく説明して、専門家の援助を必要としていること、可能であれば、青年期医学に通じている女性の小児科医の援助を得たいと願い出た。シュルマン医師は、その条件にピッタリの人物がいるといった。アイリス・リット（Iris Litt）博士がその人だった。彼女はスタンフォード大学の青年期医学部の創設者であり、かつ、運営責任者をしていた。後に、女性とジェンダー研究所の運営にも関与した。思春期の性に関する一人の専門家として、後に、彼女は私にこう語った。もし、私が大変尊敬している主任部長を介さずに彼女の許を訪れたとしたら、彼女は私と話さえしなかっただろうと。しかし、リット博士に私が概要を説明した後、彼女は完全に協力してくれた。

　私の最初の関心は、小児科医が15歳の少女を診察するのに触診は通常の方法で適切なのかということだった。リット医師の答えは「その通り」だった。すなわち、リット博士は、思春期の少女が大学入学の年齢に達するまで、信頼している医師から継続的な診察を受けることが望ましいのだと強調した。私の次の質問は、診察の場の設定について、第三者の立会がなかったことを含めて不適切な点があったか否かだった。彼女の答えは明確な否定「なかった」であった。すなわち、シン医師は、プライバシー保護が最優先である通常の診察基準に従っていた。数年後、プライバシーに関する規則は不適切な行為を防ぐだけではなく、不適切行為の苦情を受けつける方向へ進化した。

　もちろん、リット博士は、デイジーに何が起こったのかについて、彼女

第 10 章
医師、患者、そして性的いたずら

の究極の供述が真実か否かについては言及できなかった。シン医師以外の誰もその点につき語ることはできなかった。しかし、調査員と私は次善の有利な事実を探しに出かけた。刑事事件の弁護人であれば、通常、ほとんど手を出さない論点につき調査を行った。それは人格に関する証拠の収集だった。人格に関する証人は、被告人の「人格特性と合致した行為」について証言する場合に認められる。典型的な人格特性とは、正直であること、信頼に値すること、あるいは、粗暴性の欠如等々だった。しかし、驚いたことに、カリフォルニア州の法律は、一語または一句で要約できるほぼすべての人格につき、人格特性に関する証拠の提出を認めていた。私が採用した人格特性の正確な表現は、シン医師は「患者を傷つけたり、患者に性的ないたずらをしたりするような人物か否か」というものだった。変か？少し冗長でぎこちない。しかし、法律の下では、明らかに許容されるものだ。陪審裁判で人格証人を用いることの問題点は、たった 1 人でも検察官が見出した証人が弁護側の人格証人を否定すれば、人格についての私たちの主張は崩壊するということだった。しかし、私は、マクマーティン事件の推定有罪の暗い影が本件全体を覆っていることを考えれば、こうした人格証人はリスクがあっても必要であると考えた。

　しばしば女性の方が男性よりも優秀な調査員となるということは私の経験からわかっていた。概して、女性の方が共感性に富み、人々は、男女に関係なく、進んで女性の方を信頼し心を開くのだ。私が素晴らしい調査員キャシー・コーンブリス（Cathy Kornblith）を抱えていたことは幸運だった。彼女は、私と一緒にサン・クエンティン 6 人組事件を担い、それ以来、私は彼女を定期的に利用していた。キャシーの仕事は、シン医師が紹介した10代の患者の幾人かに会って、シン医師が常に患者に適切に対応する性格の持ち主であったことを、確信を持って証言してくれる証人を 3 人見つけることだった。3 人の証人を見つけることは簡単だった。キャシーが面談した 5 人の少女全員が供述録取に同意しただけではなく、喜んで法廷で証言すると言ってくれた。「素晴らしい！」と私は思った。

私たちはその他の証人も数名準備した。その中には、シン医師の診療所で働く看護師および医療助手がいた。シン医師は別の小児科医と診療所の場所を共有していた。チャイナタウンの多くの場所と同様、診療所は非常に狭かった——狭い待合室、狭い個室、そして窮屈な３つの診察室。これらは他のどの地区の大多数の診療所よりも遥かに狭かった。診療所職員は、多くの備品を各診察室の保管用引き出しまたは診察台の下の引き出しに収納していたと語った。私が、備品が必要な時はどうするのかを尋ねると、職員は一様に、診察室のドアをノックし返事を待たずにドアを開けて中に入ると答えた。現場が混雑していたことは私たちに有利なもう一つのポイントであった。それで、私は看護婦１名と医療助手２名を法廷に呼んで証言させることにした。

　それから、絶対外せない証人として、ジョセフ・シン本人がいた。ジョセフは内気な男であり、内向的でおどおどしており、陪審員の前に立つなどとは考えたこともなかった。しかし、本件では、彼の証言が不可欠だった。彼は診察の間に何があったかを正確に描写しなければならず、しかも、それを可能な限り、自信たっぷりに行う必要があった。私たちは彼の証言を入念に点検するのに多大な時間を費やした。尋問の最初に、彼は簡潔に成育歴を証言した。彼が中国系アメリカ人の第４世代である来歴、父親がヒーローとなった経緯、つまり、ジョセフの祖父がドライ・クリーニング店を始め、その資金で父親が大学に進み、その後、メディカル・スクールに行った経緯、父親を誇りに思っているので、２階にある診療所のガラス戸の上に父親のステンシル刷りの名前を残していること、尊敬する父親の足跡をたどるために、高校で猛勉強をし、医大予科の学生の資格が得られる大学に入ったこと、彼が医者として父親と一緒に仕事ができたのは、父親が亡くなるまでのほんの２年間だけだったこと等々を語ってもらった。それから、女性患者の身体の診察の際に通常行うやり方、そして、思春期の女性患者に特化した場合の診察の詳細について語ってもらった。10代の少女の診察の際には、彼女らの不安を取り除くためにどれほど

第 10 章
医師、患者、そして性的いたずら

苦心するかについて、いつも、次に何をするかを少女に告げ、安心している状態かを確認していること等々について証言した。

　陪審裁判は上手く行った。検察側の鍵となる証人は、もちろん、デイジー・ウォンだった。彼女は「覚えていた」ことを証言したが、それは、証言時には、彼女の意識的な記憶に堅く取り込まれていた。しかし、デイジーは、診察から自宅に戻って浴室の中にいたときには、法廷証言と同じ話を母親には告げなかったことを認めた。そして、デイジーは、母親が「シン医師があなたに何をしたの？」と何回も聞いたこと、および、父親がシン医師を殴って自宅に戻ってきたときにシン医師のことを罵っており、殴ったのは名誉のために必要なことだと言っていたのを聞いたと認めた。デイジーは、パトカーの中で中年の男性警察官と一緒に座っていたのが不快であったこと、特に、彼女の父親がそこにいて見張っていたのが嫌だったことを認めた。デイジーは、父親が家族の家長として尊敬を集めていたこと、そして、彼女は両親のいずれをも失望させたくないといつも考えていることを証言した。

　検察官のピーター・ハート（Peter Hart）は、警部を証人として喚問し、彼がいかに経験豊富な取調官であるか、そして、デイジーに質問をした際、いかに注意深く対処したかを証言させた。ハートは、賢明にも、私が反対尋問で追及しようと考えていた点——デイジーの父親がパトカーの中にいたこと——を、主尋問では上手に証言させた。警部は、デイジーがとても神経質になっていたので父親をそこに呼んだと述べた。デイジーは、証人尋問の際、この点については何も言っていなかったので、私はこの証言の信憑性に疑問を抱いた。しかし、私はその点に反対尋問の焦点を合わせることをしないで、警部が性犯罪を扱う訓練を受けていなかったこと、および、女性の警察官を配置させなかった理由について反対尋問をした。

　ハート検察官の最後の証人はデイジーの母親だった。母親が「シン医師があなたに何をしたの？」と聞いたとき、デイジーは、シン医師が不適切

に彼女に触ったと曖昧に答えた。このような「内心状態の発露の供述」[7]は伝聞証拠排除法則[8]の例外として許容される。ハートは、この曖昧な言葉から、デイジーがそもそも最初から不適切な行為について言及していたと考えたフシがある。しかし、この母子の会話は特定の行為について語ったものではなく、中国語でなされ、かつ、デイジーが最終的に警察に語った内容を含意するものでもなかった。それで、私は、なぜ、ハートがこの母親の証言を必要としたのか、真意がわからなかった。おそらく、ハートは、母親の真摯に感じた怒りを示そうとしたのだろう。しかし、私は、この母親の証言が私たちに有利に働くと思った。なぜなら、母親はひどく怒っていたので、彼女は真に客観的ではありえなかったからだ。母親は、シン医師が何をしたのかを数回繰り返して聞いたことを認めた。これは、私にとっては、デイジーの返事が事実の客観的な供述というよりも、むしろ、母親に対する応答の意味合いの方が強いと思われた。

　それゆえ、私は、弁護側の反証の番が回ってきたときには、かなり自信を持っていた。最初に、看護師と医療助手が、どれほど診療所が混雑しており、職員の誰もがせわしなく動き回っているかの実際を述べ、空間的に余裕のある大きな診療所では容易かもしれないプライバシーの保護が、シン医師の診療所では、時間的にも空間的にもできなかったことを証言した。この労働環境は、当時も今も、チャイナタウンでは典型的なものである。**サンフランシスコ・クロニクル紙**(San Francisco Chronicle's)で長い間、都市建築の批評を書いていたジョン・キング(John King)は、これを「磁束密度」[9]と呼んだ。看護師と医療助手の次の証人がアイリス・リット

7　spontaneous statement：第三者の聞いた発言者の言葉が、発言者の内心の状態が音声となって表出された場合には、伝聞証拠ではないとされる。

8　hearsay rule：伝聞証拠とは、証人自身が知覚したのではなく他人から聞いた事実を証言する場合のように、法廷外でなされた人の供述を指す。この場合、原供述者の知覚・記憶・表現・叙述の過程に誤りがないかを直接反対尋問の方法で確認しない限り、伝聞事実をそのまま真実として認めることはできないので、伝聞証拠は、反対尋問を経ない限り、証拠としての許容性を否定される。

9　magnetic density：磁場の強さを表す磁束の単位面積当たりの密度を指す。ここでは、チャイナ

第 10 章
医師、患者、そして性的いたずら

博士だった。彼女は、15歳の少女は小児科医の医療行為によるケアを受ける方が好ましいこと、シン医師は、患者が誰で、どのように対応するか、診察をどのように行うかについて、すべて正しくチェックしていたことを証言した。彼女の証言に反駁の余地はなかった。検察官のハートは反対尋問をしなかった。

その後がシン医師の出番であった。彼は神経質になっていたとは言えるが、私たちは証人尋問をゆっくりと進めていった。そして、シン医師の証言は思慮深く、かつ真摯だった。私は彼の家族の歴史が陪審員に大きな印象を与えたと感じた。最後に、温存していた可愛いらしくて気持ちが明るくなる笑顔の10代の少女３人を証人として喚問した。ハート検察官が、私の提示した「患者に性的いたずらをするような人物ではない」というシン医師の人格特性は、正直さや信頼性といった「人格証言を許容する合法的な人格特性」ではないと主張して強硬に証人採用に反対した。それで、私は彼女たちの証言を得るために闘わなければならなかった。しかし、法律は明らかに私の方を支持していた。メアリー・オコナー（Mary O'Connor）裁判官は、従来から、私の依頼者や事件を毛嫌いしていたが、それにもかかわらず、今回は私の主張を認めた。

証人が人格特性について証言する際、証人が人格特性をそう信ずる根拠についても証言することができる。それで、私はそれぞれの少女の尋問の最後にこう尋ねた。「シン先生は適切に行動し、患者に性的ないたずらをするような人格を持っていないと、どうして、あなたはそう言えるのですか？」 各自が順に答えた。「だって、シン先生は、一度も私にそんなことをしていないから」。

本件はこれ以上うまく行くことはなかった。

陪審員が評議のために退席した後、私は、ジョセフとその母親、すなわち、一家の最初の医師の未亡人とともに、裁判所から通りを隔てたみすぼ

タウンの人口集積密度が極めて高いことを意味している。

らしいレストラン「ズカの店」に腰を下ろした。私たちは皆、慎重ではあったが楽観的だった。だが、私は最悪を想定するいつものアプローチのため楽観視はできなかった。私たちは、陪審員から何の知らせもないまま、午後一杯をそこで過ごした。オコナー裁判官は陪審員を一晩帰宅させるために午後4時半に休廷を宣言し、翌日の午前9時に評議の結果を報告するように告げた。陪審員は帰宅した。私たちもそうした。次の日も、私たちは裁判所の廊下で長時間待たされ、数回、新鮮な空気を求めては外に出て、裁判所の区画を一回りして、その日を過ごした。2日目の午後4時半まで、陪審員からの通知は依然としてなかった。証言録を確認したい、または証拠を見たいという要求もなく、裁判官に対する質問もなかった。一切なしだった。裁判官は、またしても、陪審員を帰宅させた。

　ついに、評議の第3日目の午後3時前に、廷吏が廊下に出てきて、陪審員長がメモを書いて裁判官に渡したと私たちに告げた。検察官とともに私たちは法廷に急いで入り、裁判官がそのメモを読み上げるのを聞いた。「私たち陪審員は解消不可能な意見の不一致に至りました。私たちは全員一致の評決に達することができません」。これには誰も喜ばなかった。特に、オコナー裁判官にとっては嬉しくない結果だった。評決不能というのは、一般に、被告人側にとってはよりマシな結果と考えられている。しかし、私は、当時の状況下では、いかに重大な事件で再審理の機会が与えられたとしても、それが被告人に有利に働かないことを理解していた。私たちは評決不能よりも悪い立場に置かれていた。

　法廷に評決不能の通知がもたらされた場合、陪審員自身が説明する儀式のようなものがあるので、オコナー裁判官はその儀式を行った。最初に、裁判官は、陪審員長に、陪審員は本件の意見の不一致は絶対的に解消不能と考えるか否かを尋ねた。陪審員長はそうだと答えた。その後、裁判官は「陪審員全員が投票した方法については言わなくてよいが、評決はどのように分かれたのかを教えてください」と聞いた。陪審員長が「9対3」と答えた。裁判官は、9対3であれば全員一致にかなり近いので、陪審員ごと

第 10 章
医師、患者、そして性的いたずら

個別に「もう少し努力する余地が本当にないのか」を尋ねた。弁護人はこの種のやり取りはまったく好きではない。なぜなら、一般に、陪審員の多数派は有罪を支持していると考えられており、評決はそのままで審理無効[10]となり、再審理が新たに始まるからだった。しかし、私は、検察側の証拠が脆弱であったことを考えれば、もしかしたら「9 対 3」で勝っていたのではないかと考えた。いずれにしても、どの陪審員も問われて回答する際、「変更不可能なほどに膠着した」と言ったので、オコナー裁判官は、選択の余地なく、審理無効を宣言した。これはすべて最初からやり直すことを意味した。

再審理までの間

　私たち弁護人は、陪審員がその義務を免除された後、彼らと話すことができた。そのうちの何人かが喜んで私たちに話してくれた。私は 9 対 3 の評決がいずれの方向に傾いていたのかを知りたかった。答えは有罪が多数派だった。私が受けた教育、生来の懐疑的傾向、そして「子供たちの供述は信じなければならない」という当時の私たちを取り巻く状況を理解していたにもかかわらず、私はショックを受けた。デイジーの語ったことを支持する証拠は何もなかった。そして、3 つの事実につき明確な証拠があった。すなわち、第一に、デイジーの話は母親の糾問的な問いに対して答えたものだったこと、第二に、デイジーの話は日を追うごとに大きくなっていったこと、第三に、デイジーの深く尊敬していた父親がシン医師を殴っただけではなく、デイジーが最も不快な場所——パトカーの中——で尋問を受けている間在席していたことだった。これらは合理的な疑いを提起するには十分ではなかったか？

　さらに、私たちは、ジョセフ本人の証言に加えて、弁護側に有利な証拠

---

10 mistrial：本書第 8 章注 8 参照。

をたくさん持っていた。多忙でせわしない診療所では、診察室に入る際、ノックするだけで返事を待たずに入室していたこと、尊敬されているリット博士の証言、そして、３人の10代の少女による人格証言等々。

　二度目の陪審裁判までほぼ３カ月あった。しかし、私は気落ちしていた。私は敗因を見出すことができず、私自身に原因があったに違いないと結論した。有罪の証拠がほとんどないのにほぼ有罪の評決にまで至ったということは私に責任があったに違いないと。この頃までに、私は自分の法廷技術についてかなり高い評価をしていたが、私はこの事件の弁護人を辞任しもっと優れた弁護士にジョセフを託す用意があった。私は友人のジェラルド・シュワルツバッハ（M. Gerald Schwartzbach）に電話し、彼と一緒に腰を据えて本件につき検証することを願い出た。ジェラルドは、当時——現在も依然として——、私が会った最高の法廷弁護士の一人だった。そして、彼は、当時——今もそうであるように——刑事事件を専門にしていた。

　ジェラルドと私が昼食を摂るために着席するや、彼が真っ先に強調した点は、私が陪審裁判で失敗したという「馬鹿げた」考えを捨てろ、言い換えると、ジェラルドならもっとうまく弁護できるという考えを捨てろということだった。「このご時世だよ」と彼は言った。昼食後、私がしていなかったことで他になしうることがないかについて、他愛のないお喋りをした。会話の話題の一つはオコナー裁判官だった。大酒のみで、自分の意見に固執し、頑固で、前職が新聞社の重役であったオコナー裁判官は、審理中から、私の依頼者を、つまりこの事件を好きではないと明言していた。サンフランシスコの裁判所規則では、再審理になった場合には、最初の陪審裁判を主宰した裁判官が二度目の陪審裁判を主宰するとされていた。この事態を私は恐れた。つまり、オコナー裁判官が正義の秤の一方に——有罪の方向に——肩入れする誘惑に駆られるのではないかと恐れた。その時、ジェラルドが素晴らしいアイデアを思いついた。シン医師の診療所はとても狭いのだから、裁判官に陪審員の現場検証を求めない手はないのではな

第 10 章
医師、患者、そして性的いたずら

いか？　ジェラルドは、それを「野外遠足」と呼び、「メアリーは野外遠足が好きなんだよ」と言った。昼食時のこの指摘を受けるまでに、私はずいぶん元気になっており、別の闘いに臨む準備ができた。

　私たちは陪審コンサルタント[11]を雇うのは良い考えかの議論に移った。当時、陪審員の選定に関するコンサルタント業というのはまだ新しかったが、1970年代を通していくつかの著名事件で採用されて以降、次第に普及してきていた。私は陪審員の選定について相当に上手いと自負していた。私は「正しい」答えを求める質問を避けていたし、陪審員に対して話すときには陪審員全員の名前を知っていたし、多くの人と心地よい関係を築いていた。しかし、すぐに、2人の陪審員候補者が自分自身または知人が性的いたずらまたは性的暴行を受けたことがあると認めていたのを思い出した。この2人だけという数はあまりにも少なすぎると感じた。陪審員は単に私と不快な関係を築いていたということだったのか？　陪審コンサルタントは、私が陪審員選定手続のこの鍵となる問題を解決するための道を示してくれるかもしれなかった。

　私はこの考えをジョセフとその母親に告げた。彼らは懐疑的だった。彼らは、性格的にも背景的にも、質素な人であったから、彼らの最初の反応は「それは高価すぎる」という言葉だった。私は、再審理までの3カ月はあっという間に過ぎ去ること、そして、陪審員コンサルタントを最も有効に利用するにはかなりの準備期間が必要となることを知っていた。それで、私はこの方針を強力に説得した。結局、ジョセフがこの裁判で敗訴すれば、彼が認識しているとおり、彼の人生は終わることを意味した。医者としての彼の人生は瞬時に消滅するだろう。選択肢として、一方にお金を節約することがあり、他方に彼の人生があり、そのいずれを選ぶかであった。シン医師と家族は最終的に私の提案に同意し、財布の紐を緩めた。

---

11 jury consultant：弁護士が陪審員を選ぶ際に助言や支援をする専門家。特定の専門資格を必要としないが、心理学、社会学などの知見を必要とする。

初期の陪審コンサルタントの多くは、左翼系の政治的な裁判で弁護士に助言するところからスタートした。オークランドのナショナル・ジュリー・プロジェクト(Oakland's National Jury Project)がスタートしたのもそのやり方だった。このNJPは、すぐに、この分野では極めて稀な尊敬を集めるコンサルタント集団の一つとなった。私は、ベイ・エリアの進歩的政治サークルを通じて、NJPの運営に関わっている女性の多くを知っていた。私は、本件での協力についてそこで働く私の友人に話した。回答は誠実ではあったが、明確に「ノー」だった。彼らは、種類のいかんを問わず、性犯罪で起訴された被告人の刑事事件に協力する考えはなかった。彼らが、当時、誰もがそうであったように、被告人の有罪を推定していたのかはわからない。しかし、彼らはそれを検討する機会さえ持たなかった。それで、私は、次に、私が知っている信頼できる唯一のコンサルタントに聖母マリアへの祈りのように電話をかけた。それがキャシー・ベネット(Cathy Bennett)だった。

キャット

　キャシー・ベネットは、「キャット(Cat)」として皆に知られていたが、これは実に適切なあだ名だった。彼女は、喉を鳴らす甘えた猫のように、甘いゆっくりとしたジョージア風の語り口で話す一方で、同時に、獲物を狙う猫のように爪を立てて、彼女と対面している陪審員席の12人から18人の見知らぬ人の秘密を暴く観察をしていた。彼女は目覚ましい成功を収めていた。

　キャットは弁護士ではなかった。それが彼女にとってはうまく作用した。いやむしろ、彼女は心理学の修士号を取得しており、誠実性が伝わらない法廷という環境の中で、見知らぬ人の真の感情を見つけ出す本能的な能力を持っていた。NJPと並んで、彼女も陪審員選定技術の**いわゆる**パイオニアであった。鍵となる技術は簡単なように思えた。すなわち、「答え

第10章
医師、患者、そして性的いたずら

の分からない質問をせよ」というもので、多くの法廷弁護士にとっては直感に反するものだった。しかし、正直かつ効果的な陪審員を選定する扉を開けるこの鍵を**使う**方法は、どんなキャッチコピーよりも有効だった。

　キャットはこの仕事を若い時から始めた。彼女は23歳の時、オグララ・ラコタ[12]族の酋長の裁判で陪審員選定手続について協力した。ラコタ族の酋長は、アメリカ・インディアン運動[13]の旗印の下、サウス・ダコタ(South Dakota)州の町ウーンデッド・ニー(Wounded Knee)を襲撃し占拠した。連邦の法執行機関とのにらみ合いは双方の銃撃戦で幕を閉じ、そのリーダーであった彼は間もなく起訴された。キャシーは、このキャリアの急展開以降、多くの著名事件に協力するために出かけて行った。その中には、クー・クラックス・クラン[14]やスキンヘッドのホワイト・アライアン・レジスタンス・グループ[15]に対する民事訴訟、ハワード・ヒューズ[16](Howard Hughes)の遺言をめぐる紛争、そして、コカインの密輸で起訴された前GM主任デザイナーであり、デロリアン車[17]の創作者だったジョン・デロリアン(John DeLorean)の無罪事件の弁護にも協力した。デロリアン事件[18]の時までに、キャット・ベネットは有名人になっていた。

　評決不能の後、ジョセフ・シンに、キャシー・ベネットの要求する相当

---

12 Oglala Lakota：ラコタ語を話すアメリカ原住民の部族の一つ。

13 the American Indian Movement：1968年にミネソタ州ミネアポリスで結成されたアメリカ・インディアンの市民権獲得を目指した運動。当初は、貧困、差別、警察暴力に対処するために活動したが、後に、伝統文化の復興、部族の自治および土地の回復を要求する運動となった。

14 the Ku Klux Klan：KKKと略称される白人至上主義の秘密結社で、1861年、南北戦争後に南部で結成され、白い頭巾とローブを着けてデモや集会を行い、アメリカの人種差別の象徴的存在となっている。

15 the White Aryan Resistance Group：WARと略称される白人至上主義の団体で、1983年にKKKから分かれて創設された「白人革命」を主張する過激派集団。

16 Howard Robard Hughes Jr.：実業家、映画製作者、発明家として知られた20世紀を代表する大富豪。彼の遺産はハワード・ヒューズ医学研究所の設立などに役立てられた。

17 DeLorean：1981年、デロリアン・モーター・カンパニーが生産したスポーツカー。映画『バック・トゥ・ザ・フューチャー』に登場するタイムマシンの改造ベースとなった車として有名。

18 ジョン・デロリアンが1982年に麻薬取引の罪で逮捕されたが、後に無罪となった事件。

額を支払うのを納得させるのに数週間を要した。しかし、私がキャットに電話した時期は幸運だった。彼女は無罪となったデロリアン事件を終えた後、たまたま、即座に取り掛からなければならない事件を抱えていなかった。彼女は高額な受託料を見積もったが、私は即座に同意した。しかし、1週間後、彼女は私に電話をよこし、その仕事から降りたいと言った。私の印象では、彼女が怖気づいた——おそらく、多額の受託料のゆえ——と思ったが、彼女はまだ30歳代前半の年齢でありながら、著名な弁護士、有名人の被告人、そして忌まわしい事件とともに、ほぼ独占的に仕事をしていた。私は有名な弁護士ではなかったし、彼女と個人的なつながりのある仲間でもなかった。そして、ジョセフ・シンも明らかに有名人ではなかったが、幸いにも、悪名高い者でもなかった。あくどい地方紙による報道はなかったし、幸いに、全国紙の報道もなかった。なんとしても彼女の協力を得ることが必要と考えた私は、過去の武勇伝を2、3話した。すると彼女が笑ったので、すかさず、私と妻がヒューストンのキャシーとその夫ロバート・ヒルシュホーン（Robert Hirschhorn）に会いに行くと申し出た。「夕食にワインを持って行くよ」と私が言ったら、彼女は同意した。すなわち、3夜の飲食付きの3日間の短期集中講座だ。これで完成！

　私たちがヒューストンに着いたとき、学ぶことがたくさんあることに気づいた。第一に、キャットは、「陪審員に対し、なぜ、答えのわからない問いを発することが重要であるか」の理由を理解することを私に求めた。**陪審員を選び出す**際、大部分の陪審員候補者は、単に私の聞きたい答えを推測して私に回答するのだから、慎重かつ用意周到であるべきことくらいの理由は十分に知っていると思っていた。もし、私が、「今、あなたは中国系アメリカ人に偏見を持っていませんよね？」と聞けば、「はい、もちろん、そうです」という肯定の答えしか返ってこないだろう。にもかかわらず、これは、大部分の弁護士が陪審員選定手続で行っている聞き方なのだ。合理的な疑いに関する質問の場合、弁護人は次のように質問するようにと教えられた。「彼は、今日、ここに座っていますが、証拠がなければ、

第 10 章
医師、患者、そして性的いたずら

ジョーンズ氏は無罪であることにあなたは同意しますか？」「はい。オーケー、間違いなく。」「そして、もし、検察官が合理的な疑いを超える有罪の証拠を提出しなかった場合、あなたの評決はどうなりますか？」「ウーム……無罪。」こうした類の質問では、問いに対する回答をした人物の真の物の見方について実際の情報が何も得られないことを私は知っていた。

　キャットの指導で再確認したのは、有罪の証明から遥かに微妙な論点に至るまで、私自身の考えを無関係としなければならなかったことであり、尋ねる質問のゴールは陪審員が説明できる唯一のことにのみ焦点を合わせることだった。説明できる唯一のこととは陪審員の感情だった。これは、特に個人の偏見が問題となる場面では、真実だった。キャットは、私たちは皆偏見を持っているのだから、重要なことは、陪審員に、偏見を持っていることを非難または批判されたという感情を抱かせずに、自らの中にそれがあるということを気づかせることなのだと強調した。

　次に、私は「答えがわからないオープンな問い」の**本当**の意味を自分自身の内面で納得することを学ばなければならなかった。原則としては、それはとてもシンプルだった。たとえば、誰かが「夕食後いつか、私はその店に行った」と語ったとしよう。仮に、その人が証人だとすれば、その後、その証人を反対尋問する弁護人は証人をピン止めしようとするだろう。すなわち、「あなたがその店に行ったその時刻は 9 時の15分ほど前ですね？」と。もっと自由な回答を求める質問「あなたがその店に行ったのはいつでしたか？」は、その証人にずっと広い回答の余地を与える。しかし、キャットは、陪審員候補者に質問するときには、「あなたがその店に行ったのはいつでしたか？」は答えのわからないオープンな質問ではまったくないと言った。なぜなら、発問者にとって重要な「いつ」が前提とされているからだと説明した。「あなたが行ったときに何があったのか？」でさえ、キャットにとっては、答えのわからないオープンな問いではなかった。弁護人は、証人から正確な回答を得たいと願う。すなわち、誰が、何を、どこで、いつという具合に。そして、正確にそれらの回答を得て、**私たち弁**

護人が聞きたいと望んでいる答えを得るのだ。しかし、陪審員選定手続では、弁護人は、真逆のこと、すなわち、短時間の間に可能な限り多くの情報を得ること。そして、語られていない、あるいは糊塗されていない**真実**、弁護人が聞きたいと望んでいることではなく、実際が何であるのかを聞きたいと望んでいるのだ。

　この反対尋問の思考態度を切り替えることは、最初、驚くほど難しかった。その鍵はそのゴール——まったくの他人に関する重要な何か、私たちではなく**彼ら**にとって重要な関心事は何なのかを知る——を自分自身の内側で明確化することだった。その文脈の中に置いてみよ。「その店で何があったのか?」はあまりにも多くを仮定している。どうして、何かが起きたことが前提になっているのか? どうして、それが起きたのがその店なのか? 多分、何かが**途中**の車の中で起きたのだ。多分、何も起きなかったが、突然、話者がある感情——恐怖、幸福、間違いなく何らかの感情——を抱いたのだ。「何があったのか?」という問いが、なぜ、本当の意味で答えのわからないオープンな問いではないのかを理解し自分自身の内面で得心したとき、私は陪審員とのコミュニケーションへの悟りの途上にあった。そして、単に、陪審員への悟りだけではなく、求められている「積極的に**聴く**こと」に照らせば、より大きな個人的な悟りの途上にもいたのだ。つまりはこういうことだ。

　　　「夕食後のいつか、私はその店に行った」
　　　「わかりました。それで……」
　　　「それについて話してください。……」あるいは、
　　　　黙って、答えを待つ空白の時間

　もし、これが患者に対するセラピストの聞き方のように思うなら、それは、そこに多くの類似性があるからだ。結局のところ、キャットの領域は心理学だった。

第 10 章
医師、患者、そして性的いたずら

　私たちは、ヒューストンの最初の日の午後、基本的なことを確認し、続いて、美味しいワインと料理の素晴らしい夕食が待っていた。そして、私たちはおおいに笑い友情を深めた。この雰囲気は、続く２日間の猛勉強と重要な陪審員選定の計画づくりにも引き継がれた。私たちは、キャットに、カリフォルニア州では、州の法律と実際の実務慣行で、どのように陪審員選定手続が行われているかを説明することから始めた。カリフォルニア州法は、長い間、自由な陪審員選定手続を認めており、特に、刑事事件ではそうだった。しかし、カリフォルニアの裁判官たち、州の大部分の裁判官は、効率性と加重な事件数の処理に関心があり、長い間、我慢しなければならない陪審員選定手続を簡素化しようと努めていた。オコナー裁判官も、同僚と同じように、12人の陪審員候補者と「６人一組の予備者」、つまり、13番から18番までの陪審員候補者までを一括して手続を進めることを好んだ。これにより、新たな候補者を読み上げる時間を少しだけ短縮できたうえ、ローテーションで順番が分かるので、誰でも、次に陪審員席に着く者が誰であるかを知ることができた。最初の12人が義務を免除されるか、または当事者によって忌避された場合、13番の陪審員が陪審員の席につくというように、６人一組が終わるまで、同様のことが繰り返され、その後、別の６人一組が補充されるのだった。

　キャットと私は、彼女の通常の陪審員候補者に対する質問方法をこの６人一組に適合するように修正した、ハイブリッドの方法を採ることに決めた。迅速性と効率性──言い換えれば、候補者の**出廷**──が求められていたので、私が18人全員に対して一度に一般的な共通質問をできるよう裁判官に求めることに決めた。表面だけをみれば、各候補者に同じ質問を繰り返すのを避けることにより、時間を節約する確実な方法にみえた。しかし、実際には、慎重に吟味した８つの質問があり、各問とも、該当する候補者は手を挙げるように求めており、これらの質問は各候補者に対する**全体としての選定**の際に実を結ぶ「種」の役割を持っていた。また、私たちは、本件のようなセンシティブな問題については、候補者にとって、個別

に質問されて皆の視線を浴びて答えるよりも、グループの中で手を挙げる方がずっと気が楽だろうと思った。この方法は双方にとって納得の行くものであり、私は上手く行くと確信した。結局、この方法は本件以降のすべての事件で私が行う通常の方法となった。

　残りの２日間を、私は候補者について知りたいと思う事項を思いつく限り書き出すことにあて、キャットは主たる論点につき広い視野に立って検討することにあてた。私たちが完全に着想をまとめ上げた後、最後の４時間を「実行計画」の完成にあてた。この計画は３部構成になっていた。

　第一部は序論で、数分内に終える。裁判官は、いつも、弁護人に、自己紹介と喉慣らしの導入の時間を与えてくれる。本件での主題を考えれば、この導入部は重要だった。一つには、裁判官は全員、裁判官研修所で法廷での手続の訓練を受けており、陪審員として召喚された市民に対し、陪審員は自らの偏見や予断を「法廷のドアの所」に置いてこなければならないと言う。キャットは、私がすでに知っていたことを改めて確認させてくれた。すなわち、陪審員は、私たちもできないように、これを上手に成し遂げることはできないのだ。それで、私が陪審員に語りたい最初のことは次のようなものだった。

　　ここにいる皆さんは、本件で公正な陪審員であろうと願っています。私たちは皆、偏見を持っており、物事を異なった見方で見ます。これは私たち全員にとっていえることであり、もちろん、私もその一人です。ここにいる私たち全員にとって最も重要なことは、お互いがオープンで正直であることです。それで、もし、あなたが本件のような事件で、自分が完全に公正かつ公平であるとは100パーセント保証できないとしても、それで結構なのです。皆さんの中には、陪審員としての義務は本件ではなく別の種類の事件に適しているのではないかと感じている方もいるでしょう。そうであってもよいのです。

第 10 章
医師、患者、そして性的いたずら

　その後に主題が来た。本件は性的な強制わいせつの事件であった。それで、私たちの計画では、私がこう言うことにした。

　　私は、これから、あなた方に非常に個人的な質問をいたします。その中には、あなた自身またはあなたの知っている人に関するものもあります。私は、この質問があなた方にとって辛いものであることを知っています。どうか、私が個人的領域に侵入することをお許しください。また、私は、あなた方ができる限り誠実であることを望みます。もし、あなたが質問に法廷で答えるのが嫌だというのであれば、私たちは非公開で質問を行うことができます。そして、もし、あなたが、詮索的な質問があなたにとってフェアではないと感じたならば、どうぞ、私たちにそう告げてください。今でもかまいませんし、あるいは、個人的な質問をされたときであってもかまいません。

　第二部は本件を念頭に置いた「種になる質問」である。８問のうちいくつかは、いわばソフトボールであり、答えやすいように工夫されており、人々を少しリラックスさせるものだったが、その一方で、いくつかの質問は陪審員選定手続の真の鍵となるものだった。私はこれら８問すべてを陪審員候補者18人に一度で質問する予定であり、キャットと私の事務員が、手を挙げた候補者が誰であるかを素早く特定することになっていた。その後に、私は通常のやり方に戻り、各候補者につき、個別に反応をみて陪審員として選定するか否かを判断することになっていた。私がこれらの質問をする際、ボディ・ランゲージを使うことは重要であり、それは「親近感を抱かせ」、いつもの薄茶色のスポーツコートとズボンという私のいでたちも、弁護士のスタンダードになっていた「法廷用スーツ」よりも親近感を抱かせるものだった。私は、これらの質問をする際には、回答を期待して頷き、候補者に手を挙げるように頼むときは、私自身も手を挙げることにした。話し方は、より会話ができて親しみやすくするためにセンテンスを

引き延ばして、いつもよりもゆっくりと話すことにした。そして、複数の個別質問の際には、候補者が各質問をじっくり考えることができ、願わくは、私にならって手を挙げることをためらわないように配慮した。そして何よりも、親切心を持ってこれらすべてを行うこととした。質問事項は以下のとおりだった。

1　あなた方の中で、チャイナタウンの中国系アメリカ人のコミュニティをよく知っている方はいますか？

2　あなた方の中で、医学の教育を受けた方はいますか？　または、医師と一緒に仕事をした方はいますか？　または、子供たちと一緒に仕事をした方はいますか？

3　私たちはかなり深刻な性的な事柄について描写することになります。特定の性的行為についての告発、陰部あるいは性行為についての言及があります。あなた方の中で、それを自分の関心事として受け止めて、困惑または混乱すると思う方はいますか？

4　それが難しいことだと私自身わかっていますが、私は聞かなくてはなりません。あなたまたはあなたの近親者で、これまでに性的ないたずらあるいは性犯罪の被害者になったことのある方はいますか？

5　あなた方の中で、医学に関係する団体に所属したことのある方はいますか？　広い意味の医学と考えて結構です。あなた方の中で、医師について特に意見をお持ちの方はいますか？　つまり、小児科医についてご意見のある方はいますか？

6　性的な犯罪についての人々の態度を改善または変革することを目的とする団体のメンバーである方はいますか？　つまり、改善や変革について信念をお持ちの方はいますか？

7　あなた方の中で、これまでに、必ずしも犯罪に限りませんが、自分がしていないことについて誰かに告発された状況に陥ったこと

のある方はいますか？

8　あなた方の中で、本件について何かを聞いたことのある方はいますか？

　そして、最後の締めの質問：「もし、あなたが私たちに告げておきたいことがあれば、今でもいいですし、あとで個別にお話しするときでもいいですから、どうぞ、手を挙げていただけますか？」

　繰り返すが、これら一般的な質問の目的は、陪審員候補者個々人を選定する際のアウトラインを形作るために、候補者に手を挙げることを躊躇させない点にあった。これらの質問で重要でないものはなかったが、最も重要な質問は明らかに4番だった。候補者らは、はたしてこのわかりやすい枠組みで、進んで手を挙げるだろうか？　背後にある考え方は、2つの簡単な質問と、重要ではあるが導入的な色彩の強い3番の質問を通して4番の質問に至るという構成だった。その後、5番と6番の質問も重要ではあるが、一旦、退くことにした。7番の質問は特に重要な質問だった。というのも、間違った告発を受けた経験のある者は被告人側に好意的であり、自らの経験について語るという価値のある役割を果たす可能性があったからだ。私たちは、意図的に、この質問を3番と4番から離して、候補者に最も重要な質問との間に休憩を与えることにしたのだった。

　実行計画の第三部は、どの質問に誰が手を挙げたかの結果に基づいて、個々人の選定をすることだった。答えのわからないオープンな問い（「ウン、それで」「それについて言って」など）を発するという実践を通じて、私は、ある意味で、この部分は他よりも楽ではないかと思った。次から次へと候補者とお喋りをしながら、聞くことと会話に徹することだったからだ。私は、候補者と後に対話することになる前に、誰も手を挙げてくれないのではないかと大いに心配した。しかし、その心配は杞憂だった。

　個人的な選定手続の質問には、1つのさらに重要な要素があった。私たちが適任と思った陪審員候補者に対して、私は合理的な疑いと無罪推定に

ついて一連の質問をするのが常だった。これらは答えのわからないオープンな問いではなかったが、陪審員候補者にこの原則を直接的かつ確実に心に留めさせるために、被告人に有利な無罪推定原則に従うことを約束させたのだ。

・あなたは、検察官に証拠提出の義務があり、検察官の主張を合理的な疑いを超えて証明しなければならないことを、ためらうことなく、受け入れることができますか？
・今日、シン医師の審理が始まりますが、あなたは、検察官が犯罪事実のすべての要素を**証明**しない限り、シン医師は無罪であり、検察官が証明するまでの間もずっと無罪の状態であるという原則に従うことを約束できますか？

陪審裁判は２週間の休廷の後で、キャットはサンフランシスコの素敵なホテルに１週間滞在した。陪審裁判の準備はできており、私の自信も戻ってきていた。

再審理と真実の発見

キャットは私の仲間に加わった。ジョセフ、そして、私のロースクールの学生が弁護人席につき、再審理が始まった。私たちは、その朝すでに、オコナー裁判官が喜びそうなジョセフの診療所への「野外旅行」を提案した際に得点をしていた。ハート検察官は型通りの反対をしただけで、裁判官はこれを認めたのだった。しかし……、廷吏が陪審員候補者を入廷させる前に、私がキャットを裁判官に紹介し、キャットが「裁判長、おはようございます」と言い終る前に、裁判官席にいるアイルランド人女性はすでに、弁護人席にいる甘い声を出す南部の美人を嫌っているのが見て取れた。そして、その女性裁判官は、できるならば自分の法廷からキャットをつまみ

第 10 章
医師、患者、そして性的いたずら

出したいと思っただろうが、それはできなかった。それで、私たちは戦いを始めた。

私は準備万端で陪審員の選定に臨んでいたので、計画通りに始めた。12人の陪審員候補者と6人一組の予備候補者が選ばれ、その全員に対し、私の導入部分を始めた。全員が集中しており関心を示していた。2人の候補者が手を挙げて、この種の事件について公正でいられないと申し立て、裁判官は辞退を認めた。1人の女性はブロードモアと名乗り、私は、将来言及するかもしれないと考えて、その名前を書き留めた。私は一般的な質問に移り、ここでも、すべては順調に進んだ。事実、最初から、私が期待していた以上に多くの手が挙がった。質問の3番と4番に進んだ時、多くの人の手が挙がり、私は個人名を読みあげて、一人ひとりの名前を記録した。一般的質問の最後までに、私たちは各個人に対する選定のための手掛かりとなる台本を手にいれた。そして、最後に、私が、ブロードモアさんがこの種の特別な事件につき公正ではいられないと述べた正直さと勇気について言及し、弁護人に告げたいことがあるかを候補者に質問したら、さらに2人の手が挙がり、辞退が認められた。「なんということだ、これまでで、こんなに上手くいった陪審員選定手続はなかった」と私は思った。

ところが、その後、午前中の休廷の後は、すべてが脱線してしまい、私はそれまでの弁護士生活の中で最悪の日を経験することとなった。10時半かその頃、私が個別質問を始めたときから、裁判官が休廷を宣言した午後4時半までの間、私はズタズタにされた。私は裁判官から侮辱され、法廷の後ろに控えている60人の陪審員候補者たちの振る舞いに困惑し、全体として、あの素晴らしい計画は頓挫してしまった。

私は候補者各人に関するたくさんの情報と彼らに尋ねる十分な質問事項を持っていた。しかし、この選定方法では、手続を迅速かつ効率的に行うことができないことがすぐに明らかとなった。私は、キャットが教えてくれたとおり、特に微妙な話題の時には、答えが分からないオープンな問いの形で質問することを実践した。しかし、それには、苦痛を感じるほど長

301

い時間を要した。私は1番の陪審員候補者と対話するのに30分以上を費やした。昼休みになったときには、やっと3番の候補者への質問が始まったところだった。オコナー裁判官は私を不機嫌に眺め、法廷の後ろにいた候補者らは不平不満をつぶやき始めた。午後の始めには、法廷の非難は私に向けられた。裁判官の眼はさらに刺々しくなり、背後の人の不平不満のつぶやきは大きくなり、絶え間ないヤジが起こった。しかし、裁判官は明らかにそれを止めようとしなかった。その日の最後までに、私が質問を終えたのは18人の候補者のうちたったの6人だけだった。午後の毒を帯びた雰囲気の中で、質問の焦点はボケてしまい、私の質問の重要性は失われてしまった。

　私の妻、ロースクール生、ベテラン法廷弁護士の補助者ジョン、そしてキャットは、急いで私を自宅に連れ戻した。そこで、私は10分間ほどの間に赤ワインを立て続けに3杯飲んで崩れ落ちた。落ち着いた後、私は「どうだった？」と聞いた。皆が順番に答えたが、皆、私を元気づけ、私が何をしているのかを認識していたことと、時間がかかり過ぎたことを再確認させてくれた。ただ、それは、最後の人が発言するまでのことだった。最後の人がキャットだった。

　「リチャード」と彼女はこれ以上ない甘い語り口で言った。「あなたは、いつも、法廷では十分に自制できているように見えるわ。」私には思い当たるフシがあった。それは、私が内部で湧き上がる感情的な混乱にもかかわらず、私は外に向かって毒を吐き出すのを何とかして抑え、いつもと同じように自信たっぷりに、いつもの闘いをしているように見せかけていたのだ。そのことをキャットに話した。

　「あー、良かった。ありがとう！」とキャットは微笑んだ。「あなたは、自分をよくコントロールしていたわ。でも、言わせてね。法廷で起こっていることについてあなたはどう感じていたの？」

　「ひどかった」と私は答えた。「実にひどかった。あのヤジとそれを放置した裁判官すべてがひどかった。クソと思ったよ。」

第 10 章
医師、患者、そして性的いたずら

そして、キャットはこう言った。「あなたは、候補者に対し、誰でも答えられる最も私的な個人的質問について、本当のことを話してくださいと頼んでいたわ。あなたは、人々に対し、正直に真摯に答えてくれるように求めていたの。でも、あなたは自分自身の内部で傷ついていたのに、人々には何も示さなかったの。正直な自分の痛みをね。」それから、1つの質問をして、キャットは、これまでの誰よりも、良き弁護士であることの意味について私に教えてくれた。「リチャード、あなたが自分自身の本当に思っていることや感情を人々に示さなくて、彼らが本当に思っていることや真の感情について語ってくれると期待できるの？　自分の感情を示すことは、最低限、あなたにできることではないかしら？」

私は天上が開き雷に打たれたようなショックを受けた、と告白しなければならない。しかし、それはかなり酷評に近かった。キャットの言ったことは、弁護技術以上に多くの意味を持つものだった。それは、傲慢、正直さ、謙遜、そして、すべてを理解しているかのように振る舞うことの危険性についてのものだった。それ以来、私はこのメッセージを座右の銘とした。

キャットと私は、どうすれば法廷の雰囲気を変えることができるかを検討し、キャットは最初の言葉が重要であると主張した。次の日の午前中、候補者の順番が呼び出され、7番の候補者であるベントレー氏と話をするために私は立ち上がった。私は、あたかも、法廷という井戸に飛び込むかのように覚悟を決めて、最も穏健な声で、昨日の法廷の後方からのすべてのヤジを聞いたか否かを尋ねた。少し驚いたように見えたが、彼はたしかに聞いたと述べた。

「それで、ベントレーさん、それが私にとってどれほどひどいものであったか、あなたは想像できますか？」

「はい。想像できます。」

「候補者との対話のすべてを座って聞くのが、皆さんにとって、どんなに辛かったのか」を私が理解していたと、あなたは思うかどうかを尋ねる

と、彼は、同様に肯定した。それから、私はこう質問した。

「たとえ、私がこのことについて皆さんの不快な思いを知っていても、また、それについて私が本当に申し訳ないと思っていても、私の仕事として、そうしなければならず、ここにいる依頼者ジョセフ氏のために、私が考える最高の方法で最善をつくさなければならないことを理解していただけますか？」

再び、ベントレー氏はちょっと驚いた顔を見せたが、「はい、たしかに」と言って返答した。

そして、私が「ありがとう」と言った瞬間、法廷全体の雰囲気がガラリと変わった。私は、本当に、多くのことをしなくて済んだ。私生活の出来事、恐ろしい過去の経験、恐怖、心痛、または懸念などを明らかにしなくて済んだ。私はただ正直に真実を語っただけだった。それで十分だった。

第2回目の陪審裁判の周辺で

私たちは陪審員の選定にさらに３日を要したが、その良い雰囲気は続いた。私たちは、今や、お互いの幸福を語り合える関心ある市民の一団であった。多くの人が正直に語り、公開の法廷で、自らの愛する人の人生における出来事について、私が驚くほどの率直さと誠実性をもって話をしてくれた。多くの人が、自分自身の経験に基づいて、あるいは、ニュースで知ったことに基づいて話をしていることを認め、自分は公正であるとは考えなかった。幾人かの人は、自らが何か悪事を働いたと誤って告発された経験を語った。私は、特に、背の高い、痩せた、若い黒人の青年男性が語ったストーリーに注目した。それは、彼が大学の寮でステレオを盗んだとして告発されたが、彼は間違いなくその物の保管権限者だったというものだった。

私たちが陪審員の選定に満足であると告げたときまでに、検察官は忌避できる枠を使い切っていた。これは私の体験した刑事事件の陪審裁判では

第 10 章
医師、患者、そして性的いたずら

唯一の例だった。キャットはヒューストンに帰り、私たちは弁護側の証拠を提出した。前回の陪審裁判と同じ証拠だったが、今回は、シン医師の診療所の現場検証がつけ加わっていた。

相手方のピーター・ハート検察官は優秀な法律家であり、多くの弁護士が犯す失敗をするようなことはなかった。しかし、現場検証に行く際に彼は間違いを犯した。彼はチャイナタウンへ自分の車で行くと言ったのだ。一方、他の当事者——裁判官、陪審員、予備陪審員、廷吏、私の依頼者とその家族、そして、私とロースクール生——は、保安官事務所のバスに乗った。そして、私たちは素晴らしい時間を持つことができた。窓からの風景を指差して確認したり、私たちをどこかに移動中の被収容者であると考えて眺めている通行人の表情を見て笑ったりした。要するに、絆の経験だった。シン医師の診療所について言えば、証言台の証言から想定していた以上に遥かに人で混雑しており、当然のことながら、そこに奇妙な20人がその内部を引っ掻き回すのだから、さらに狭く思えた。

それでも、たった1つの論点に私は悩んでいた。他の人の証言や先の証言録への言及により、すでに別の裁判があったことは明らかだった。私は、オコナー裁判官に、陪審員に対し、先の裁判は審理無効だったことを告げるように求めた。そうしなければ、陪審員が、先の裁判でジョセフが有罪とされ、控訴審で破棄されたのだと受け止めることを恐れたからだ。しかし、裁判官はまったく好意的ではなく、依然として、陪審員選定手続に4日を使ったことに怒っており、仮に何かが有罪証拠に加われば、前の裁判以上にジョセフの有罪は納得できると考えていた。オコナー裁判官は、前審が審理無効となったことを法廷で言及しないようにと私に警告した。しかし、私は、証人尋問の中ほどで、その機会が到来したときに、できるだけ微妙な言い方で「審理無効」を挿入した。裁判官は気づかなかったように見えたが、ピーター・ハート検察官は気づいた。そして、事実審理が終わった後で、彼はその点について私を非難した。私はピーターが好きだったし、結局、友達になったが、ある時、私は自分自身に対して——

ピーターに対してではなく——、依頼者を守るためには必要だと考えて倫理規則上の義務に違反したことを認めた。ピーターは、数年後になってから、私に同じことをまたやるのかと聞いてきた。「多分ね」と私は答えた。

　当事者双方の最終弁論と裁判官の説示の後、陪審員は午前10時半頃には評議に入った。陪審員は、昼食時間も評議室にこもってサンドイッチとサラダを食べながら評議を続け、誤って告発された例の黒人青年の主導の下、午後2時半までに戻ってきた。評決は無罪であった。私は依頼者と抱擁し、ジョセフの母親そしてその家族と抱き合って喜んだ。2つの裁判は同じ証拠によるものだったが、その結果は天と地ほどに違っていた。

エピローグ

　ジョセフ・シンは小児科医の実務に戻り、その日以降、女性の患者の時は常に診察室に看護師または医療助手を同席させることにした。彼の母親は90歳代半ばまで生きた。私は数年後に彼女の所に立ち寄ったが、相変わらずすべての点において優美であった。

　キャット・ベネットはテキサス州に戻り、夫のロバートとともにガルベストン（Galveston）に移って、一般に知られるようになった陪審員コンサルタントの実務を発展させた。しかし、程なくしてキャットに悲劇が起きた。30歳代後半までに、彼女の胸部にガンが発見された。ガンの転移にもかかわらず、彼女は、死の直前の数カ月にわたり、その当時引き受けていた仕事——おそらく、彼女の活躍が最も広く知られることになった事件——、ジョン・エフ・ケネディ（John F. Kennedy）大統領と上院議員ロバートおよびテッド・ケネディ（Robert and Ted Kennedy）の甥にあたる ウィリアム・ケネディ・スミス（William Kennedy Smith）[19]の弁護事件の仕事を

---

19 ウィリアム・ケネディ・スミスはケネディ家の一員である医師。1991年、強姦罪で起訴されて全米の注目を集めたが、後に、無罪となった。

続けると言い張った。この事件は法廷がテレビ中継された初期の事件の一つで、法廷放送テレビの先駆けとなった。スミスは強姦罪で起訴されたが、無罪となった。キャットは、その数カ月後、41歳の若さでこの世を去った。

カーン郡の事件について：地区検事エド・ジャゲルスのチームは少なくとも26人を有罪とした。最初の４人は1983年に有罪とされ、次の３年間に他の７件で有罪評決が続いた。そのうちの１件では、13人の子供たちが関わっており、135の訴因につき７人が起訴され、半年間の陪審裁判の後、全員がすべての訴因につき有罪とされ、各自の刑期は285年から405年までの間にあった。1986年、最後の陪審裁判は自分の娘を強姦して有罪となった事件だったが、この時までに、人々の中に、検察官の訴追濫用が、なぜ、これほど多いのかを問う声が上がっていた。

1986年のカリフォルニア州検事総長事務所による調査と、**フレズノ・ビー（Fresno Bee)紙**の記者ジム・ボーレン（Jim Boren）の一連の記事によって、これらの事件が解明され始めた。検事総長の報告書につき、ボーレンは次のように書いた。

　　報告書は、検察当局が子供たちに「誘導的な」質問をして当局の望む答えを得たと結論づけた。被害者とされる子供たちの中には、取調べで言われたこと、または、他の子どもが言ったことを単にオウム返しで答えていた者もいた。多くの場合、幼い子供たちは、最終的に、性的ないたずらをされたことを認めるまで、当局の取調べを何回も受けていた。ある例では、被害者の子供が、いわゆる「正しい」答えをするまで、35回も取調べを受けていた。……

1990年、155の訴因で有罪とされた７人の被告人の有罪判決は地区検事アンドリュー・ギンデス（Andrew G. Gindes）の取った行動を理由に破棄された。「（ギンデスの）非違行為のほんの一部にすぎない」155頁に及ぶ叙述

に続けて、控訴審裁判所は、彼を「有罪評決を盲目的に希求し、検察官としての憲法上及び倫理規則上の義務を忘れたか、または、無視したかの過剰な熱心さを持った検察官」と評した。1994年までに、すべての子供たちの証言が強制されたものであったことを根拠に有罪判決は取り消された。

　その他の事件も同じような結末になったが、多くは長期間の刑務所収容の後だった。有罪とされた最初の4人が釈放されたのは、裁判官が「取調技術は……望ましくない結末をもたらす危険をはらんでいた」と判示した1996年であった。父親から肛門性交をされたと証言した娘は、ほとんど間を置かずして、自分の証言を取り消した。しかし、父親は、これらの取調方法は「虚偽の信用性に欠ける告発を生み出す可能性がある」と裁判官が結論づけた1999年まで刑務所に収容された。最後の無実の犠牲者が刑務所から釈放されたのは2004年だった。全部で26件の起訴のうち25件につき、有罪判決が破棄された。唯一の例外は、児童虐待事件が捏造された1980年代半ばの時期の前後を通じて性犯罪を繰り返して有罪判決を受けた被告人の事件で、彼は今も服役中である。

　これらの事件の犠牲者は起訴された者と告発者となった子供たちの双方だったが、告発者が被告人の子供であった例がまま見られ、多くの被告人は貧しい労働者階級のコミュニティの出身だった。悪事を行ったのはカーン郡検察庁と地区検事のエド・ジャゲルスだった。カーン郡検察庁の不祥事の後、ジャゲルスの非違行為の数々が暴露された。暴露本には、ピューリッツアー賞受賞者のジャーナリスト、エドワード・ヒュームズ（Edward Humes）の『**卑劣な正義**』[20]があり、映画としては、ショーン・ペン（Sean Penn）制作のドキュメンタリー映画『**魔女狩り**』[21]があり、それは有料テレビ局「ライフタイム」でも放映された。しかし、ジャゲルスは至る所で激しく非難されたが、自らは検察官としての業績を誇り、その中には、カーン

---

20 Mean Justice：2003年に出版したノンフィクション作品。ベイカーズフィールド事件を題材に司法制度の問題点を暴きだした。

21 Witch Hunt：2008年に、俳優のショーン・ペンが制作したドキュメンタリー映画のタイトル。

第 10 章
医師、患者、そして性的いたずら

郡の一人当たりの実刑率はカリフォルニア州の中で最も高いという主張も
あった。彼は2010年までカーン郡の地区検事を務めた。

マクマーティン事件のその後：カーン郡の事件とは異なり、マクマー
ティン事件は陪審裁判の前の段階および審理中に崩壊した。最初、１年半
に及ぶ予備審問手続の後、新しく地区検事に就任したアイラ・レイナー
（Ira Reiner）が、これらの事件は「信じがたいほど脆弱だ」と言って、７人
の被告人のうち５人について起訴を取り消した。その結果、最初に告発さ
れたレイ・バッキーと、レイの母親であり祖母が創設したデイケアセン
ターの責任者であったペギー・マクマーティン・バッキーの２人だけが被
告人として残された。

２人は65人の児童を虐待した罪につき陪審裁判へと進んだ。この審理
は、カリフォルニア州の歴史上、刑事事件の最長——サン・クエンティン
６人組事件よりも長い——を記録することとなった。結果がどうなった
かって？　ペギーは65の訴因のうち64について無罪となり、レイは52の訴
因について無罪となったが、13の訴因については評決不能となった。その
内訳は、レイに対する12の訴因と２人に対する共謀罪についてであった。
再審理の後、母親もその息子もともに無罪となった。事実、マクマーティ
ン事件では、**誰も有罪とはならなかった**。しかし、その委縮効果は国中に
広がったのだ。一方で、ペギーは保釈されるまで２年間拘置所に勾留さ
れ、レイは審理前の勾留による身体拘束を５年間にわたって受けた。

マクマーティン事件で間違っていたのは、心理学者、社会学者、および
ジャーナリストによる「事実に基づく分析」だった。第一に、地区検事およ
び警察が、精神不安定およびアルコール依存症の長期病歴のある人物から
の告発をほとんど調査することなく額面通りに受け取ったことが発端だっ
た。もし、その告発者の申立の内容—— 一例として、「儀式を行う場所に
相応しい屋内練習場で、（その場で）レイが空を飛び（そして）ヒツジ男がそ
こにいた……」——に普通の注意が払われていたならば、この事件は決し
て始まらなかっただろう。第二に、警察が、最もおぞましい不適切な行為

を含意する誘導的なアンケートを200以上の世帯に送って情報を収集するという、後のヒステリーの呼び水となる方法を採ったことだった。

当時でも、子供に対する取調べの場合、「正しい答え」を示唆することを慎重に避けるという方法が提案されていたが、マクマーティン事件では、それは使用されていなかった可能性がある。400人中360人の生徒が虐待を報告した雰囲気というのは、この事件を調査した心理学者のチームが言うように、「子供たちがソーシャル・ワーカーから高度に誘導的な質問をされたことの結果」であった。ある1998年の研究は「感染させる」質問方法を引用していた。すなわち、「最初、子供たちの大部分は性的にいたずらされたことを否定していた。しかし、解剖学で使用する人形を使って行われた面談の収録画面では、子供たちは、別の子供たちが学校での『不快な秘密』を漏らしたと告げられ、同じように秘密を明かすように促がされていた」のだ。今日、第三者の専門家が指摘するように、よく知られているのは「多くの研究が、子供たちは誘導的な質問に特に影響されやすく、その後、誤った記憶が形成されることを明らかにしている」という事実である。

最後の要因は新聞およびテレビの報道姿勢だった。マクマーティン事件を報道していた**ロサンゼルス・タイムズ**の記者デイヴィッド・ショー（David Shaw）は、1990年に書いた一連の記事で、自社の新聞を含めて報道機関がいかに「核となる重要な事実につき、時には真実を歪める役割」を果たしてきたかを書いていた。報道機関は、あらゆる段階で、本来の懐疑主義を捨て去り、事件をセンセーショナルに見せ、告発された人々は有罪であると推定していたのだった。そして、そのストーリーは野火のように広がり、全国的なニュースの見出しにまでなったのだ。

他の事件以上に、マクマーティン・デイケア事件は、子供たちに対する性的いたずらや虐待についての質問方法について大きな改革をもたらし、また、子供たちは本来的に真実を述べると考えることの誤謬を明らかにした。

私自身について言えば、今日、シン医師の事件を振り返ってみて、シン

第 10 章
医師、患者、そして性的いたずら

医師が、そして私の依頼者の多くが法廷でどのように見られていたのかについて、共通点のあったことがわかる。ジョセフ・シンの事件は、私の法廷弁護士としての期間の中で、強制わいせつ罪に問われた無実の人にとって最悪の時期にあたっていた。ほとんどすべての陪審員候補者が「被告人は有罪であるに違いない」と最初から考えていた。私は、この種の有罪推定を多くの法廷で見てきた。サイモン・スタンレー通称「ケニー・クレイージー」事件[22]でも、マックス・フォレストの外見や振る舞いでも[23]、サン・クエンティン6人組事件[24]において、被告人らが囚人服を着て、腰、手首、足に鎖を巻かれた状態で現れたときにも、それを見てきた。すなわち「あいつらは有罪に違いない」と。

最近では、私は同じ「前提認識」が法廷の外にも存在していると考えている。スタテン・アイランド（Staten Island）で起きた、大柄な黒人男性が警察官によって路上に息ができないほど押さえつけられて命を落とした事件[25]に、フードつきの服を着ていた10代の黒人少年が丸腰のまま自警団員に発砲されて殺された事件[26]に、1人の黒人男性が警察官に背後から7発発砲された事件[27]に、あるいは、中国系アメリカ人がコロナ・ウィルスの「感染源」だとして路上で唾を吐かれた事件に、私はそれを見る。この前提認識は、その現場にいた警察官が、被害者となったエリック・ガーナー（Eric Garner）、トレイボン・マーティン（Trayvon Martin）、ジェイコブ・

---

22 本書第7章参照。

23 本書第8章参照。

24 本書第1章参照。

25 2014年、ニューヨークで、後述の黒人エリック・ガーナーが「息ができない」と訴えたにも関わらず、警察官に締め技をかけられて殺された事件。ブラック・ライブズ・マター（Black Lives Matter）運動の端緒となった。

26 2012年、フロリダ州で、後述の17歳の黒人少年トレイボン・マーティンが自警団員に射殺された事件。本書第1章注32参照。ブラック・ライブズ・マター（Black Lives Matter）運動の端緒の一つとなった。

27 2020年、ウィスコンシン州で、後述の黒人ジェイコブ・ブレイクが背後から警察官に銃撃されて下半身不随の重傷を言った事件。ブラック・ライブズ・マター（Black Lives Matter）運動の端緒の一つとなった。

ブレイク（Jacob Blake）に対して抱いていたものだが、警察官以外の数えきれない人々も、同様に、ステレオタイプ化された前提認識を持っている。この前提認識が深刻に検証されたのは、別の黒人ジョージ・フロイドが白人警官の膝の下に押さえつけられて窒息死した事件[28]の後だけだった。あの事件から数年が経過した今日、私たちの中には、こうした前提認識が意識下に再び忍び込んでくるのを許容している人がいる。私たちはそれを食い止めるために真剣に次の対策をとる必要がある。

　最後に、個人的なノートについて語ろう。キャット・ベネットが私に教えてくれた教訓を記したノートは、私が何年にも渡って行っている数多くの陪審員選定手続に関するロースクールでの教育、公設弁護人や法に奉仕するグループのための研修に持参していった。この教訓は、おそらく、私自身の健康にとって一層重要であったと思う。弁護士一般に対する生涯教育セミナーの場で、私自身が２度の深刻なうつ状態に陥った実務のプレッシャーについて語る際にも、この教訓は役に立っている。公の場で私の体験を誠実にありのまま語ることは、私を自由にし健康にする最も有効な方法の一つだった。私の体験が他の弁護人において自らの真実に触れる何らかの助けになることを願っている。これらすべては、キャットなしには到底実現できなかったことだった。

---

28 本書序章注７参照。

第 11 章

ハウスボートでの死

カリフォルニア州人民対カール・カリナー

ある者が住居内に銃を持ち込んだが、ヘロインで朦朧となっており、どこにいるのか、そこで何をしているのかもわからない場合、一体、罪はどうなるのか？　この事件では、私の依頼者とそのガールフレンドがヘロインを入手するために麻薬密売人のハウスボート（居住用のボート）に行った。私の依頼者はガールフレンドが渡した拳銃を持っており、売人との間で銃の奪い合いをしている過程で、売人が撃たれて死んだ。故殺罪[1]以外の有罪はありえなかったし、私はそうでなければ不公正だと思った。しかし、事態は、私が想定していたようには運ばなかった。本件は、すべての事件が思い通りに運ぶわけではないこと、そして、すべての依頼者が公正な結果を得られるわけではないことを思い起こさせる、厳しくかつ憂鬱な事件だった。

あるハウスボートでの殺人

　ある夜の午後10時半ころ、カール・カリナー（Carl Kalliner）──皆は彼を「CK」と呼んでいた──は、たまに付き合っていたガールフレンドが

1　manslaughter：故殺。「予謀（事前に形成された犯意）」がないまま行われた不法な殺人で「故意故殺」と「非故意故殺」がある。前者は、挑発や激怒状態の下で行われた殺人をいい、後者は、適法な行為を行う際の過失による殺人（過失致死）や、「重罪（felony）」に当たらない不法な行為を行う際に死を惹起させた場合（傷害致死）をいう。「予謀」の有無によって「謀殺」と「故殺」が区別される。

313

自分の前を歩き、自分の手には拳銃があるのに気がついた。彼が自分のしていることに「気がついた」と言ったのは、彼がヘロインで朦朧となっていたからだ。その朦朧状態は、後の法廷で、薬物学者が「カールが桟橋からボートまでの狭い渡し板を水面に落ちることなく歩いて行けたことが信じられない」と証言したほどのものだった。カールは、リンディ・ジェームズ（Lindy James）の後について歩いていた。リンディは、前に買ったヘロインが粗悪品であったことの仕返しをし、新たなヘロインを入手しようとしていた。2人の訪問の後、麻薬密売人のボビー・カラッチ（Bobby Caratti）は死亡し、拳銃はカールの手にあった。

　警察はすぐにカールとリンディの身柄を拘束した。カールは、留置場で警察官に対し、ボビーと格闘していた間に拳銃の暴発があったことを認めるひどく不明瞭な供述をしていた。2日後、私のお気に入りであったデイブ・ベイティ（Dave Baty）裁判官が私をカールの弁護人に任命した。というのも、公設弁護人事務所はそれまでに何度かカラッチの弁護を引き受けていたので、公設弁護人が利益相反を申し立てたからだった。

　カールと会って話をした最初から、私は、経験上、彼が殺人罪の被疑者にはおよそなりえない人間であると思った。カールは、物腰が柔らかく穏やかな語り口で、紳士的と言ってよいマナーを身につけていた。ヘロイン中毒の恐ろしい結末がなかったならば、「CK」は不動産ブローカーか自動車整備士に――数ある職種のどれにでも――なっていただろう。彼はマリン郡留置場で薬物中毒回復プログラムを受けていたが、彼がそれを不快に感じていたことは明らかだった。

　CKが語った話は、私がそれまでに身柄拘束された依頼者から聞いたどんな話よりも信頼できると思った。カールはリンディを「ある種のガールフレンド」と表現したが、2人はしばしばヘロインで一緒に「ハイ」になっていた。リンディは、殺人のあった日の午後、カールを探し出してこう告げた。カラッチが、リンディとのヘロイン取引で、粉かベイキングパウダーを入れてヘロインの量を大幅に減らし、ほとんど効果のない粗悪品を

第 11 章
ハウスボートでの死

売りつけてリンディから金をだまし取ったと。CKは自分には関係ないと
考えたが、リンディは、もしカールが、その日の夜、彼女と一緒にソーサ
リト（Sausalito）のカラッチのハウスボートに行ってくれるのであれば、彼
女がカールをハイにしてあげると約束した。CKはハイにしてあげるとい
う部分にひかれて、それを承諾した。

　カールが承諾したので、リンディはその日の夕方、彼をハイにしたうえ
で、彼に拳銃を渡し、それをポケットに入れて彼女について来るように
言った。彼女は車を運転して、サンフランシスコからゴールデンゲイト・
ブリッジを渡ったすぐのソーサリト河岸の6番ゲートのハウスボート区域
に乗りつけ、CKに別のヘロインを注射し、彼に、迷路のような桟橋と歩
道を通ってカラッチのハウスボートに着くまで彼女について来るように指
示した。彼はラリっており、上体もふらついていたが、言われたとおりに
ついて行った。後になって彼が思い出したのは、リンディが心底ボビーに
怒っており、最後に買ったヘロインの金を戻すように求めていたことだっ
た。彼は、拳銃がポケットに入っていたのか手に持っていたのかは思い出
せなかったが、彼とボビーが2人とも拳銃を取ろうとして取っ組み合いを
していたこと、および、ボビーが拳銃を手にしてCKの股間を狙って銃を
構えたその瞬間、彼が「起き上がる」や拳銃が暴発し、ボビーが床に倒れて
死んだことは、たしかに覚えていた。

　1日か2日後、私は、CKが逮捕の1時間後に保安官事務所で語った供
述の録音テープのコピーを受け取った。彼が私に語った話はそのテープと
完全に一致していた。CKの声は明瞭ではなかったが録音された供述は明
瞭だった。話し方は非常に遅く、彼の言葉はひどく不明瞭だったが、CK
は同じ出来事を語っていた。すなわち、リンディが彼を幻覚状態にし、彼
に拳銃を渡し、マリン郡まで自動車で連れて行き、どんなことがあっても
拳銃を離さないように言い、ヘロインをもう1回注射し、それから、ボ
ビーのハウスボートまで彼女についてこさせたのだった。二人はハウス
ボートの中に入った。彼が覚えていたのは、リンディとボビーがお互いに

罵り合い、リンディが金を要求していたことだった。そして、拳銃を支配するために彼とボビーがもみ合っていたことだった。「奴は俺のキンタマを狙っていた」とCKは、ゆっくりと、およそ明瞭とはいえない声で何回も繰り返していた。「そして、俺がちょうど起き上がった……すると、それが暴発した」。

　CKの過去の記録——前科調書——は、40歳の長期にわたる麻薬中毒者にしては、驚くほど穏当なものだった。記録上、唯一逮捕されて有罪となった事件は数年前の酔っ払い運転だった。CKは私に、過去数年間は仕事を持っており、それを順調にこなしていたと語った。彼の妻は別居していたが、夫との仲は良く、彼の雇用歴を証言してくれた。私には、CKが人生の大部分を普通に生活できる麻薬中毒者であると思えた。本件までに、私はかなりの数の麻薬中毒者を見ていた。私の主観的な見方からすれば、彼の警察官に対する供述と最小限の記載しかない前科調書は彼の話の信頼性を高めていた。私にとっては、リンディが、ちょうど拳銃と同じように、CKをカラッチに対する報復のための道具として利用したように見えた。

　今にして思えば、私はいささか単純に考えていたのかもしれないが、すべての情況証拠から判断すれば、「悪い奴」はリンディであってCKではなかった。たとえ、拳銃が暴発したときにそれを持っていたのがCKだったとしても同じだ。この見解を裏づけるものとして、保安官の調査員がバーバラ・バーネット（Barbara Barnett）という証人から得ていた非常に厄介な供述があった。バーバラによれば、リンディは彼女に対し、犯行のあった日の前日、バーバラと一緒に使用する麻薬を手に入れてくると話した。リンディがハウスボートから戻ってくると、ヘロインがあまりにも弱くて高揚感を得るには程遠かったので、リンディが怒り出し、バーバラに「拳銃とボーイフレンドを見つけてくるわ。そして、くそったれのボビーをぶっ殺してやる」と言った。たしかに、翌日、リンディは拳銃を入手し、彼女の「ボーイフレンド」であるCKにそれを渡し、そして、その結果としてボ

316

第 11 章
ハウスボートでの死

ビーが銃で吹き飛ばされたのだった。

この一言がリンディとCK双方に対する事件全体の鍵を握っていた。それは、リンディが殺意と事前の計画を持っていたことを自認する証拠であった。そして、その供述はCKにとっても致命的なものだった。というのも、それは検察側の構図を裏づけていたからだ。すなわち、「ボーイフレンド」のCKが、あの夜、ハウスボートに拳銃を持って行ったのだから、彼が自ら進んでリンディに従っていたという見立てである。しかし、先例に照らしてその供述の証拠能力[2]を適切に理解するならば、CKに対する証拠として証拠能力を認めることはできず、リンディに対してだけ認められるものだった。

この供述が信頼できるとすれば、リンディがバーバラに語った「ボーイフレンドと拳銃を調達し、ボビーをぶっ殺す」という供述は、殺人事件の陪審裁判において、リンディに対する重大かつ強力な有罪証拠だった。しかし、CKはその発言があった場にはいなかったし、リンディが言ったことに責任を負う立場でもなかったから、その発言を否定することもできなかった。その供述は**リンディの**有罪の自認ではあったが、CKの自認ではなかった。CKについて言えば、リンディの供述は完全な伝聞証拠[3]、すなわち、CKの関与を証明する証拠として第三者が法廷外で述べた供述だった。どんな裁判官であっても、リンディの供述は彼女に対してのみ証拠能力が認められ、CKに対しては認められないことはわかっていただろう。そして、どんな裁判官であっても、陪審員に対し、CKの有罪立証の関係ではリンディの供述を無視するように説示するはずだった。しかし、陪審員に、その供述を一方の被告人のみに対して考慮し、もう一方の被告人にはそれを無視せよと言っても、それは不可能を強いるものだった。そして、本件のような状況の下では、その説示は特に不公正だった。なぜな

---

2 be admissible：証拠能力（admissibility）があるとは、有罪の証拠として裁判所に提出することができる資格を有するということ。

3 hearsay：本書第 10 章注 8 参照。

ら、その供述がCKに対する関係で伝聞証拠であっただけではなく、CKの弁護人がこの供述の真実性につきリンディを反対尋問で弾劾する機会が与えられないからである。この反対尋問ができないということは、憲法修正第6条の「証人審問権の保障」[4]に違反する。同条項は、すべての被告人に対し、被告人の有罪を証言するすべての証人を法廷に喚問して反対尋問をする権利を与えているのだ。

　他方で、もし、リンディの供述が証拠として提出されなければ、彼女に対する立件はおおいに脆弱なものになった。第1級殺人罪[5]の要件である確定的殺意と事前の計画に関する証拠はほとんどないことになったからだ。第1級の「重罪犯罪遂行中の殺人」――重罪犯罪を行っている過程で生じた、確定的殺意または事前の計画を欠いていた殺人――の証拠も、同様に、おおいに脆弱なものになった。そして、検察官は、依然として、CKがハウスボート内に拳銃を持ち込んだことを証明しつつ、彼に対する事件の争点としては――そうすべきであったのだが――、なぜCKがそもそもその場にいたのかの解明よりも拳銃をめぐる格闘の点に焦点を合わせることが想定された。

　このような事例の先例として、1965年の**人民対アランダ（People v. Aranda）**事件[6]の判決があった。カリフォルニア州最高裁判所は、一方の被告人の自認供述を他方の被告人に対する証拠として無視するように裁判官が陪審員に対して説示するだけでは不十分であると判示していた。検察官には取るべき2つの選択肢、すなわち、当該供述をすべての被告人に対して証拠として利用しないか、あるいは、被告人それぞれを分離して陪審裁判をするかの方法があったから、裁判官の説示によるのではなく、むしろ、そのいずれかを選択すべきであったと判示していたのだ。分離裁判と

4　the "confrontation clause"：被告人が検察側証人と法廷で対面し反対尋問する権利。

5　the first-degree murder：本書第7章注13参照。

6　People v. Aranda: THE PEOPLE, Plaintiff and Respondent, v. JOHN MARK ARANDA et al., Defendants and Appellants., (63 Cal. 2d 518, Nov 12, 1965).

第 11 章
ハウスボートでの死

なれば、リンディの供述は彼女の事件だけの証拠として提出され、決して
CKの審理には提出されない。数年後、**ブルートン対合衆国(Bruton v.
United States)**事件[7]の決定において、アメリカ合衆国連邦最高裁判所はこ
の考え方に同意した。この、いわゆるアランダ・ブルートン・ルールと称
される原則は、当該供述の伝聞証拠の性格にも一部関係しているが、大部
分は証人審問権の保障条項に基づいていた。以下に合衆国連邦最高裁がど
う述べたかの判示部分を示す。

　　陪審員が説示に従わない、または従うことができないというリスク
　は非常に大きく、その失敗の結末は被告人にとって致命的なものであ
　る……その被告人と並んで訴追されている共同被告人による強力な有
　罪を帰結する法廷外でなされた供述は、併合審理に臨む陪審員の面前
　では確実に広がっていく。……（この危険は）共犯者とされて、その
　場にいながら、証言せず、反対尋問によって当該証言を弾劾できない
　場合には、耐えがたいほどに増大する。

　それで、私はアランダ・ブルートン原則に基づく申立を行い、私たちの
陪審裁判からリンディの「ボーイフレンド・拳銃調達」の供述を証拠から排
除するか、または、CKに完全な分離裁判を認めるかのいずれかを採るよ
うに求めた。カリフォルニア州と合衆国双方の最高裁判所が定立した判例
法が私たちに有利に働いていた。不利に働いていたのは、検察庁がその論
点に関する明確な判例法を認めて私の申立を受け入れることに消極的で
あったこと、および、裁判官が分離裁判を認めるとなると経費が２倍にな
るので、殺人事件一般にまで拡大するのを恐れて消極的であったことだっ
た。私の申立は却下された。この決定は明白に誤っていたので、私は控訴

7　Bruton v. United States: GEORGE WILLIAM BRUTON, Petitioner, v. UNITED STATES,
　　Respondent., (391 US 123 , May 20,1968).

審裁判所に不服の申立、すなわち救済令状の申請[8]を行った。この申立は、陪審裁判後の上訴ができることを根拠に、常に、控訴審裁判所の裁量に委ねられる救済手段であるが、やはり却下された。これは、CKが最悪でも故殺罪で有罪に留まると考えていた私の考えがいかに実現困難であるのかを指数関数的に高めることとなった。

CKのストーリーを陪審員に提示する

　最も重大な事件の場合に採るのと同様、私は、洗練されているわけでもなく、十分な教育を受けているわけでもないCKを証言台に立たせることには大きなリスクがあると考えていた。その上、私はすでに得られる最大限の証言を得ていた。すなわち、逮捕直後に警察官に対して話した彼の供述だった。この供述は、かつて聞いたことのない最も注目せずにはいられない自白だった。というのも、保安官は車で彼を留置場まで連行して留置手続を取る代わりに、ハウスボートから車でたった５分の所にある駐在所に彼を連行したが、そこでもCKは依然として幻覚状態にあったからだった。CKの供述からわかることは聞いていた誰にとっても明白だった。それは彼の悲嘆と落胆だった。テープ録音は超スロースピードで録音されたかのように聞こえた。その結果、彼が語った言葉はすべて引き延ばされており、特に鍵となる重要な場面ではそうだった。すなわち、「奴が、俺のキイイイイイイインタマを、ねえええええええええらったんだ……」という具合で、彼は何度もそれを繰り返した。

　この自白は３つの重要な事実を示していた。第一に、CKは明らかにヘロインで幻覚状態にあったことで、リンディが彼を朦朧状態にし、拳銃と同じように彼を道具として利用したという弁護側の主張にとって必要な事実だった。第二に、この状態の下では、CKは誰かを殺すという特定の意

8　本書第１章注 14 参照。

第 11 章
ハウスボートでの死

思を形成できなかったことを示していた。彼はあまりにも前後不覚の状態にあったのだ。第三に、それはCKと麻薬密売人との間で武器の奪い合いをしている最中に暴発が起こったことを示していた。検察官が、ちょうどケニー・クレイジー事件[9]の時と同じように、リンディが密売人に仕返しをするために取った行動を重罪犯罪と捉えて、「重罪犯罪中の殺人のルール」を適用するだろうことは想定できた。しかし、検察官は、CKの供述——ボビーと明らかに朦朧状態にあるCKとの間の拳銃の奪い合い——が弁護側にとって有利なものであったので、この供述を検察側の証拠としては提出しないこととした。

最初、私はこの供述を弁護側証拠として利用できると考えたが、少し調べた後、被告人が有罪を認めていたとしても、自らの供述を証拠として法廷に提出できないことを知った。なぜなら、それは利己的となるからだった。しかし、その供述は、CKがリンディに操られた別の単なる道具にすぎなかったことを示す、その時点で最良の証拠だった。この点を熟考した後、もし私がこの供述を精神科医の証言の基礎に据え、精神科医において、CKは薬物により重篤な中毒状態に陥っていたので殺人を行うという特定の意思を形成することができなかったと証言する状況を作ることができれば、この録音テープを陪審員の前に提示できるかもしれないと考えた。私は、真の目的がCKの声の明白な悲嘆といかに彼が幻覚状態にあったかを陪審員に理解させることにあるのに、この供述を精神科医の証言の前提資料という「抜け道」を使って陪審員に聞かせることが、良心に照らして許されるのかを自問した。

私の答えは明確に「イエス」だった。ここでの私の仕事は依頼者に可能な限り最良の評決——故殺罪——を獲得することだった。故殺罪が当時の私が考えていたCKの受けるべき最も重い刑罰だった。故殺罪と謀殺罪との違いは大きかった。すなわち、故殺罪の刑期が6、7年であるのに対し、

9　本書第 7 章参照。

謀殺罪では、第1級謀殺罪か第2級謀殺罪かの違い[10]に応じて、17年または27年から**無期刑**まであった。それで、私は裁判所に対し、精神科医を依頼するための経費を要求し、認められた少ない予算の中で、アルバート・ケネアリー（Albert Keneally）医師を見い出した。彼は喜んで留置場にいるCKを診断し、あの供述を聴き、そして、いかにCKが薬物の影響を受けて正常ではなかったかについての意見書を書くことを引き受けた。この意見書が有益であれば、私は彼を専門家証人として喚問しようと考えた。ケネアリー医師が警察官の報告書を読み、私の依頼者と数時間面談し、テープに録音された自白を聴いた後、彼は、CKが人を殺害するという特定の意思を形成することは不可能であったと考える旨の意見書を書いた。そして、その意見の根拠の一部があのテープ録音された供述だった。「これでよし！」と私は思った。これで、あの供述を陪審員の前に提示することができるはずだ。

陪審裁判

　私は本件につき、陪審裁判の準備をしていくにつれ、倫理的な難問に直面した。私は、陪審員に対し、CKの精神状態がリンディよりも遥かに責任を問うことのできない状態であったことを説得する必要があった。法の下では、CKが殺人の実行行為者とされ、リンディは実行行為者を手助けした者、いわゆる「幇助者および教唆者」[11]とされていた。しかし、本件のような異常な状況の下では、リンディの方がCKよりもずっと責任が重かった。もし、リンディの弁護人が私と弁護戦略について協議できる人間であったならば、双方の弁護人は、リンディを害することなくCKを救済するという方向で、この論点を取り扱う方法を見出せたかもしれなかっ

---

10 本書第7章注23参照。

11 aider and abettor：本書第2章注9参照。

第 11 章
ハウスボートでの死

た。しかし、不幸なことに、本件ではそうはならなかった。リンディの弁護人は年老いた「左翼系の」弁護士ジョン・シェル（John Schell）で、当時、80歳を遥かに超えており、弁護士としての最盛期をとうの昔に過ぎていた。シェルは警察官の報告書の多くを読んでおらず、代わりに、頭は良いが経験のないパラリーガル[12]が選び出した一握りの情報に依拠していた。その結果、事実の詳細および適用される法の原則双方に関するシュルの理解は、せいぜいよくても曖昧なものだった。どんな弁護士であっても、事実と法律の双方を徹底的に理解することなくしては殺人事件の陪審裁判を適切に行うことはできないのだ。加えて、シェルは私を敵とみなしていた観があり、双方にとって機能しうる戦略を考案しようという私の提案を即座に拒否した。

　シェルが私とともに弁護することを嫌い、かつ、リンディの有害な供述を証拠排除するか、または分離裁判とするかを裁判官に求めた申立が失敗したので、私はリンディを最も責任の重い者として描かざるをえない難しい立場に置かれた。事件の全体は**彼女の**考えであること、CKをヘロインで幻覚状態にして拳銃を渡したのは彼女の計画の一部であること、そして、本件のような異常な状況の下では、誰かが殺人罪で有罪になるとすれば、それはリンディであってCKではないことを示さなければならなかった。

　この立場を採ることは、被告人を弁護する弁護人において、他人、特に共同被告人を「犯人として名指しすること」を禁ずる弁護人倫理規則に違反していた。しかし、シェルと共通の弁護戦略を採ることができない以上、私には他に選択肢はなかった。私はそれを単独で遂行しなければならず、その結末を引き受けなければならなかった。そして、リンディもそうだった。幸運なことに——そう私は思ったのだが——、リンディは「幇助者お

----

12 paralegal：弁護士補助職員。法曹資格はないが、基礎的な法的技術を有し、弁護士の監督の下で事務処理をする者。

よび教唆者」であったからCK以上に彼女が重い刑責を負担することはないだろうと考えた。だから、2人にとっての「手札の中身」は故殺罪だった。

　陪審裁判は上手く行った。そう私は思った。検察官の立証はシンプルでストレートだった。すなわち、検視官、死んだボビーに関する毒物の報告書、拳銃の弾道に関する報告書、そして、リンディがバーバラに語った「拳銃とボーイフレンドを調達して、くそったれをぶっ殺してやる」に関する供述だった。陪審裁判を主宰した裁判官は、私のお気に入りのウォレン・マクガイア（E. Warren McGuire）裁判官で、常に、慎重で公正な姿勢を保とうとしていた保守派の共和党員だった。マクガイア裁判官は、陪審員に対し、どうしてリンディの供述が彼女に対してのみ考慮することができてCKに対しては考慮できないのかの理由について、明確な説示を行った。しかし、マクガイア裁判官は、私が改めて提起した異議とCKが分離裁判を受けられるように本件を審理無効とすべきだという私の要求を認める所までは行かなかった。彼は単純にわかっていなかったのだと今の私は考えている。

　弁護側立証の順番が来たとき、私はケネアリー医師を証人申請し、彼はCKの精神状態と彼の供述がなされた時点の彼の体調から判断して、彼が確定的故意、つまり、何かを行う特定の意思を形成することができなかったとする意見を述べた（ケネアリー医師は、CKを中程度の「未分化型精神分裂病」[13]に罹患していたと診断した）。例のCKの供述はケネアリー医師の意見の一部をなしていたから、その意見を裏づけるものとして証拠能力のある証拠だった。私はその全体を再生することができた。それが陪審員に与えた効果を見ることもできた。多くの陪審員はかなり心を動かされ、幾人かは涙を流していたように見えた。その後、ケネアリー医師の意見の特定箇所につき再点検を求められたので、私は2度目もほぼすべての供述を再生

---

13 undifferentiated schizophrenia：統合失調症の各サブタイプに適合しない精神症状。最新のDSM-5（『精神障害診断マニュアル［第5版］』）ではこの診断名は使用されていない。

第 11 章
ハウスボートでの死

できた。

評決とその後

　法廷での弁論を終結する前に、マクガイア裁判官は、陪審員に与えるべき説示を考えるために、陪審員に丸 1 日の休暇を与えた。説示の内容は裁判官が決定するが、当事者双方にも、説示に織り込む内容と説示の基礎となる法律の要約を提出する機会が与えられる。私は特別な説示を求める一連の提案をし、マクガイア裁判官は、従来から保守的で慎重ではあったが、そのひとつひとつを真剣に検討した。彼は、それらの多くにつき、陪審員に対して読み上げることに同意した。検察官の異議に対して、マクガイア裁判官は、個人的にはそれらの提案に必ずしも同意しなくてもよいと考えているが、州法の下ではそれらの提案を読み上げることが要求されていると考えると答えた。マクガイア裁判官は、証言を聞き説示に関する議論を聞いた後に、「CKに分離裁判を認めなかったのは間違っていたかもしれない」と本音をポロリと漏らした(そして、オフレコとした)。彼がとんでもない失敗を犯したと認識していた一方で、私は「なんていい裁判官なんだ」と思った。

　エルビン・ドラムンドが無罪となった私の最初の殺人事件[14]の裁判以降、私は、すべての事件で、ドラムンド事件で行った弁護活動と同じレベルに到達するように努力した。どんな弁護士であっても、陪審裁判で「完璧な」弁護をしたなどということはない。しかし、エルビンの弁護は私が完璧に最も近づいたものだったと感じていた。私は自分自身に高いバーを設定し、各事件で、そのレベルを達成しようと努めた。おそらく、価値のあるゴールを追求するのに自分自身に少し厳しかったと思う。たいていの場合、私はそのレベルには少しだけ届かなかった。しかし、CKの事件で

---

14 本書第 3 章参照。

325

は、私はエルビンの基準には達していると感じていた。陪審員に対する弁論は上手く行った。少なくとも私はそう思った。検察官は、２人の被告人を同じ構図の中の同等の共犯者であると一括りにして、被告人双方に刑事責任があることを延々と、かつ、強く主張した。そして、事前の計画を示す検察側の最良の証拠として、ボーイフレンドと拳銃の入手に関するリンディの供述を引用した。しかし、それに言及するごとに、私は立ち上がって、その証拠は私の依頼者に対する関係では不利益に考慮できない理由を「異議」として述べた。私自身の最終弁論において、唯一の重大な問題はリンディが主犯であるとして名指しすることの不快さであったが、とにかく、私はCKの故殺罪の評決に至る最良の道がそれであると確信して、かなり激しい言葉を用いてリンディが主犯であるという弁論を行った。陪審員が評議のために退席した後、嬉しいことに、陪審員がCKの自白の録音テープをもう一度聞きたいと申し出て、それを、再度、評議室で聞いたのだった。事態は良い方向に向かっているように思えた。

　しかし、時として、法廷弁護士の事件の見通しというものは、それがどんなに強力であっても、陪審員の考えていることとぴったり一致するものではないことがある。評議を待つ緊張した３日間の後、廷吏が、陪審員の評決が出た旨を知らせてくれた。起訴状にはCKの名前が最初に記載されていたから、評決の最初は彼に対するものだった。第２級謀殺罪だった。私は叩きのめされた。もちろん、CKも同じだった。それから、リンディに対する評決があった。**第１級謀殺罪**。信じがたいことに、陪審員は、幇助者および教唆者であるリンディに対し、実行行為者よりも重い犯罪で有罪としたのだ。私の弁護はCKに対する関係で失敗しただけではなく、リンディに対する関係でも失敗したのだった。

　まだ陪審員が法廷に在席している段階で、シェルが、即座に、実行行為者が第２級謀殺罪「のみ」で有罪になった場合には、自分の依頼者であるリンディに第１級謀殺罪で有罪にはできないことを、マクガイア裁判官が陪審員に対し説示するように要求した。マクガイア裁判官はこの説示要請に

326

第 11 章
ハウスボートでの死

同意し、その説示に基づいて陪審員がさらに評議をつくすように評議室に戻すことを考えたようだった。陪審裁判ではしばしば起こることだが、こうした最中に私が何をすべきかを決断する時間はほんの数秒しかなかった。私は、陪審員がリンディの方をより刑事責任が重いと判断したことで、新たな陪審裁判を要求する申立に基づいて裁判官がCKの評決を覆すか、あるいは、私の分離裁判の議論に基づいてそれを受入れるか、裁判官に働きかける絶好のチャンスだと思った。それで、私は「リンディに第1級謀殺罪を認めた陪審員の評決は、審理後の申立として継続して審議すべきである」と論じた。マクガイア裁判官は、これにただちに同意し、「仮に評決が誤っていた場合には、後に、量刑が言い渡される前に是正することができる」と言った。リンディとシェルは私を睨みつけていた。

　私がこうした立場を取ったことで、私は極めて不快な気持ちになった。もし、私がこの発言をしなかったならば、裁判官は、あの日の午後には、リンディの第1級謀殺罪の評決を取り消していた可能性が高かった。私は、彼女が第2級謀殺罪で仮釈放のチャンスが与えられるのではなく、人生の残りを刑務所で過ごすことになるような評決を得た責任は私にあると感じていた。私はリンディが嫌いだったし、CKを本件に巻き込んだことで彼女を非難していた。とはいえ、やはり、私は、獄中での生涯を言い渡される者について幸せな気持ちになるには、あまりにもよく刑務所制度の苛酷さを知っていた。私の不快感およびリンディとその弁護人への怒りにもかかわらず、私は、その時点でも、その後に全体状況を見直す時間を得た後でも、正しくかつ必要なことをしたと考えていた。私の従うべき義務とは、能力の限りをつくして依頼者を援助することであり、より良い結果をもたらすならば何であっても、法の許す枠内で、行うことだった。CKに対する私の忠誠心が進むべき方向を指し示していた。私のゴールは彼を助けることであり、それは他者の結末を無視することを意味した。

　数週間後、私たちは新たな陪審裁判の申立のために集まった。シェルは、リンディに代わって、拳銃が発射されたときにそれを所持していた

CKよりも重い犯罪で有罪とされることはありえないと論じた。リンディにとって不幸であったことに、法律は明確だった。すなわち、幇助者および教唆者は実行行為者よりも重大な犯罪で有責とされることは**ありうる**とされていた。彼女の刑罰は第1級謀殺罪のまま維持された。

　私の弁論は、CKの事件の最も不利益なこと、すなわち、拳銃とボーイフレンドを調達して麻薬密売人のボビーを「吹き飛ばす」旨のリンディの供述に力点を置いた。私は、審理前の控告審裁判所への救済令状の申請、そして審理中に論じた議論すべてを再度論じた。私は、説示についての議論の間にマクガイア裁判官が言ったコメントを信頼して、裁判官は弁護側の分離裁判の申立を認めてくれるものと期待した。私は、結局のところ、この申立が認められたとしても、それが何らの違いももたらすものでないことを知っていた。仮に、私たちが正しく、CKが分離裁判を受けることになったとしても、その救済策は第2級謀殺罪の評決を故殺罪に減縮することにはならず、有罪判決全体を破棄して新たな陪審裁判を行うにとどまったからだ。また、私は、マクガイア裁判官が「13人目の陪審員」として、彼が見た証拠に基づいて、第2級謀殺罪の評決を故殺罪に減縮する権限を持っていることも知っていた。私はこの解決策を期待していた。しかし、そのような減縮は極めて異例だった。

　まったく新たな陪審裁判を認めることは、通常であれば公正なこの裁判官でさえも、おいそれとは採用できないものであったので、私たちは、CKに故殺罪につき有罪の答弁をさせてもよいとさえ考えていた。そして、裁判官の専権で評決を故殺罪に減縮することは、単に、彼の脚本になかっただけのことで、やろうと思えばできたことだった。しかし、悲しいかな、弁護側の分離裁判の申立は却下された。

第 11 章
ハウスボートでの死

エピローグ

CKに謀殺罪の評決のあった日は私の弁護士人生で最も暗い日だった。私は、間違った評決がなされたこと、正義の神様が、この好感の持てる合理的に考えて普通に生活を営むことのできる麻薬中毒者に対し、残りの人生を刑務所で過ごすように陰謀をめぐらしたことを強く恨んだ。この陪審裁判の後、この事件について考えなくなるまでにそれほど多くの日を要することはなかったが、代わりに、最初の数年間、私は怒り、落胆し、そして救いがないと感じていた。

CKは、時々、私と連絡を取っていた。彼が仮釈放を申請できる資格を得た後、私は、何年にも渡り、毎年、彼の代理人として仮釈放の申請をした。しかし、検察官は、罪状がいかに忌まわしいものであったかを述べる不公正かつ不正確な意見書を提出した。最終的に、CKは刑務所問題を専門に扱う弁護士であった受刑者仲間を見い出し、その者の助けを借りて、連邦地方裁判所に**人身保護請求**[15]を申し立てた。**人身保護請求**とは、文字通りには、当事者の身柄を裁判所に移すことを意味するが、単に当事者の身体拘束を解くだけではなく、サン・クエンティン6人組事件[16]の時のように、拘禁の条件を争うことにも利用できる。いわゆる「偉大な令状」として、合衆国憲法に規定されたこの唯一の救済手段は、法律の適用の誤りを理由に、連邦地方裁判所の有罪判決の破棄を求めることにも利用できた。本件では、その法令適用の誤りとは、**ブルートン対合衆国事件**で連邦最高裁判所が判示した、CKの置かれた状況の下では分離裁判を義務づけた先例に反していたことだった。

ある日、私はCKから、彼の申立がサンフランシスコの第9巡回控訴審裁判所に係属した旨の通知を受け取った。この裁判所は刑事被告人の権利

---

15 habeas corpus：本書第1章注14参照。

16 本書第1章参照。

に関し良い判例を出すことで知られていた。申立は受理されたがCKには
口頭弁論を行う代理人弁護士がついていなかったので、私が**プロボノ**活
動[17]として無償でそれを引き受けた。結局のところ、この時点までに私は
論点を理解していた。約1カ月後に、私はCKの代理人として口頭弁論を
行うために、7番通りに面した美しい装飾の施された第9巡回控訴審裁判
所の法廷に出頭した。口頭弁論は本当に上手く行ったと思った。裁判官た
ちは法の理解につき明晰で、その法をCKの事件に適用する方法を理解し
ているように思えた。私は首を長くしてその決定を待ち、ほぼ1カ月後に
決定が出た。しかし、それは「請求を却下する」だった。なぜだ？　私には
まったくわからなかった。その決定は、再び、私を怒り、落胆、そして救
いのない状態に陥れることとなった。

　一方、**リンディ**は仮釈放の点でもっと成功を収めていた。私の依頼者で
あったサイモン・スタンレー[18]のように、リンディも仮釈放の条件をクリ
アし宗教的になっていた。30年間の服役後――25年から無期までの刑期を
言い渡された者としては早い――、彼女は45歳の時に仮釈放を得て自由の
身になった。そして、数年のうちに仮釈放期間を満了した。

　CKは刑務所にとどまり、彼と私との連絡も最終的に途絶えた。私は、
彼が刑務所で死亡したものとほぼ確信していたが、ありがたいことに、そ
うではなかった。34年間の服役の後、現在70歳代であるが、彼は釈放され
た。刑務所の記録によれば、彼もまた、仮釈放の条件をクリアしていた。
そして、私の知る限り、彼もまた生きている。私は、彼が何らかの平和な
手段を見出すことを願っている。

　私について言えば、この事件は刑事司法制度に対して私が抱いてきた失
望を一層強く強化するものとなった。本件では、司法制度は多くの点で失
敗を犯した。過剰な熱心さを持つ検察官が殺人事件の謀殺有罪判決を追求

---

17 pro bono：本書第3章注1参照。
18 本書第7章参照。

第11章
ハウスボートでの死

しただけではなく、ありもしない社会に対する危険を吹聴してCKの仮釈放に反対する意見書を何年にも渡って書いた。通常は立派で公正な心を持った裁判官が、私の依頼者と共同被告人とを一緒に審理することの害悪を認識しなかった。そして、その後に自らの失敗を認識したのに、経費はかかるが正義に適っていた決定——私の依頼者に対する新たな分離裁判——をしなかった。一人の深刻な病気———薬物中毒——を抱えた善良な人間が、司法制度と刑務所制度の両方から、そこら辺にいる犯罪者——ヘロイン常習者の殺人犯——とみなされたのだ。

　その後、いくつかの点で、少しだけ変化があった。今日、大部分ではないかもしれないが、多くの人は薬物中毒が病気であると理解している。薬物が犯罪行為を育んでいる側面は依然としてあるが、CKが中毒だった時にはほとんど治療手段がなかったのに比べて、治療の機会は広範に広がっており、かつ、洗練されている。検察庁の中にも、薬物中毒および「施設収容に代わる治療」という代替手段に理解を示す所も現れている。とはいえ、そうした検察庁は、依然として、少数派にとどまっている。こうした変化があっても、司法制度の姿勢が良くなったとはいえない。特に、最高裁判所にあっては、私の人生を通じて、被告人に対しては最も厳しい姿勢をとっている。今後も、薬物犯罪は危険水準を保ったまま訴追され続け、厳しい量刑が一般的なものとしてあり続けるだろう。合衆国は、他の先進諸国よりも人口当たりの収容者数が多いうえ、不釣り合いな割合の黒人と有色人種の過剰収容が進行していくだろう。制度改革に赤子のよちよち歩きが始まったとはいえ、いまだに、行く先は遥かに遠い。

第 **12** 章

ドーラ、
クライスラーに戦いを挑む

ディーン対クライスラー自動車株式会社

　ドーラ・ディーン（Dora Dean）は、渡りの屋根職人と結婚した30歳代半ばのスペイン系アメリカ人の主婦だったが、町内会主催の合衆国独立記念日を祝うパーティの後、帰宅するために自分の車（バン）に乗った。サンフランシスコの労働者階級が住む地区の幹線道路であるミッション・ストリートの緩やかなカーブを曲がろうとしてハンドルを回したとき、ハンドルは回ったが車本体は回らなかった。その結果、彼女は道路の向こう側に面した建物に突っ込んだ。私の友人であるマークが、私を「経験豊富な」民事の法廷弁護士──民事の陪審裁判は１回しか経験していないのに──として、その事件に巻き込んだ。しかし、この製造物責任訴訟は普通の民事の陪審裁判ではなかった。もし、私が、この裁判がどれほど大変なものであるのかをあらかじめ知っていたら、すぐに断っていたかもしれない。実際、私たちは、イースト・ベイ（East Bay）最大の法律事務所が代理人となった巨大企業の権力に立ち向かう２人の新米弁護士だった。彼らに対抗して私たち独自の力を維持することは容易ではなかった。少なくとも最初は。

第 12 章
ドーラ、クライスラーに戦いを挑む

マークとドーラ

　CKの殺人事件[1]の裁判で大きな精神的打撃を受け、シン医師の２度目の裁判からまだ間がないある日、私は友人のマーク・ローゼンブッシュ（Mark Rosenbush）から電話を受けた。マークは私が最も尊敬する数少ない弁護士の１人だった。ジプシーの事件[2]の相弁護人として、彼は、被害者とその妻に対する反対尋問で、盗まれたと称する金額が相互でまったく異なる証言を引き出して勝利に導いた。私が「一緒に法廷で戦いたい」と思う弁護士は多くないが、マークはその１人だった。

　マークは私に大きな事件がある——彼は驚くべきセールスマンだった——と言った。彼の依頼者は自分の車のハンドルが効かないことに気づいた。その車は、ステアリング・システムの瑕疵で一旦リコールされ、そしててまた、ほんの数カ月前に整備工場で修理をしてもらったにもかかわらず事故を起こしたのだ。幸運なことに、ドーラ・ディーンは３車線を横切って建物にぶつかり足を骨折したが、それ以外の重傷は負わなかった。マークが関心を寄せたのは——そして、彼が私の関心を惹くのに使ったのは——、クライスラーが施した修理は欠陥を是正するにはまったく役に立たなかったということだった。当時、私の仕事量はいつもより軽かったこともあり、また、私は刑事事件ではない別の分野への転身を考えていたので、渡りに船で「これを受けない手はない」と考えた。マークと私は、すべて——準備作業、陪審裁判の業務負担、経費、そして報酬——を折半することとし、私はマークのような有能な人間と一緒に仕事をすれば、本件はずっと楽に進むと思った。結局のところ、製造物責任訴訟において、仮に欠陥品であることが判明していれば、「厳格な製造物責任」の法理[3]の下で

1　本書第 11 章参照。

2　本書第 5 章参照。

3　strict liability：製品の製造者が、欠陥を持つ製品による人的・物的損害につき、無過失で賠償責任を負う不法行為責任の原則。

333

は、製品に何らかの「瑕疵」があることが推定されていた。これは、私たちにとっては、スタート時点での大きな利点だった。

しかし、実際には、マークも私も飛び込んだウサギの穴[4]の深さについて何も知らなかった。マークは、私よりも前に、本件を民事専門弁護士に付託していたが、その弁護士は何もしていなかった。すなわち、証拠開示[5]の申立——クライスラーの事実に対する認否を求める書面の作成すら——をしていなかったし、クライスラーの役員の宣誓供述書[6]の作成もしていなかったし、クライスラー社がいつ何を認識していたかを示す内部文書の要求もしていなかった。私たちは、その弁護士から、最低限のこととして、私たちが勝訴してもいかなる費用も請求しない旨の確約書を取った。

マークと私は本件の陪審裁判で大きな成果を上げられることを信じて疑わなかった。しかし、私は民事の陪審裁判を1件しか経験していないうえ、宣誓供述書を取ったことも数回しかなかったので、企業に対してどのように証拠開示を行うのかはわからなかったし、相手方が文書や情報の提供を拒んだ場合、どうすればよいのかもまったくわからなかった。そして、もう1つ、マークが、私の代理人承諾まで言及しなかった別の問題があった。いわゆる「5年ルール」であった。多くの州と同様、カリフォルニア州にも、当事者が提訴できる期間を定めた法律があるのみならず、提訴後陪審裁判において陪審員が宣誓をするまでの準備期間を制限する別の法律がある。本件では、すでにかなりの期間を徒過していたので、本件が自動的に却下される5年の法定期間が満了するまでにギリギリ1年しかなかった。1年は長い期間のように思うかもしれないが、私たちはハンドルに欠陥があるということ以外には何も知らないのであり、ドーラも何も知

4　the rabbit hole：本書第9章注4参照。『不思議の国のアリス』の「ウサギの穴」。

5　disclosure：証拠開示。相手方から要求があった場合に、その必要とする証拠を開示すること。

6　deposition：宣誓供述書。法廷以外の場所で、訴訟関係者が、宣誓の上、相手方代理人の質問に答えた供述内容を記録化した書面。

第 12 章
ドーラ、クライスラーに戦いを挑む

らないのだから、本当に、何もわからないのだ。裁判で戦う準備はできていたが、それは私がそれまで体験したことのない戦いだった。

私たちは自分たちのできることだけを行った。とにかく、作業に着手した。マークの偉大なことの一つは彼の好んで使う表現だった。「為せば成る」。これは私の恩師デイヴィッド・メイヤーの言葉によく似ていた。私たちが最初に行ったことで、最も賢明だったことの一つは、私のロースクールの教え子だったレン・マストロモナコ[7]を巻き込んで、彼に証拠開示手続を委ねたことだった。レンは、その時には、ロースクールを卒業して５年経っており、多くの民事の証拠開示手続を行っていた。彼にとっても製造物責任訴訟は初めてだったが、彼は、少なくとも、手続、申立期限、そして証拠開示方法の選択肢すべてを知っており、かつ、彼は、安い成功報酬——私たちが得た場合——の事後払いで作業を引き受けてくれた。同時に、私たちは独自の独立した調査を開始した。刑事弁護の背景を持っている者の強みの一つは、相手方から必要とする事実が後に得られると考えてじっと待つことをしないという点である。私たちはどこへでも出かけていき、自分たち自身で必要な物を見つけてきた。

一方、私はドーラと面識を得た。彼女は優しく親切で、６歳と７歳の娘２人の世話をする母親であり、上手に家計をやりくりして、家庭をしっかりと守っていた。私が、初めて彼女から、車のハンドルが効かなくなったことを聞いた際、それは完全に信用できるものだった。彼女はその日の大半を「アウア・プレイス（Our Place）」で過ごしたと語った。「アウア・プレイス」とは、シティの労働者階級が住むエクセルシオア地区（Excelsior District）のミッション通りに面したバーで、多くの人、大半がスペイン語を話す友人たちが集う場所であった。

当時——今日でも変わらないが——、サンフランシスコの幹線道路には、地域住民が集うバーが軒を連ね、その多くが、アウア・プレイスのよ

---

7 本書第７章参照。

うに、建物の1階が店舗になっており、2階以上が住居用のアパートで建物の裏側に中庭があった。こうしたバーの多くは、簡単な食事も提供しており、特別な機会に皆が集まる場所になっていた。7月5日の土曜日も、アウア・プレイスは7月4日独立記念日の週末を祝うためにスパゲッティの食事を提供していた。ドーラは夫のウィリアムと2人の娘とそこにおり、娘らは友だちとバーの裏庭で遊んでいた。娘らが疲れてきたので、ドーラの夫が娘らを家に連れ帰った。遅れて、彼女は自分の車であるドッジ・スポーツマン・バン（Dodge Sportsman Van）に乗って帰路についた。ミッション通りの1区画を運転した後、彼女は緩やかなカーブに合わせて右側に少しだけハンドルを切ったが、車はそのまま直進した。彼女はさらにハンドルを切ったが、車はやはり直進し続けた。1区画後、彼女は南側車線を横切り、バーから北側にちょうど2区画離れた建物に衝突した。彼女はパニックに陥っていたので、ブレーキを踏んだかどうかを思い出すことができなかった。

　不運なことに、マークと私がドーラの事件に積極的に関わったときにはすでに、彼女の宣誓供述書は作成されていた。英語は彼女にとって第二言語であるうえ、前の代理人が十分に準備していなかったために、宣誓供述書に記載された話のいくつかの部分は役に立たなかった。特に、二つの論点が重要だった。一つ目は、彼女は、アウア・プレイスに正午ころに着き午後5時半ころに退去したと証言していた。しかし、現場に急行し車から彼女を救出した警察官の報告書では、その夜の午後8時過ぎと記載されていた。彼女の証言には2時間半のズレがあった。ドーラは、「アウア・プレイス」で飲酒したのは白ワインのソーダ割1杯だけだったと証言していたが、宣誓供述書の謄本を読めば、クライスラーの代理人弁護士が彼女の証言を信用していないことは明らかだった。その弁護士は、ドーラに対し、彼女が飲酒したすべてがそれだけだったのは間違いないか、と繰り返し尋ねていた。それに対し、彼女は、毎回、間違いないと答えていた。しかし、私たちは、どうして彼女がバーを去った時間を2時間半も間違うの

第 12 章
ドーラ、クライスラーに戦いを挑む

かについて懸念があった。もう一つの問題は、彼女の車がミッション通りを横切った経路を図に書くように依頼されたときに、彼女は、下の図のよ

うに描いた。それは、彼女の車がまっすぐな車線を進み、道路が2区画に渡ってカーブするにつれて徐々に車線を横切って行ったというよりは、むしろ、道路をほぼ直線的に横切って進んだように描かれていたことだった。

事件を検証する

　事件の最大の弱点がわかったので、私たちは原告主張の強度を高めるためにベストをつくした。今から考えると、私たちは、最初、驚くほど何も知らなかった。私たちは、クライスラーが、ハンドルの欠陥のゆえに、100万台を超えるドッジ・スポーツマンとトレードマンというドーラの車と同じバンをリコールしていたこと、ドーラがリコールの通知を受けたときには、彼女はバンを保有しており、ドッジの地方販売店で修理を終えていたこと、その数カ月後に、ドーラがミッション通りのあのカーブを曲がろうとして、バンのハンドルが効かなかったこと等々を知った。そして、クライスラーが「欠陥は危険なものではない」と主張したが、最終的に、正式なリコールに合意したこと、その意味は厳格な製造物責任の原則が適用されたことを知った。すなわち、クライスラーは、陪審裁判では、そのハンドル部分に欠陥はなかったと主張することはできなかったのだ。しかし、私たちが知らなかったことはもっとたくさんあった。そして、私たちは、依然として、その欠陥がドーラの衝突事故の原因であることを証明しなければならなかった。

ドーラのハンドルは効かなかったのだから、リコールが問題の解決にはまったく何の意味も持っていなかったことは明らかだった。問題は、簡単にいえば、こうだった。すなわち、車体は金属製の箱であり、四方の側面全部を囲うことで強度を高めている。しかし、これらのバンでは、クライスラーはこのデザインを変更しフレームレールを分離すること、つまり、箱型にしないで左前輪の前方フレームを二股にしていた。2つの分離した線——経線、言い換えると、船外に取りつけられたレールと内室、つまり船内に取りつけられたレール——によって形作られる、いわゆる「Y」字型にして、ブラケットを溶接し、そのブラケットの上に位置するパワーステアリングをボルトで止めていた。バンの前面の所で、この2つのフレームレールは酷使に耐えるフレーム金属ではなく軽量のラジエーター・グリル支柱に溶接されていた。「クライスラーはレールを2つに分けたことで構造を不必要に弱めてしまったのだ」と私たちは考えた。人差指と中指を広げて、その間にマッチ箱を挟んでいる状態を想像せよ。2本の指を固くした状態を続ければ、マッチ箱はそのままそこにある。しかし、二本の指をひねれば、次第にマッチ箱は曲がり、最後には落下してしまう。しかし、私たちは何を知っていたというのだ？　私たちは技術者ではなかった。

　本件に巻き込まれて間もなく、私は、長年の友人で整備工であったカルロス・マーティン（Carlos Martin）に、サンフランシ

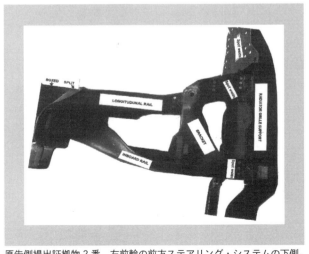

原告側提出証拠物2番、左前輪の前方ステアリング・システムの下側。

338

第 12 章
ドーラ、クライスラーに戦いを挑む

スコで最も優秀な自動車整備工は誰か知っているかと尋ねた。彼は即座に、「デニー・クエイド(Denny Quade)だ」と答えた。カルロスの名前を名刺代わりに、私はブッシュ通り(Bush Street)のデニーの店に向かった。デニーは、彼が13歳の時に、ウィスコンシン州のウォーソー（Wausau)で父親が経営していた店で自動車に関する仕事を始め、8年生で学校を中退していた。18歳の時に、海軍に入隊し、除隊後、サンフランシスコで自分自身の店を開き、以来20年以上に渡ってその店を経営していた。

　私が、デニーに、ステアリング・システムのデザインを説明したところ、彼は驚いたようだった。いくつかの質問を私にした後、彼は「すべての車やバンの本質的な基礎であるフレームを、どうして箱型をやめて『キュート』[8]にしたいなどと考えたのかまったく理解できない」と言った。私は、クライスラーが指示したリコール修理について話した。すなわち、バンをホイスト[9]の上に載せてクラック[10]がないかを検査し、肉眼で確認できるクラックを溶接する、クラックがあった場合には、冷間圧延鋼[11]の丸型片を「内側の」レールと溶接するとされていた。デニーは「まったく意味がない」と言った。すなわち、2つのレールと軽量のラジエーター支柱とをつなぐ「点溶接」はすぐにダメになるし、冷間圧延鋼も他の部分に溶接されていないので、何の役にも立たないのだった。デニーは「しなければならないのは、それをフィッシュプレート[12]（fishplate)することだよ」と言った。デニーは続けた。「フィッシュプレートしなければ、何が起こるかと言えば、ステアリング・システムが曲げられて、曲げられて、それが繰り返されると、ハンドルは車輪に対してではなく、車体を回転させよう

8　cute：「キュート」には「可愛い」という意味があるが、ここでは「気取った」という否定的な意味が込められている。

9　hoist：昇降機。重い物を持ち上げる機械（持ち上げ装置）。

10 crack：金属表面のひび割れや傷。

11 cold-rolled steel：低炭素鋼を「冷間圧延」という方法で生産し、常温で加工できるようにした鋼材。被覆面が必要なエンジニアリング製品には一般的に使用される。

12 fishplate：レールを連続的に接続するための金属製の継ぎ目プレート。

とするんだよ」。

「フィッシュプレートする」という単語は初耳だったので、私はデニーに説明を求めた。それは矩形の金属片を2本のレールにブラケット[13]の上下で溶接することで、箱型のフレームを再構築することを意味していた。フレームを接合させることは、パワーステアリングの回転モメント（torque）に耐えるために必要であり、そうすることで、ハンドルと車体構造の全体が本来のあるべき姿で機能するのだった。実に簡単なことだった。

一方で、私たちは、証拠開示で、クライスラーがハンドルの問題で何を知っていたか、それをいつ知ったのか、修理が役に立たないことを知っていたかどうかを発見するために作業をした。クライスラーは、修理の必要性を否定した数年後に、本来この修理を遂行する部門であった、高速道路交通安全部門（the National Highway Traffic Safety Administration: NHTSA）を売却していた。最終的に、クライスラーは、この修理を無償で任意に行うことに合意したが、それは、人員不足のNHTSAにこの修理が実際に有効か否かを確認する検査を実施させることを避けたものと思われた。ドーラのバンを修理したドッジの販売店はクライスラーから64ドル支払われただけで、この金額では正しく修理を行うことはもちろん、まともな修理すらできないことがわかった。

マークと私は、残りの期間で、民事上の証拠開示手続の仕方の詳細を学び、たとえ、その手続が死ぬほど退屈なものだったとしても、遵守しなければならない必要な手続と時間制限をすべてクリアできると自信を持っていた。私たちは、「自認の要求」とか「論点調査」とか「文書提出命令の申立」といった用語はほとんど聞いたことがなかったが、私たちには時間がなかったし、本件を2人で協力してやっていくことで精一杯だった。私たちは、喜んで、レン・マストロモナコに全権を委ねた。レンは大きな民事事件の原告側代理人を務める弁護士の下で実務経験を積んでいた。彼は民事

---

13 bracket：自動車のパーツを装着したり支えたりするための金具。

第 12 章
ドーラ、クライスラーに戦いを挑む

法の証拠開示という難解な世界を行き来する仕方を学んでいた。私たちはそれを活かしたのだ。

　レンが最初の起案をし、私たちはこれら証拠開示の方法すべてを採用した。一方、本件の被告側を代理するオークランドのクロスビー・ヒーフェイ・ローチ・アンド・メイ法律事務所(Oakland's Crosby, Heafey, Roach & May)の担当弁護士は、最も簡単な開示請求に対してさえ回答を遅らせるためにベストをつくした。そもそもの始めから、クロスビー法律事務所の弁護士は開示証拠の存在を否定し、開示の時期を遅らせた。初期のころ、私たちがリコール通知の開示を要求した際、彼らは、リコール通知は３つあるので、私たちの請求が「曖昧である」と言った。３つとは、予備通知、ドッジ販売店宛ての内部通知、および一般大衆に対する通知であった。私たちは、裁判所に、これらすべての文書を与えるように求める申立をしなければならなかった。申立書で言ったことは、要するに「よこせ！３通すべてだ！」

　当時を振り返ると、大企業を代理する大手法律事務所が証拠開示において採る消耗戦というのは、例外と言うよりも原則だった。一片の紙切れをめぐる戦いに私たちを駆り立てたのは、たとえ人手不足であっても、多くの人が私たちの側にいる——依頼者と弁護士のように——という前提から生まれた戦略によるもので、それがなければ、戦線に留まることはできなかった。最初の闘いは単なる小競り合いだった。ドーラの事件では、証拠開示の４つの段階を通じて、こうした闘いは続いた。私たちは、次に何を要求するのかを知るために、第一ラウンドの情報が必要だった。そして、事前の通知と証拠開示の各ラウンドが要求する応答時間を考えて、クロスビー法律事務所は、私たちに時間がないことを知りながら、多くの時間を浪費させた。

　リコール通知の中では、販売店宛てに送られたものが最も興味深かった。第一に、クライスラーは、各販売店に、たった10個の補強用ロッドしか与えていなかった。これでは、バンのわずかな部分にしか対応できず、

溶接するには数が不足していた。第二に、そのリコール通知は、整備工に対し、ステアリング・システムの部分だけを検査するように指示していた。デニー・クエイドは「クラックはどこにでも発生する」と言っていた。しかし、最も驚いたのは、クライスラーが、大部分のバンにつき、クラックを発見するための目視検査をわずか12分間で表面的にだけ行うように求めていたことだった。そして、その通知文は、下線を引いたうえで、次のように述べていた。「クラックのないことが明らかな場合、それ以上のサービスは必要ではない」。

　一方で、私たちは、ドッジ・バンがしばしばミニ・スクールバスに転用されていたことを知った。これらのミニバスは12人から14人の学童を輸送することができ、40人乗りのスクールバスよりもずっと効率的で経済的な輸送手段だった。インターネットが一般化する前の時代だったので、私は電話帳のイエローページを繰ってスクールバスの会社を探し、サンフランシスコの北東車で45分ほどのマルチネス（Martinez）に、ベイ・エリア最大のバス車庫があるのを見つけた。私は車庫に電話をかけ、一群のバスの中にドッジ・バンから転用されたものがあるかを尋ねた。200台から300台くらいあるとの答えだった。「そのバスの運転の仕方について私に話してくれますか？」「もちろん。あんたがここに来てくれるのであればね」。

　2日後に、私は車で出かけ、50歳代のすでに退職していたジョージと挨拶を交わした。彼はその車庫のメンテナンス責任者だった。彼はいかに会社が安全性の問題に慎重に取り組んでいるかについて滔々と話し、一度も、クライスラーの公式補修指示書を使用してドッジ・バンを修理しようとは考えなかったと自慢した。私は、彼に「転用にはどうするのか」を尋ねた。すると、彼は「フィッシュプレートするんだよ。ステアリング・システムを箱にするんだよ。それが唯一の安全な方法だからね」。私は、彼の部下がどうやってその固定を行うのかを尋ねた。すると、彼は、2人の人間が行うこと——当時、店にはたった1人の人間しかいなかったが——、

第 12 章
ドーラ、クライスラーに戦いを挑む

つまり、1人はドリー[14]上の車体の下に潜り込む者、もう1人は車輪を回すための者の2人で行うことを説明した。私が「なぜ、そのような方法を採るのか？」と聞いたら、彼は「車輪が荷重負荷の状態でない限り、レールとブラケット上のクラックは露出されない可能性があるからだ」と答えた。彼の部下たちは、ハンドル操作で車輪が回ったときにクラックがもっと簡単にわかるようにその部分にスプレーもしていたとつけ加えた。「我々は、このあたりの子供たちを運んでいるんだよ」とジョージはつけ加えた。「それをしないわけにはいかないじゃないか」。

私が退去する前に、ジョージは私を店の壁の所に連れて行き、そこのメモを差し示した。それは、ほぼ10年は経過したと思われる、角の一部には油のついた指紋の跡が残っているみすぼらしいメモだった。そして、「見てみろ」と言った。私はそれを読んで興奮を抑えることができなかった。「これ、必要ですか？」と私は聞いた。「いいや、別に」と彼は答えた。「我々は、10年前にこれらすべてのバンを修繕した。どうぞ、それを持ってっていいよ」。私は感謝の言葉を述べてそこを退去した。私は本件の最初の動かぬ証拠を手に入れたのだった。

そのメモは、カリフォルニア・ハイウェイ・パトロール(the California Highway Patrol: CHP)の商業車部門の指揮官であったキーナストン隊長(Captain E.Kynaston)からデトロイトのクライスラー社の上級執行役員あてに出された1975年9月19日付の文書で、スクールバスへの転用車のハンドル部分に欠陥があることを知らせる内容だった。第一に、その文書は、クライスラーがリコールのほぼ5年前にあたる1975年に遡ってハンドル部分の欠陥を知っていたことを意味した。第二に、その通知にもかかわらず、クライスラーは、これらのバンを、さらに3年間、同じ欠陥を抱えたまま生産し続けたことを意味した。第三に、そして、最も重要な点であるが、そのメモは、検査には2人の人間が必要であり、車輪には車体の重量

---
14 dolly：移動式の台。

を負荷した状態で行わなければならないことを述べていた。まさしく、ジョージの部下が検査で行っていたやり方だった。

今や、クライスラーがCHPの検査助言を、リコールの初日から無視していたことが明らかになった。クライスラーはバンを修理するよりもリコールの費用を極小化することに関心があったと思われた。クライスラーのリコールにおける検査はホイストの上で行われたので、バンは荷重負荷の状態ではなかった。CHPの指示に従っていたジョージの検査は荷重負荷の状態のものであり、これによって、ハンドル操作で車輪が回ると、バンの下でドリーの上にいる人間が、クライスラーの検査方法では見逃されたクラックを見つけ出すことができたのだ。そして、クライスラーのリコールはステアリング・システムの特定の部分のみを見ることであったのに対し、ジョージは、ちょうどデニーが予見していたように、ジョージの部下の整備工が「あらゆる場所で」発生するクラックを発見できたと語ったのだ。もちろん、仮にクラックが目で確認できなかった場合には、「それ以上のサービスは必要ではなかった」。どうりで、クライスラーが各販売店にたった10個のロッドしか送付しなかった理由もこれで合点がいった。

裁判のための長い準備期間

CHP文書を得て、私たちは本件が最終コーナーを回ったと感じた。今や、私たちは陪審員の前にチャンス到来を示す十分な証拠を持っていた。しかし、それは勝利までの遠い道のりの始まりにすぎなかった。私たちには、証拠開示でまだ知るべき多くの事実が残っていた。多くの事実が残っていたが、今や、私たちは「真実」を知ったので、クライスラーがハンドル部分の欠陥とその検査方法の双方について警告を受け取っていたことを認めるかどうかを知りたかった。

一方で、私はCHPのキーナストン隊長を探すことにした。陪審裁判において、そのメモを証拠として提出するためには、コピーを持っているだ

344

第 12 章
ドーラ、クライスラーに戦いを挑む

けでは十分ではなかった。私たちは、CHP から誰かを召喚して、その証人の個人的な知識に基づいてそのメモが真正であることを証言してもらうか、あるいは、クライスラーの役員にそのメモを受け取ったことを認めさせるか——私たちは彼らが認めそうもないと考えた——のいずれかを取る必要があった。

　私はサクラメントの CHP 本部に電話して、キーナストン隊長が数年前に退職していたことを知った。しかし、大きな幸運が訪れた。商業車部門の担当者と話していて、そのメモがキーナストン隊長のチームのメンバーであったクリフォード・カンポイ（Clifford Campoy）によって起案されたことを知った。カンポイも退職していたが、古くからの友人が、カンポイがマンテカ（Manteca）に住んでいることを知っていた。マンテカはカリフォルニアの広大なセントラル・ヴァレー（Central Valley）の北部にあり、カンポイは、そこで、年金収入を補うために不定期にトラックを運転していた。彼を追跡して見つけ出すことは容易だった。私が、彼に「マンテカまで行ったら会えるか？」を尋ねたら、私がその行程をドライブしたいのならどうぞと答えた。

　クリフ・カンポイは 60 歳くらいの気さくな人間で、戸口で彼の妻と一緒に私を迎えてくれた。私はキッチンに招き入れられて紅茶をご馳走になった。カンポイはそのメモのことをはっきりと覚えていた。ステアリング・システム部分のクラックが明白だったという理由だけではなく、クライスラーが、即座に、CHP の警告を一蹴した回答文を送ってきたからだった。私はそのメモについて質問した。すなわち、クラックの確認に 2 名の人間が必要だったこととバンは地上で荷重負荷の状態でなければならなかったことについてだった。彼は、「それはどんなに経験を積んだ整備工であっても理解しておかなければならないことだ」と語り、ハイウェイ・パトロールの方針は、当然のことであっても、受け手が正しい方法を知っていると買いかぶることがないように、改めて何をすべきかを明示することが必要だったと述べた。

345

カンポイは「バンは商業用車種、つまりトラックとみなされていた」と説明した。彼が多様な種類のトラックがどれほど多様な検査を受けなければならないかの方法を説明したことからも、彼が検査方法の詳細を知悉していることは明らかだった。会話の終わりに、私は、彼に、本件の専門家証人になってくれないかと頼んだ。謙虚な人間の彼は驚きの表情を浮かべて言った。「私は何の専門家でもないですよ」。私は間違いなく専門家、トラックとバンの検査の専門家だと答えた。彼は、当初、ためらっていたが、妻が彼を後押しした。彼女は、裁判の場が夫の特別な知識が脚光を浴びる機会——夫が誇りを抱くことのできる絶好の機会——となることを知っていたからだ。私は1時間当たり75ドル支払うことを提案した。彼は、好条件の提案に応じて、協力することに同意した。物事は落ち着くべきところに落ち着いた。

サンフランシスコに帰る途中、私はデニー・クエイドも専門家証人になってもらえないかと考えた。フレームに関する百科事典並みの知識を持っている彼は心底スゴい、と私は思った。弁護士が警察官を反対尋問して生計を立てているのと同様、マークと私は、普通の労働者がいかに効果的な証人となりうるかを理解していたし、私たちは彼らを低く評価したことは一度もなかった。しかし同時に、私たちは、クライスラーが間違いなく召喚してくるはずの専門家に対抗するためには、見栄えのする工学の学位や資格証明を持つ専門家証人、いわゆる「学識経験者」が必要であることも認識していた。私たちは、直感的に、これは証明と同じで受け止め方の問題だと感じていた。しかし、私たちには、学識経験者を雇うお金がなかった。マークが資格のある専門家を探す一方で、私は、実際に手を汚して働いている男たちにこだわっていた。私は、デニーに、同じ時給75ドルで専門家として裁判に協力してもらえないかを尋ねた。彼は「これまで一度も裁判所の中に入ったことはない」と言った。しかし、どんなことにも最初の時はあるのだ。デニーは同意した。

一方、証拠開示の闘いは続いており、文書要求の第二ラウンドから第三

第 12 章
ドーラ、クライスラーに戦いを挑む

ラウンドへと進んでいた。クライスラーの代理人弁護士の、パートナー弁護士パトリック・ベチェラー（Patric Bercherer）と勤務弁護士ローリー・シュバイツァー（Lori Schweitzer）は、文書の回答を小出しにして、提出を遅らせるためあらゆる手段を使っていた。私たちがクライスラーの執行役員の宣誓供述書を取って事実を知れば知るほど、私たちがより多くの有用な証言をピン止めできることを知っていたからだった。それで、彼らは異議を出し続け、私たちは裁判所に裁定を求め続けた。結果はゆっくりではあったが、それまで未開示であった文書が安定した流れで開示されるようになった。そして、それらの多くは衝撃的なものだった。

まず、私たちは、NHTSAがクライスラーに懸念を告げるよりも前に、クライスラーが、すでに、ハンドルの問題について20件の事故報告を受けていたことを知った。クライスラー自身の事故報告書から一例を挙げると、「ブラケットに固定しているハンドルが完全に破損していた」「突然、ハンドルがまったく効かない遊びの状態になった」「プレートに固定しているハンドル・ギアボックスが車体の溶接部から破損していた」等々があった。

次に、NHTSAの欠陥調査部（Defects Investigation Enforcement）の責任者であったリン・ブラッドフォード（Lynn Bradford）が、1979年4月にクライスラーと接触しており、クライスラーに「ハンドル・ギアボックスを車体フレームに固定するブラケットの瑕疵」について追加の説明をするように要求していたこと、クライスラーの車両安全・排出部門の責任者であったウィリアム・キッテル（William R. Kittle）が、あたかも20件の事故を記載したクライスラー自身の報告書が存在しなかったかのように回答していたことを知った。すなわち、以下に引用すると、

　　　今日までに報告されているレベルによれば、表題の条件の存在を示す頻度は低いことが示されております。一般的な問題が存在することを示唆する証拠は何もありません。……表題の条件は自動車の安全性

に不合理な危険を提起しておりません。

　キッテルは、フレームとブラケットの問題が「『スポンジのような』ハンドル感覚」をもたらすことだけを認めたが、それは「ハンドルの遊びの状態を増大させるだけで、ハンドルのコントロールを失ったのではない」と言ったのだ。同時に、彼は、クライスラーの側でコントロールできない問題点を指摘して責任を転嫁した。すなわち、バンの輸送の際バンが固定されるときに生じる構造的な損傷、「激しいハンドル操作……積荷」「巧みな操縦を要する、重いハンドル操作を頻繁に繰り返す運転技術……」などであった。これら2つの指摘はバンの通常の使用と思われるものを運転者のエラーに置き換えた主張だった。私たちは、バンに乗る12人の生徒は「重いハンドル負荷となる積荷」なのだろうかと思った。

　1979年を通じて、ブラッドフォードとキッテルはさらに連絡をとったが、どちらも自分の主張を変えなかった。キッテルは、ブラッドフォードに、クライスラーがフレームと「クロス・メンバー（cross member）」を固定する追加の点溶接を行ったことを告げた。おそらく、「クロス・メンバー」といったのは、それが単なるラジエーター支柱であることを避けるための婉曲語法と思われた。そして、1975年12月に、それを内部広報誌の「テクニカル・サービス・ブルテン」に掲載したと告げた。しかし、その広報が1975年9月付のCHPのキーナストン隊長からの警告文書に対する直接的な回答だったことは、NHTSAには告げなかった。

　また、私たちは、クライスラーが、1979年12月下旬から1980年3月始めまで、ドッジ・バンのステアリング・システムについて、全社規模の車両規制委員会(Vehicle Regulation Committee)を何度か開催していたことを見出した。最初の会議では、欠陥の完全な否定で終わったが、2回目の会議の議事録には、「遊びの状態は、……45度から125度の範囲に拡大することがある」との記載があった。これは、キッテルが述べた「スポンジのような」ハンドル感覚よりもずっと大きいものだった。1980年2月、同委員会

第 12 章
ドーラ、クライスラーに戦いを挑む

は、会社のサービス部門に対し、クラック問題の程度を知るために調査をするように命じた。そして、その後、3月の会議の議事録に初めて、広範な問題であることが記載された。「フレームのクラックの状態は当初想定していたよりも広範に広がっていたことが判明した」。バンの「1971年から1978年の購入者の10％に相当する」と記載されていた。キッテルはブラッドフォードに手紙を書き、クライスラーは「任意の」リコールをすると述べた。

　これらの文書を読んで、私たちは皆、興奮した。今や、クライスラーの執行役員が、約4年間、認識した欠陥を否定することに汲々としていたことが明らかだった。そして、彼らは、間もなく暴露されると認識したときだけ、車をリコールする以外に方法はないと判断してリコールを受入れたのであり、そのリコールも、正確に検査をするのでもなく、問題を修理するのでもなく、購入者が任意で行うものだった。私たちは、懲罰的損害賠償[15]についても真剣に考え始めた。彼らはステアリング・システムの危険性を意図的に無視し、発覚するのを遅らせたのであり、しかも、彼らが知るべきであった無意味なリコールの採用を私たちは把握したのだ。デトロイトに行ってウィリアム・キッテルとその他の者の宣誓証言を取るために準備をする過程で、マークと私は、執行役員の証言を後に変更できないようにピン止めするだけではなく、彼らにウソをつかせるべく質問事項を工夫した。

　そして、その後、証拠開示の期間が終わる直前、デトロイトでの宣誓供述書の作成に臨む1週間前に、私たちは、ついに、最後の一束の文書を入手した。レンが最初に入手し、すぐに私とマークを呼んで叫んだ。「信じられないよ！手に入れた物が何なのか！」 それはステアリング・システムの全体に及ぶクラックを示していた何十通ものクライスラーの内部文

---

15 punitive damage：加害行為が悪質である場合に、加害者に対する懲罰および一般的な抑止効果
　　を目的として、通常の損害額に加算して認められる損害賠償額。

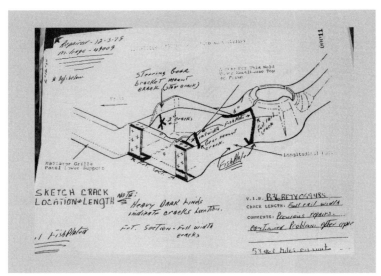

検査者がステアリング・システムのクラックを手書きしたクライスラー社の図。1980年作成。

書、1980年2月に実施したサービス部門の調査結果であった。

ついに、私たちはクライスラーが最も隠しておきたかったもの——数十通の束の動かぬ**証拠**——を手に入れたのだった。すなわち、クラックの手書きの図とハンドル操作ができなかった事例の割合を示す政府および民間機関の調査結果だった。上記の図が典型的なものだった。クライスラーの検査員は、荷重負荷のない状態での検査でさえ、ハンドル操作ができなかった割合が15パーセントから50パーセントまであることを報告していた。クライスラーの安全に対する悪意のある無視が証明でき、懲罰的損害賠償の道筋がはっきりと見えたので、今や、私たちは知る必要のあるものはすべて入手したと思った。デトロイトに乗り込む準備が整った。

私たちは手許にある証拠を検討し、証拠開示の過程を振り返りながら、被告側の弁護士が証拠開示を遅らせようとした努力が完全に失敗したことを知った。ベチェラーとそのチームが、全体として、単純に私たちを舐め

第 12 章
ドーラ、クライスラーに戦いを挑む

ていたと思った。私たちを証拠開示で何をするのかも知らない2人の刑事専門弁護士でしかないと思ったのだ。もう1つ信じがたいことがあった。それは、彼らが私たちに対しては、**何の証拠開示も求めてこなかったこと**だった。彼らは、ドーラが「ほろ酔い」加減であったのを見た証人を探し出し、その証人によって、ドーラの評判を打ち砕くことができたかもしれなかったし、あるいは、衝突の態様を目撃した証人を探し出すこともできたはずだった。しかし、彼らは何もしなかった。私たちは、その原因が怠慢なのか、事件疲れなのか、あるいは、彼らが私たちの提示する事実を心配していなかったという傲慢さだったのかはわからない。私が思うには、最後の傲慢さがその理由だったと思う。クロスビー法律事務所の弁護士は決して馬鹿でもなければ、怠け者でもなかった。だが、ベチェラーの他人を小ばかにした傲慢さは、たしかに法廷の中ではテーマにすらなっていた。しかし、今でも、その確かな理由を知ることは決してないだろう。

宣誓供述書

　カリフォルニアでは、クライスラー社は「外国の」企業——拠点が外の州にあるから——である。それで、クライスラーは、ドーラとの関係では「複数の管轄権」を有していた。この意味は、もし、被告の中にカリフォルニア州の「住民」がいなければ、裁判所は本件を連邦地方裁判所に移送できたということだ。本件では、被告の中に、カリフォルニア州の住民として、その地域のドッジ販売店がいた。私たちは連邦地方裁判所よりもサンフランシスコ地方裁判所の方がずっと良いと考えていた。なぜなら、連邦裁判所だと陪審員は郊外に住む保守系の住民が多くなるうえ、マークも私も、連邦裁判所では陪審裁判を経験したことがなかったからだ。しかし、宣誓供述書を取る段階になって、クライスラーの執行役員をカリフォルニアに来るように強制的に召喚する方法がなかった。私たちは、デトロイトでの宣誓供述書を作成する日程を原被告双方で合意するか、または、ミシ

351

ガン州でそれらの者の宣誓供述書を作成することを認める裁判所の「命令」を得るという面倒な手続を取るかという選択を迫られた。最初、ベチェラーは、日程の合意について、無理な日時を私たちに押しつけてきた。その意図は、私たちが必要な裁判所の命令を得る方法を知っているかを確認したかったからに違いなかった。しかし、私たちが必要な手続を採りうることが明らかになるや、ベチェラーは一転して、何人かの執行役員の宣誓供述書を作成する日程を緩和し、特定の日時に同意した。そうしなければ、執行役員は、双方が同意した日時ではなく、私たちが指定した日時に現れなければならなかったからだ。それで、マークと私は、どっちがどの執行役員と対峙するかを決めて、ミシガン州に出かけて行った。

　宣誓供述書を作成する相手方の中心人物はウィリアム・キッテルで、私が質問することになった。1980年の調査を命じたサービス部門の調整者であったジム・トレイシー（Jim Tracy）はマークが質問した。私たちは、クライスラー社の代理人弁護士がこうした執行役員を証人として喚問しない限り、宣誓供述書の証言が原告側の得られる証言のすべてであると知っていた。私たちは、ミシガン州以外の裁判所に彼らを強制的に召喚する手段を持っていなかった。このことは、宣誓供述を得るための質問が陪審裁判における反対尋問と同じように機能することを意味した。これまでのところ、私たちにとってうまく行った。

　宣誓供述書の作成は法廷における最大の見せ場とは真逆のものだった。ほとんどが、文書の「真正を証明する」——その文書を陪審裁判で証拠として法廷に提出するために必要な基礎的な証明をする——ことに費やされた。トレイシーは、彼が作成を指示した調査資料や図表に記載されていたことを否定することはできなかった。彼はまた、彼の上司でクライスラーのサービスおよび部品部門のゼネラル・マネージャーだったチャールズ・ジョイナー（Charles Joiner）と最終的なリコールの特定を長時間にわたって協議したことも認めた。ジョイナーが、トレイシーの調査結果にもかかわらず、1つのレールに冷間圧延鋼のロッドを固定するだけにとどめるリ

第12章
ドーラ、クライスラーに戦いを挑む

コール通知に署名したのだった。

　キッテルは、NHTSAのブラッドフォードに対して行った「ステアリング・システムに欠陥はない」と一貫して主張したことを否定できなかった。また、クライスラーが、最終的に、ドッジ・バンの10パーセントがステアリング・システムのクラックを有していた事実——検査者のやり方を考慮すれば全体として過小評価だった——を認めたことも否定できなかった。キッテルからはもう少し得点を得た。彼に、ステアリング・システムに関してNHTSA以外の政府機関がクライスラーに対して接触してきたかを尋ねたら、彼は知らないと嘘を言った。しかし、キッテルはCHPの1975年9月のメモについて知っていたし、クライスラーが文書で回答し、CHPメモの直接的結果として追加の溶接を命じたことも知っていたのだ。

　私たちは、ニューヨーク州交通局(the New York State Department of Transportation)がステアリング・システムに関してクライスラー社に接触していたことも知っていた。陪審裁判前の調査の最後に、私はニューヨーク州サフォーク郡(Suffolk County)のスクールバスの車庫基地を訪れた。そこには、900台以上のドッジ・バンがあり、そのすべてに運転可動性を守るためにフィシュプレートが施されていた。私が会ったスクールバス基地の管理者であるリッチ・ヘンケ(Rich Henke)は、地上でクラックを検査するとほぼすべてのバンにクラックが認められたと言った。ヘンケは重要な情報を教えてくれた。すなわち、ニューヨーク州交通局がステアリング・システムに関する文書を公開したというのだ。それで、私は、カリフォルニアに帰る途中、マンハッタンの街中で交通局の職員から話を聴くために立ち寄り、彼ら独自のテスト結果を示した文書の写しを入手した。それには、欠陥とともにクライスラー独自の修理の危険性が示されていた。彼らもまた、クライスラーと接触していた。この情報もキッテルに届いていたと思われた。

　デトロイトから戻ると、次は、専門家証人の宣誓供述書を作成する番だった。通常、これは陪審裁判前の最終段階に行われる。マークは技術者

である専門家証人の宣誓供述書を作成し、当方の専門家証人の宣誓供述を
防御するにあたっては、必要な時に異議を出す準備をして臨んだ。専門家
証人の見解が真っ向から対立することには驚かなかった。陪審裁判では、
お互いに相打ちになると考えた。原告側の他の証人に対して、ベチェラー
は、宣誓供述書を作成する前に、「油まみれのサル」と呼んで、原告側立証
には何の役にも立たないと見くびっていた。こうした他の証人の宣誓供述
を防御するのは私の仕事だった。今、白状すれば、私の中のかすかな部分
では、「ベチェラーは正しいかもしれない」と気にはなっていた。マークと
私は、クリフ・カンポイとデニー・クエイドは偉大な証人だと考えていた
が、私たちはこの分野では新米の弁護士だった。私の友人の民事専門弁護
士たちは資格証明書の必要性を強調した。友人たちは、ベチェラーが偉大
な法廷弁護士——所属する大手法律事務所の2人いるスター弁護士の1人
——として最高の評判を得ていることを私たちに想起させた。この当時、
私はデイヴィッド・メイヤーといつも適用していた原則に従っていた。す
なわち、「皆が、私たちが間違っていると言っても、私たち2人が同意す
れば、その時は、私たちが正しいのだ」。私はこの原則をマークにも適用
して気持ちが良かった。そして、私たちのいずれもベチェラーに委縮する
ことはなかった。

　クエイドとコンポイの宣誓供述の防御は、私たちの観点からすれば、非
常に上手く行った。ベチェラーは多くの文書を示し、「油まみれのサル」を
コースから逸脱させるべく考案した多くに質問をして、2人を誘導しよう
とした。しかし、彼ら2人は、自らの知識に確信を持っており、それに固
執した。地域のドッジ販売店の被告代理人を務めていた個人経営の弁護士
マービン・ヤコブス（Marvin Jacobs）だけが、彼らからいささかの得点を稼
いだが、それがすべてだった。ベチェラーは、特にデニーに対し小ばかに
した態度を取った。デニーが8年生で学校を退学したと知って、ベチェ
ラーは彼の証言は役には立たないと考えたからだ。ベチェラーは、私に対
しても小ばかにした態度を取った。一例を挙げると、私が「質問が議論に

渡っている」と異議を述べて、短い議論があった後、彼はこう言って議論を止めた。「いいだろう。**私は、君に**弁護の仕方について語らせ、それを聞いてやっているのだよ」。私は怒ったが、飛びかかる代わりに、意趣返しのできる時と場所が到来するまで、この怒りを仕舞っておこうと決めた。

陪審裁判　第1部

　陪審裁判前の2週間、当時の私の妻ナオミはドーラを洋服店に連れ出した。というのも、ドーラは法廷に着ていくのに相応しい外出着を持っていなかったからだ。私たちはドーラに1週間着られる素敵で簡素な洋服を買った。そうすることは、弁護士の倫理規則に違反していたかもしれなかった。倫理規則上、弁護士は訴訟事件の費用を前貸しできたけれど、依頼者の個人的な出捐を引き受けることは認められていなかったからだ。法廷に着ていく服がこの個人的経費に含まれるかについては議論があった。いずれにせよ、私たちは意に介さなかった。その規則そのものは20世紀初頭に遡るが、北東部の保守系法律事務所のエリート弁護士が起草した39条の弁護士倫理規範[16]が起源であった。これらの規則は、彼らの法律事務所と金持ちの依頼者を守ること、すなわち、規則制定者が「下層民」と呼んだ普通の人々の犠牲の上に自らを守ることを意図して考案された。仮にドーラがこの「下層民」の中に加えられるとすれば、この規則に従う必要はないと私は考えた。

　他方、陪審裁判が始まる直前の数日、マークと私は尊敬する数人の民事の法廷弁護士に会った。私たちには2つの懸念事項があった。1つは、私たちはクライスラーの執行役員から数日間にわたる長大な宣誓供述書を得

---

16 Canons of Professional Ethics：1908年に制定された弁護士の行為規範。その後、ABA（アメリカ法曹協会）により、法律家の倫理規範として、1969年に Model Code of Professional Responsibility が制定され、1983年に Model Rule of Professional Conduct が制定された。

ており、その中には、破壊的な効果をもたらす証言も含まれていた。特に、キッテルとトレイシーの宣誓供述書がそうであった。しかし、証人が裁判所に出頭しない場合、原告代理人が宣誓供述書の特定の個所を選択抽出して読むことは許されなかった。私たちは宣誓供述書の全部を読まなければならず、それは退屈極まりないものだった。2つ目は、陪審裁判は6週間の日程が組まれ、担当する裁判官はダニエル・〝マイク〟・ハンロン判事（the Hon. Daniel "Mike" Hanlon）となったが、彼は、裁判の日程につき、4週間経過後に、以前から計画していた3週間の家族との休暇を入れると私たちに通知し、それを変更するつもりはなかった。私たちには、訴訟提起の法定期間5年ルールの期限が迫っていたので、本件を延期することはできなかったし、それを望んでもいなかった。十分に戦闘態勢を整えていたからだ。

　私たちの友人弁護士は、2つの懸念事項について、いずれにも悲観的だった。彼らは、宣誓供述書の延々と続く朗読に陪審員が眠らずに聞いている姿を想像することができなかった。そして、彼らは、陪審員が「本件の核心部分」――私たちが最初に行うこと――を、一旦中断した後に忘れてしまう可能性があると言った。彼らは、3週間もの空白期間を置いた後、陪審員が何らかの口実を作って陪審義務を免除してもらうよりも、むしろ、法廷に戻ってこない可能性があるとさえ言った。

　しかし、マークと私は宣誓供述書を読む1つのアイデアを思いつき、それは上手く行くと思った。まず、証人尋問と証人尋問との間に朗読を挟み込むことにした。すなわち、証人とは、報告書を書いた警察官、原告側の技術者、被告側の技術者（彼らについても、私たちは原告側証人として双方申請とすることにした。なぜなら、相手方の技術者も原告側にとって有害ではなく、むしろ、その主張をコントロールすることを望んだからだった。）、クリフ・コンポイとデニー・クエイド、「アウア・プレイス」に頻繁に来ていた近隣の住民、そして、もちろんドーラだった。それから、私たちは、宣誓供述書の質問部分は私が読み、――被告側弁護士は何も質問しなかった。

第 12 章
ドーラ、クライスラーに戦いを挑む

彼らは、被告側の証人を陪審裁判の際に呼び戻すことができたので、それがいつものやり方だった——マークが回答を読むことにした。マークは普通のトーンで回答する手はずになっていた。間違いなく、ハンロン裁判官が怒り、陪審員が怒ることもありえたが、他に何も不適切なことはなかった。しかし、他方で、私はちょっとした工夫をした。退屈な朗読部分は代理人席に座って読み上げ、私たちが陪審員に聞かせたい部分は、立ち上がって陪審員席の方に進み、少し声を高くし、身振り手振りを交えて、証言の聞かせたい部分を強調した。

　3週間、陪審員が陪審義務から解放されて自宅に帰っている間、私たちは、陪審員に本件に対する関心を失わせないようにベストをつくさなければならなかった。中断となる直前に審理が終わるように時間を調節し、最後を盛り上げて陪審員を送り出した。希望とともに。

　その後も、裁判所は、月曜日の陪審裁判再開前に、最後の和解協議を開いた。審理前の木曜日に、裁判官ビクター・カンピロンゴ（Victor Campilongo）という頑固な裁判官が和解協議を主宰したが、彼は本件のことをほとんど理解していなかった。私たちは80万ドルを要求したが、クライスラーは、マークと私が本件に費やした費用にも満たない金額しか提示しなかった。カンピロンゴ裁判官は、何とか私たちの要求額を44万5,000ドルまで下げさせ、クライスラーから6万ドルの提示を得たが、それでも依然として弁護費用にも満たなかった。マークと私は心配になった。裁判官と被告側弁護士が私たちの要求額を単純に無理だと考えている私たちの弱点とは何だろうか？　私たちの「2人が同意したのであれば、私たちは正しいに違いない」という原則は単なる戯言にすぎないのか？　しかし、私たちは、即座に、和解を拒否した。

　カンピロンゴ裁判官は1つの有益な示唆を与えてくれた。それは、マービン・ヤコブス弁護士が代理人を務めるドッジ販売店と形ばかりの金額で和解することだった。ベチェラーが原告側の証人に対する質問を長時間行った後に、私たちが座ったままの所にヤコブス弁護士が登場した。ヤコ

ブスがわずか５分間の間に、ベチェラーが丸一日かけて得た得点よりも多くの得点を稼いだことは宣誓供述書の記載から明らかだった。私たちはヤコブス弁護士が好きだった。彼は、主としてエレベーター事故の会社側の代理人を務めていた利口な人間で、私たちと友好な関係を築いていた。彼が、私たちと同様、大手法律事務所の弁護士と共通点を持っていないことは明らかだった。私たちは、陪審裁判において、原告側証人がヤコブスから反対尋問を受けることを望まなかった。しかし、私たちは、もし、原告側代理人である私たちが和解協議に応じてヤコブスの代理する被告ドッジ販売店がいなくなれば、クライスラーの代理人弁護士が、被告側の権利だとして、ただちに本件を連邦裁判所に移送を申し立てるのではないかと恐れた。結局、私たちはヤコブスを外す必要があると考えて、金曜日に、彼の依頼者と和解する機会を得た。月曜日の開廷日、私たちは、依然として州の裁判所にいて、ハンロン裁判官の法廷で陪審裁判を始めることとなった。クライスラーは本件の移送を申し立てなかったのだ。

　裁判所19号法廷は美しい法廷だった。今日でも、裁判所の古い法廷のいくつかは、依然として、予備審問の部屋として利用されている。この場所につき、私は複雑な感情を抱いていた。私はエルビン・ドラムンドの殺人事件[17]をこの法廷で弁護し、大きな成功を収めた。しかし、私は別の殺人事件——恐ろしい事実関係を伴った難しい事件——もこの法廷で審理し、私が嫌悪する評決を受けた。すなわち、15年から終身刑までを定めた第２級謀殺罪[18]であった。私の依頼者は恐ろしい人間ではなかった。彼は誰かを殺す意思はなかったが、仲間とともにある男のアパートに侵入して盗みを働く間、仲間の者がその男を縛り、口を粘着テープで塞いだ結果、その男は窒息して死亡した。私の依頼者が有罪評決を受けた約６週間後、彼はノートを残して刑務所で首を吊った。ノートには、「この糞ったれ！」と書

---

17 本書第３章参照。
18 second-degree murder：本書第７章注23参照。

第 12 章
ドーラ、クライスラーに戦いを挑む

かれていた。２件とも私が一生涯抱えていかなければならない類の事件だった。

　ハンロン裁判官の下での初日は、当事者双方が主張の要約を提出し、「**偏見防止**申立」[19]を行った。つまり、陪審裁判において陪審員の面前に提出される証拠は何で、提出されない証拠は何であるか、を議論した。ハンロン裁判官は、審理が始まる前に、最大限可能な範囲まで証拠の許容性を判断しようとした。そのお蔭で、陪審員の面前で事件の流れが停滞することはなかった。この手続に数時間かかった。第２日の朝から陪審員選定手続が始まり、午後４時半までに、マークと私が真に気に入った陪審員を選ぶことができた。陪審員選定の奥議をキャット・ベネットの指導の下で学んでいた[20]ので、私は、一群の陪審員候補者に一般的質問を行い、その後に、その回答に基づいて各候補者と個別の対話をするという、いつもと同じ方法を用いて**予備尋問**[21]を行った。

　７つの一般的質問の中には、欠陥商品についての質問、運転中の予期せぬ経験についての質問を織り込んでいたが、私たちが最も重要と考えていた質問は次のようなものだった。すなわち、「サンフランシスコは、ある意味で、周辺地域の住民が集うバーやレストランがある地域の絆が強い都市として有名です。あなたは、これまでに、集会場所として、つまり、社会的な集まりの機会に友人たちと集まる場所として、近隣のバーに行ったことがありますか？」だった。

　１つの重要な失敗があったが修正できたので、予備尋問は非常に上手く行った。私は陪審員の多くと良い関係が築けたと手ごたえを感じていた。失敗というのは、私が誤って、マー（Mr. Mah）という名の陪審員候補者を「タムさん（Mr. Tam）」と呼んでしまったことだった。個別質問までに、私

---

19 motions in limine：陪審による事実審理の前に偏見を持った質問ないし陳述に対して保護命令をなすよう裁判所に求める申立。
20 本書第 10 章参照。
21 voir dire：本書第 3 章注 14 参照。

は正直に、かつ、即座に、自分の誤りを正さなければならないと思った。私が個別質問を始めた冒頭に、私はマー氏に謝罪した。彼は、寛大にも、謝罪を受け入れてくれ、以後、友好的な対話を続けることができた。

しかし、私の考えでは、予備尋問の最良の部分は、ベチェラーが陪審員候補者に質問するときに行っていた共感性を欠いた方法だった。彼の尊大な姿勢は変わらず、彼は、各候補者に、「法律に従うか、企業を個人と同じように扱うか」を聞いていた。質問の言い回しから、各候補者は、もちろん「はい」と答えた。幾人かの女性の候補者に対して、彼は「大変、結構」と言った。私は、この感受性の欠如がとても印象に残ったので、それを私が記録していた各候補者の頁に書き留めた。12番の陪審員候補者について言えば、その候補者は陪審員席の上段右端に座っており、社会奉仕適格者資格を得た労働者として、シティのために働いていた黒人女性だった。私は「PB[22]を嫌っている」と書いた。彼女は、実際に、ある時点で、ベチェラーから顔をそむけて壁を見た。7番の陪審員候補者について言えば、彼女はカリフォルニア大学医療センターの申請書作成職員だったが、私は「ベチェラーは彼女に講義している！」と書いた。6番の陪審員候補者について言えば、彼女は黒人の高校教師だったが、彼女がベチェラーを睨みつけていたので、私は強く「いいぞ」と書いた。共感性を示すことなく、ベチェラーはどの陪審員とも真の意味の対話ができなかった。私は、彼が尊大に扱った女性の幾人かをそのまま陪審員に残したことが信じられなかった。その日の終わりまでに、12人の陪審員と2名の予備陪審員を当事者双方が承認したので、私たちはおおいに喜んだ。陪審員は、多様性に富み、広範な職業人であり、大部分がシティの新興地区に住んでいた。当時はわからなかったが、私たちが選定した陪審員を見れば、本件はその時点でほとんど勝敗は決していたのだ。私の良い感触は翌日さらに強められた。12番の陪審員が髪を「お下げ」にして法廷に現れたが、それを私はささやかな

---

22 パトリック・ベチェラーのイニシャルを指す。

第 12 章
ドーラ、クライスラーに戦いを挑む

抵抗の印と見た。

　新たに選定された陪審員は次の日はお休みで、当事者双方は、展示証拠品の特定や多くの証拠の許容性についての合意に丸一日を費やした。展示証拠の中には、証拠番号2番として、フルサイズの左側前方のフレームレールとエクステンションがあり、それに完全なパワーステアリングが取りつけてあった。それは、原告側のエンジニアリング専門家が車両基地から回収して洗浄し、ペンキで彩色したもので、すべての接合箇所が赤の点で示されていた。4日目に、私たちは原告側の主張を提示した。マークが冒頭陳述を行った。私たちは白いポスター用紙にこれから証明する65点の立証事項を掲載した一覧表を準備した。マークが65の立証事項のひとつひとつを読み上げ、それらのすべてがどのように本件の証明に適合するのかについて陪審員に説明した。陪審員は集中しており、かつ、関心を持ったように思われた。私たちが技術者から証人尋問を開始したとき、事態は順調に進んでいると感じていた。

　次の3週間は、証人尋問と5日間以上に及んだ宣誓供述書の朗読とにあてられた。そう言うと退屈に聞こえるが、すべては計画通りに進んだ。私が立ち上がって「証人」に近づくことにより、つまり、マークが証人席からクライスラーの執行役員の供述箇所を読むので、私は重要な部分を強調することができ、陪審員の関心を取り戻すことができたのだ。一方、証言台では、クリフ・カンポイの証言は率直で弾劾できないものだった。最後に登場したドーラは確信に満ちて、かつ、明確な証言をした。ベチェラーの反対尋問は彼女の証言を曖昧にすることも混乱させることもできなかった。

　最高の見せ場は、ベチェラーのデニー・クエイドに対する反対尋問の時にやってきた。デニーの主尋問に対する証言は素晴らしかった。彼は、陪審員が理解できる言葉で、クライスラーの修理では役に立たない理由を説明し、フィッシュプレートとは何か、そして、どうやってバンのステアリング・システムが再び壊れないように修理するかの方法を説明した。ベ

チェラーは、デニーに対し、証言台から降りて自動車の部品である展示証拠2番についてフロアから証言するように求めた。ベチェラーがデニーに質問をした際、ベチェラーはわざと混乱を招くような質問をし、私もそれに気づいた。しかし、今、その質問が何であったかは思い出すことができない。私が心配するには及ばなかった。デニーはその手には乗らなかった。「失礼ですが、あなたは私をヒッカケようとしていますね!」と彼は言った。「ここを見てください」と言って、彼は自動車の部品の内部を親指で——彼の油にまみれた親指、私はこれを付け加えないわけにはいかない——指し示しながら続けた。「全体がおかしくなった原因はここなんです!」 ベチェラーは戦いに負けたことを悟って着席した。そして、裁判官がデニーに証人尋問が終わったので退席を許可した。デニーは帰ってよいと理解するや、法廷の入口に向かい、ドアの所で振り返り、法廷の会衆に対してこう言った。「皆さんの幸運を祈ります!」 それまで、私がこのような法廷退出の様を見たことはなかった。そして、それ以後もなかった。

　裁判官の休暇の到来期限がくる前の4週間、私たちは本件の仕事を終えた。3週間の空白期間の間、陪審員が本件に関心を抱き続けること、最良のシナリオとして、陪審員がすでに原告勝訴を決めていることを期待するしかなかった。しかし、裁判官は、陪審員に対して、今評決をするのではなく、すべての証拠が法廷に顕出されるまで待つようにと告げた。もちろん、私たちの友人弁護士が懸念していた他の可能性もあった。すなわち、陪審員が原告側の立証したことすべてを忘れてしまい、中断の後、被告側が自由な主導権を握ることだった。そもそも陪審員が戻ってこないかもしれなかった。

陪審裁判　第2部

　マークと私は、空白期間の間、必要な休養時間にあてた。しかし、マー

第 12 章
ドーラ、クライスラーに戦いを挑む

クは、クライスラーが 3 週間の中断の間に、何らかの細工をしてくること
は確実だと考えていた。私は懐疑的だったが、彼はその気配を感じてい
た。

　私たちが法廷に戻った初日、陪審員席には 12 人の陪審員と予備の 2 人の
計 14 人全員が 1 人も欠けることなく座っていた。陪審員全員が私たちの主
張に関心を抱き続けていることを知って嬉しかった。本件の事実審理の続
きが始まった。マークは正しかった。クライスラーは追加の立証をしてき
た。彼らの最初の証人はクライスラーの技術者だった。この証人は、陪審
裁判の中断中に彼が実施した地上テストの証明結果についてぶち上げた。
彼は、原告側の技術者がドーラの車に生じたと証言したことを再現するた
めに、縦軸のレールを切断して完全にそれをブラケットから切り離すこと
をどのようにメンテナンス・チームに依頼したかについて述べた。鉛筆大
から最大 3 フィートまで望遠できる高性能なポインターを用いて――私は
それをデニーの親指と対比しないわけにはいかなかった――、彼はクライ
スラー社の検査証明用グラウンドの周囲を周回する 3 台のビデオカメラの
映像を紹介した。すなわち、1 台のカメラはステアリングホイールに固定
され、もう 1 台は切断されたブラケットを示すためにフレームに固定され
ており、少し離れたもう 1 台のカメラはトラックを周回するバンを示すた
めのものだった。そのバンは完全に作動していた。

　私はこのデモンストレーションを見て心配になったが、マークは「この
映像が実際に何かを証明しているなんて誰も思わないよ」と言って、動ず
るところはなかった。とはいえ、ビデオは良くできていたので、私にとっ
ては、優れモノで――あのポインターほどの優れモノではなかったが
――、相当に効果的だった。

　マークは強烈な反対尋問を行い、私の心配はかなり小さくなった。ステ
アリング・システムが切断される前に、それにはどの程度の損傷があった
のか？　証人は知らなかった。それ以前のクラックはあったか？　いい
え。ドーラのバンが衝突当時どれくらいの走行マイルだったのか？　彼は

覚えていなかった。もし、それが66,614マイルであったとしたら、ドーラがハンドルを切った回数が何十万回に達するかわかるか？　いいえ。ステアリングホイールが回るごとに、どれくらいの負荷がハンドル装置にかかるかわかるか？　特に、ドーラのバンの重量が目いっぱいの時に、どれくらいの負荷がかかるのかわかるか？　彼は何も答えることができなかった。

　クライスラー側の残りの立証は、比較的短く、大きな加点にはならなかった。陪審員が原告側の立証を覚えている限り、見通しは明るかった。最終弁論では、マークが口火を切り、冒頭陳述で使用した一覧表上の65の事項のそれぞれについて論じた。原告側がいかにそのひとつひとつすべてを証明したかを説明した。すなわち、欠陥の存在、クライスラーの否定、CHPからの警告、最終的なシステムの誤りの承認、全体として不十分な修理と検査方法、最後に、クライスラーにおいて、その独自の修理が何の役にも立たないことを認識したこと、そして、それにもかかわらず、繰り返し、その事実を否定したことであった。そして、マークは、1つの事項を論じた後にその番号にチェックマークを入れて、65すべてにチェックマークをつけていった。マークの弁論は説教調ではなく、親しみやすい高校の先生のような説明の仕方だった。全体を通じて、彼は温かく親しみやすく、少しばかり物思いにふけるような様で、弁論をした。要するに、誰もが非常に好感をもつやり方だった。それは、私が法廷で見た最も印象深い弁論のひとつだった。

　ベチェラーが被告側の専門家が行った地上走行テストの証明を強調することはわかっていた。私たちは、反論の機会がくるまで、それには触れないことに決めていた。マークの弁論を聞いて、私は、地上走行テストが大きな意味を持たないことを納得していた。ドーラのステアリングホイールが、実際に、何十万回もコーナーを回り、Uターンをしたことを考えれば、6年以上にわたるステアリング・システムの疲弊が大きな意味を持つことは明らかだった。私は、反論を、66,000マイルに渡り、これらのフレーム

第 12 章
ドーラ、クライスラーに戦いを挑む

レールに絶え間なく繰り返される屈曲の圧力について、何度も何度も、さらに何度も繰り返して強調することから始めた。

私たちは、クライスラーの弁護団が、最終弁論において「アウア・プレイス」におけるドーラの滞在時間に焦点を合わせてくるのを待っていた。彼らが他にどんな事実をつかんでいるかはわからなかった。私たちは、ドーラのバンの修理がハンドルにとって何の役にも立たなかったことを立証していたので、それは、ハンドルが効かなかったというドーラの証言を支持していることを知っていた。しかし、ベチェラーは、欠陥の存在を証明しただけでは原告側の立証として不十分であることを知っていた。私たちもまた、ドーラの行為ではなく車の欠陥が衝突の原因であったことを証明しなければならなかった。だから、ベチェラーが次のような議論をしてくるのは確実だった。つまり、ドーラがバーを出た時間を知らなかったこと、彼女のバンの進路がミッション通りをほぼまっすぐに横切って描かれていること、そして、彼女がバーにいた時間が 8 時間であったことは、彼女が飲酒により影響を受けていたに違いなく、それが衝突の原因だったと。

しかし、私たちの準備はできていた。そして、この点に攻撃の焦点を合わせた。私たちは、経験上、事件の最大の弱点が最大の強みになることを知っていた。今回は、そうした時が到来する場面の 1 つだと思った。もし、クライスラーが、ドーラを何の根拠もなく酔っぱらっていたと非難するのであれば、原告側の最大の弱点は原告側の最大の強みになりえた。私たちは、依頼者の背景を有利に使う時期——言い換えれば、この状況の下で、被告側の特権的なエリート主義を逆手に取ること——を知っていた。反論の機会における議論は私の仕事だった。それは、おおよそ、こういった内容だった。

　　警察官がドーラを車から助け出したとき、誰も彼女にアルコール検査をしませんでした。皆さんは警察官が証言台に立ったのを見ていま

した。もし、ドーラがアルコールの影響下にあったと警察官が考えたならば、警察官は、間違いなく、衝突事故の後によく見られるように、彼女の血液を病院で検査するように命じたはずです。しかし、これはなかったのです。それなのに、なぜ、クライスラーは、「彼女が酔っていたに違いない」などと言うのでしょうか？　それを示す証拠は何もありません。単なる言葉だけです。品位を落とすための当てこすりです。どうして、彼らはドーラを非難できるのでしょうか？　陪審員の皆さん、もし、あなた方がドーラを信じないならば、彼女が証言台でウソをついたと思うならば、それは、被告側に立っていることに気づいてください。しかし、まず、ドーラは７月４日の独立記念日を祝う週末にスパゲッティを振る舞う近隣の仲間が集まる場所にいたことを思い出してください。おそらく、クライスラーの執行役員は、独立記念日を祝うためにグロス・ポイント・カントリー・クラブで祝宴を開くことを好むのでしょう。おそらく、彼らは、そこで酔っぱらうでしょうし、酔っぱらわない人もいるでしょう。しかし、ドーラとその友人にとって、お祝いの場所はエクセルシオール地区にある「アウア・プレイス」というバーだったのです。そして、そのことは、ドーラを酔っ払いにするものでもなければ、ドーラを嘘つきにするものでもありません。

　間違いなく、陪審員はクライスラーに対する怒りを覚えた。私がいわゆる「人種カード」[23] を切ったのは、これが初めてではないし、これが最後でもなかった。しかし、多分、一番効果的なものだった。陪審員が評議に入った後、合理的に考えて、私には勝訴の自信があり、少しばかり仕返しをしたいと思ったので、私はベチェラーの所に行き、握手をして、「あなたは反対尋問で良い仕事をしましたね」とお世辞を述べた。つまり、ウソ

---

23 race card：議論を有利に展開するために、人種差別の問題を議論に持ち込む行為。

の称賛をして彼を罵ったのだ。彼は私の称賛の言葉に感謝するだけだった
が、明らかに、この誉め言葉に怒っていた。2日後、ドーラと私は19号法
廷の外にあるベンチに座って、陪審員が下す評決がどのようなものである
かを考えていた。私は、彼女に、2人の娘さんはどうしているかを尋ね
た。ドーラは「2人とも元気に過ごしている」と答えた。私は「それなら、
ここで何が起こっても、本当に、どうってことはないね。そうだね？」と
言った。彼女は同意した。5分後、陪審員が評決に達したと知らされた。
評決は、クライスラーに100％、ドーラにはゼロの過失割合で、賠償額は
330万ドルだった。私は、当時、得心し、今日に至るまで確信しているの
は、仮に、クライスラーがドーラを酔っぱらっていたと非難しなかったな
らば、評決は半分の額で済んでいただろうということである。

本件の教訓

　評決の後、陪審員の中には、できるだけ早く法廷の出口に駆けつける者
もいた。多くの場合に共通していることだが、裁判の終了後に、陪審員が
印象を語ることは自由なので、2名ないし3名の陪審員が代理人弁護士と
話すために集まってくるのだ。ドーラの評決の後では、ほとんどすべての
陪審員が集まってきた。クライスラーには、陪審裁判の全期日を通じて法
廷に来ていたインハウスの弁護士[24]がいた。その弁護士が陪審員たちに近
づいて尋ねた。「しかし、彼女がバーに丸一日いた事実についてはどう考
えるんですか？」

　マー氏、最初、私が名前を間違えた陪審員が陪審員長だった。彼は、そ
の弁護士に人差指を振って言った。「恥を知れ！彼女を酔っぱらっていた
などと非難したことについて恥を知れ！」と。後に、12番の陪審員が私に
語ったところによると、彼女は、クライスラーの専門家が3台のカメラを

---

24 inhouse lawyer：企業内部の従業員として雇用されている弁護士。

使って行った地上走行テストは捏造されたもので、ステアリングホイールの上に技術者の「小さな白い親指」が見えたと語った。

　私は、12年間、刑事事件の法廷で働いてきたが、この陪審裁判は私がエリート主義と闘った最初の経験だった。エリート主義はクライスラー社とその代理人弁護士たちが行ったことすべてに浸透していた。それが、多くの点で、私たちに有利に働いた。証拠開示をめぐる戦いは、私たちにもっとうまくやれと奮い立たせてくれた。私たちを見下すことも同様に私たちを奮い立たせた。原告側の証人を小ばかにすることは、彼ら弁護士の価値を減じただけであり、私たちの証人を見くびったことは、逆に、陪審裁判で彼らをスターにすることとなった。私は今日に至るまで、デニー・クエイドは私が証言台に立たせた最も効果的な証人だったと思っている。マークと私は、クライスラー社とその代理人弁護士双方が本件を評価するにあたって、いかに狭量であったかを理解した。どうして、彼らの眼には私たちが見ているものが見えないのだろうか？　どうして、彼らは、陪審裁判に行くことで被る可能性のある——実際に、被った——悪評を招く機会よりも和解を望まなかったのだろうか？　どうして、被告側弁護士たちは、名前の後につける資格を示す肩書がなくとも存在する、普通の証人の専門的な力を理解できなかったのだろうか？　私たちにはわからない。私たちの世界は彼らのそれとはあまりにも違っていたのだ。

　被告側の最大の失敗を挙げるとすれば、それはドーラを見下し過小評価したことだった。クライスラーの主戦チームと主任弁護士は全員白人の男性だった。そして、全員が、ドーラに対して、あたかも彼女が一種の劣った人間であるかのようにみなし、彼女の率直な証言は他の12人の陪審員には信じてもらえないかのように振る舞った。結局のところ、もし、陪審員がドーラ・ディーンの言ったことを信じなかったとすれば、クライスラーが安全性を無視したことを示す私たちの準備と立証にもかかわらず、私たちは敗訴していた。しかし、12人の陪審員全員が何のためらいもなく彼女を信じてくれた。

368

第 12 章
ドーラ、クライスラーに戦いを挑む

この広く浸透しているカースト主義[25]が本件を救ってくれた一方で、カースト主義は証人たちにとって不愉快極まりないものだった。それは、今日、私たちが「白人の特権」[26]と呼んでいるものにつき、私が深く考える際の理解の源になっている。白人の特権を明確に理解するには、何年かけても、生涯をかけても不十分だが、手っ取り早く結論を言えば、それは私たちの社会に蔓延する白人男性優位のエリート文化にほかならない。

私は、また、アメリカの大企業があまねく持っている歪んだ姿勢の根深さを初めて理解した。本件の後、クライスラーのような大企業は、安全性よりも金銭について、消費者の保護よりも評判について、そして、真実よりも妨害と隠蔽について、遥かに多くの関心を抱いているとの結論に達した。アメリカの大企業が私たちの友人ではないことは知っていたが、その程度までは知らなかった。訴訟後の悪評の後でさえも、クライスラーが、本件はビジネスをしていく上でのコストのほんの一部でしかないと見ていることを認識するのに数年を要した。彼らにとっては、訴訟を最後まで戦うか、秘密裏に和解するかのいずれでも、経済的にはマシなのだった。彼らの代理人弁護士が築いた十分な障壁によって、大企業は、本件のように事件が陪審裁判に移行することは少なく、むしろ、相手方の多くが消耗戦に敗けることを知っているのだ。そして、私たちが勝訴しても、本件の数百万ドルは1,500万台のバンを適切に修理することによる経済的な打撃からみれば遥かに少ない支出なのだ。何年にも渡る出来事を見れば、残念ながら、このアメリカ企業に対する暗い見方は一層強化されている。

エピローグ

ドーラ・ディーンについて：クライスラーは新たな事実審理の申立を

---

25 caste-ism：本書序章注２参照。

26 white privilege：本書序章参照。

369

行った。そして、ハンロン裁判官は損害額縮減の申立[27]を認めることに決めた。この意味は、フライエル夫人の事件[28]と同じように、裁判官が「13人目の陪審員」として評決の認容額を減額することだった。裁判官が懲罰的賠償額をかなり減縮したとき、マークと私はともに怒り、この減額に対して控訴すれば勝訴する勝ち目はあると思った。新たな審理の申立に対して、私たちは、クライスラー社の莫大な年間の収益を考えれば、300万ドルの懲罰的対価（ドーラの足の損害30万ドルに加えて）は控えめな金額であることを証明できた。しかし、数日後、私たちは重要な事実に気づいた。**私たちは**、本件を控訴することによって利益を得ることができるかもしれないが、ドーラは、賠償額を手にするまでに２、３年は待たなければならなかった。そして、私たちの義務はドーラに対してのものだった。私たちは、減額されても依然として、７桁の賠償額という結果を得ていた。ドーラの経済的な状況を考えれば、今すぐにお金を必要としていた。長期間にわたって、彼女とその娘たちの生活を賄うのに十分なお金がそこにあった。私たちは損害額縮減決定を受入れ、クライスラーは小切手を切った。

　私たちは当事者本人を代理しているのであって事件を代理しているのではなかったから、ドーラに対して、現金で素敵な家を購入するように勧めた。家を購入しても、まだ、彼女とその娘たちを育てるのに十分な金額が残っていた。彼女は、温暖な気候のサンホセ（San Jose）郊外のサラトガ（Saratoga）という小さなベッドタウンを選んだ。私たちは、現在では住宅を建てると300万ドル以上もする住宅地に約35万ドルで４部屋ある素敵な家を見つけた。彼女の得た賠償額の残りを管理するために友人の家計アドバイザーを彼女につけた。数年後、彼女と私たちとの間の連絡は途絶えた。最近、私は彼女がどこにいるかを探したが、わからなかった。しかし、私は、あの２人の可愛い少女が幸福で順調に成長した女性になってい

---

27 remittitur：本書第６章注11参照。

28 本書第６章参照。

第 **12** 章
ドーラ、クライスラーに戦いを挑む

るものと楽観視している。

　マーク・ローゼンブッシュについて：２人の練達の弁護士が、対立もなく、完全に平等の契約で、１年間毎日一緒に仕事をするなどということは不可能だと私は考えていた。しかし、本件では、それが実際に起こった。多分、その体験があったからだろう。マークはもう１件の民事事件を私と一緒に代理することを望んだ——レイノルド・メタルズ（Reynolds Metals）缶製造工場の責任者による失火事件だった。この事件でも、私たちは州外に出かけて行き宣誓供述書を作成した。今度は、バージニア州のリッチモンド（Richmond）であった。南北戦争時代の南軍の将軍たちの銅像で溢れていたモニュメント通り（Monument Avenue）を歩きながら、マークは私の方を向いて、「家族の誰もここに引っ越してきたいとは思わないよ」と言った。彼の言葉は、リッチモンドの古き南部時代の雰囲気に対する嫌悪感と、私たち２人ともが異人種間の子供を持っている家族のことを意味していた。サンフランシスコのベイ・エリアの雰囲気は、その評判ほどには偉大なものではなかったが、1990年代のリッチモンドよりは遥かに良かった。

　２度目の民事陪審裁判へ挑戦したにもかかわらず、マークは刑事弁護専門の弁護士に戻り、程なくして、連邦裁判所が任命する裁判所指名弁護人リストの１人に抜擢され、州裁判所の刑事弁護に加えて連邦裁判所の刑事事件の弁護人を務めた。彼の妻は若くして亡くなり、２人の息子が結婚し、彼の100件目となる刑事陪審裁判の弁護を終えた後に、彼は引退した。最近、彼は引退したことを寂しいとは思わないと私に語った。彼は、クラシック・ピアノを習うのと、よちよち歩きの孫たちと遊ぶことで多忙である。彼は、私が一緒に法廷という場で闘うという特権を得た数少ない偉大な弁護人の１人であり続けている。

　パトリック・ベチェラーは、本件の陪審裁判の数年後にクロスビー・ヒーフェイ法律事務所を去り、先のアソシエイト弁護士であったロリー・シュヴァイツァーと一緒に、自らの弁護士事務所を開設した。私は、あの事件後、１、２度、彼と偶然出会って、お互いに分別をわきまえた短い挨

拶を交わした。彼の新事務所は、製造物責任の被告側代理とその他の複雑な案件の被告側代理をすることを専門にしていた。その新事務所の経営は順調のようで、弁護士仲間からも良い評判を得ていた。しかし、ベチェラーまたはシュヴァイツアーのどちらかが、本件から何かを学んだか——言い換えれば、大企業を代理することの実際を通して、彼らがそのやり方に疑問を抱いたか否か——はわからない。

　私について言えば、ドーラ・ディーンの陪審裁判は、いくつかの重要な方法で、法の世界についての私の見方を広げてくれた。第一に、キャット・ベネット[29]が私に教えてくれた陪審員——そして、率直に言って、すべての人々——とのコミュニケーションが非常に貴重で恒久的な価値を有するものであることを、一層、納得させてくれた。真実を話すことおよび本当の自分をさらけ出すことを恐れないという彼女の教えは、私の中で生き続けている。第二に、私は訴訟の相手方弁護士がどれほど極端になりうるかを見た。すなわち、彼らは尊大で、特権的で、独善的で、常識に疎く、対話の世界で必要な聞く耳を持たなかったのだ。刑事の陪審裁判で相手方であった検察官を振り返ると、その多くは私の尊敬しない者であるが、今思うに、彼らの大部分は、少なくとも動機においては、社会のために最善と考えたことをしようと努力していた。私は、検察官の社会的な考え方には同意できなかったし、また、彼らが偉大な法律家だったとも思っていないが、それにもかかわらず、彼らの多数派は誠実だった。

　より実務的なレベルで、本件は私の信念と経歴の双方にとって役に立った。ドーラの裁判の後、私が陪審裁判に進むときには、事件に対する私のむしろ直感的な評価に確信を持つようになった。そして、相手方も裁判官も恐れる必要はないことも知った。ドーラの事件後、それほど時を置かずして、私はケン・バーンヒル（Ken Barnhill）という名の男の代理人となった。この事件で、私の評価スキルと新しい自信が試されることになった。

---

29 本書第 10 章参照。

第 12 章
ドーラ、クライスラーに戦いを挑む

バーンヒルは、ルイジアナ州シュリーブポート（Shreveport）から来るとき、ノブ・ヒル（Nob Hill）でタクシーに追突された。彼は首または臀部に損傷があったにもかかわらず、医療費の請求額は 1 万ドルにも満たなかったので、人身傷害事件の専門弁護士は「軟組織の障害」にすぎないと言った。弁護士というものは、ほぼ常に、そうした追突事故は些細なものだと考える。しかし、ドーラ・ディーン事件の後、私は、専門家である友人の民事専門弁護士にどう考えるかをあえて聞いてみた。結果は明白な受任反対の意見だったが、私はその事件を引き受けた。私にとって重要だったのは、医療費の金額よりもバーンヒルが背中と足に生じた深刻な筋肉損傷によって生涯続く身体障害者になったということだった。彼は我慢できない痛みがあると言った。彼が真実を語っており、かつ、医師がそれを支持してくれるのであれば、彼の事件は高額なものになりえた。

　私たちが陪審裁判に進んだ結果、陪審員は70万ドルを超える賠償額の評決をした。その事故状況の下では、大きな金額であった。これは、医療費請求書の総額といったデータではなく、人と事件の状況——バーンヒル本人と彼の絶え間ない痛み——を見るという私の直感を強化してくれた。それは、事件の核心を掴むということである。

　バーンヒルの医師たちはシュリーブポートにいたので、私は、彼らをカリフォルニアまで呼び出して反対尋問をするよりも、陪審裁判における証言に代えて、ビデオテープによる宣誓供述書を使用することにした。法廷でビデオテープを再生する際、私は陪審員のために大型のモニターを設置し、裁判官用に小さいモニターを設置した。裁判官はリチャード・フィゴーノ（Richard Figono）だった。しかし、フィゴーノ裁判官はそのモニターを拒否した。彼は、ビデオ再生の間、陪審員なしで担当していた、別の大金が争点のビジネス紛争の記録を取るのに費やした——それは、明らかに、フィゴーノ裁判官が私たちの事件以上に関心を抱いていたことを示していた。陪審員の評決後、フィゴーノ裁判官は評決の金額にショックを受け、ちょうどハンロン裁判官が行ったように、金額を減縮するために損

害額縮減申立を認可しようとした。これは著しく不適切だった。というのも、彼は、バーンヒルがいかに深刻な障害を負ったのかを説明するビデオ証言を見ようともしなかったからだ。

　私は、この裁判官には、ハンロン裁判官とは違って、「13人目の陪審員」としての資格はないと思った。まさしく、ビデオを無視したことは、裁判官が医師たちの証言の「性格と質」を判断するという、法律が要求する義務を果たさないことを意味したからだ。それで、私はその趣旨を述べた申立を行った。裁判官は怒った。しかし、それは彼には分相応の結果だったので、彼が私を理由なく裁判所侮辱罪で身体を拘束しない限り、私は何も恐れる必要はなかった。被告側代理人弁護士は私の方が正しいことを知っていたので、賠償額につき控訴して敗訴するよりも控訴をしない方を選択し、私との間で望ましい決着に到達した。

　この間、私はロースクールで、法曹倫理に加えて法廷弁護実務も教えていた。私は、いつも、この法廷弁護実務を履修する学生に、裁判官には必ず敬意を示すこと、ただし、裁判官を決して恐れないこと——学生にとっては実践するのが難しい道——を語っていた。しかし、バーンヒルの陪審裁判の時までに、私はこの教訓を完全に身につけていた。裁判官は単なる１人の人間であり、裁判官の持つ権力は、彼が支持を宣誓した法によって制限されているのである。

　ドーラの事件が私にもたらした最後の効果は、２つの弁護の世界——法廷における法と法曹倫理——を融合させるように私を鼓舞したことだった。自分の必要よりも依頼者の必要を第一に考えるようにと学生に教えている私は、以前、１日か２日、ハンロン裁判官がドーラの損害額を減額した決定に対し控訴するか否かを考えたことを忘れてはいなかった。減額決定という誤りに私自身は怒っていたが、控訴は、私とマークにとって利益であったが、ドーラにとってはそうではなかった。それは、二度としてはならない考慮すべき優先順位の過ちであった。

　２つの世界の融合は、私を、弁護士懲戒請求事件および弁護士の行為が

第12章
ドーラ、クライスラーに戦いを挑む

争点となる他の民事事件を専門とする方向へと導いた。その時までに、私は、事件の真の価値に近い合理的な解決を求めて和解する一方で、陪審裁判に進むのを減らしつつ、2つの分野の周辺をめぐりながら長い時間をかけて新たな専門分野を確立してきた。大手法律事務所を相手に個人の弁護士の代理人を務めることは、大企業を相手に個人を代理することと多くの点で似ていた。同じ独善、常識から外れたエリート主義は、法律専門職においても共通に見られた。この仕事は私に合っていた。

　法曹倫理という私の背景も、また、数十年後の今でも、未完の仕事である1つの論点に挑戦する動機づけとなった。ドーラの評決が出た後に、私は「秘密の公開」について考え始め、地方のテレビ・ネットワークの消費者問題の記者から取材の依頼を受けた。ドーラはカメラに映ることに内気であったが、テレビショーに出てバンの何が悪かったのかについて説明することを勧めた。その後すぐに、私とマストロモナコが、広く読まれている法律雑誌にその欠陥についての記事を書いた。クライスラー社が秘密を隠蔽するためにどれほどの努力を払ったかの情報がすべて明らかにされ、公衆の知るところとなった。

　しかし、私は、すぐに、陪審裁判まで行かなかった事件では、ドッジ・バンのハンドルのような危険が秘密のままにされてしまうことを認識した。裁判上の和解は、通常、原告の代理人弁護士に対し、すべての文書を被告に返還し、原告代理人が知ったことについては沈黙を守るように要求した。これは企業を擁護するが、多くの原告側弁護士は、原告である依頼者が必要とするものを得るという都合から、たとえ、そうすることが、他の人にとっては秘密のまま残されるとしても、この要求を受け入れた。ここ10年くらいの間、秘密保護の流れとして、弁護士が裁判官に「保護命令」[30]を発付するように求めることが一般化してきた。保護命令は、当該

---

30 protective order：重複訴訟の提起や証拠開示手続の濫用から保護するために裁判所が発する開示制限命令。

事件に直接関係する人間以外の者に証拠開示の結果を秘密にしておくための命令であり、裁判官は、しばしば、時間の節約になると考えて、それを発することに同意する。私に言わせれば、仮に一般に知られるようになれば、公衆の健康と安全——それゆえに、生命を救うこと——に対する直接的な脅威がすべての人に明らかとなる情報を、法律家が意思を通じて秘密にしておくということは、根本的に、倫理規則に違反している。

　それで、過去25年間、私は、「訴訟におけるサンシャイン」[31]と称する秘密情報の公開に情熱を傾けてきた。これは、証拠開示の過程で得られたすべての情報を公開すること、および、公衆の知る権利を求めて啓蒙することである。私は、これまで時間を見つけては、2冊の本の中の1章を割いて、または、いくつかの署名入り記事で、そして、3本の公的な法学紀要の論文（それぞれに多すぎるほどの脚注がついている）でこのテーマを論じてきた。私は、合衆国上院やカリフォルニア州の立法委員会の面前で証言してきた。そして、私は、合衆国の上下両院とカリフォルニア州議会のために法律の草案[32]を書いた。

　悲しいことに、今日まで、この努力の成功率は私の陪審裁判の勝訴率より遥かに悪い。情報を公けにするということは、ほぼすべての人々にとって常識のように思われるのだが、情報公開に反対する勢力は強力である。すなわち、大企業、商工会議所、そして資産を有する他の利害関係者の連合勢力である。つい最近では、私たちが計画していた2020年法案は、カリフォルニア州議会が新型コロナのために閉会となって、廃案となった。しかし、2022年初めに、新たな法案が提出された[33]。おそらく、これが必要

---

31 "sunshine in litigation"：裁判所が公衆の健康や安全に関する情報の公開を保護命令によって秘匿することを禁じ、司法の透明性と説明責任の実現を図ることを目的とする立法運動。

32 S.2364-Sunshine in Litigation Act of 2014：法案は2014年に上院、2017年に下院に提出されたが、連邦の法律として成立するには至っていない。

33 2022年法案（The Public Right to know Act）は上院を通過したが、大企業を擁護する保守的議員の反対により下院で阻止された。しかし、著者は2025年に法案を再提出し、立法化に再挑戦する意向である。

第12章
ドーラ、クライスラーに戦いを挑む

な議会通過の最後の年であろう。

　私は、最近は、以前ほど多く法廷にいることはない。しかし、そのおかげで、コミュニティの最も貧しい人々のために働く、より多くの時間を与えられている。彼らの権利と救済手段は、彼らが毎日生活する中で直面する「制度」という壁によって日常的に侵害され阻害されている。もし、私が、ドーラについて、彼女はその制度側の代理人との間で困難な戦いをしていたのだと考えたとするならば、私は、ドーラ以上に力のない人々——住む場所がなく、時には精神的な病に侵され、ギリギリのところで生活している人々——が、同じ制度の壁に直面することがどれほど困難であるのかについて過小評価していたと言わなければなるまい。私はそうした彼らの弁護に加われることに満足を見出している。そして、私は今の仕事が続くことを願っている。

終 章

またか、またか

オーティス・ベントン対スタニー・ベスト自動車修理店

過去25年間、ベイ・エリアに住む最も貧しい人と一緒に闘う私の仕事は、個人的な弁護士業務のルートを経てきたのではなく、サンフランシスコの有名なグライド・メモリアル教会 (Glide Memorial Church) と一緒に行っている私のプロボノ活動を通してやってきた。この教会で、私は、9年間、自由に立ち寄れるリーガル・クリニック[1]を開いてきた。また、ホームレスまたはホームレスになる危険性のある人々とともに活動する、弁護士会のホームレス・アドヴォカシー・プロジェクト (Homeless Advocacy Project: HAP) と協働してきた。数十年経っても、私は、依然として、不正義が最初から誰の眼にも明らかであるときでさえ、多くの事件にかかる膨大な時間に驚いている。この仕事をして私が得ている大きな満足は、不満との均衡の上に成り立っている。その不満とは、私たちの社会——そして、司法制度——が、貧しい人々を扱う方法という点で大きくは変わっていないということであり、その中には、進歩的な啓発のメッカとみなされているサンフランシスコでさえ蔓延し続けている人種差別主義がある。

　私の言いたいことは、たとえば、こういうことだ。私が、普通の紛

1　Legal Clinic：ロースクールの臨床法学教育のひとつとして、学生が来訪者の法律相談に無償で応じる実務習得のための場所。

終章
またか、またか

争の普通の依頼者について、弁護士、銀行の支店長、集金人、または
保険会社の代理人のような権限のある人間に電話をし、その相手に私
がＸ氏の代理人であると告げた場合、私がその代理の事実について質
問されることは決してない。誰も代理人の証明を求めない。誰も依頼
者の委任状の提示を求めない。誰も、私の依頼者に電話をして、直接
代理人であることの確認を求めたりはしない。しかし、私が貧しい人
の代理人として現れると、私の誠意はほとんど受け入れられない。私
がその貧しい人を実際に代理していることを証明するように求められ
る。時々、これは喉に刺さった棘のように痛む。時間が問題となる場
合には、これは深刻な権利侵害となる。それは、常に、私たちの司法
制度の基本的な不平等、および貧しい人々が耐えている侮蔑的待遇に
ついて多くを語っているのだ。

　そして、追加的要因として進行中の人種差別主義、特に黒人に対す
る人種差別がある。本章のオーティス・ベントンの短い物語はこの点
を浮き彫りにするものである。この物語は、私の刑事弁護の過去の事
例ではなく、ほんの数年前の事例なのだ。

路上にて

　2017年7月のある晴れた火曜日の午後、64歳の障害者で黒人のオーティ
ス・ベントン(Otis Benton)は、路上の真ん中で、手を背中にして顔を歩道
に押しつけられ、拳銃を構えた警察官に取り囲まれた。彼が最初に思った
ことは、「一体何が起こったんだ？」だった。次に思ったのは何か？　それ
は「またか、またか」だった。

　オーティスは彼の2008年ポンティアック・グランプリ(Pontiac Grand
Prix)を運転して、以前はフォーティナイナーズ[2]の本拠地であり、その

2　the 49ers：サンフランシスコを拠点としたアメリカンフットボールの名門チームの名前。1849

後、素晴らしい運動競技場に生まれ変わっていたケザール・スタジアム（Kezar Stadium）脇のスタンヤン通り（Stanyan Street）を下っていた。その時、背後に、サイレンの音が鳴り響いた。程なくして、彼は路上にいた。警察官は、彼に、その車——**彼の車**——は盗難車だと言った。オーティスは嘆願しながら、後ろのポケットに財布があるのでポケットに手を入れてもいいかと尋ねた。財布には、その車が彼の所有物であることを証明する登録証書が入っていた。幸運なことに、警察官はそうさせてくれた。そして、有効な現在の登録証にオーティスの名前があるのを見て、彼を路上から起き上がるのを許し、釈放した。しかし、警察官がしなかったことがあった。それは、彼の車、つまり、彼の所有物を返さなかったのだ。

　翌日、オーティスは助けを求めてHAPの事務所に歩いてやってきた。HAPの責任者テレサ・フレンド（Teresa Friend）が、事件の背景事情を理解したので、私に電話をしてきた。背景事情とは、自動車修理屋が、オーティスが車の修理代金を払っていないという理由で、修理業者に認められている留置権を行使したということだった。カリフォルニア州の法律では、30日経過後に修理業者はその車を売却できた。何年もの間、私は、HAPのドアを通ってやってくる不可解な一見の客を担当する、いわゆるお抱え弁護士だった。それで、驚くことではなかったが、私がテレサに、「どうして修理業者の留置権が適用されるのかわからない」と言ったら、テレサは「私たちだってわからないわよ。だから、あなたに電話したんじゃないの」と言った。

物語

　この物語はハッピーエンドで終わりましたと言ってしまうと、この事件に要した18カ月の歳月と数百時間に及ぶ労働時間を無視することになる

年にカリフォルニアでゴールドラッシュが起こったときにやってきた人々に由来する。

終章
またか、またか

し、オーティスが自分の車を使用できなかったことにも触れずじまいになってしまう。私は何百時間もこの事件に関与し、仲間からも惜しみない援助と時間の提供を受けた。その仲間とは、ロースクールの学生、弁護士、その他の法律職の支援者から成っていた。何があったのかの基本的な事実関係を私が理解するのに優に1年以上かかり、その後、全米で最も大きい銀行と最も大きい保険会社の1つとの折衝に数カ月を要した。そして、この期間中、貧乏で年老いたオーティスは車のない状態のまま放置され、悲しみの中に取り残された。

　本件の時系列的な詳細を語るよりも、むしろ、私は粗筋を示そうと思う。私たちが最終的に理解したのはこういうことだった。

　オーティスのポンティアックが動かなくなったので、彼は車をスタニー・ベスト自動車修理店(Stani's Best Auto Repair)に持ち込んだ。オーティスにはその車が必要だった。それは彼の移動手段であったと同時に、彼が困難な状態に陥ったときの仮の宿だった。彼は娘と同居していたが、時々、娘のプライバシーに配慮して娘に自由な時間を与えるため、1週間の休みを取っては彼の車の中で過ごしていた。修理店にて、修理の見積額として、スタニーの店は1,100ドルあれば足りる修理代を提示した。オーティスはその車に支払えるお金としては800ドルしか持っていなかったが、弟が300ドル貸してくれた。6月16日、兄弟が車を引き取りに行った。オーティスが主任修理工のタリク(Tariq)に1,100ドルを渡し、タリクは車の鍵をオーティスに渡した。タリクは、「見積額に加えて135ドルの追加費用が生じたので、スタニーの店はそれを請求する」と告げた。しかし、オーティスはそう言われても、後日に支払うことしかできなかった。オーティスはその車に乗って走り去ったが、支払額の領収書を受け取っていなかったうえ、それが全額の支払であったか否かをはっきりと理解していなかった。彼は追加費用についてサインをしていなかったし、口頭でそれを了承したこともなかった。

　それから数カ月後に私たちが理解したのは、タリクがこの店のオーナー

である兄のハムザ（Hamza）の助言を受けて、この状況を利用したということだった。タリクが、ハムザに自分が現金を受け取り現金箱に入れたと言ったのか、それとも、単純にネコババしたのかはわからなかった。しかし、タリクは兄にウソをついて、オーティスが自分の許可のないまま車を持って行ったと話した。翌6月17日、スタニー・ベストはその車について修理業者の留置権行使を申し立てた。修理業者は、車に関する請求金額が支払われない場合、留置権を行使できる。留置権の申立には、車の所有者と保有者の双方に、本件ではチェース・オート・ローン（Chase Auto Loan）がそれにあたるが、通知されることになっている。また、留置権の申立は、店側に、保管費用をインボイスに追加することを認めている。しかし、その通知はオーティスにもチェース・オートにも届いていなかった。それは、そもそも送付されていなかったと思われた。スタニー・ベストが留置権を行使するためには留置権告知書を送る前に、修理業者として顧客がサインした支払額ないしインボイスを提供しなければならなかった。しかし、スタニー・ベストはそれを持っていなかった。というのも、オーティスは何にもサインしていなかったからだ。

　修理業者の留置権行使の申立後から30日の法定期間が進行する。仮に、所有者または保有者が、その期限までに、保管先に当該車の引渡を請求しなければ、修理業者は「留置権に基づく競売」を行い、最高額の入札者に引き渡すか、あるいは、入札者がいなかった場合には、業者自身がその車を保持することができる。もちろん、保管費用を請求するため、および、競売で入札者に当該車を利用可能な状態にしておくためには、その修理業者が物理的にその車を保管していなければならない。しかし、本件の当事者の男らは車を保管していなかった。保管していなかったのだから、修理代金が支払われたか否かにかかわらず、修理業者の留置権の行使は詐欺であった。

　それにもかかわらず、7月18日、留置権行使の申立後31日目の日に、タリクは、留置権に基づく競売において500ドルでこの車を落札したと主張

終章
またか、またか

して、この車の名義をタリクの名前に書き換えて登録した。タリクは、現実にこの車を保有していなかったから、その車が競売日の前の晩に盗まれたと主張して、サンフランシスコの警察に届け出たのだった。

　もちろん、オーティスは何も知らなかった。彼は1,100ドルを支払い、車に乗って退去し、何の通知も受けず、追加の支払請求さえ受けていなかった。彼はチェース・オートに自動車ローンの支払いを続け、チェースはその支払いを受け続けた。7月11日、オーティスは車の登録と6カ月間の自動車保険を更新した。その後、7月22日に、スタンヤン通りの真ん中で路上に顔を押しつけられた自分がいたというわけだった。警察官はオーティスの有効な登録証を見て彼を釈放し、事件は民事上の問題だと考えたが、オーティスの車は彼に返されなかった。さらに悪いことに、次の日の7月23日、オーティスはプログレッシブ保険会社(Progressive Insurance)から電話を受けた。彼は、その同じ日、被保険者の1人が彼の2008年型ポンティアックを運転中……事故に遭った旨を告げられた。1週間後、オーティスの車を運転していた人間が誰かがわかった。その男の名前はマズヒール(Muzhir)といい、彼の姓はスタニー・ベストの2人の兄弟と同じ姓だった。

　私はスタニーに車の返還を求めて交渉したが、まったく何の成果も得られないまま、数カ月が過ぎた。私は、後に知ることになる事実をその時点では知らず、また、自動車修理業者の留置権がどのように機能するのかを知らないまま、やみくもに行動していたのだ。通常、一見の客の事件は、不公正と誤解が入り混じったもので、数カ月以内に和解に至る。しかし、本件はウソと詐欺に満ちていたから、私の懇願も取りつく島がなかった。私がオーティスの個人的な所持品を戻すことをスタニー・ベストに同意させるまでに3カ月を要した。その所持品の中には、書類を入れる2つのプラスチック製のバッグがあった。それで、HAPのスタッフである弁護士マイケル・スポールディング(Michael Spalding)に面倒な起案をしてもらい、12月に、スタニー・ベストを相手取って訴訟を提起した。6つの請求

原因、11の請求趣旨申立[3]、86行の法的な事情説明——そのすべては「オーティスに彼の車を返還せよ。その間の費用をオーティスに支払え」ということにつきた。

　オーティスに訴状の請求原因の真実性を認証させること、つまり、その真実性について宣誓させることによって、私たちは、スタニー・ベストの側がどのような答弁をしても、兄弟のうち１人は、偽証の制裁の下、宣誓をしなければならない状況を作った。しかし、何の回答もなかった。スタニー・ベストは、私たちの主張を完全に否定するために２つの申立をした。そして、可能な限り、手続を引き延ばした。一方、私たちは、スタニーに営業記録を提出するように求める申立を行った。彼らは、最終的に、情報を提供するまで数カ月間、のらりくらりと——典型的な法廷でみられる非協力的な態度で——対応した。その春、オーティス、HAPのロースクール生オリビエ(Olivier)と私は、オーティスが最終的に取り戻したプラスチック製バッグにあった文書を熟読することができた。私たちは、スタニー・ベストが私たちに渡した文書と手元にあったポンティアックに関する事項を照らし合わせた。そして、ついに、2018年10月13日、私はハムザとタリクの宣誓供述書を取ることができた。

　もちろん、私たちは、オーティスが2017年６月16日から７月22日までその車を実際に保持していたことを知っていた。そして、留置権に基づく競売が７月18日に予定されていたことも知っていた。スタニー・ベストが競売を行うにはその車を占有していることが必要であった。なぜなら、入札希望者が実物を見ることができるようにしておかなければならないからだ。それで、私は、ハムザに、2017年５月30日から７月17日までの間、その車はどこにあったのかを尋ねた。驚くにはあたらないが、彼はウソをつき、その全期間を通じて彼の店にあったと言った。私は、修理後、誰かがその車を運転したか否かを尋ねた。彼は、試し運転に数ブロックを運転し

3　prayers for relief：訴状に記載した原告の求める救済内容で、「請求の趣旨」に当たる。

終章
またか、またか

ただけだと言った。それから、私は、彼に、オーティスがその車を店に持ってきたときとタリクがその車を再登録したときの走行距離計の記録を比較するように求め、こう質問した。「あなたは、その車が店にある間に、その車が1,000マイル走行している理由を私から聞きたいのですか？」

この質問をするまで、ハムザの表情には何の変化も見られなかったが、この質問に対し彼は何も答えることができなかった。その時点までに、私たちは、5月30日から競売の日の朝までずっと、その車が店にあったという彼の明確な証言を得ていた。そして、私たちは、オーティスがこの期間内に排気ガスの検査を受け、その車の登録を更新していたことも知っていた。それで、宣誓供述書の作成の途中で、私は、オーティスに文書保管用のプラスチック製バッグの中に排気ガス検査の領収書がないかを尋ね、オリビエとオーティスを別室に確認に行かせた。数分後に、宣誓供述書を作成している部屋にオリビエが戻ってきて、5分間宣誓供述の録取を中断するように私に耳打ちした。私たちが部屋に戻るや、オーティスとオリビエは、見つけた物を私に見せた。間違いなく、オーティスは排気ガス検査の領収書を受け取っていた。それだけではなく、オーティスが、サンフランシスコで競売があったまさにその日、オークランドでガソリンと潤滑油を購入していたことを示す領収書があった。これほどの決定的証拠はそう簡単に手に入るものではない。私は、スタニー・ベストの代理人弁護士に、ちょっと話があるので、私たちの所に来るように依頼した。

私は、友人で保険に精通している弁護士のジェーン・ティシュコフ（Jane Tishkoff）が宣誓供述書の作成に同席していたので、この時点で、私たちはどのような和解戦略を取るべきかについて相談した。私たちは、車の権利証、およびオーティスがジェイコ（Geico）[4]に無駄に支払ってきた1年間の保険料と追加の損害金7,000ドルを獲得する和解内容で、本件につき決着をつけることにした。7000ドルの半分はオーティスがチェース・

4　1936年設立のアメリカで2番目に大きい自動車保険会社。

オートに払ってきた金額であり、残りの半分は、オーティスの「一般的な」慰謝料[5]であった。そして、最も重要な和解条件として、一度限りではあるが、本件の車につき兄弟はさらなる修理をし、車体を塗り替え、最高の状態にしてその車の返還をすることが盛り込まれた。当事者間の和解契約の作成を待つのではなく。私は、資格のある速記者によって和解成立を記録化することを主張した。カリフォルニア州の法律では、資格のある速記者による和解文書でも契約と同じ効果が付与されているのだ。5日後、私たちは合意したので、オーティスと私はスタニー・ベストに行き、新品同様の白の2008年型ポンティアックを引き取った。

　私は、スタニー兄弟が宣誓供述書を作成していた部屋を去るときに、少しだけ説教じみた「白人の特権」[6]を行使したことを告白する。私の弁護体験で、私が**ペリー・メイスン(Perry Mason)**[7]のように、証人尋問の途中でウソを暴く機会はほとんどなかった。私が、オーティスに、この兄弟2人の刑事責任を追及することに関心があるかと聞くと、彼は「いいや」と言った。私が彼らに少し説教をすることを望むかと聞くと、「うん。心から」と答えた。それで、私は、スタニー兄弟に対し、こう言った。「あなた方も有色人種として差別に苦しんできたと思うし、これからも、同じ差別を経験するだろう」と。そして、私は、オーティスが路上に顔を押しつけられてどれほど侮辱されたかを話し、兄弟がオーティスにした工作はとてもひどいことで、兄弟らも同じような目に合うかもしれない屈辱をオーティスに与えたのだと言った。そして、今後も兄弟を監視し続けることを伝えた。説教的？　もちろんそうだ。しかし、弁護士として、私の仕事は依頼者のために最善をつくすことであり、これはオーティスが望んだことなのだ。

5　general damages：本書第6章注4参照。

6　white privilege：本書序章参照。

7　本書第3章注15参照。

終章
またか、またか

　この兄弟との和解で事件の解決となったわけではなかった。私たちは、ジェイコとの間で保険を復活させる合意を得て、オーティスに信用を回復させなければならなかったし、チェース・オートとの間でも2,500ドルほどの分担金を払わせる合意を得なければならなかった。チェース・オートは、車の名義がもうオーティスではなくなっているという私の指摘を受けて事実経過の時系列表を作成していながら、それを無視して、ローンの支払を要求し続けたのだ。最終的に、保険に詳しい弁護士のジェーンは、オーティスには、自動車ローンの支払をしなかったことに対して保険の適用がある「GAPポリシー」[8]という権利があると私に告げた。今や、ローンの全額が支払われたので、オーティスには、彼の掛金につき案分比例された金額の返還を受ける資格があった。ジェーンはこの274ドルの原状回復の交渉に臨んだ。最終的に、2019年4月に、その支払いを受けて、本件は終結した。

　私たちにとっては、主にジェーンが担当したのだが、この最後の274ドルを取り戻すために15時間も費やすくらいなら、この最後の金額を問題にしない方が楽だった。しかし、私たちは、金額の問題ではなく、オーティスが受けるべき原状回復にたとえ1ペニーであっても不足があってはいけないという問題であることを知っていた。それは、単純に尊厳の問題なのだ。オーティスには、完全にすべてを回復してもらう権利があった。もちろん、警察官に路上に押さえつけられたという事実を除いて。

　振り返ってみると、私は、体制側においてオーティスをどのように見ていたかという問題が本件に深く関わっていたことに気づいた。すなわち、体制側とは、警察官、修理工の兄弟、チェース・オート、プログレッシブ、そしてジェイコである。私は、HAPがオーティスをどう見ていたかを知るためにケースファイルを見返した。同じだったか？　受付のノート

8　GAP policy on car loan：自動車ローンの残高が自動車の価値よりも多い場合に、その差額を補填するための自動車保険。

には、オーティスの主張が率直な文章で書かれており、申立が真実であるとの前提でトーンは一貫していた。最初の面談後の私自身の記載は、「これは奇妙な事件だ」と書いてあった。まったくその通りだった。しかし、私は「オーティス・ベントンは完璧にいい人で、完全に信頼できる」と書いていた。そして、実際にそうだった。永住先の住所はなかったが、それにもかかわらず、毎月、自動車ローンと保険の掛金を律儀に支払い、契約書類をきちんと保管し（あのプラスチック製のバックに）、そして、重要なことだが、他の人々の幸福を願う男がいたのだ。

　宣誓供述書を作成していた頃、オーティスはウェスタン・アディションに安全な老人用のアパートを確保した。本件が最終的に終了した数カ月後、私が車で老人用住宅を過ぎてターク通り（Turk Street）を下っていたら、見覚えのある白のポンティアックが目に入った。それはオーティスだった。それで、私は車を止め、お互いに抱擁を交わし、会話をした。オーティスは、私に「車を見てくれ」と言った。それは、洗車され、磨かれ、そしてきめ細かな光沢があった。その車は、さらに10万マイルは優に走れそうだった。

謝　辞

　最初に、私は、驚くほど多様な人々の全員——依頼者とその家族、裁判官、同僚弁護士、相手方の検察官や弁護士、ロースクールの学生、および証人——に対して御礼を申し述べたい。この人々は、法廷弁護士としての私の人生を限りなく興味深いものにしてくれた。そして、これらの人々は、たしかに、時として「真実は小説よりも奇なり」であることを私に教えてくれた。しかし、そのこと以上に、私が遭遇した人々は、法を実践する最善の方法と人生の生き方についても限りなく教えてくれた。どの体験も、肯定的か否定的か、楽しいか悲しいかに関わりなく、私が弁護士として、また、人間として少しずつ成長していく過程にいささかの寄与をしてくれた。私は、言葉では表せないほどに、感謝の気持ちでいっぱいである。

　本書の成り立ちには、多くの人たちの援助があった。その中には、草稿の断片や一部を読んでは賢明な示唆を与えてくれた人すべてが含まれる。すなわち、Jeff Nussbaum, Steve Pearlmutter, Arlene Popkin, Jonathan Powers, Steve Rosenfield, Naomi Weinstein, Karl Wustrack。そして、私の仲間のデボラ（Deborah）、ガブリエル（Gabriel）、ジェス（Jesse）、マヤ（Maya）とビクトリア（Victoria）がいる。素晴らしい編集者のDoris Ober は貴重な時間を割いて初期の各章のいくつかを読み、鋭い分析を私に提供してくれた。私の古くからの友人であるGerry Rosenには特別に感謝したい。彼は、校正者の眼をもって確定前の草稿のすべてのページを読み、無数の文法的またはタイプミスを修正して、１つのミスも見逃さなかった。

　Dennis Riordanにも感謝の言葉を贈りたい。彼は私の最初の依頼者だったJonney Spainと私が再会できるのに尽力してくれた。David Stullにも感謝の言葉を贈りたい。彼は、並外れた発行者のSteve Rubinと私をつなぐことに尽力してくれた。そして、Steve本人にも感謝の言葉を述べたい。彼は、いつも喜んで示唆を与えてくれ、編集者のSerena Jonesを紹介してくれた。彼女は、一度ならず、時間を割いて私に専門家としての助言をしてくれた。

Gerry Schwartzbachは私がこれまで会った最も優秀な法廷弁護士の１人だが、彼からは、本書のような回顧録を書くにあたってのたくさんの知恵を教えてもらった。Holley Newmarkには、個人的なアシスタントが行うのと同様の親切で有益な援助をしてもらった。Steve Piserからは、読者としての批判だけではなく、彼の友人であり同僚のJotham Steinを紹介してもらい、そのつながりで、彼の出版社にたどり着くことができた。各人から受けた援助に対して、私は大変感謝している。私は、故人となっている、歴史家であり作家でもあったJules Tygielに対して永遠に変わらぬ感謝の念を抱いている。彼は、誰よりも私に文章を書く技術を教えてくれた。

　本書の出版社であるPolitical Animal Pressに対しては、私が書き残そうと考えていた物語と私に完全に適合した本を発行してくれたことに感謝したい。PAPのAlex Wall、そして、特に、編集者で最高位に位置する筆の立つ作家でもあるLewis Slawskyには、私との間の平易であると同時に驚くほど役に立ったコラボレーションに対し感謝したい。

　最後に、幾人かの非常に特別な人々に対し心からの感謝の念を表したい。すなわち、Eva Paterson、彼女は、白人の特権を有する年老いた私に対し、構造的な人種差別主義、カースト主義、エリート主義の問題について書くように導いてくれた。Virgina Fink、彼女は、四半世紀以上もの間、理解と配慮をもって、私の精神が正常であるように手助けしてくれた。Bill Balin、Zoomを通じての私の共同執筆者であるが、彼は私が最初に扱った事件[1]を書くことを強く主張し、その後、忍耐と親切心をもってすべてのページを読んで批評してくれた。そして、私の妻Victoria、日々私が受ける愛と援助に対して感謝する。

1　サン・クエンティン６人組事件。本書第１章参照。

著者について

　リチャード・ズィトリンはカリフォルニア州とニューヨーク州の弁護士資格を有しており、40年以上の間、殺人事件から製造物責任訴訟や弁護士懲戒事件に至るまで50件を超える陪審裁判を担当してきた。彼は、カリフォルニア州において、刑事法および弁護士懲戒法の双方につき法廷弁護士として専門家である旨の認定を受けている。彼の実務家弁護士としての経歴と並行して、リチャードは、ベイ・エリアにある２つのロースクールにおいて40年以上にわたって法曹倫理を、また、数年間、法廷弁護実務を教えてきた。彼は、これまでに３冊の本を書いている。その中には、"The Moral Compass of the American Lawyer: Truth, Justice, Power, and Greed"[1]がある。そして、100を超える記事が定期刊行物にて公表されており、それらは、ニューヨーク・タイムス、ロサンゼルス・タイムスやサンフランシスコ・クロニクルなどの新聞からナショナル・ロー・ジャーナル、スポーティング・ニュースやNINEという野球の歴史と文化に関する雑誌に至るまで広く掲載されている。

　2019年、リチャードは、「カリフォルニア州における弁護士の専門職行為規範の進展に対する長年の顕著な功績」を理由にカリフォルニア州弁護士会のHarry Sondheim Awardを受賞した。その他の褒賞としては、公益への奉仕に

1　邦題『アメリカの危ないロイヤーたち―弁護士の道徳指針』（現代人文社、2012年）。

対しABA（アメリカ法曹協会）から付与されたPro Bono Publico賞が、また、彼のプロボノ活動および平等と多様性を推進する活動に対する州および地域からの受賞がある。彼は、サンフランシスコ大学応用法曹倫理センターの創設時の責任者であり、カリフォルニア州弁護士会倫理委員会の委員長かつ特別アドバイザーを務めたほか、俳優労働組合のメンバーとなって、Gene Hackman 主演の映画『クラス・アクション（Class Action)』[2]の技術アドバイザーとして、Hackman演じる登場人物の役割について助言したこともある。彼は、Oberlin College とNew York University School of Law の卒業生である。

　リチャードはブルックリンに生まれ、1973年以来、サンフランシスコに住んでいる。自由な時間がある時には、彼はサックスを吹いているかバスケットをしており、その姿が、球技場か彼のイタリアン・レストランで見られるだろう。あるいは、彼の妻や３人の成人した子供たちと一緒にぶらぶらしているのが見られるだろう。家族全員がベイ・エリアに住んでいる。

2　邦題は『訴訟』（1991 年）。

訳者あとがき

　本書は、2022年6月に公刊されたリチャード・ズィトリンによる『法廷弁護士―権力に抵抗した人々を弁護した日々』"Trial Lawyer: A Life Representing People Against Power"の全訳である。私にとって、彼の著作を翻訳するのは、前訳書『アメリカの危ないロイヤーたち―弁護士の道徳指針』"The Moral Compass of the American Lawyer: Truth, Justice, Power, and Greed"（現代人文社、2012年7月）に続いて2冊目となる。

　私がリチャードを知ったのは2008年3月に遡る。文部科学省の財政的支援を受けた『継続的法曹倫理教育の開発』プロジェクトの一環として、アメリカの弁護士の生涯教育を実践していたカリフォルニア大学ヘイスティング校ロースクールの実務家教員（Lecturer in Law）であったリチャードを尋ねたのが最初だった。その前後の背景事情は前訳書の「訳者あとがき」に書いたのでここでは繰り返さないが、私とリチャードとは、それ以来、同じ志を有する友人となった。同じ志とは、お互いに、刑事弁護士としての実務経験を有し、かつ、ロースクールで「法曹倫理」を教えるという共通項を持っており、その「法曹倫理」の師としてモンロー・フリードマン[1]を信奉していたということだった。モンローは、徹底して依頼者中心の弁護人像を描いた自由主義者であり、その影響を強く受けた信奉者はモンローヴィアン（Monroevian）と称される。私もリチャードも生粋のモンローヴィアンだったのだ！本書の各章には、「誰が弁護方針を決定する主人公なのか？（Who is a master?）―弁護人か依頼者か？―」「守秘義務の例外とはどのような場合に認められるのか？」などの「法曹倫理」上の難問が織り込まれているが、それは、リチャードが弁護士であるのみなら

---

[1] Monroe Henry Freedman：2015年2月26日に86歳で逝去された「法曹倫理」の先駆者。現在も議論が続く「フリードマンの3つの難問（The Three Hardest Questions）」で有名。村岡啓一「モンロー・フリードマンと法曹倫理」季刊刑事弁護74号（2013年）8頁、同「モンロー・フリードマンの思い出」白鷗法学27巻2号（2020年）1頁参照。

ず、「法曹倫理」の教師であることに由来している。

　今回の翻訳の経緯は愉快だった。私とリチャードの共通の友人である神戸大学名誉教授で、かつ、カリフォルニア大学ヘイスティング校教授でもあった宮澤節生氏から、2年前のある日、私あてに「リチャードが新しく本を出すから、また、訳したらどうだ？」というメールが届いた。それで、アメリカで公刊されるや否や、Amazonでキンドル版を購入して読んだ。面白かった！そして、同時に苦しかった。リチャードの一弁護士としての回顧録なのだが、アメリカの恥部ともいうべき構造的な人種差別が司法の世界にも蔓延しており、その不条理に、白人であることに負い目を感じながらも、依頼者である黒人など被差別者とともに国家や大企業などの巨大な権力体制に立ち向かう弁護士の姿が描かれていた。私は、読み終えてすぐに、Amazonの読者コメント欄に、「日本の一法廷弁護士」と称して、「面白かった。是非、翻訳したいです。」と書いて送信した。すると、翌日、私あてにリチャードからメールが届いた。「どうすればいいんだ？」何で私だとわかったのかという私の質問に対し、「本が日本でまだ発売もされていないのに、翻訳をしたいなどという日本の法廷弁護士といったら、お前ぐらいしかいないじゃないか！」

　本書の各章の物語を貫く問題意識は人種差別である。黒人に限らず有色人種に対する白人による構造的な差別である。法制度のうえでは、アメリカ合衆国憲法の下で「法の下の平等」が高らかに謳われているが、実際には、司法へのアクセスや事実審理の場で根強い偏見や差別意識が厳然として存在している。そして、それが、あたかもデファクト・スタンダード（当然の前提）であるかのように市民に浸透している。リチャード自身、早くからアメリカ社会に蔓延する人種差別を嫌悪し、みずからが白人であるという出自と恵まれた家庭環境で育った経歴に「白人としての特権」という負い目を感じながら、一弁護士としてその差別と闘ってきたはずなのに、本当の意味で、そのアメリカ社会全体を覆っている構造的な差別の全体像に気づいたのは、実に2020年春のことだった

と告白している。彼が目覚めたキッカケは、BLM（Black Lives Matter）運動の端緒となった一連の黒人虐殺事件など全米で相次いだ有色人種に対する差別事件だったが、彼の告白は、大きな衝撃がなければ覚醒しないほどまでに差別が構造化されていることの証の表現である

　本書のタイトル「法廷弁護士」が示すように、各章の物語は、一部の例外はあるものの、刑事・民事の陪審裁判が舞台となっている。陪審裁判を担うのは、一般の市民であるから、当然に、市民の間に浸透している差別意識と被差別意識とがある。いかに制度的に偏見を有する者を陪審員から排除する方法を考案したとしても、市民の意識の中に深く根を下した差別意識を取り除くことはできない。ある意味で、陪審裁判は、それらの差別意識が存在することをも織り込んだうえで、刑事の場合、「合理的な疑い」を払拭したことを国家の側が証明しなければならないという高度な証明水準を要求することで、かろうじて「真実」や「正義」に到達するというフィクションを維持していると言える。リチャードは、陪審裁判がさまざまな弊害を抱えた刑事司法制度であることを認めながらも、その枠内で可能な限り「真実」と「正義」に到達するための工夫をしている。そして、彼が、法廷弁護士である以前に人間としての在り方を学んだという陪審コンサルタントのキャッシー・ベネット（第10章参照）の教え、すなわち、弁護技術ではなく、人間としてのありのままをさらけ出して陪審員を説得することが最も「真実」と「正義」にたどり着く道であるという教訓を強調していることは、彼が、最終的には、陪審制度に信頼を置いていることを示している。彼が、「日本語版読者のためのノート」で、アメリカの陪審裁判につき、チャーチルの名言をもじった「最悪の法形態だが、これまで試された他のすべての形態を除けばね」を引用したのは、トランプ元大統領に対する訴追事実につき陪審員全員が有罪の評決を下したのを確認した後のことであった。

　本書には、原著にはない多数の注釈を加えた。特に、わが国とは異なる法制度や法律用語については簡単な解説を書き加えた。本書全体を通読していただ

ければ、民事・刑事を問わず、アメリカの陪審制による事実審理の流れがおぼ
ろげながらでも理解できることを意図したものである。しかし、私が本書を翻
訳した意図は、不条理な構造的な人種差別に直面しながらも、果敢に権力に立
ち向かう人々とそれを支えた、リチャードを始めとする法廷弁護士たちの涙あ
り笑いありの珠玉の物語を読者に届けることである。

訳者について

村岡啓一
むらおかけいいち

1950年12月生まれ。1974年3月一橋大学法学部卒業、同年4月最高裁判所司法修習生（第28期）。1976年4月弁護士登録（札幌弁護士会）。2001年7月一橋大学大学院法学研究科博士後期課程修了（法学博士）。2002年4月一橋大学大学院法学研究科教授兼法学部教授。2007年4月一橋大学法科大学院長。2010年4月一橋大学大学院法学研究科長兼法学部長。2016年4月白鷗大学法科大学院教授。2017年4月白鷗大学法学部教授。2021年4月から学校法人白鷗大学参与（法律顧問）、弁護士再登録（栃木県弁護士会）にて現在に至る。専門は刑事法（刑事訴訟法、刑事弁護実務）、法曹倫理。主要論文に、「情況証拠による事実認定論の現在」『村井敏邦先生古稀記念論文集　人権の刑事法学』（日本評論社、2011年所収、「2016年改正による新制度下での弁護人の役割と倫理」刑法雑誌59巻3号（2020年）400頁などがある。訳書として、『なんで、「あんな奴ら」の弁護ができるのか？』（現代人文社、2017年）などがある。

既刊のごあんない

アメリカの危ないロイヤーたち
── 弁護士の道徳指針 ──

[著者] リチャード・ズィトリン／キャロル・ラングフォード
[訳者] 村岡啓一
- 2012年発刊
- A5判・288頁
- 2,200円＋税
- ISBN：9784877985233

依頼人の利益か公益か？
米国弁護士が直面するジレンマの実例から
弁護士のあるべき姿を探る。

「嘘つき」「金儲け主義」などと揶揄されるアメリカの弁護士。具体的な事件で「依頼人の利益か、公益か」というジレンマを抱える弁護士たちの実例を通して、弁護士の倫理を考察する。日本の弁護士にとって示唆に富む。

目 次

序 章

第 1 部　真実、正義、そしてアメリカの弁護士

第 1 章　隠された死体：ロバート・ギャロウとその弁護人
第 2 章　別の日には、有罪者の弁護を

第 2 部　権力とその濫用、つまり「我々は職務を遂行しているだけ」

第 3 章　権力、傲慢、そして適者生存
第 4 章　頭に拳銃を突き付けられた若手弁護士
第 5 章　アメリカ企業の内部で警告すること

第 3 部　強欲と欺もう、つまり「みんなやっている」

第 6 章　保険専門弁護士：事件漁りと金漁り
第 7 章　すべての法廷は舞台であり、すべての弁護士は役者である：陪審員を誘導することと誤導すること
第 8 章　弁護士は嘘ツキ
第 9 章　秘密にしておくこと（つまり、「知らない」と言うことは公衆を害することになる）
第 10 章　クラス・アクション：公衆の保護、それとも弁護士のぼろ儲け?
結 論　それは修復できるか? 私たちには何ができるのか?

主要な出典（抄録）
訳者あとがき
著者について・訳者について

法廷弁護士
権力に抵抗する人々を弁護した日々

2024年11月25日　第1版第1刷発行

著　者	リチャード・ズィトリン
訳　者	村岡啓一
発行人	成澤壽信
編集人	齋藤拓哉
発行所	株式会社 現代人文社

160-0004 東京都新宿区四谷2-10八ッ橋ビル7階
Tel：03-5379-0307　Fax：03-5379-5388
E-mail：henshu@genjin.jp（編集）hanbai@genjin.jp（販売）
Web：www.genjin.jp

発売所	株式会社 大学図書
印刷所	株式会社 シナノ書籍印刷
ブックデザイン	渡邉雄哉（LIKE A DESIGN）

検印省略　Printed in Japan
ISBN　978-4-87798-873-9 C3032
©2024　Richard Zitrin
◎乱丁本・落丁本はお取り換えいたします。

JPCA
日本出版著作権協会
http://www.jpca.jp.net/

本書は日本出版著作権協会（JPCA）が委託管理する著作物です。複写（コピー）・複製、その他著作物の利用については、事前に日本出版著作権協会（電話03-3812-9424, e-mail:info@jpca.jp.net）の許諾を得てください。